MEDIAÇÃO e ARBITRAGEM

Alternativas à Jurisdição!

Conselho Editorial
André Luís Callegari
Carlos Alberto Molinaro
César Landa Arroyo
Daniel Francisco Mitidiero
Darci Guimarães Ribeiro
Draiton Gonzaga de Souza
Elaine Harzheim Macedo
Eugênio Facchini Neto
Gabrielle Bezerra Sales Sarlet
Giovani Agostini Saavedra
Ingo Wolfgang Sarlet
José Antonio Montilla Martos
Jose Luiz Bolzan de Morais
José Maria Porras Ramirez
José Maria Rosa Tesheiner
Leandro Paulsen
Lenio Luiz Streck
Miguel Àngel Presno Linera
Paulo Antônio Caliendo Velloso da Silveira
Paulo Mota Pinto

Dados Internacionais de Catalogação na Publicação (CIP)

M827m   Morais, Jose Luis Bolzan de
            Mediação e arbitragem: alternativa à jurisdição! / Jose Luis Bolzan de Morais, Fabiana Marion Spengler. 4. ed. rev. e atual. com a Lei 13.140/2015 e a Lei 13.129/2015 que alterou a Lei 9.307/1996 – Porto Alegre: Livraria do Advogado, 2019.
            262 p.; 23 cm.
            ISBN 978-85-9590-076-9

            1. Arbitragem internacional. 2. Mediação internacional. 3. Solução de conflito: Direito Internacional. 4. Controvérsia internacional. 5. Teoria do Estado. 6. Jurisdição. I. Spengler, Fabiana Marion. II. Título.

CDU - 341.6

(Bibliotecária responsável: Marta Roberto, CRB-10/652)

Jose Luis Bolzan de Morais
Fabiana Marion Spengler

MEDIAÇÃO e ARBITRAGEM

Alternativas à Jurisdição!

4ª EDIÇÃO
Revista e atualizada com a Lei 13.140/2015 e a
Lei 13.129/2015 que alterou a Lei 9.307/1996

Porto Alegre, 2019

©
Jose Luis Bolzan de Morais
Fabiana Marion Spengler
2019

Capa, projeto gráfico e diagramação
Livraria do Advogado Editora

Pintura da capa
João Luis Roth

Revisão
Rosane Marques Borba

Direitos desta edição reservados por
Livraria do Advogado Editora
Rua Riachuelo, 1334 s/105
90010-273 Porto Alegre RS
Fone: (51) 3225-3311
editora@doadvogado.com.br
www.doadvogado.com.br

Impresso no Brasil / Printed in Brazil

"Posto diante de todos estes homens reunidos, de todas estas mulheres, de todas estas crianças (sede fecundos, multiplicai-vos e enchei a terra, assim lhes fora mandado), cujo suor não nascia do trabalho que não tinham, mas da agonia insuportável de não ter, Deus arrependeu-se dos males que havia feito e permitido, a um ponto tal que, num rebento de constrição, quis mudar o seu nome para um outro mais humano.

Falando à multidão, anunciou:

'A partir de hoje chamar-me-eis justiça'.

E a multidão respondeu-lhe:

'Justiça nós a temos, e não nos atende.'

Disse-lhes Deus:

'Sendo assim, tomarei o nome de direito.'

E a multidão tornou a responder-lhe:

'direito, já nós o temos, e não nos conhece'.

E Deus:

'Nesse caso, ficarei com o nome de Caridade, que é um nome bonito.'

Disse a multidão:

'Não necessitamos de caridade, o que queremos é uma Justiça que se cumpra e um direito que nos respeite'."

José Saramago

Sumário

Introdução..9

Parte I
DIREITOS HUMANOS, CONSTITUIÇÃO E ACESSO À JUSTIÇA

1. Os Direitos Humanos..15
   1.1. Aspectos histórico-políticos dos Direitos Humanos..........................15
   1.2. Direitos Humanos e Constituição..19
   1.3. O caráter eficacial das normas constitucionais relativas a Direitos Humanos........22
   1.4. A concretização dos Direitos Humanos pelo Estado e pela sociedade................25
2. O acesso à justiça...29
   2.1. O acesso à justiça como o "mais básico" dos Direitos Humanos......................29
   2.2. A razoável duração dos procedimentos e o acesso à justiça............................37
   2.3. A descentralização das estruturas jurisdicionais e a justiça itinerante..............41

Parte II
CONFLITO, JURISDIÇÃO E CRISE

3. O conflito..45
   3.1. Aspectos delimitadores e definição de conflito................................45
   3.2. As interações entre o conflito e as relações de poder......................47
   3.3. O conflito como associação positivo-democrática...........................50
4. A jurisdição...57
   4.1. O monopólio estatal da força como meio legítimo de tratamento dos conflitos...57
   4.2. A (re)solução judicial de conflitos..65
   4.3. As crises da jurisdição e a complexidade social...............................76

Parte III
TEMPO, DIREITO E JURISCONSTRUÇÃO

5. Tempo..81
   5.1. A temporalização do tempo e a instituição do direito......................81
   5.2. O tempo e o destempo do processo..93
   5.3. O tempo e as dificuldades de contar o direito..................................97
6. "Jurisconstrução"...105
   6.1. Estratégias à jurisdição...105
   6.2. Jurisdição e Consenso: nasce a "jurisconstrução"............................118
   6.3. Outras estratégias para o tratamento dos conflitos..........................124

Parte IV
MEDIAÇÃO E ARBITRAGEM

7. Mediação. 129
   7.1. Mediação: do conceito ao procedimento 129
   7.2. A mediação enquanto arte de "estar no meio". 142
   7.3. As críticas à mediação: a falta de segurança e certeza jurídicas. 146
   7.4. A figura do mediador e o seu modelo padrão de condutas. 155

8. A mediação e a composição de conflitos dispostas na Lei 13.140/2015: limites e possibilidades. 161
   8.1. O marco legal da mediação 161
   8.2. A mediação e seus dispositivos. 164
   8.3. Os princípios da mediação e os conflitos a ela direcionados. 165
   8.4. Do mediador: o terceiro no conflito. 168
   8.5. O "como fazer" mediação na Lei 13.140/15. 172
   8.6. E a mediação extrajudicial?. 176
   8.7. E a mediação judicial?. 178
   8.8. Não vamos contar ninguém, certo? Da confidencialidade e suas exceções. 180
   8.9. A autocomposição de conflitos em que for parte pessoa jurídica de direito público. 182
   8.10. Dos conflitos envolvendo a Administração Pública Federal Direta, suas Autarquias e Fundações. 192
   8.11. As disposições finais da Lei 13.140/15. 196

9. Da arbitragem. 205
   9.1. Traço histórico. 205
   9.2. A arbitragem brasileira a partir da Constituição Federal de 1988. 209
   9.3. As peculiaridades conceituais e procedimentais da arbitragem brasileira 210
   9.4. Arbitragem *ad hoc*, institucional, equitativa, de Direito, voluntária, nacional e internacional 217
   9.5. Natureza jurídica da arbitragem. 220
   9.6. Garantias constitucionais da arbitragem. 225
   9.7. O procedimento arbitral. 226
   9.8. Da convenção de arbitragem. 229
   9.9. O árbitro. 235
   9.10. A sentença arbitral. 237
   9.11. Tutela provisória de urgência e carta arbitral. 239
   9.12. Vantagens e desvantagens da arbitragem. 243

10. A fórmula "Bob&Alice" e as possibilidades de um "consenso tecnológico" 245

11. Anotações, como síntese – sempre – provisória... 249

Bibliografia. 253

Introdução

A discussão que se propõe a seguir está inserida em um conjunto de trabalhos realizados desde há algum tempo, todos eles com uma preocupação comum – o mesmo fio condutor –, qual seja: o Estado contemporâneo,[1] seus pressupostos, sua caracterização, sua transformação, seus vínculos, suas crises etc., o problema da regulação jurídica que lhe é subjacente, ou seja, a questão do *direito contemporâneo*, e, por fim, a questão do tratamento[2] dos conflitos, contrapondo ao modelo tradicional da jurisdição estatal aquele da justiça consensual, ou jurisconstrução, como proposto neste livro.

Pretende-se, agora, transitar por um outro viés desta temática: *a crise de uma das funções do Estado – a jurisdição*, tomando como paradigma a emergência/recuperação de outras estratégias de tratamento das controvérsias. Tal objetivo faz parte de pesquisa desenvolvida, na qual se pretende avaliar a crise da função jurisdicional. Porém, a avaliação dessa crise ocorre não apenas nos aspectos até o presente debatidos, relacionados com as interrogações apontadas pelo debate acerca do *acesso à Justiça* mas, em especial, no que tange à propositura de uma justiça consensual ou de uma *justice de proximité*, como querem os franceses.

---

[1] Aqui é necessário distinguir Estado Contemporâneo de Estado contemporâneo. Não obstante a diferença residir apenas na inicial maiúscula, ambos não significam a mesma coisa, sendo o primeiro definido e vinculado substancialmente à ideia genérica de Estado Social. Já o segundo (com letra minúscula) é o Estado que nos é apresentado nos dias atuais, independentemente do conteúdo assumido (BOLZAN DE MORAIS, Jose Luis. *O Estado e suas crises*. Porto Alegre: Livraria do Advogado, 2005, p. 16). Nesse mesmo sentido, sobre o Estado contemporâneo, é interessante a leitura de GOZZI, Gustavo. Estado contemporâneo. *In*: BOBBIO, Norberto; MATTEUCCI, Nicola; PASQUINO, Gianfranco. *Dicionário de Política*. Tradução Carmen V. Varriale. Coordenador e tradutor João Ferreira; revisão geral João Ferreira e Luís Guerreiro Pinto Cascais. 12. ed. Brasília: Editora Universidade de Brasília, 2004. v. 1, p. 401 *et seq*.

[2] Aqui, utilizar-se-á o termo "tratamento" em vez de "resolução" de conflitos, justamente por entender que os conflitos sociais não são "solucionados" pelo Judiciário no sentido de resolvê-los, suprimi-los, elucidá-los ou esclarecê-los. Isto porque "a supressão dos conflitos é relativamente rara. Assim como relativamente rara é a plena resolução dos conflitos, isto é, a eliminação das causas, das tensões, dos contrastes que os originaram (quase por definição, um conflito social não pode ser 'resolvido')." (BOBBIO, Norberto; PASQUINO, Gianfranco. *Dicionário de política*. Tradução de Carmem C. Varriale, Gaetano Lo Mônaco, João Ferreira, Luís Guerreiro Pinto Cascais e Renzo Dini. 12. ed. Brasília: Universidade de Brasília, 2004, p. 228). Por conseguinte, a palavra "tratamento" torna-se mais adequada enquanto ato ou efeito de tratar ou medida terapêutica de discutir o conflito buscando uma resposta satisfativa.

Para tecer comentários acerca desta temática, pode-se contar com duas perspectivas, quais sejam:

a) uma, *dogmática* ou *restrita*, a qual busca fazer uma avaliação sistemática da legislação aplicável à matéria. No caso particular brasileiro, é possível buscar em alguns textos legais as informações acerca da posição destas estratégias de tratamento de conflitos, em particular a Lei 9.307/96 e a Lei 13.140/2015;

b) outra alternativa seria o de complexificá-lo e tentar observá-lo e analisá-lo a partir de um ponto de vista que pode ser chamado, para contrapor ao anterior, *amplo* – não *total*, o que é impossível – ou *crítico*, ou ainda *teórico-jurídico*. Essa visão privilegiaria, necessariamente, uma retomada da leitura apelidada de *sociológica do processo*, ligada ao debate relativo ao *acesso à justiça*. Nesse ínterim, faz-se necessário retomar uma obra já clássica dirigida por Mauro Cappelletti,[3] na qual se faz um apanhado generalizado acerca deste tema, passando por três etapas: o acesso dos hipossuficientes – econômica e/ou culturalmente –, os novos direitos – ditos transindividuais –, e as novas possibilidades para tratar conflitos.

Neste sentido, discutir as ALTERNATIVAS[4] À JURISDIÇÃO, centrando a discussão especialmente na MEDIAÇÃO e na ARBITRAGEM, envolve a retomada de um conjunto de conhecimentos amplos, e não apenas os termos de um texto legal.

Com este balizamento, como estratégia para conduzir o tema, o presente trabalho encontra-se estruturado em quatro partes distintas: 1) a primeira que pretende abordar os Direitos Humanos, a Constituição e o acesso à justiça. Essa abordagem tem por escopo principal tecer um cenário no qual se desenrolará toda a discussão sobre o acesso à justiça enquanto direito básico do cidadão e a implementação de políticas que possam favorecê-lo/implementá-lo; 2) num segundo momento, a abordagem se voltará para o conflito, a jurisdição e suas crises. Aponta-se para os aspectos definidores do conflito enquanto meio de evolução/transformação social para desembocar na jurisdição como monopólio estatal dos meios de tratar a conflitualidade crescente; 3) o tempo, o direito e a construção de outras estratégias de tratamento dos conflitos foram discutidos num terceiro momento. Nesse bloco, o que se pretendeu foi elencar as relações entre o tempo, o direito e a sociedade, demonstrando que "jurisconstruir" outras

---

[3] CAPPELLETTI, Mauro; GARTH, Bryant. *Acesso à justiça*. Tradução de Ellen Gracie Northfleet. Porto Alegre: Sergio Antonio Fabris, 1988.

[4] É importante referir que a palavra "alternativas" não pretende dar a ideia de uma "justiça alternativa" – nos moldes do direito alternativo – e sim de uma "alternativa" para a jurisdição, sinônimo de outra estratégia/possibilidade/opção para tratar a complexidade conflitiva atual. Essa outra alternativa/estratégia/possibilidade/opção não pretende suplantar as práticas de jurisdição tradicionais, propondo a coexistência de ambas e trabalhando com a ideia de uma outra cultura (consensuada e mais democrática) de tratamento dos conflitos.

estratégias para o tratamento dos conflitos pressupõe repensar a temporalidade sociojurídica; 4) por fim, o último bloco reflete especificamente acerca de duas destas experiências "alternativas" à jurisdição: a mediação e a arbitragem. Nessa quarta edição, o debate encontra-se centrado no Marco Legal da Mediação (Lei 13.140/2015) e na Lei de Arbitragem e suas alterações datadas de 2015 (Lei 7.307/1996 alterada pela Lei 13.125/2015). Nesse sentido, procura-se analisar vantagens e desvantagens, bem como suas propostas diferenciadas no tratamento da litigiosidade atual.

Por fim, propõe-se a reunião crítica deste conteúdo, supondo estabelecer as interrogações fundamentais que envolvem essa temática e os possíveis caminhos abertos a seguir. Trata-se de outra perspectiva acerca de alguns temas já estabelecidos, pretende-se, neste momento, abrir as primeiras trilhas.

De antemão, deve-se dizer que a incorporação do consenso no debate acerca do tratamento de conflitos é uma das interrogações permanentemente vinculadas à discussão da *crise dos mecanismos tradicionais de jurisdição* – de dizer o direito (*jurisdictio*) – considerado no interior da questão relativa às crises do próprio Estado e às tentativas de sua reestruturação.

Todavia, neste momento, deve-se privilegiar a retomada da discussão em novas perspectivas, particularmente quando se pretende a construção de sistemas ditos alternativos de solução de controvérsias. Em que patamares isto deve-se dar parece ser a interrogação que se coloca de antemão.

Neste caminho verifica-se uma dupla via:

a) a manutenção e o reforço de um sistema baseado na tomada de decisões impositivas, heteronomamente construídas – a jurisdição. E, aqui, coloca-se uma questão: em um Estado Democrático, é correto afirmar que o direito nele produzido regula condutas e impõe consequências jurídicas de fora (heterônomas)? Ao contrário, a participação popular, através da representação política, dos movimentos sociais e de instrumentos de democracia direta (plebiscito, *referendum*, iniciativa popular de leis etc.), não atribuem às regras jurídicas e soluções jurisdicionais um caráter de autonomia, como se viessem de "dentro" do próprio corpo social, que nelas se reconheceria?[5]

b) a renovação de algumas expectativas quanto a instrumentos de autocomposição/autotutela ou de arbitragem – embora esta se *aproxime* bastante do modelo anterior, como se verifica adiante – tendo presentes as implicações que tal postura pode significar no tocante às garantias tradicionais próprias do Estado de direito, vinculadas ao constitucionalismo

---

[5] Ver, a respeito, BOLZAN DE MORAIS, Jose Luis. *A idéia de Direito Social*. Porto Alegre: Livraria do Advogado, 1997.

e às garantias da jurisdição estatal próprias da modernidade e do projeto liberal em sua vertente político-jurídica.[6]

Neste sentido, percebe-se uma interrogação fundamental que diz respeito à tentativa de readequação dos procedimentos judiciais a esta realidade – que de novidade tem apenas o seu fortalecimento, já que as práticas de conciliação vêm de longa data sendo anteriores mesmo à transposição da *justiça privada* para *justiça pública* – incorporando aspectos consensuais e a colocação em prática de métodos alternativos de solução de controvérsias (os ADR – *Alternative Dispute Resolution* – do modelo americano) – como ocorre no Brasil com a Lei 9.307/96, bem como com a Lei 13.140/2015 instituidora da mediação.

Nesta discussão, deve-se ter presente, preliminarmente, que este debate se insere em um quadro mais amplo relativo aos modos de tratamento de conflitos, os quais podemos agrupar em dois grandes conjuntos – heterônomos e autônomos –, não sem considerar a questão acerca da heteronomia de um direito produzido no interior de um Estado Democrático e de seus métodos de aplicação, como apontado acima.

É evidente que, quando se propõe tal esquema explicativo, não há apego a uma pretensão de pureza que envolva cada um deles. Pelo contrário, existe consciência das articulações que se estabelecem ou que podem se estabelecer entre os mesmos, o que oportuniza, muitas vezes, a ocupação de papéis distintos concomitantemente.

Por outro lado, é indispensável refletir acerca desta temática, em especial no debate com operadores jurídicos – em sentido amplo – os quais têm diante de si a tarefa de apontar caminhos que envolvem muitas vezes litígios acerca de interesses que têm como característica fundamental a sua projeção subjetiva/pessoal que os coloca em contradição com as técnicas tradicionais de tratamento de conflitos adaptadas com exclusividade para o trato de interesses interindividuais, bem como com a formação jurídica que segue esta mesma trilha.

Ou seja: a temática das relações de consumo ou do meio ambiente, particularmente, mas não só elas, implicam a revisão de perspectivas do próprio direito, a todo o momento visto como direito individual que se projeta como *direito subjetivo*, passando-se a incorporar novos tipos de interesses, os *transindividuais*, que podem ser: *coletivos* (aqueles que agrupam indivíduos vinculados entre si por laços jurídicos) ou *difusos* (aqueles que têm a sua titularidade espraiada por um grupo indeterminável de pessoas, dos quais se sobressaem os relativos ao meio ambiente e às relações de consumo).

---

[6] Tenha-se presente que estas alternativas não são excludentes. Ver a respeito desta partição do modelo liberal: MACRIDIS, Roy. *Ideologias Políticas Contemporâneas*. Brasília: UnB. 1982.

Ainda, é preciso que sejam frisados os vínculos que tais interrogações supõem com todo o questionamento que se estabelece atualmente acerca do Estado, em particular no que diz respeito aos papéis ocupados e às funções inerentes à atividade estatal.

Tal questão é controvertida tanto para aqueles adeptos de um enxugamento do Estado à moda neoliberal, quanto para aqueles que ainda percebem neste um ator privilegiado, em especial como regulador das desigualdades ou como garantidor de mecanismos necessários de fomento ou manutenção da qualidade de vida dos cidadãos, malgrado as crises que o acompanham, incluídas aqui aquelas relacionadas ao oferecimento de respostas adequadas e públicas, àqueles envolvidos em algum tipo de conflito.

É dentro deste quadro que se propõe a análise e crítica públicas, com a pretensão, acima de todas, de contribuir e instigar a discussão que cerca esta matéria, objetivando que a mesma se dê de forma abrangente, e não apenas imediatista e circunstancial.

Parte I

DIREITOS HUMANOS, CONSTITUIÇÃO E ACESSO À JUSTIÇA

1. Os Direitos Humanos

1.1. Aspectos histórico-políticos dos Direitos Humanos

A preocupação com o tema dos Direitos Humanos[7] está presente desde há muito tempo nos trabalhos jurídicos daqueles que se preocupam com a dignidade da vida quotidiana dos indivíduos, bem como do ambiente – tomado aqui em uma compreensão maximizada, incorporando os aspectos naturais e construídos ("artificiais") – habitado.

Para que se possa ter uma boa compreensão do tema, mister é correlacioná-lo com o debate acerca da tradição do Estado moderno e, por óbvio, com suas crises.[8] Dessa forma é que muitos juristas, como também sociólogos, politólogos, filósofos etc., em uma visão transdisciplinar[9] da temática, vêm desenvolvendo pesquisas e projetos, tentando, a todo o momento, constituir um saber e práticas mais apuradas, além de um discurso garantidor da eficácia e efetividade dos conteúdos próprios – tradicionais ou inovadores – aos Direitos Humanos. A história dos Direitos Humanos está intimamente imbricada com a ação estatal em suas diversas expressões, como se avista adiante, da mesma forma que a sua fragilidade pode

---

[7] Sobre o tema vide RAMÍREZ, Salvador Vergés. *Derechos humanos:* fundamentación. Madrid: Tecnos, 1997 e de NINO, Carlos Santiago. *Ética y Derechos Humanos*: un ensayo de fundamentación. 2. ed. Buenos Aires: Editorial Astrea, 1989. Importante salientar que não é a intenção de apresentar aqui todas as teses dedicadas à fundamentação dos direitos humanos, mas utilizar alguns autores que possam dar suporte à discussão que agora se inicia.

[8] Como diz José Antonio López García, (...) una buena manera de estudiar los Derechos humanos, al menos desde el siglo XIX hasta nuestros días, consiste en verlos en conexión con la historia del Estado Moderno. Ver, do autor: GARCÍA, José Antonio López y REAL, J. Alberto del. (eds.). Rafael de Asís Roig. *Los Derechos: entre la ética, el poder y el derecho*. Madrid: Dykinson, 2000, p. 26.

[9] Não se pode esquecer de que as civilizações não ocidentais reconhecem um conjunto de direitos ou de valores que se aproximam do assim denominado projeto ocidental de Direitos Humanos. Sobre o tema: BIELEFELDT, Heiner. *Filosofia dos Direitos Humanos*. São Leopoldo: Unisinos, 2000. Ver também HÖFFE, Otfried. *Derecho intercultural*. Traducción de Rafael Sevilla. Barcelona: Gedisa, 2000 e SEN, Amartya Kumar. *Desenvolvimento como liberdade*. Tradução de Laura Teixeira Motta. São Paulo: Companhia das Letras, 2000.

estar, e deveras tal ocorre, correlacionada com as insuficiências a que se sujeita o Estado contemporâneo.

Assim, tais questionamentos devem acompanhar as transformações que se operam nos conteúdos tidos como próprios dos mesmos. Como adverte Norberto Bobbio em seu "A Era dos direitos",[10] os Direitos Humanos não nascem todos de uma vez. Eles são históricos e se formulam quando e como as circunstâncias sócio-histórico-político-econômicas são propícias ou referem a inexorabilidade do reconhecimento de novos conteúdos, podendo-se falar, assim, em gerações[11] de Direitos Humanos, cuja primeira estaria ligada aos direitos civis e políticos – as liberdades negativas –; uma segunda geração atrelada aos conteúdos das liberdades positivas, como os direitos econômicos, sociais e culturais; uma terceira vinculando as questões que afligem os homens em conjunto, como as relativas à paz, ao desenvolvimento, ao meio ambiente etc.[12]

Há, ainda, quem os identifique por intermédio do valor privilegiado em seus conteúdos. Assim, há os direitos de *liberdade*, os de *igualdade* e os de *solidariedade*, acompanhando as diversas gerações como acima explicitadas.

Por outro lado, não é suficiente o seu reconhecimento político-social, existe a necessidade de dar-lhes *eficácia jurídica e efetividade prática*, podendo-se agregar, neste aspecto, com José Eduardo Faria,[13] a ideia de que às diversas gerações pode-se atrelar o *maior compromisso de uma das funções do Estado – à cidadania civil e política* (1ª geração) atrelava-se, de regra, a *ação legislativa*, pois bastaria o seu reconhecimento legal para a sua concreção por tratarem-se de liberdades negativas cuja intenção privilegia o caráter de não impedimento das ações por parte do Estado; à *cidadania social*

---

[10] Para este debate há uma literatura significativa, podendo-se mencionar, para além da obra consagrada de Norberto Bobbio referida no texto, o trabalho de SARLET, Ingo Wolfgang. *A Eficácia dos Direitos Fundamentais.* Uma teoria geral dos direitos fundamentais na perspectiva constitucional. 13. ed. Porto Alegre: Livraria do Advogado, 2018.

[11] Há autores que preferem falar em "dimensões", em vez de gerações, como é o caso de SARLET, Ingo Wolfgang. *A Eficácia dos Direitos Fundamentais.* Uma teoria geral dos direitos fundamentais na perspectiva constitucional. 13. ed. Porto Alegre: Livraria do Advogado, 2018. O presente texto não se preocuparácom esse debate, muito embora esta expressão possa evitar que, eventualmente, se pretenda uma superação geracional destes conteúdos. Todavia, aqui, adotar-se-á o termo *geração* compreendido como tal, ou seja, como expressão da historicidade destes conteúdos, e não da ultrapassagem de uma a outra.

[12] Não se pode olvidar, todavia, que, em razão mesmo de sua configuração histórica, esta tripartição é apenas exemplificativa. Há, já, quem correlacione novas gerações oriundas de circunstâncias antes não presentes, como é a emergência de uma quarta e quinta gerações relacionadas com os processos informáticos e a pesquisa genética.

[13] FARIA, José Eduardo. Direitos Humanos e Globalização Econômica: notas para uma discussão. *Estudos avançados*. n. 11. v. 30. 1997. Tal postura não pode significar que as demais funções do Estado não tenham nenhum tipo de comprometimento na medida em que, e.g., o desrespeito a qualquer deles enseja a utilização de remédios procedimentais construídos para dar conta destas situações, tais como o Habeas Corpus, Mandado de Segurança, Mandado de Injunção. Ação Civil Pública, Ação Popular etc.

e econômica (2ª geração), a *ação executiva através de prestações públicas*, implicando necessárias ações políticas promocionais; à *cidadania pós-material* (3ª geração), a *ação jurisdicional* em sentido amplo, garantindo a efetividade de seus conteúdos, através de uma atitude hermenêutica positiva e concretizante dos conteúdos constitucionalizados.[14]

Ou seja, os Direitos Humanos são *universais* e, cada vez mais se projetam no sentido de seu alargamento objetivo e subjetivo, mantendo seu caráter de temporalidade – não temporariedade. Sendo, portanto, *históricos*, não definitivos, exigindo a todo o instante não apenas o reconhecimento de situações novas, como também a moldagem de novos instrumentos de resguardo e efetivação. É preferível dizer que se *generalizam* – ou difundem – na medida em que sob as gerações atuais observa-se, muitas vezes, um aprofundamento subjetivo, a transformação ou a renovação (e.g. função social) dos conteúdos albergados sob o manto dos direitos fundamentais de gerações anteriores, além da especificação de novas dimensões.[15] Então, da 1ª geração com interesses de perfil individual passa-se a, na(s) última(s), transcender o indivíduo como sujeito dos interesses reconhecidos, sem desconsiderá-lo, obviamente[16] – coletivos e difusos.

O que se percebe nesta seara é que muito dos conteúdos básicos em muitos lugares sequer foi implementado ou muitos são sonegados e ao mesmo tempo é preciso dar conta de situações novas cada vez mais complexas, impondo-se ao jurista uma formação qualificada que lhe permita enfrentar competentemente os conflitos surgidos neste meio, sem esquecer o fundamental que são as estratégias próprias ao Estado de direito como Estado Democrático de direito.[17]

---

[14] É de ver que não há, também neste aspecto, uma uniformidade conceitual, podendo-se referir autores que multiplicam as gerações de direitos humanos, a partir de concepções primárias díspares.

[15] No âmbito deste trabalho, é suficiente adotar uma distinção simplificada para entender os direitos fundamentais como sendo o catálogo positivado dos direitos humanos em uma certa ordem jurídica, o que, ao mesmo tempo que os identifica, pode diferenciá-los em razão da extensão quantitativa de uns e de outros. Ver adiante a questão da dialética entre internacionalização dos direitos humanos e constitucionalização do direito internacional.

[16] Assim é que se pode falar, nos dias que passam, de uma multiplicação de gerações em razão de novos conteúdos próprios ao universo dos direitos humanos, tais como aquelas relacionadas com as questões ambientais, a paz, o desenvolvimento e, mais recentemente, aquelas ligadas à pesquisa genética – que dá origem a um novo ramo do direito, reconhecido como o biodireito – e à cibernética, o que só confirma a hipótese bobbiana da historicidade destas matérias, bem como de uma certa independência de umas em relação a outras na medida em que o aparecimento de uma nova geração não implica o desaparecimento de alguma das precedentes, embora possa redefini-la, como já expresso.

[17] Ver art. 1º da CFB/88. Sobre o conceito de Estado Democrático de Direito ver: BOLZAN DE MORAIS, Jose Luis. *Do Direito Social aos Interesses Transindividuais:* o Estado e o Direito na ordem contemporânea. Porto Alegre: Livraria do Advogado, 1996, em especial capítulo I. Da mesma forma ver: STRECK, Lenio Luiz; BOLZAN DE MORAIS, Jose Luis. *Ciência política e teoria do Estado.* 8. ed. 3. tir. Porto Alegre: Livraria do Advogado, 2019. O Estado Democrático de Direito tem um conteúdo transformador da realidade, não se restringindo, como o Estado Social de Direito, a uma adaptação melhorada das condições sociais de existência. Assim, o seu conteúdo ultrapassa o aspecto material de concretização de uma vida digna ao homem e, passa a agir simbolicamente como fomentador da

Resumidamente é possível dizer, então, que os Direitos Humanos, como conjunto de valores históricos básicos e fundamentais, que dizem respeito à vida digna jurídico-político-psíquico-econômico-física e afetiva dos seres e de seu *habitat*, tanto daqueles do presente quanto daqueles do porvir, surgem sempre como condição fundante. Assim, impõem aos agentes político-jurídico-sociais a tarefa de agirem no sentido de permitir que a todos seja consignada a possibilidade de usufruí-los em benefício próprio e comum ao mesmo tempo. Da mesma forma como os Direitos Humanos se dirigem a todos, o compromisso com sua concretização caracteriza tarefa de todos, em um comprometimento comum com a dignidade comum.

Pode-se dizer, então, que os Direitos Humanos, sendo universais, aparecem como um construção teórico-jurídica com suporte nas identidades comuns a todos.[18] Como diz Antonio Enrique Pérez-Luño, ou os Direitos Humanos são universais ou não o são tais, podendo ser tudo, menos Direitos Humanos.[19]

Todavia, para este autor, esta universalização não significa uma homogeneização dos indivíduos ou seus cotidianos, pois, estando presente a ideia de sujeito está-se pretendendo referir não uma identidade isolada,

---

participação pública quando o democrático qualifica o Estado, o que irradia os valores da democracia sobre todos os seus elementos constitutivos e, pois, também sobre a ordem jurídica. E mais, a ideia de democracia contém e implica, necessariamente, a questão da solução do problema das condições materiais de existência...Assim, o Estado Democrático de Direito teria a característica de ultrapassar não só a formulação do Estado Liberal de Direito, como também a do Estado Social de Direito – vinculado ao *welfare state* neocapitalista – impondo à ordem jurídica e à atividade estatal um conteúdo utópico de transformação da realidade. Dito de outro modo, o Estado Democrático é plus normativo em relação às formulações anteriores. Vê-se que a novidade que apresenta o Estado Democrático de Direito é muito mais em um sentido teleológico de sua normatividade do que nos instrumentos utilizados ou mesmo na maioria de seus conteúdos, os quais vêm sendo construídos de alguma data. De outro lado, é importante trazer a reflexão de Marcelo C. Galuppo, para quem o Estado Democrático de Direito reconhece como constitutiva da própria democracia contemporânea o fenômeno do pluralismo e do multiculturalismo, recorrendo preferencialmente à técnica da inclusão do que da integração. Por isso mesmo o Estado Democrático de Direito não pode eliminar qualquer projeto ou qualquer valor, mas, ao contrário, deve reconhecer todos os projetos de vida, inclusive os minoritários, igualmente valiosos para a formação da autoidentidade da sociedade. Ver: GALUPPO, Marcelo Campos. *Igualdade e Diferença:* Estado democrático a partir do pensamento de Habermas. Belo Horizonte: Mandamentos, 2002, p. 20-21.

[18] Los Derechos humanos expresan así aquello que es natural, común o universal a todos los individuos. Constituyen una construcción teórica (principalmente teórico-jurídica) basada en un modelo de sujeto (de Derecho) que se abstrae de las particularidades jurídicamente irrelevantes de cada cual para señalar las similitudes relevantes de todos. Ver: GARCÍA, José Antonio López y; REAL, J. Alberto del. (eds.). Rafael de Asís Roig. *Los Derechos: entre la ética, el poder y el derecho.* Madrid: Dykinson, 2000, p. 22.

[19] (...) los derechos humanos o son universales o no son. No son derechos humanos, podrán ser derechos de grupos, de entidades o de determinadas personas, pero no derechos que se atribuyan a la humanidad en su conjunto. La exigencia de universalidad, en definitiva, es una condición necesaria e indispensable para el reconocimiento de unos derechos inherentes a todos los seres humanos, más allá de cualquier exclusión y más allá de cualquier discriminación. Ver: PÉREZ-LUÑO, Antonio Enrique. La Universalidad de los Derechos Humanos. *In:* GARCÍA, José Antonio López y; REAL, J. Alberto del. (eds.). Rafael de Asís Roig. *Los Derechos: entre la ética, el poder y el derecho.* Madrid: Dykinson, 2000, p. 66.

senão uma identidade que se constitui a partir de sua inserção coletiva e institucional em face do Estado, na medida em que este esteve/está presente permanentemente na história dos Direitos Humanos.[20]

Em razão disso é que se pode/deve fazer, ainda hoje e mesmo diante do fenômeno de des(re)construção da ideia moderna de Estado, a conexão entre o tema dos Direitos Humanos e o instrumento jurídico que lhe dá forma: a Constituição. É óbvio que sem perder de vista a sua própria crise.

1.2. Direitos Humanos e Constituição

Portanto, para enfrentar o problema dos Direitos Humanos, é preciso, desde sempre e ainda hoje, que se recupere a importância das Constituições e em particular a história jurídico-política ocidental.

Não se deve abandonar a certeza de que, com os matizes que são necessários, o constitucionalismo desempenhou/desempenha – talvez por isso mesmo tantos se empenhem em desacreditá-lo ou fragilizá-lo – um papel fundamental, se não para o desenvolvimento, para o asseguramento de parâmetros mínimos de vida social democrática e digna.[21]

Por óbvio que nem sempre a formalização de um texto constitucional impediu que a prática política fosse desenvolvida em desacordo com a expressão contida na Carta Magna, da mesma forma que em muitos momentos esta não representou aquilo que pretendia ser a materialização da *vontade política de um povo* – como expressou Dalmo Dallari[22] – mas, pelo contrário, serviu para dar um véu de legalidade e legitimidade a um

---

[20] En primer lugar, porque hablar del sujeto de los Derechos humanos, un sujeto universal y abstracto, no implica hablarlo todo del sujeto real cuya identidad moral le sigue perteneciendo en exclusiva. Y, en segundo lugar, porque sobre lo que versan los Derechos humanos es sobre la relación de cada individuo con los demás y, sobre todo, versan sobre la relación de cada individuo con la forma institucional surgida del pacto con los demás: el Estado. A la postre, es en relación con el Estado donde tienen sentido los Derechos humanos. PÉREZ-LUÑO, Antonio Enrique. La Universalidad de los Derechos Humanos. *In*: GARCÍA, José Antonio López y; REAL, J. Alberto del. (eds.). Rafael de Asís Roig. *Los Derechos: entre la ética, el poder y el derecho*. Madrid: Dykinson, 2000, p. 22

[21] Como sustenta Lenio Streck, em seu Jurisdição Constitucional e Hermenêutica, o constitucionalismo não morreu. Releva lembrar a importância do papel representado pelas Constituições surgidas no segundo pós-guerra no continente europeu e a força (interventiva) das respectivas justiças constitucionais. STRECK, Lenio Luiz. *Jurisdição constitucional e hermenêutica*. 2. ed. Porto Alegre: Livraria do Advogado, 2004, p. 85-86.

[22] Ver deste autor o seu Constituição e Constituinte, dando atenção, em particular, ao seu conceito de Constituição, como sendo a declaração da vontade política de um povo, feita de modo solene por meio de uma lei que é superior a todas as outras e que, visando a proteção e a promoção da dignidade humana, estabelece os direitos e as responsabilidades fundamentais dos indivíduos, dos grupos sociais, do povo e do governo, onde se pode observar as respostas acerca de quem, como, o que é e para quê uma Constituição? DALLARI, Dalmo de Abreu. *Constituição e Constituinte*. 4. ed. São Paulo: Saraiva, 2010.

poder arbitrário – como ocorrido seguidamente, e.g., na história constitucional latino-americana em suas experiências burocrático-autoritárias.[23]

Entretanto, tais circunstâncias históricas não podem, nem devem, permitir que se desconheça o significado estratégico do reconhecimento de pretensões legítimas do povo plasmadas em sede constitucional e que adquirem, assim, o caráter formal de normas constitucionais. Estas normas qualificam-se pela hierarquia e estabilização que tal significa – normas superiores e com uma maior estabilidade garantida, de regra, pela rigidez dos conteúdos incluídos na Lei Maior – especialmente no *constitucionalismo escrito* –, quanto mais quando adotada a fórmula das cláusulas pétreas como conteúdos imunes à ação das instituições constituídas, mesmo em sua ação transformadora do texto constitucional.

Assim, resumidamente, pode-se dizer que a Constituição – em uma perspectiva nominada *substancialista*[24] – como expressão do *pacto social*,[25] nada mais é – e por isso mesmo é muito – do que aquele acordo de vontades (pacto fundante) políticas desenvolvido em um espaço democrático. Esse espaço permite a consolidação histórica das pretensões sociais de um grupo, incorporando, hoje em dia, não apenas aquilo que diga respeito única e exclusivamente aos seres humanos individual, coletiva e difusamente, mas também os diversos fatores e seres que influem na construção

---

[23] Sobre este conceito, tomado emprestado de Giullermo O'Donnel, ver: STRECK, Lenio Luiz; BOLZAN DE MORAIS, Jose Luis. *Ciência política e teoria do Estado*. 8. ed. 3. tir. Porto Alegre: Livraria do Advogado, 2019.

[24] De outro lado, é possível referir uma outra perspectiva chamada formalista, para a qual, na tradição dos Federalistas, como diz Giovanni SARTORI (...) as constituições são, em primeiro lugar e acima de tudo, instrumentos de governo que limitam, restringem e permitem o controle do exercício do poder político (p. 211) ou seja, (...) para o constitucionalismo -...- as constituições são só aquelas formas de Estado nas quais, como disse Rousseau, somos livres porque somos governados por leis e não por outras pessoas (p. 210). Para este autor as constituições são "formas" que estruturam e disciplinam os processos decisórios do Estado...são conjuntos de procedimentos tendo por objetivo assegurar o exercício do poder sob controle...são e devem ser neutras com relação ao seu conteúdo (p. 214). Diz, ainda: "Precisamos desconfiar, assim, das constituições que contêm aspirações ... As constituições com aspirações são, no final de contas, um desvio e um sobrepeso de capacidades constitucionais que têm como resultado a impossibilidade de funcionar" (p. 215). Ver: SARTORI, Giovanni. *Engenharia Constitucional:* como mudam as constituições. Brasília: UnB. 1996. Em outra perspectiva, pode-se recorrer às lições de Nicola MATTEUCCI, para quem, ao princípio do constitucionalismo escrito se agregam outros dois caracteres, o da legitimidade e o da função das constituições. Assim: La constitución escrita basa su legitimidad en dos elementos: ya sea en el contenido mismo de las normas, que se imponen por su racionalidad intrínseca y por su justicia; ya sea en su fuente formal, por emanar de la voluntad soberana del pueblo a través de una assemblea constituyente y, a veces, de un referéndum... El segundo carácter se refiere a la función: se quiere una constitución escrita no sólo para impedir un gobierno arbitrario e instaurar un gobierno limitado, sino para garantizar los derechos de los ciudadanos y para impedir que el Estado los viole. En efecto, la constitución no sólo regula el funcionamiento de los organismos del Estado, sino que además consagra los derechos de los ciudadanos, puestos como límites al poder del Estado. Ver: MATTEUCCI. Nicola. *Organización del poder y libertad*. Historia del constitucionalismo moderno. Tradução de Francisco Javier Ansuátegui Roig y Manuel Martinez Neira. Madrid: Editoria Trotta, 1998.

[25] Poder-se-ia, aqui, retomar a literatura própria do jusnaturalismo contratualista – de Hobbes, Locke, Rousseau e tantos outros – para referendar tal assertiva, o que vai apenas referido, por ser importante.

de um espaço e de um ser-estar digno no mundo – meio ambiente, espaço urbano, ecossistemas etc. Incorpora, ainda, as preocupações futuras para com aqueles que estão por vir, abrindo-se para os novos espaços institucionais, para além de funcionar como uma estratégia de estabililzação de conquistas e de forjar instrumentos que deem condições para a prática dos conteúdos nela expressos, permanecendo "aberta" como documento histórico-cultural.

O papel do constitucionalismo, com as *nuances* advindas da (des)ordem contemporânea, parece ainda central para aqueles que não apenas se ocupam em estudá-lo, mas, e particularmente, para todos aqueles que se preocupam com a continuidade democrática assentada conteudisticamente em um conjunto de regras do jogo democrático. Como quer Bobbio,[26] também os conteúdos humanitários e transformadores do jogo democrático precisam suportar e viabilizar este projeto transformador.[27]

Assim, "por quê(?)" Constituição se não para expressar estas preocupações e definir as *regras do jogo*, não para impedir que este se estabeleça e desenvolva, mas para assegurar que serão os próprios jogadores os titulares da ação de jogar, sabedores das circunstâncias, das garantias e dos riscos que envolvem tal ato. Jogadores que não ficarão à mercê de eventuais poderosos, ou mesmo de maiorias constituídas aleatoriamente com a utilização de instrumentos político-midiáticos ou financeiros. Tal se dá evitando reduções significativas das potencialidades contidas no texto constitucional, desenhando uma *pauta mínima de conteúdos* que expressem os valores básicos a orientar uma sociedade justa, digna e solidária como limite mínimo à produção do seu sentido, impedindo uma "marcha atrás" (não retrocesso) nas conquistas promovidas.

Assentada que está, nesta rápida retomada, a importância do constitucionalismo e de seu instrumento formal, a Constituição, merece atenção a definição do caráter eficacial das normas constitucionais, em especial daquelas que expressam conteúdos próprios aos Direitos Humanos das gerações mais recentes, tais como os de segunda – econômicos, sociais e culturais – e de terceira – meio ambiente, desenvolvimento etc. –, na medida em que estes são dependentes de ações estatais que vão além de sua explicitação legislativa.

---

[26] Ver, sobre o tema das regras do jogo democrático: BOBBIO, Norberto. *O futuro da democracia:* uma defesa das regras do jogo. Tradução de Marco Aurélio Nogueira. Rio de Janeiro: Paz e Terra, 1969.

[27] Como diz Marcelo Gallupo, o direito desse tipo de Estado deve adotar um conceito de princípio capaz de suportar esse pluralismo de projetos de vida, não pode ser um conceito que implique uma hierarquia entre os princípios, o que pode causar estranheza na Teoria Jurídica dominante no Brasil, ainda muito marcada tanto pelo paradigma do Liberalismo quanto pelo paradigma do Estado Social, ambos profundamente sistematizadores, mas certamente não no meio das demais Ciências Sociais. Ver, GALUPPO, Marcelo Campos. *Igualdade e Diferença:* Estado democrático a partir do pensamento de Habermas. Belo Horizonte: Mandamentos, 2002, p. 21

Entretanto, não é possível deixar de referir que, também os ditos *direitos de liberdade* – primeira geração – implicam, a partir de sua necessária e intrínseca conexão com os ditos *direitos prestacionais*, demandar uma concretização positiva das condições necessárias e suficientes para a sua ampla fruição.

Pode-se, assim, exemplificar esta posição a partir da tomada em consideração da *liberdade de expressão*. Ora, se no contexto atual, pretende-se que alguém possa se dizer apto a usufruir desta *liberdade*, é preciso referir que, para tanto, é inderrogável o acesso ao conhecimento, à informação, à educação como aspectos instrumentais da liberdade. E, se tais *acessos* pressupõem uma *atitude facilitadora/implementadora, positiva/prestacional, positiva* de desobstrução e/ou de viabilização da obtenção das condições mínimas que permitem a prática da liberdade, com uma nítida atitude promocional por parte da autoridade pública, verifica-se que para exercitar as liberdades não é suficiente o *não impedimento* de sua prática, e sim, a imperiosidade de sua *promoção* através da construção das condições infraestruturais mencionadas.

Portanto, percebe-se que há um caráter positivo em todos os âmbitos dos Direitos Humanos, seja mediata, seja imediatamente, o que reforça ainda mais o caráter complexo de todos os seus conteúdos e implica um reforço na perspectiva do caráter eficacial das normas que os expressam, como apontado adiante.

1.3. O caráter eficacial das normas constitucionais relativas a Direitos Humanos

Como visto acima, particularmente importante nesta matéria é o trato que se dê à questão da eficácia das normas constitucionais, em especial àquelas que dizem respeito aos Direitos Humanos de segunda e terceira gerações ou de igualdade e de solidariedade, como classificado anteriormente. Muito embora esta divisão perca totalmente o sentido da diferenciação, quando se percebe uma demanda por promoção/prestação/viabilização.

É de longa a discussão acerca da eficácia das normas positivadoras dos Direitos Humanos, ganhando contornos fundamentais com o surgimento do *constitucionalismo social*, a partir das Constituições mexicana (1917) e de Weimar (1919). Naquele momento, os textos constitucionais passaram a incorporar normas de caráter premial, ou normas jurídicas às quais se agregam consequências jurídicas positivas ou, mais particularmente, normas que definem objetivos a serem atingidos, programas a serem postos em práticas, definições políticas, projetos de sociedade etc.

Até então as questões sugeridas para a teoria constitucional permitiam o seu trato através de instrumentos tradicionais na medida em que o impedimento de uma ação considerada legítima poderia ser resolvido através de uma intervenção paralisante da ação contrária à norma, sem que, nesta perspectiva, houvesse a necessidade, aparentemente, de propor-se alguma estratégia para tornar possível a prática do conteúdo proposto.

Com a diferenciação estabelecida entre as diversas normas que compõem a Carta Magna começou-se a ter problemas em relação ao tratamento dado às mesmas, optando-se, então, por classificá-las, deferenciando-as quanto à carga eficacial da qual são(seriam) dotadas.[28]

Tal atitude, muitas vezes, aponta para uma fragilização eficacial destas normas de novo tipo, próprias do constitucionalismo contemporâneo – dito *social* –, dizendo-as dependentes de uma ação legislativa e/ou administrativa posterior e inferior hierarquicamente, que lhes complete o sentido e permita, assim, a fruição dos conteúdos nela expressos.

Como, de regra, a legislação infraconstitucional não era adotada, e a política pública permanecia na dependência de injunções político-econômicas, via-se o cidadão frustrado em suas expectativas, servindo tal atitude não apenas para impedir/inviabilizar – bem como descomprometer, muitas vezes, a autoridade pública – o acesso aos conteúdos constitucionais mas, também, para fragilizar, na prática, o valor atribuído ao pacto constituinte do Estado frente à sua *incapacidade* de tornar fato as *promessas* contidas na Carta Política.

Mesmo que sejam tratados diversamente os vários conteúdos constitucionais, acredita-se que estes *novos direitos*[29] – os de segunda e terceira gerações – incorporem, para além de uma *eficácia paralisante de atitudes* com eles incompatíveis, verdadeira *pretensão a ser satisfeita* pela autoridade pública "inconstitucionalizando" a sua atitude omissiva, além de permitir

---

[28] Muitas são as classificações ou tipologias propostas, em particular quanto à eficácia e aplicabilidade das normas constitucionais. Poder-se-ia, aqui, mencionar várias delas. Parece suficiente, entretanto apontar aqui as sugestões de SILVA, José Afonso da. *Aplicabilidade das normas constitucionais*. 6. ed. São Paulo: Malheiros, 2003, de DINIZ, Maria Helena. *Norma constitucional e seus efeitos*. São Paulo: Saraiva, 1989 e de BARROSO, Luís Roberto. *O direito constitucional e a efetividade de suas normas*: limites e possibilidades da Constituição brasileira. 4. ed., ampl. e atual. Rio de Janeiro: Renovar, 2000 – entre outros, por se tratarem de referências doutrinárias permanentemente presentes na cena jurídica, apesar, e sem aqui referir, as diferenças que se observa entre as mesmas.

[29] Lucia Alvarenga sugere que os direitos sociais, que são normas impositivas de legislação, não conferindo aos seus titulares verdadeiros poderes de exigir, porque apenas indicam ou impõem ao legislador que tome medidas para a realização dos bens protegidos. (...) Não se reconhece, portanto, aos direitos sociais, um conteúdo de direito subjetivo que permita aos titulares a exigência do respectivo cumprimento, por via judicial, como direito líquido e certo e legitimidade individual. Ver: ALVARENGA, Lúcia Barros Freitas de. *Direitos humanos, dignidade e erradicação da pobreza*: uma dimensão hermenêutica para a realização constitucional. Brasília: Brasília Jurídica, 1998. Parece que tal postura, de amplo espectro doutrinário, peca por atrelar-se sobremaneira a uma tradição individualista do direito com suporte, como visto, na ideia de direito subjetivo incompatível com o caráter próprio aos direitos sociais, como observado na classificação proposta.

que o destinatário/interessado demande a satisfação do conteúdo proposto/prometido em sede constitucional, sob pena de observar uma atitude contrária ao comando constitucional, contribuindo para o *desgaste de legitimação* suportado pelo constitucionalismo contemporâneo e ofendendo a base estruturante do Estado Democrático de direito.

Para dar conta disso, uma das reações propostas pela teoria constitucional foi a de construir instrumentos procedimentais que permitissem ao cidadão o acesso aos conteúdos constitucionais através de estratégias diversas da legislativa, assim como, muitas vezes, até mesmo das práticas políticas tradicionais através do estabelecimento de políticas públicas implementadoras dos conteúdos expressos na Carta Política.

Muito embora tal apropriação doutrinária incorra em postura contraditória com o perfil do constitucionalismo contemporâneo, de caráter eminentemente social e devotado à tese da igualdade, dotou-se a ordem jurídica de mecanismos viabilizadoras dos valores inseridos na Lei Maior, apropriando à jurisdição a tarefa "gloriosa" de responder satisfativamente às pretensões deduzidas em juízo que buscam ver materializados aqueles conteúdos próprios a tais normas.

Nesta senda, surgiram diversos instrumentos, dentre eles a *ação direta de inconstitucionalidade por omissão*[30] e o *mandado de injunção*, por paradigmáticos, que, com perfis próprios, têm o objetivo comum de tornar praticável a Constituição em todo o seu espectro.

No que diz respeito aos direitos ditos fundamentais de igualdade e de solidariedade está-se diante de valores intrínsecos a uma ordem constitucional comprometida com os valores humanitários e que, portanto, a sua carga eficacial não pode ser objeto de tergiversação ou concessões políticas, barganhadas como produtos em uma feira de supérfluos,[31] mais ainda quando se constituem em meios para a concretização das liberdades, da mesma forma que estas em relação àqueles, como referido ao início deste tópico.[32]

---

[30] Muito embora este instrumento esteja fragilizado em razão do perfil que lhe foi dado pelo legislador constituinte, particularmente em razão da legitimidade ad causam restrita, não há que se removê-lo do elenco de possibilidades que justificam uma hermenêutica constitucional viabilizadora dos conteúdos sociais nela expressos.

[31] Neste sentido, "(...)os direitos fundamentais sociais, mais do que nunca, não constituem mero capricho, privilégio ou liberalidade, mas sim, premente necessidade, já que a sua supressão ou desconsideração fere de morte os mais elementares valores da vida, liberdade e igualdade. A eficácia (jurídica e social) dos direitos fundamentais sociais deverá ser objeto de permanente otimização, na medida em que levar a sério os direitos (e princípios) fundamentais, corresponde, em última análise, a ter como objetivo permanente a otimização do princípio da dignidade da pessoa humana, por sua vez, a mais sublime expressão da própria idéia de Justiça!". Ver: SARLET, Ingo W. Os Direitos Fundamentais Sociais na Constituição de 1988. *In*: SARLET, Ingo W. (Org.) *O Direito Público em Tempos de Crise*: estudos em homenagem a Ruy Ruben Ruschel. Porto Alegre: Livraria do Advogado, 1999.

[32] Esta é uma discussão em aberto e que merece uma maior reflexão, considerando o contexto do nomeado "neoconstitucionalismo", o que não cabe nos limites desta obra.

1.4. A concretização dos Direitos Humanos pelo Estado e pela sociedade

Dessa forma, pensar em *concretização* dos conteúdos dos Direitos Humanos, particularmente os das últimas gerações, mas não apenas destes, parte do pressuposto que tal enfrentamento deva ser feito sob duas perspectivas distintas, sem que as mesmas sejam excludentes entre si.

Em um primeiro plano deve-se pensar em uma vertente de *concretização pelo Estado*, ou seja, é de verificar-se o papel do ente público estatal para que se obtenha o máximo de efetividade, assim como o máximo de adequação ou o resultado ótimo dos conteúdos que lhe são próprios.

Por evidente que a ação pública estatal deverá incluir: a) o reconhecimento em sede legislativa, expresso ou implícito – através de uma *cláusula constitucional aberta*;[33] b) ou mesmo de valores decorrentes, não expressos, da principiologia adotada pelo texto constitucional; c) ou, ainda, do conteúdo presente na legislação infraconstitucional – que, como visto, tem serventia fundamental, embora não suficiente, no âmbito das *liberdades*, mas é desde logo insuficiente já na seara dos direitos sociais, econômicos e culturais – ditas *igualdades e solidariedades* –, como uma produção legislativa ordinária de caráter implementante da norma superior.

Ao tratar das *igualdades e solidariedades*, especialmente, a essa ação do legislador – pela regulamentação da previsão constitucional – é imprescindível que se agregue uma atuação promotora/implementante/concretizadora dos mesmos, a qual se funda em geral na *ação executiva* do Estado – quando estamos frente ao modelo de Estado Social em seu sentido amplo – colocando em prática conteúdos reconhecidos pelo direito positivo por meio de ações políticas (políticas públicas) conformes à determinação constitucional e aptas a estabelecer as condições necessárias e suficientes para que o conteúdo material da norma seja viabilizado e se torne usufruível pelo(s) destinatário(s).

Este caráter prestacional, como referido acima, se vincula inexoravelmente à implementação dos direitos sociais, econômicos e culturais (direitos de igualdade), bem como àqueles veiculados como direitos de solidariedade (meio ambiente, paz, desenvolvimento etc.) através da ação política – políticas públicas – estatal, além dos atuais e novos "direitos tecnológicos" (internet, manipulação genética etc.) que requerem novas estratégias de enfrentamento, tratamento e consolidação.[34]

---

[33] Adiante este debate é retomado a partir da análise do texto da EC 45/04 relativamente à inclusão, no art. 5º da CF/88, de um § 3º, o qual afeta o tratamento até então dado à questão.

[34] A respeito ver BOLZAN DE MORAIS, Jose Luis. As Crises do Estado Contemporâneo. *In*: VENTURA, Deisy de Freitas Lima (Org.). *América Latina*: cidadania, desenvolvimento e Estado. Porto Alegre: Livraria do Advogado, 1996. Ver também, do mesmo autor: *As Crises do Estado e da Constituição e a Transformação Espaço-Temporal dos Direitos Humanos*. 2ª ed. Porto Alegre: Livraria do Advogado, 2011.

Portanto, aqui, existe um problema ampliado.

Do viés que interessa no momento, existe um problema de teoria jurídica constitucional que se inicia com a compreensão mesma do perfil das normas que introjetam tais conteúdos e que são apresentados, muitas vezes, apenas como embelezamentos estratégicos e legitimadores da ordem normativa estatal, sem reflexos no cotidiano prático do cidadão. Isso impõe a reflexão acerca do caráter eficacial das normas jurídicas, sobretudo as de nível constitucional, e, particularmente das ditas *normas programáticas* – para ficar no âmbito da terminologia clássica – e de sua efetivação e concretização sustentadas na ideia de *ótima concretização da norma*, assentada em princípios tais como o da *unidade constitucional, concordância prática, exatidão funcional, efeito integrador* e *força normativa da Constituição (máxima efetividade)*, como explicita Konrad Hesse.[35]

Portanto, a implementação dos conteúdos de Direitos Humanos, em particular os *de igualdade e de solidariedade*, implica a necessária compreensão da *ação jurídica* fundamentada em uma *prática comprometida e assente em uma teoria engajada*. Nela a Constituição não deve ser percebida exclusivamente como uma *folha de papel*,[36] mas se apresenta como um instrumento político-jurídico de construção de uma sociedade justa e solidária e comprometida com a promoção da dignidade humana[37] – para recuperar os pressupostos inscritos na Carta Constitucional brasileira de 1988.

Neste contexto, é preciso, ainda, que se pense a concretização dos Direitos Humanos a partir do *prisma da jurisdição*, atribuindo-lhe expressão fundamental frente aos direitos de terceira geração (direitos de solidariedade). Isso não afasta a problemática ora enfrentada no âmbito das *igualdades*, e das *liberdades inaugurais* a partir de sua interconexão com o complexo conteudístico dos Direitos Humanos expressos através das interconexões que os mesmos projetam. Tais fatos conduzem à interrogação, sobretudo, do papel e do conteúdo da jurisdição constitucional, o que, no caso brasileiro, repercute na ação de cada um dos membros da magistratura nacional em face do sistema de controle de constitucionalidade adotado, de caráter dual, envolvendo a sistemática do *judicial review* e instrumentos de

---

Portanto, quanto à implementação dos conteúdos desta geração de direitos humanos é inafastável a necessária compreensão dos contornos próprios às crises do Estado Contemporâneo, nos seus aspectos conceituais (em particular o problema da soberania) e estruturais (no que diz com os problemas financeiros, ideológicos e filosóficos do *Welfare State*.

[35] Ver HESSE, Konrad. *A Força Normativa da Constituição*. Tradução de Gilmar ferreira Mendes. Porto Alegre: Sergio Antonio Fabris, 1991. Para o trato da questão hermenêutica ver Hermenêutica Jurídica (em)Crise, de Lenio Luis Streck.

[36] Ver LASSALE, Ferdinand . *Que é uma Constituição?* São Paulo: Edições e Publicações Brasil, 1933.

[37] Com relação ao tema da dignidade humana ver: BENDA, Ernst. La Salvaguarda de la Dignidad Humana (artículo 1 de la Ley Fundamental). *In*: SEGADO, Francisco Fernández. *The Spanish Constitution in the European Constitutional Context*. Madrid: Dykinson. 2003, p. 1447-1458.

verificação concentrada por meio do órgão de cúpula da função jurisdicional pátria (o Supremo Tribunal Federal).

Necessário que, para além da compreensão do tema, exista uma *utilização dos instrumentos procedimentais* para fazer valer os seus conteúdos, apropriando-os do que o próprio texto constitucional coloca à disposição do cidadão. Assim, em *situações individuais*, há o *habeas corpus, o habeas data* e o *mandado de segurança*; para *situações coletivas* o *mandado de segurança coletivo*; para as situações que envolvem *interesses difusos* a *ação popular, a ação civil pública*, além das possibilidades postas pelo *mandado de injunção* e *ação direta de inconstitucionalidade por omissão*, estes últimos já referidos alhures.

Por óbvio que não se trata de tarefa fácil, em quaisquer dos aspectos acima expressos, particularmente quando tomamos como pano de fundo o Estado Contemporâneo e sua conformação e o caráter da formação jurídica dos atores envolvidos.[38]

Ou seja: o cenário conduz a circunstâncias complicadoras das já difíceis tarefas existentes, como em particular no caso do Brasil, onde *constituiu-se* um Estado e ainda não foi possível "constituir" uma teoria jurídica apta a dar conta deste Estado – Democrático de direito – que vem expresso – e implícito – no texto da Constituição Federal de 1988.

É preciso saber que a Constituição como documento jurídico-político está imersa neste jogo de tensões e de poderes, mas é indispensável que ter presente que a Constituição não é programa de governo, ao contrário são os programas de governo que precisam se constitucionalizar.[39]

De outra banda seria preciso pensar a questão da concretização dos Direitos Humanos a partir de uma *perspectiva social (concretização pela sociedade)*, apesar de sua importância no interior do quadro de transformações percebidas no âmbito daquilo que tradicionalmente nominou-se *espaço público*.

Ou seja: de que estratégias deveriam lançar mão, além daquelas já apontadas na seara jurídica, os atores sociais para verem materializadas as *políticas humanitárias* erigidas ou não – uma vez que poderiam agir com o objetivo de verem satisfeitas pretensões novas, emergentes de novos contextos e conflitos tidos estes como o conjunto dos Direitos Humanos

---

[38] Ver sobre o tema: ROCHA, Leonel Severo. *Epistemologia Jurídica e Democracia*. São Leopoldo: UNISINOS, 1999 e STRECK, Lenio Luiz. *Hermenêutica Jurídica e(m) crise*. Uma exploração hermenêutica da construção do Direito. 11. ed. rev. e atual. Porto Alegre: Livraria do Advogado, 2014.

[39] Tal debate envolveria, ainda, um discurso competente acerca da mutação constitucional e do controle de constitucionalidade, os quais afetam indelevelmente o problema da concretização dos direitos humanos. Ver: BOLZAN DE MORAIS, Jose Luis. Constituição ou Barbárie. Perspectivas constitucionais. *In*: SARLET, Ingo Wolfgang. *A Eficácia dos Direitos Fundamentais*. Uma teoria geral dos direitos fundamentais na perspectiva constitucional. 13. ed. Porto Alegre: Livraria do Advogado, 2018.

expressos no interior de uma determinada ordem jurídica normativa positiva.

Por óbvio que a possibilidade de virem a ser satisfeitas tais pretensões pode, nos dias de hoje, ser pensada a partir de uma *dupla via*.

Na primeira, através de *pretensões dirigidas à autoridade pública estatal*, buscando fazê-los valer desde alguma estratégia positivo/prestacional ou negativa – na dependência do conteúdo da pretensão – por parte do Estado, de suas funções, de suas agências ou agentes, vinculando-a, de regra, à ação executiva do Estado – como visto acima –; ou via intervenção jurisdicional, na tentativa de ver reconhecidas e implementadas garantias ou pretensões constantes do texto constitucional, mas que, por ação ou omissão da autoridade pública, foram afetadas ou não concretizadas.

Na segunda, poder-se-ia supor um *processo de autonomização social* – o que não significa adoção de uma matriz (neo)liberal/capitalista – que conduzisse a uma apropriação coletiva das *incumbências* necessárias à efetivação de tais conteúdos. Tal efetivação dar-se-ia, então, a partir de um comprometimento coletivo pelo bem-estar comum, desde a assunção de tarefas sociais no próprio âmbito da sociedade e pelos atores sociais os mais diversos, independizando-se de amarras, muitas vezes, intransponíveis, próprias às características estruturais do Estado Contemporâneo, como Estado do Bem-Estar Social em suas diversas experimentações práticas.

Aqui e dessa forma poder-se-iam incluir diversas experiências, que vão desde uma *"flexibilização" participativa* da democracia representativa até a implementação mesma de *políticas públicas autônomas* que "rompem" ideologicamente com o caráter transferencial adrede ao modelo representativo.[40] De outro modo, diante da perda do sentido territorial do Estado contemporâneo, reterritorializam estratégias que vão desde os espaços decisórios locais até os supranacionais, passando pelos regionais, nacionais, internacionais, via espaços públicos, semipúblicos ou, até mesmo, privados. É preciso desconsiderar, por ora, aqueles classificados como *marginais* – não como referência a estratégias que marginam o entorno do Estado, mas como eixos que constroem sua base de sustentação através do medo e da violência, apenas.

A partir disso, das crises do Estado e das insuficiências das práticas político-constitucionais, como ficam os Direitos Humanos? Como se classifica o acesso à justiça nesse contexto? É o que se pretende enfrentar na sequência.

---

[40] Ver: ROSANVALLON, Pierre. *A crise do Estado – providência*. Tradução de Joel Pimentel de Ulhôa. Goiânia: UnB, 1997 e ROSANVALLON, Pierre. *La Nouvelle Question Sociale*. Paris: Seuil, 1995.

2. O acesso à justiça

2.1. O acesso à justiça como o "mais básico" dos Direitos Humanos

O sistema processual não é teleologicamente predisposto à criação de situações jurídicas novas, mas a isso contrapõe-se a função maior da técnica processual, qual seja, proceder à predisposição ordenada de meios destinados à realização dos escopos processuais.[41]

É com base neste compromisso da técnica processual que se procura encarar o sistema processual a partir de ângulos externos (seus escopos), com a sistematização da ideia de que em torno do princípio da instrumentalidade e efetividade do processo estabelece-se, paulatinamente, um novo momento no pensamento do processualista e do profissional do foro. Nessa seara, o que se procura é evitar os males do exagerado "processualismo" e "formalismo",[42] predispondo o processo de modo a possibilitar seu uso em consonância com os seus objetivos iniciais que, no contexto deste trabalho, abarca a visão do processo como um instrumento eficaz para o acesso à ordem jurídica justa e, para além, como um mecanismo de resolução eficaz de controvérsias.

Esta visão cogita a análise de outros conceitos e categorias fundamentais do processo que, em verdade, não são apenas aqueles pertinentes à Jurisdição, ação, decisão, execução, mas também os que decorrem da noção de acesso à Justiça. Estes conceitos e categorias compreendem os problemas relativos aos custos e à demora dos processos, e aos obstáculos (econômicos, culturais, sociais etc.) que frequentemente se interpõem entre o cidadão que pede respostas e os procedimentos predispostos para concedê-la, e perfazem o movimento de acesso à Justiça.

---

[41] A Jurisdição não tem um escopo, mas escopos; é muito pobre a fixação de um escopo exclusivamente jurídico, pois o que há de mais importante é a destinação social e política do exercício da Jurisdição. Ela tem, na realidade, escopos sociais (pacificação com justiça, educação), políticos (liberdade, participação, afirmação da autoridade e do Estado e do seu ordenamento) e jurídico (atuação da vontade concreta do Direito).

[42] O formalismo, de fato, não é simplesmente uma doutrina linguística, mas uma doutrina indissoluvelmente ligada a elementos centrais da tradição liberal. Isso envolve o específico modelo antropológico, as específicas noções de comunidade, de racionalidade, de prática e de política apropriadas pelo liberalismo (SANTORO, Emílio. *Estado de direito e interpretação:* por uma concepção jusrealista e antiformalista do Estado de Direito. Tradução de Maria Carmela Juan Buonfiglio e Giuseppe Tosi. Porto Alegre: Livraria do Advogado, 2005, p. 44).

Antes de falarmos acerca das barreiras a serem transpostas e, portanto, do movimento para a desobstrução das vias de acessibilidade, faz-se importante tecer uma definição para a expressão acesso à Justiça.

Parafraseando Mauro Cappelletti e Bryant Garth, pode-se dizer, com simplicidade, que este tema está amplamente ligado ao binômio possibilidade-viabilidade de acessar o sistema jurídico em igualdade de condições. Esta prerrogativa foi democraticamente conquistada pelos cidadãos, sob a forma de "o mais básico dos Direitos Humanos". Liga-se, também, à busca de tutela específica para o direito e/ou interesse ameaçado e, por óbvio, com a produção de resultados justos e efetivos. Esta preocupação evidencia a permanente busca pela efetividade do Direito e da Justiça no caso concreto. Nasce desvinculada de seu germe quando da dedução em juízo, ou melhor, no processo, procura-se apenas a obtenção de sua conclusão formal, pois o resultado final almejado em qualquer querela deve ser, na sua essência, pacificador do conflito. É só assim que se estará efetivando[43] a chamada Justiça Social, expressão da tentativa de adicionar ao Estado de direito uma dimensão social.[44]

Persistir em analisar o processo sob a dimensão da efetividade notoriamente restrita seria atender apenas ao seu escopo jurídico e, hoje, essa noção deve englobar a eliminação de insatisfações, o cumprimento do direito com justiça, a participação ativa dos indivíduos..., além de constituir inspiração para o exercício e respeito dos direitos e da própria cidadania. Mas, para tal, há a necessidade de adequação do processo, pois o que se tem assistido é o somatório de insatisfações e decepções sentidos pelos indivíduos, o que acaba por abalar e desgastar a credibilidade de que o nosso sistema ainda dispõe. Este paulatino descrédito[45] vem firmando raízes

---

[43] A concepção de efetividade que se pretende trabalhar aqui assume um caráter mais amplo do que aquela desenvolvida por Chiovenda cuja visão, de cunho essencialmente individualista, está ultrapassada, pois [...] na medida do que for praticamente possível o processo deve proporcionar a quem tem um direito tudo aquilo e precisamente aquilo que ele tem o direito de obter (CHIOVENDA, Giuseppe. "Dell'azione nascente dal contratto preliminare". In: *Saggi di diritto processuale civile*. Roma: Foro Italiano, 1930, v. 1, p. 110).

[44] CAPPELLETTI, Mauro; GARTH, Bryant. *Acesso à Justiça*. Porto Alegre: Safe, 1988.

[45] Andiamo, dunque, con ordine, mettendoci nei panni del cittadino che entra in un palazzo o in un'aula di giustizia. La prima sensazione, in genere, è di avere a che fare con un sistema scarsamente comprensibile: con una macchina che gira per lo più vuoto (spesso provocando interminabili e incomprensibili perdite di tempo a chi ne è coinvolto), ma che può anche stritolare chi non sa – o non ha i mezzi per difendersi. Non è sempre così: ci sono isole felici in cui il primo impatto è positivo; e, in ogni caso, le difficoltà di acceso e di orientamento (anche sotto il profilo logistico o delle semplici informazioni) non preludono necessariamente a un inter processuale insoddisfacente. Ma, di regola, è questo l'inizio dell'avventura del cittadino (persona offesa o imputato, testimone o parte di un processo civile) che si affaccia in un tribunale. Ciò genera, inevitabilmente, un senso di approfonda inquietudine. Il passo verso la sfiducia non è automatico, ma certo a tale esito concorrono i tempi lunghi che il processo successivamente assume (CASELLI, Gian Carlo; PEPINO, Livio. *A un cittadino che non crede nella giustizia*. Bari-Roma: Laterza, 2005, p. 11-12).

a partir e conforme se evidenciam as debilidades e impossibilidades de o mesmo atender a tão complexa missão.

Essa adequação só será cumprida com a superveniência de uma "mudança de mentalidade", que só se obterá a partir da formação de uma consciência que rompa posturas anteriores marcadas pela introspecção e que passe a considerar o mundo político e social (a realidade da vida) que rodeia o processo.[46]

Esses *pontos vitais* referem-se aos diversos escopos da jurisdição e englobam os problemas essenciais da efetividade do processo. Assim:

1) As tradicionais limitações ao ingresso na justiça, *jurídicas* ou *de fato* (econômicas, sociais), refletem em decepções[47] para a potencial clientela do Poder Judiciário, na impossibilidade da sociedade empregar práticas pacificadoras, além de desgastarem o Estado na sua própria legitimidade, na dos seus institutos e no seu ordenamento jurídico, percebido como instrumento racionalizador de determinadas condutas.

As limitações fáticas se referem ao custo do processo e à miserabilidade das pessoas, o que assola a universalidade[48] da tutela jurisdicional, expressa de forma solene pela Constituição, no seu artigo 5°, LXXIV.[49]

As limitações jurídicas também configuram estreitamentos das vias de acesso à Justiça. Refere-se aqui, à *legitimatio ad causam* ativa que, essencialmente individualista, restringe-se a *dar a cada um o que é seu*, sem manter uma visão solidarista, supraindividual, que se caracteriza por tratar o

---

[46] [...] falta muito para que se tenha o processo que se deseja. Velhos formalismos e hábitos comodistas minam o sistema e de um momento para outro ele não se alterará. Além disso, a própria lei reflete atitudes privatistas e individualistas perante o processo, incluindo-se nisso o conformismo com algumas de suas supostas fraquezas e pouca disposição a superá-las. Para o exame crítico do sistema existente, é indispensável identificar pontos vitais em que as tomadas de posição se mostram particularmente importantes, considerando o tempo presente e o que hoje é lícito esperar do processo (DINAMARCO, Cândido Rangel. *Instituições de direito processual civil*. 4. ed. São Paulo: Malheiros, 2004. v. 1, p. 272).

[47] É interessante reforçar que o distanciamento e a descrença do cidadão comum pela jurisdição se dão não só quanto aos seus aspectos quantitativos (velocidade da prestação juridicional), mas também nos seus aspectos qualitativos (por exemplo, o problema da discricionariedade judicial). O problema reside, também, na forma como o juiz decide e não só na celeridade de sua decisão.

[48] O princípio da universalidade, aqui falado, fica prejudicado pelo fato de os hipossuficientes, sem condições financeiras para suportar os gastos de um litígio em juízo, ficarem impedidos de levar ao Judiciário suas lides. Também, refere-se à apreensão sentida por todos, em face do investimento que são obrigados a fazer para litigar, nem a certeza dos resultados, o que configura, em relação ao primeiro, um mal a ser eliminado de semelhante dificuldade.

[49] O Estado prestará assistência jurídica integral e gratuita aos que comprovarem insuficiência de recursos. – O patrocínio técnico gratuito, ora solenemente garantido pela Constituição, mostra-se hipotético no sentido de que o Estado não o oferece como deveria e prometeu. Encontra-se debilitado e não consegue assegurar a todos a efetiva participação no contraditório processual em paridade de armas. Quanto aos profissionais liberais, que através da prestação de serviço gratuito, poderiam contribuir para a universalidade da tutela jurisdicional, estes não se sentem obrigados a prestá-lo, uma vez que não há disposto normativo neste sentido. Tal atitude, embora de grande relevância social, fica, portanto, a cargo da consciência reformadora existente em cada um.

indivíduo como membro integrante de um grupo social e procurar tecer soluções condizentes com os interesses envolvidos.

Tais limitações, como se pode observar, privam inúmeras pessoas da tutela jurisdicional, o que lhes causa dano substancial, pois quem não vem a juízo ou não pode fazê-lo, renuncia àquilo que aspira ou busca satisfazer suas pretensões por outros meios.

No Brasil, caminha-se rumo a uma gradativa expansão dos polos processuais. O percurso teve início com Ação Popular (art. 5º, LXXIII, da CF e Lei 4.717/65), Ação Civil Pública (Leis 7.347/85 e 7.913/89), a partir da CF/88, a possibilidade de impetrar Mandado de Segurança Coletivo (artigo 5º, LXX) e pela expansão de legitimidade ao Ministério Público, que passa a atuar em determinadas ações, e às associações qualificadas para causas relativas à tutela do meio ambiente, do consumidor etc. Atualmente, a Emenda Constitucional 45, de 2004 (EC 45/2004) trouxe uma série de alterações ao texto constitucional pretendendo promover o acesso à justiça.

2) Vencidas as limitações tradicionais e, portanto, desobstruídas as vias de acesso ao processo, deve-se viabilizar o acesso à ordem jurídica justa, que só se concretizará pela observância das garantias constitucionais, do *due process of law* e da inafastabilidade do controle jurisdicional. Afinal, o grau de efetividade do processo é proporcional à instituição de procedimentos condizentes com essas garantias e que a elas se afeiçoaram pela aplicação do princípio da adaptabilidade.

3) A eliminação dos litígios deve atender ao critério de Justiça, pois o valor justiça figura como objetivo-síntese da jurisdição no plano social ou, do contrário, se teria mera sucessão de arbitrariedades.

De fato, repudia-se o juiz indiferente. O momento de decisão em cada processo deve constituir um momento valorativo utilizado por este de forma a possibilitar o adequado cumprimento da função social da Jurisdição, porém, isso não significa aceitar a discricionariedade judicial e todas as suas connsequências.[50]

---

[50] [...] a "discricionariedade positivista" que – muito embora "limitada" pelo ordenamento jurídico – gera, de forma inexorável, uma espécie de mundo da natureza, em que viceja a liberdade interpretativa na qual, queiramos ou não, "cada juiz decide como quer, de acordo com a sua subjetividade". STRECK, Lenio Luiz. *Concretização de direitos e interpretação da constituição*. Boletin da Faculdade de Direito de Coimbra. Coimbra, 2005, V. IXXXI, n. 81, p. 300. Ver nesse sentido também STRECK, Lenio Luiz. *Verdade e consenso:* Constituição, hermenêutica e teorias discursivas. Rio de Janeiro: Lumem Júris, 2006, p. 165-166: "O direito não é aquilo que o intérprete quer que ele seja" [...] "Se os juízes podem 'dizer o que querem' sobre o sentido das leis ou se os juízes podem decidir de forma discricionária os hard cases, para que necessitamos de leis? Para que a intermediação da lei? É preciso ter presente, pois, que a afirmação do caráter hermenêutico do Direito e a centralidade que assume a jurisdição nesta quadra da história – na medida quem o Legislativo (a lei) não pode antever todas as hipóteses de aplicação – não significando uma queda na irracionalidade e tampouco uma delegação em favor dos decisionismos. Nenhum intérprete (juiz, promotor de justiça, advogado etc.) está autorizado a fazer interpretações discricionárias".

4) Não obstante percorridos os problemas anteriores, o sistema, através de seus operadores, deve estar preparado para produzir decisões que sejam capazes de propiciar a tutela mais ampla possível aos direitos reconhecidos. Refere-se aqui a *utilidade das decisões*.

Desde logo, vê-se que o pensamento instrumentalista, os princípios e garantias constitucionais do processo coordenam-se no sentido de transpor barreiras, com o fim de tornar o sistema processual acessível, bem administrado, justo, produtivo [...].[51]

As pesquisas de Mauro Cappelletti, também dedicadas a esta linha da instrumentalidade do processo, são peculiares por seu compromisso de reforma e auxiliam de forma significativa o desenvolvimento deste estudo.

Perquirindo sobre as garantias constitucionais do processo, conclui que o processo *é um fenômeno que atinge alguns dos mais fundamentais "Direitos Humanos"*.[52] O direito a um juiz imparcial corresponde à garantia da independência[53] da magistratura diante do poder político, e essa imparcialidade é quanto ao conteúdo da controvérsia, e não quanto ao andamento da relação processual, posto que o juiz deve assegurar o desenvolvimento do processo de maneira regular, rápida e leal, dentro de suas possibilidades.

O *due process of law* ou o devido processo legal e o contraditório processual implicam, obviamente, o direito de ambas as partes serem ouvidas. Aqui, o processualista aproveita para remeter este princípio ao estudo que se está introduzindo, referindo-se ao acesso à Justiça, *como espelho da cultura de uma época*, pois como diz, [...] *Que princípio é este, se há casos, em que, por razões econômicas, culturais e sociais, a parte não se encontra em condições de se fazer ouvir?*[54]

---

[51] Quanto a este último aspecto, deve-se atentar para não cair em um certo produtivismo taylorista. Aqui é de se mencionar o trabalho de STRECK, Lenio Luiz. *Hermenêutica Jurídica e(m) crise*. 11. ed. Porto Alegre: Livraria do Advogado, 2014. Ou, em "uma perspectiva garantista", ver: CADEMARTORI, Sérgio. *Estado de Direito e Legitimidade*. Porto Alegre: Livraria do Advogado, 1999.

[52] CAPPELLETTI, Mauro. "Problemas de reforma do processo civil nas sociedades contemporâneas". *In*: MARIONI, Luiz Guilherme. *O processo civil contemporâneo*. Curitiba: Juruá, 1994, p. 13.

[53] Baseado no formalismo, o Judiciário pôde garantir independência estabelecendo sua estrita vinculação à legalidade. Essa independência judicial pode ser classificada em independência da magistratura e do juiz. A primeira diz respeito aos órgãos judiciários e ao ministério público e que corresponde à função de autogoverno do Judiciário, significando o exercício do poder de disciplinar. Já a segunda importa na garantia de que o magistrado não esteja submetido às pressões de poderes externos ou internos. Desse modo, o juiz independente não pode ser concebido como um empregado do Executivo ou do Legislativo, da corte ou do supremo tribunal. Em síntese, a independência (interna ou externa) do juiz existe como um espaço capaz de dotá-lo de independência moral para que possa decidir sem a pressão do Executivo, do Legislativo, do próprio Judiciário ou de pressões externas. Nesse sentido é importante a leitura de ZAGREBELSKY, Gustavo. *El derecho dúctil*. Ley, derechos, justicia. Traducción de Marina Gascón. Madrid: Trotta, 2005.

[54] CAPPELLETTI, Mauro. "Problemas de reforma do processo civil nas sociedades contemporâneas". *In*: MARIONI, Luiz Guilherme. *O processo civil contemporâneo*. Curitiba: Juruá, 1994, p. 13.

No mesmo sentido, o processo tornou-se a arena deste discurso, porque nele há que se travar a luta por um direito efetivo, e não apenas aparente. Tanto é assim que às *garantias constitucionais formais tem-se acrescentado (ou pelo menos dever-se-ia estar acrescentando) aquelas garantias sociais. No campo dos Direitos Humanos, fala-se dos direitos sociais como Direitos Humanos de segunda geração. Estes são os direitos que se destinam a fazer com que os direitos tradicionais ou de primeira geração (entre os quais se incluem as garantias constitucionais do processo), tornem-se efetivos e acessíveis a todos, ao invés de se projetarem como uma simples figuração para a parte menos favorecida.*⁵⁵

Partindo para uma nova visão do processo, considerada como "dimensão social", por romper com a impostação tradicional de analisar o direito como norma, pode-se passar a tratar temas como aqueles pertinentes às dificuldades, custos, tempo..., normalmente encontrados pelas partes nos seus pleitos. Segundo Cappelletti, a concepção revolucionária do acesso à justiça funda-se na implantação de um novo "método de pensamento", no qual, [...] *o direito, não é encarado apenas do ponto de vista dos seus produtores e do seu produto (normas gerais e especiais): mas é encarado, principalmente, pelo ângulo dos consumidores do direito e da Justiça, enfim, sob o ponto de vista dos usuários dos serviços processuais.*⁵⁶

Nestes termos, a noção de acesso à Justiça compreende os problemas relativos aos custos e à demora dos processos, enfim, aos obstáculos (econômicos, culturais, sociais) que frequentemente se interpõem entre o cidadão que litiga em juízo e os procedimentos predispostos. Para enfrentar a temática, já é tradicional retomar a proposta apresentada por Mauro Cappelletti e Bryan Garth para o trato das questões que o atingem.⁵⁷ Separando em momentos distintos – ondas –, tais autores propuseram uma trajetória que apresenta o caminho perseguido por tal preocupação, que passa pela *incorporação dos pobres e dos hiposuficientes culturais,*⁵⁸ *pelos novos interesses*⁵⁹ *e pelos novos mecanismos de solução de controvérsias.*⁶⁰

---

⁵⁵ CAPPELLETTI, Mauro. "Problemas de reforma do processo civil nas sociedades contemporâneas". In: MARINONI, Luiz Guilherme. *O processo civil contemporâneo.* Curitiba: Juruá, 1994, p. 14.

⁵⁶ Ibid., p. 15.

⁵⁷ Ver: CAPPELLETTI, Mauro; GARTH, Bryant. *Acesso à justiça.* Tradução de Ellen Gracie Northfleet. Porto Alegre: Sergio Antonio Fabris, 1988.

⁵⁸ Essa é a denominada "primeira onda: acesso aos hiposuficientes": cujas reformas nesta primeira fase, visam à superação dos obstáculos decorrentes da pobreza (hipossuficiência econômica), não concebendo como verdadeira jurisdição aquela em que a parte pobre esteja privada de informações e de representação, que se constituem em condições inarredáveis para sua participação. Desse modo, aos que não têm condições econômicas, devem-se proporcionar informações e assistência extrajudicial, antes do ajuizamento, além de assistência judiciária e adequada representação legal, no curso do processo.

⁵⁹ A "segunda onda" prevê a representação dos novos interesses, se referindo à pobreza organizada (povertà organizzativa) e às reformas necessárias à ruptura dessa tradicional postura individualista do processo civil. Aqui, o que se pretende é assistir ao lento mas seguro declínio de uma concepção individualística do processo e da justiça. Todos os princípios, os conceitos, a estrutura, que eram radicais naquela concepção parecem cada vez mais insuficientes a dar uma aceitável resposta ao problema

Esta tripartição do problema proposta por Garth e Cappelletti pode ser demonstrada como segue:

Kim Economides aponta para a necessária revisão do movimento de acesso à justiça e da teoria das ondas propostas por Garth e Cappelletti,[61]

---

de assegurar a necessária tutela por novos interesses difusos e de grupo, tornados vitais para a sociedade moderna. Surge, por outro lado, à aurora, embora penosa, de um novo pluralismo, que no lugar da superada summa divisio entre público e privado, traz ainda no processo forma nova e múltipla de combinação e integração de iniciativas públicas e privadas, tecidas à salvaguarda dos interesses transindividuais.

[60] A "terceira onda" prevê "um novo enfoque do acesso à Justiça" preocupando-se com o emprego de técnicas processuais diferenciadas, para tornar a Justiça mais acessível, tais como a simplificação dos procedimentos e a criação de novos mecanismos de tratamento de controvérsias. Fala-se, portanto, em tendências contemporâneas, das quais menciona-se: 1) reforma dos procedimentos judiciais em geral: sem que a criação de novas alternativas para a solução de conflitos implique a eliminação das formas tradicionais; 2) Causa de particular importância social e especialização das instituições e procedimentos: tratando da criação de tribunais especializados, como os de pequenas causas, tribunais de vizinhança, de consumidores etc.; 3) mudanças nos métodos utilizados para a prestação de serviços jurídicos: são maneiras de se reduzir o custo da representação por advogado, tornando-a acessível para todos, sem perder a qualidade necessária.

[61] No mesmo sentido Vianna ressalta sobre a realidade do país, pontuando que no Brasil é importante "observar que a sequência proposta pelos autores, teria atingido a terceira grande onda de democrati-

sugerindo uma "quarta onda" que denomina de "acesso à justiça por parte dos atores do direito" (inclusive dos que trabalham no sistema judicial),[62] em razão de uma espécie de cegueira dos profissionais do direito no que diz respeito ao seu papel como agentes construtores de cidadania ou de justiça cívica, o que torna, por conseguinte, indispensável, um debate acerca da função da ciência jurídica e de sua revisão ética e cultural, "que expõe as dimensões éticas e políticas da administração de justiça e, assim, indica importantes e novos desafios tanto para a responsabilidade profissional, como para o ensino jurídico".[63]

Para a análise dessa nova onda o autor adverte sobre a importância de: "(...) em vez de nos concentrarmos no lado da demanda, devemos considerar mais cuidadosamente o acesso dos cidadãos à justiça do lado da oferta, analisando dois níveis distintos: primeiro o *acesso dos cidadãos ao ensino do direito* e ao ingresso nas profissões jurídicas; segundo, uma vez qualificados, *o acesso dos operadores do direito à justiça*.[64] (grifo nosso)

---

zação do acesso à Justiça sem que a intervenção estatal para garantir a eficácia na assistência judiciária tivesse sido plenamente cumprida – do que é exemplo o fato de que o instituto da Defensoria Pública não se ter generalizado no país – e sem que a proteção de interesses difusos conhecesse grande avanço, exceto ao que se refere aos dos consumidores". Ainda sobre nosso contexto, no que tange a terceira onda, afirma Vianna que: "a singularidade da experiência brasileira deriva do fato de ter sido concedida no âmbito de um movimento de auto-reforma do Poder Judiciário, sem qualquer mobilização da sociedade, mesmo de seus setores organizados na luta pela democratização do país, e em um contexto em que as organizações populares, notadamente as dos grandes centros urbanos, já havia sofrido os efeitos desestruturadores ao longo período de vigência do regime militar. Isso talvez explique as dificuldades enfrentadas por essa Justiça no que se refere ao estabelecimento de laços efetivos com a comunidade a que se destina" (VIANNA, Luiz Werneck; CARVALHO, Maria Alice Rezende de; MELO, Manuel Palacios Cunha; BURGOS, Marcelo Baumann. *A judicialização da política e das relações sociais no Brasil.* Rio de Janeiro: Revan, 1999, p. 159).

[62] ECONOMIDES, Kim. Lendo as ondas do "Movimento de Acesso à Justiça": epistemologia versus metodologia? In: PANDOLFI, Dulce Chaves; CARVALHO, José Murilo de; CARNEIRO, Leandro Piquet; GRYNSZPAN, Mario. *Cidadania, Justiça e Violência.* Rio de Janeiro: FGV, 1997, p. 73.

[63] Idem, p. 72. Vale destacar que há muito o problema do ensino e saber jurídico vem sendo conectado ao problema dos *deficits* da administração da justiça e ressaltado como nota caraterística da realidade brasileira. Como advertem Faria e Lima Lopes, "existe um problema do saber jurídico e do ensino do direito. Os quase duzentos anos de legalidade burguesa forjaram escolas de direito que apenas têm servido ao funcionamento das coisas como estão. A reforma do ensino jurídico – ela também tão mal entendida – só pose ser rediscutida hoje porque se constata a crise entre um saber pseudicientífico e o papel à espera dos atores jurídicos. Não se trata de uma ingênua 'politização' do ensino: trata-se, isto sim, de forjar um rigor metodológico ou, pelo menos, um controle do discurso palavroso, falsamente keseniano e inspirado num iluminismo ultrapassado, incapaz de ser auto-crítico e, pior, de dar conta da sociedade complexa, dependente e burocratizada. Os juízes, os advogados e promotores têm compartilhado essa formação eclética e gongórica; mas a verdade é que também ela pode ser questionada por associações de magistrados comprometidas mais com a qualidade do padrão de resposta social e política que o Judiciário pode oferecer à sociedade do que com a mera defesa corporativa e estamental de dividosos privilégios. Sem que nos entendam mal: não são juízes apenas que precisam de novos ares culturais; são as escolas de juristas que precisam tanto de um banho de modernidade quanto de abertura para problemas socioeconômicos complexos, os quais vieram para ficar." (FARIA, José Eduardo; LOPES, José Reinaldo de Lima. Pela Democratização do Judiciário. In: FARIA, José Eduardo (org.). *Direito e Justiça*: a função social do judiciário. São Paulo: Ática, 1997, p. 166-167).

[64] Idem, p. 73.

Ainda, há que se ter presente os problemas de legitimidade experimentados pelo Poder Judiciário e assumir que essa questão deve ser ampliada nesse ponto. Acreditar que a simples abertura e alargamento institucional dos sistema de justiça, com oferta ampla de serviços judiciários será suficiente para gerar alteração do panorama de esgotamento da jurisdição, é tomar como dada a legitimidade da justiça, "naturalizando o que, de fato, é feito de processos históricos, sociais, de imposição, de prodição".[65]

Por fim, temos que "não são homogêneos na população, em absoluto, os dispositivos sociais de reconhecimento e de apropriação dos direitos e dos mecanismos disponíveis para garanti-los, bem como dos recursos de oficialização, de expressão jurídica de suas demandas".[66]

Porém, para facilitar/promover o acesso à justiça, é preciso tomar consciência da crise de administração da mesma e dos "movimentos" (Emenda Constitucional 45 – EC/45 –, por exemplo) na busca de alternativas.

2.2. A razoável duração dos procedimentos e o acesso à justiça

Na esteira da tomada de consciência da crise de administração da justiça, impõe-se uma tentativa de revisão de posturas frente à tradição processual prática, apontando agora para a necessária instrumentalidade e efetividade do processo, recuperando estratégias relegadas a um plano secundário, diante da hegemonia da forma estatal de dizer o direito – a jurisdição. Neste sentido é que se pode perceber a revisão de inúmeras posturas, fórmulas e práticas.

O acesso à justiça, percebido como um interesse difuso, implicou – seja em nível interno, seja internacional e supranacional – a necessária incorporação ao quotidiano jurídico-jurisdicional de fórmulas diversas que permitissem não só a agilização dos procedimentos mas, isto sim, uma problematização dos métodos clássicos desde um interrogante acerca de sua eficácia como mecanismo apto a dar respostas suficientes e eficientes para a solução dos litígios que lhe são apresentados.

Todavia, um parêntese deve ser feito: é preciso recordar que o problema acerca do acesso à justiça não envolve apenas a (re)introdução em pauta de tal debate, senão que implica o reconhecimento das deficiências infraestruturais do Estado – em particular de sua função jurisdicional. Urge reconhecer também o inafastável comprometimento da formação dos operadores do direito, bem como dos problemas impostos pela incorporação

---

[65] GRYNSZPAN, Mario. Acesso e recurso à justiça no Brasil: algumas questões. In: *Revista Cidadania, Justiça e Violência*. Rio de Janeiro: FGV, 1999, p. 102.
[66] Idem, p. 103.

de novos interesses protegidos pelo direito, além de impor um compromisso com uma certa tradição própria da modernidade ocidental, à qual se liga o modelo de justiça pública própria do Estado Moderno, democrático e de direito.

Neste quadro ampliado de transformações, readequações e repercussões, o sistema jurídico passa a privilegiar novas/antigas práticas de tratamento dos conflitos. Na ânsia de dar resposta qualitativas e quantitativamente adequadas às demandas, o Judiciário brasileiro passou por uma reforma trazida pela Emenda Constitucional 45 (EC/45) que é apenas uma das tentativas (não a primeira e, com certeza, nem a última) de buscar celeridade através da alteração/introdução de legislação que tenha por objetivo estimular a eficácia quantitativa das decisões através da celeridade processual.

A tão almejada celeridade processual se faz necessária frente aos atuais problemas da jurisdição rotulados de "explosão de litigiosidade", "sobrecarga de legislação" (que muitas vezes é paradoxal e contraditória entre si), "acúmulo de processos", e assim por diante. Verdadeiramente, todos os problemas do Judiciário brasileiro são conhecidos e detectados quando a lentidão e a ineficiência se fazem sentir pelas partes, que, mesmo desconhecedoras dos procedimentos, percebem que a jurisdição não responde de forma adequada. Porém, como já asseverado anteriormente, a EC/45 traz uma série de polêmicas, muitas das quais objetos de ampla discussão (anterior e posteriormente à sua entrada em vigor). Pode-se mencionar, especialmente, a inclusão do inciso LXXVIII[67] no art. 5º do texto constitucional, que repercute em temas já bastante discutidos como "acesso à justiça"[68] e "cidadania".

Porém, não se pode perder de vista que, antes mesmo na inserção do inciso referido ao art. 5º da CF pela EC/45, já se encontrava a garantia constitucional da tutela jurisdicional tempestiva no inciso LXXXV,[69] o que possibilita o acesso à justiça e, numa interpretação extensiva, a uma justiça adequada e tempestiva.[70] Aliás, as imbricações entre tutela jurisdicional e

---

[67] Art. 5º [...] LXXVIII – a todos, no âmbito judicial e administrativo, são assegurados a razoável duração do processo e os meios que garantam a celeridade de sua tramitação.

[68] De fato, o direito ao acesso efetivo tem sido progressivamente reconhecido como sendo de importância capital entre os novos direitos individuais e sociais, uma vez que a titularidade de direitos é destituída de sentido, na ausência de mecanismos para sua efetiva reivindicação. O acesso à justiça pode, portanto, ser encarado como o requisito fundamental – o mais básico dos direitos humanos – de um sistema jurídico moderno e igualitário que pretenda garantir e não apenas proclamar os direitos de todos (CAPPELLETTI, Mauro; GARTH, Bryant. *Acesso à justiça*. Tradução de Ellen Gracie Northfleet. Porto Alegre: Sergio Antonio Fabris, 1988, p. 11-12).

[69] LXXXV – A lei não excluirá da apreciação do Poder Judiciário lesão ou ameaça a direito.

[70] Assim, "uma leitura mais moderna, no entanto, faz surgir a idéia de que essa norma constitucional garante não só o direito à ação, mas a possibilidade de um acesso efetivo à justiça e, assim, um direito à tutela jurisdicional adequada, efetiva e tempestiva. Não teria cabimento entender, com efeito, que a constituição da República garante ao cidadão que pode afirmar uma lesão ou uma ameaça a direi-

tempo são visíveis, especialmente quando a primeira é considerada uma resposta estatal às expectativas sociais e normativas e uma forma importante de proteção do indivíduo à lesão ou ameaça de lesão através do direito de ação. No entanto, essas imbricações tornam-se frouxas e débeis quando se verifica que a tutela jurisdicional acontece "a destempo". Tal afirmativa se deve ao fato de que o tempo, assim como perpetua situações de litígios e corrói direitos (que não são tutelados de forma adequada e "a tempo"), tem o poder de interferir na concepção processual, uma vez que se torna grande controlador da máquina judiciária.[71] Desse modo, existe a possibilidade de limitar essa influência temporal através de dispositivos processuais de urgência, como os processos cautelares, as tutelas antecipadas ou específicas, que podem garantir a forma mínima do processo.

O inciso LXXVIII no art. 5º determina uma garantia constitucional que deve ser executada desde logo, sem o risco de esperar por ações legislativas posteriores que lhe venham a dar carga eficacial. O dispositivo em comento guarda especial importância em quatro aspectos: (1) torna obrigatória a prestação jurisdicional em um prazo razoável;[72] (2) estabelece,

---

to apenas e tão-somente uma resposta, independentemente de ser ela efetiva e tempestiva. Ora, se o direito de acesso à justiça é direito fundamental, porque garantidor de todos os demais, não há como imaginar que a Constituição da República proclama apenas que todos têm direito a uma mera resposta do juiz. O direito a uma mera resposta do juiz não é suficiente para garantir os demais direitos e, portanto, não pode ser pensado como garantia fundamental de justiça" (MARINONI, Luiz Guilherme. Garantia de tempestividade da tutela jurisidicional e duplo grau de jurisdição. *In*: CRUZ; TUCCI, José Rogério. *Garantias constitucionais do processo civil*. São Paulo: RT, 1999, p. 218).

[71] As relações temporais/processuais precisam ser analisadas levando em consideração que "o tempo do processo judicial é o tempo diferido, encarado como sinônimo de segurança e concebido como uma relação de ordem e autoridade, representada pela possibilidade de esgotamento de todos os recursos e procedimentos numa ação judicial. Cada parte intervindo no momento certo, pode apresentar seus argumentos e ter a garantia de ser ouvida na defesa de seus interesses. O tempo diferido, nesta perspectiva, é utilizado como instrumento de certeza, na medida que impede a realização de julgamentos precipitados, sem o devido distanciamento com relação aos acontecimentos que deram margem à ação judicial. Já o tempo da economia globalizada é o tempo real, isto é, o tempo da simultaneidade. À medida que se torna mais complexa, gerando novas contingências e incertezas, a economia globalizada obriga os agentes a desenvolver intrincados mecanismos para proteger seus negócios, capitais e investimentos da imprevisibilidade e do indeterminado. A presteza se converte assim numa das condições básicas para a neutralização dos riscos inerentes às tensões e aos desequilíbrios dos mercados, o que leva a um processo decisório orientado pelo sentido da vigência e baseado tanto na capacidade quanto na velocidade de processamento de informações técnicas e altamente especializadas" (FARIA, José Eduardo; KUNTZ, Rolf. *Estado, sociedade e direito. Qual o futuro dos direitos?* Estado, mercado e justiça na reestruturação capitalista. São Paulo: Max Limonad, 2002, p. 35).

[72] A Convenção Americana de Direitos Humanos (pacto de San José da Costa Rica, de 22.11.1969), a qual o Brasil aderiu em 26.5.1992, realizando sua ratificação em 25.9.1992 e sua promulgação em 9.11.1992 (Dec. 678), dispõe expressamente em seu artigo 8º, item 1: "Toda pessoa terá o direito de ser ouvida, com as devidas garantias e dentro de um prazo razoável, por um juiz ou tribunal competente, independente e imparcial, estabelecido anteriormente por lei, na apuração de qualquer acusação penal formulada contra ela, ou na determinação de seus direitos e obrigações de caráter civil, trabalhista, fiscal ou de qualquer natureza". É possível afirmar, então, que a determinação de que o processo possua duração razoável e que sejam garantidos meios de celeridade na sua tramitação não é, propriamente, uma novidade no cenário brasileiro. No entanto, a Convenção Americana de Direitos Humanos não foi observada quanto a esse dispositivo.

ainda que de forma indireta, que prazo razoável é o prazo legal; (3) traz também a exigência de meios que garantam a celeridade processual; (4) por fim, introduz um conjunto de determinações relativas à organização do Poder Judiciário que, se implementadas de forma adequada, podem auxiliar decisivamente no cumprimento do mandamento constitucional.[73]

Todavia, resta a pergunta: no que consiste a "razoável duração do processo"? Como deve ser interpretada essa expressão? A resposta poderia considerar duas hipóteses: "a) tempo razoável é o tempo legal, expressamente previsto na legislação processual; b) tempo razoável é o tempo médio efetivamente despendido no País, para cada espécie concreta de processo".[74] Nesses casos, a primeira opção reproduz um critério objetivo, sofrendo o desgaste de nem sempre existir, em cada etapa processual, tempo previamente definido em lei. Já a adoção da segunda hipótese traz a negativa da garantia constitucional, pois a média de duração dos processos no Brasil hoje se encontra muito acima do legal e do razoável.

Nesse mesmo sentido, discutindo a delimitação da expressão "prazo razoável", percebe-se que o seu sentido deve ser "preenchido no caso concreto, tendo como indicativo a melhor e maior realização da garantia de acesso à justiça na perspectiva de acesso a uma resposta à questão posta qualitativamente adequada e em tempo quantitativamente aceitável".[75] Dessa maneira, fica clara a busca pela celeridade processual permeada pelo tratamento adequado resultante de uma resposta qualificada aos conflitos. Uma decisão judicial, por mais justa e correta que seja, muitas vezes pode tornar-se ineficaz quando chega tarde, ou seja, quando é entregue ao jurisdicionado no momento em que não mais interessa nem mesmo o reconhecimento e a declaração do direito pleiteado. Se a função social do processo, que é o instrumento da jurisdição, é a distribuição da justiça, não há como negar que, nas atuais circunstâncias do Poder Judiciário, a entrega da prestação jurisdicional em tempo oportuno confere credibilidade. Porém, outras estratégias precisam ser desenvolvidas para que se fale no tratamento qualitativamente adequado dos litígios.

Mas, como se sabe, o acesso à justiça não se esgota no acesso ao Judiciário, traduzindo-se no direito de acesso a uma justiça organizada de forma adequada, cujos instrumentos processuais sejam aptos a realizar, efetivamente, os direitos assegurados ao cidadão.[76] É por isso que não bas-

---

[73] RODRIGUES, Horácio Wanderlei. Acesso à justiça e prazo razoável na prestação jurisdicional. *In*: WAMBIER, Teresa Arruda Alvin *et al*. *Reforma do Judiciário*. Primeiras reflexões sobre a emenda constitucional nº 45/2004. São Paulo: Revista dos Tribunais, 2005, p. 288.
[74] Ibid., p. 289.
[75] BOLZAN DE MORAIS, Jose Luis. As crises do Judiciário e o acesso à justiça. *In*: AGRA, Walber de Moura. *Comentários à reforma do poder judiciário*. Rio de Janeiro: Forense, 2005, p. 16.
[76] Uma tarefa básica dos processualistas modernos é expor o impacto substantivo dos vários mecanismos de processamento de litígios. Eles precisam, consequentemente, ampliar sua pesquisa para além

ta apenas "garantir o acesso aos tribunais, mas principalmente possibilitar aos cidadãos a defesa de direitos e interesses legalmente protegidos através de um acto de jurisdictio".[77] Nessa seara, mesmo que a EC/45 alcance resultados significativos, tornando célere o trâmite processual, aproximando a justiça do cidadão, especializando varas para o melhor tratamento de uma parcela de direitos até então pouco observados, valorizando as defensorias públicas (o que implica de forma direta ou indireta na diminuição de custos e na possibilidade de inclusão do cidadão hipossuficiente), deve-se recordar que os mecanismos de tratamento dos conflitos precisam ser revistos. Os resultados atingidos pela Reforma do Judiciário, mesmo que significativos, não evitarão o necessário empreendimento de novos esforços na busca por outras estratégias de tratamento de conflitos, cuja base consensuada possibilite à sociedade retomar a autonomia perdida, conquistando a possibilidade de encontrar respostas para suas demandas.

Consequentemente, essas novas garantias constitucionais vêm para integrar o sentido includente que deve ser conferido às normas constitucionais de um País que pretende reduzir desigualdades, erradicar a pobreza, fundar uma sociedade justa e solidária etc., como forma de integrar a nação em um projeto de sociedade comprometida com a dignidade humana que, como escopo do "constitucionalismo social e democrático de direito", repercute em todos os âmbitos da prestação estatal, seja administrativa ou jurisdicional.[78]

Nestes termos, é importante revisitar algumas das estratégias incluídas no texto constitucional pela EC/45 para tornar efetivo o acesso à justiça. Esse é, pois, o próximo assunto.

2.3. A descentralização das estruturas jurisdicionais e a justiça intinerante

A Reforma do Judiciário determinou alterações em uma parte considerável do texto constitucional. De fato, ela foi uma tentativa de fortalecer e modernizar a prestação jurisdicional brasileira que sabidamente vinha acontecendo de forma acanhada em termos quantitativos e principalmente qualitativos. É fato que o Judiciário viu sua estrutura (física, política,

---

dos tribunais e utilizar métodos de análise da sociologia, da política, da psicologia e da economia, e ademais, aprender através de outras culturas. O "acesso" não é apenas um direito social fundamental, crescentemente reconhecido; ele é, também, necessariamente, o ponto central da moderna processualística. Seu estudo pressupõe um alargamento e aprofundamento dos objetivos e métodos da moderna ciência jurídica (CAPPELLETTI, Mauro; GARTH, Bryant. *Acesso à justiça*. Tradução de Ellen Gracie Northfleet. Porto Alegre: Sergio Antonio Fabris, 1988, p. 13).

[77] CANOTILHO, J. J. Gomes. *Direito Constitucional*. 3. ed. Coimbra: Coimbra, 2000, p. 423.

[78] BOLZAN DE MORAIS, Jose Luis. As crises do Judiciário e o acesso à justiça. *In*: AGRA, Walber de Moura. *Comentários à reforma do poder judiciário*. Rio de Janeiro: Forense, 2005, p. 18.

pessoal...) tornar-se inadequada diante dos avanços da sociedade moderna, sem o necessário acompanhamento em termos tecnológicos, administrativos e comportamentais.

Neste sentido, é mister que se tenha presente, já, o contido nos textos trazidos pela EC 45/04 aos artigos 107, §§ 2º e 3º;[79] 115, §§ 1º e 2º;[80] 125, §§ 6º e 7º,[81] 126[82] e 134, § 2º.[83] Como se lê, tais textos normativos repercutem a garantia presente neste novo inciso do art. 5º da CF/88, por meio de estratégias de descentralização/aproximação das estruturas jurisdicionais – justiça itinerante e Câmaras regionais –, especialização de funções – varas especializadas – e valorização das Defensorias Públicas para a representação dos interesses dos chamados hipossuficientes econômicos.[84]

Por óbvio que apenas *desvios geográficos* da função jurisdicional não são suficientes para suprir as insuficiências e deficiências da prestação jurisdicional mas, como já apontado na primeira parte deste trabalho e reconhecido na experiência mundial, uma tal atitude pode contribuir para uma aproximação simbólica – desfazendo ou reduzindo ritos, (pré)juízos, disfunções etc. – do Estado-jurisdição e do cidadão, além, é claro e não desprezível em um País desigual como o Brasil, de permitir uma redução de custos para o usuário do sistema jurisdicional.

Portanto, compatibilizando estes textos com os temas do acesso à justiça, do modelo de Estado Constitucional brasileiro – como Estado Democrático de direito – e do caráter e extensão eficacial das normas cons-

---

[79] Art. 107 [...] § 2º Os Tribunais Regionais Federais instalarão a justiça itinerante, com a realização de audiências e demais funções da atividade jurisdicional, nos limites territoriais da respectiva jurisdição, servindo-se de equipamentos públicos e comunitários. § 3º Os Tribunais Regionais Federais poderão funcionar descentralizadamente, constituindo Câmaras regionais, a fim de assegurar o pleno acesso do jurisdicionado à justiça em todas as fases do processo.

[80] Art. 115 [...] § 1º Os Tribunais Regionais do Trabalho instalarão a justiça itinerante, com a realização de audiências e demais funções da atividade jurisdicional, nos limites territoriais da respectiva jurisdição, servindo-se de equipamentos públicos e comunitários. § 2º Os Tribunais Regionais do Trabalho poderão funcionar descentralizadamente, constituindo Câmaras regionais, a fim de assegurar o pleno acesso do jurisdicionado à justiça em todas as fases do processo.

[81] Art. 125 [...] § 6º O Tribunal de Justiça poderão funcionar descentralizadamente, constituindo Câmaras regionais, a fim de assegurar o pleno acesso do jurisdicionado à justiça em todas as fases do processo. § 7º O Tribunal de Justiça instalará a justiça itinerante, com a realização de audiências e demais funções da atividade jurisdicional, nos limites territoriais da respectiva jurisdição, servindo-se de equipamentos públicos e comunitários.

[82] Art. 126. Para dirimir conflitos fundiários, o Tribunal de Justiça proporá a criação de varas especializadas, com competência exclusiva para questões agrárias.

[83] Art. 134 [...] § 2º Às Defensorias Públicas Estaduais são asseguradas autonomia funcional e administrativa e a iniciativa de sua proposta orçamentária dentro dos limites estabelecidos na lei de diretrizes orçamentárias e subordinação ao disposto no art. 99, § 2º.

[84] Também as Procuradorias-Gerais dos Estados pretendiam idênticas garantias, porém, embora carreira jurídica de Estado função essencial à justiça, como advocacia de Estado, na defesa do interesse público e da sociedade, tal não foi assegurado, deixando-as como uma carreira jurídica pública diferenciada negativamente em relação às demais, sem o reconhecimento do seu papel de representação social que lhe é intrínseco.

titucionais, é perceptível que esta garantia constitucional veio para integrar o sentido includente que deve ser conferido às normas constitucionais de um País que pretende reduzir desigualdades, erradicar a pobreza, fundar uma sociedade justa e solidária etc., como forma de integrar a nação em um projeto de sociedade comprometida com a dignidade humana, a qual, como pressuposto compreensivo do "constitucionalismo social e democrático de direito" repercute em todos os âmbitos da prestação estatal, seja administrativa, seja jurisdicional.

Para finalizar, é necessário frisar que tal garantia repercute, como expresso no texto, tanto na seara jurisdicional como na administrativa, o que leva a concluir que, também os procedimentos administrativos deverão ser acessíveis, céleres e respondidos qualitativamente em tempo compatível com as características da questão. Assim, não é possível escudar-se o servidor público – da administração ou da jurisdição – em justificativas formais – excesso de serviço, acúmulo, falhas estruturais etc. – para inviabilizar o gozo da garantia pelo cidadão. Deve-se, ainda, dar sentido compatível com tal garantia às regras já presentes na legislação processual, tais como deveres das partes, atos atentatórios à dignidade da justiça, litigância de má-fé, poderes, deveres e responsabilidades do juiz – em particular, velar pela rápida solução do litígio –, prazos processuais, entre outros.

Parte II

CONFLITO, JURISDIÇÃO E CRISE

3. O conflito

3.1. Aspectos delimitadores e definição de conflito

No Oriente, explode uma bomba matando dezenas de civis; naquela ou em qualquer outra sociedade, um casal litiga judicialmente pela guarda do filho; não distante dali, pais e filhos conflitam por ideias e valores, num exemplo típico de choque de gerações; na fábrica, patrões e empregados discutem condições de trabalho e aumento salarial, ao mesmo tempo em que um solitário vive, internamente, um conflito de consciência. Todas as situações relatadas espelham várias formas conflituais. Definir a palavra *conflito* é uma tarefa árdua, composta de diversas variantes: um conflito pode ser social, político, psicanalítico, familiar, interno, externo, entre pessoas ou entre nações, pode ser um conflito étnico, religioso ou ainda um conflito de valores.[85]

De fato, a noção de conflito não é unânime. Nascido do antigo latim, a palavra *conflito* tem como raiz etimológica a ideia de choque, ou a ação de chocar, de contrapor ideias, palavras, ideologias, valores ou armas. Por isso, para que haja conflito é preciso, em primeiro lugar, que as forças confrontantes sejam dinâmicas, contendo em si próprias o sentido da ação, reagindo umas sobre as outras.

Na tentativa de uma explicação mais esmiuçada para o termo *conflito*, tem-se que consiste em um enfrentamento entre dois seres ou grupos da mesma espécie que manifestam, uns a respeito dos outros, uma intenção hostil, geralmente com relação a um direito. Para manter esse direito, afirmá-lo ou restabelecê-lo, muitas vezes lançam mão da violência, o que pode trazer como resultado o aniquilamento de um dos conflitantes.[86]

---

[85] Nesse contexto, a abordagem pretende se dar especificamente quanto aos conflitos sociais enquanto desequilíbrio de uma relação harmônica entre duas pessoas, dois grupos ou duas nações dentro de um mesmo contexto social.

[86] FREUND, Julien. *Sociología del conflicto*. Traducción de Juan Guerrero Roiz de la Parra. Madrid: Ministerio de Defensa, Secretaría General Técnica. D.L., 1995, p. 58.

Essa definição de conflito pode ser desmembrada em alguns aspectos importantes. Primeiramente, se avista que o enfrentamento é voluntário, de modo que um homem, ao tropeçar em uma pedra, colide com a mesma e não conflita com ela, justamente porque no primeiro caso não se avista a intenção de conflitar que se percebe no segundo. A "vontade conflitiva" pode se direcionar a uma única pessoa ou a um grupo. Num segundo momento, avista-se a necessidade de que os antagonistas sejam da mesma espécie, pois não se denomina conflito o enfrentamento entre um homem e um animal.[87] Adiante, a intencionalidade conflitiva implica a vontade hostil de prejudicar o outro, porque é considerado um inimigo ou porque assim se quer que seja. A hostilidade pode ser uma simples malevolência ou tomar aspectos mais graves como uma briga ou uma guerra. Outro aspecto é o objeto do conflito, que geralmente é um direito entendido não apenas como uma disposição formal, mas também como uma reivindicação de justiça.[88]

O conflito trata de romper a resistência do outro, pois consiste no confronto de duas vontades quando uma busca dominar a outra com a expectativa de lhe impor a sua solução. Essa tentativa de dominação pode-se concretizar através da violência direta ou indireta, através da ameaça física ou psicológica. No final, o desenlace pode nascer do reconhecimento da vitória de um sobre a derrota do outro. Assim, o conflito é uma maneira de ter razão independentemente dos argumentos racionais (ou razoáveis), a menos que ambas as partes tenham aceito a arbitragem de um terceiro. Então, percebe-se que não se reduz a uma simples confrontação de vontades, ideias ou interesses. É um procedimento contencioso no qual os antagonistas se tratam como adversários ou inimigos.[89]

---

[87] Konrad Lorenz menciona a natureza intraespecífica como uma das características do conflito, que pode ser definida na necessidade de dois seres da mesma espécie para que se possa definir o enfrentamento como conflito (LORENZ, Konrad. *A Agressão. Uma história natural do mal*. Tradução de Isabel Tamen. Lisboa: Relógio D'Água, 2001, especialmente o capítulo III).

[88] Sobre essa afirmação, encontra-se o posicionamento de Julien Freund, que afirma que a noção de direito de muitos juristas é estreita. Assim, [...] nel momento in cui si analizza la maggior parte dei conflitti si deve constatare che il sentimento del diritto o della giustizia è al centro della discordia, che si tratti di una disputa tra due vicini o tra due contadini a proposito dei confini dei loro campi, della volontà di un gruppo o di una associazione di essere ufficialmente riconosciuto, della rivendicazione da parte di una collettività politica del diritto all'indipendenza allo spazio vitale, o infine della pretesa dei rivoluzionari di giustificare la loro azione nel nome della volontà di combattere le ingiustizie di una data società. Non sarebbe difficile moltiplicare gli esempi tanto essi sono numerosi. Non esiste praticamente conflitto o guerra che non tenti in qualche modo di legittimarsi. Ciò che per il momento occorre sottolineare è che il diritto nella diversità dei suoi aspetti – che si tratti cioè del diritto positivo o del diritto naturale, che si presenti come una espressione formalizzata piuttosto che come una rivendicazione informale – rappresentata la posta in gioco dei conflitti. Torneremo più avanti su queste essenziali relazioni tra conflitto e diritto (FREUND, Julien. *Il terzo, il nemico, il conflicto. Materiali per una teoria del politico*. A cura di Alessandro Campi. Milano: Giuffrè, 1995, p. 161).

[89] FREUND, Julien. *Il terzo, il nemico, il conflicto. Materiali per una teoria del politico*. A cura di Alessandro Campi. Milano: Giuffrè, 1995, p. 61-62.

A teoria do conflito possui três pressupostos fundamentais e interconexos, que podem ser resumidos, amiúde, na posse individual de interesses de base que cada um procura realizar e que são peculiares a cada sociedade, na necessária ênfase sobre o poder como núcleo das estruturas e relações sociais e na luta para obtê-lo.[90] e, por fim, as ideias e valores utilizados pelos mais diversos grupos sociais como instrumentos para definir sua identidade e os seus objetivos, o que vai desembocar na discussão da raiz "identitária"[91] do conflito.

Em resumo, o conflito é inevitável e salutar (especialmente se queremos chamar a sociedade na qual se insere de democrática), o importante é encontrar meios autônomos de manejá-lo, fugindo da ideia de que seja um fenômeno patológico e encarando-o como um fato, um evento fisiológico importante, positivo ou negativo conforme os valores inseridos no contexto social analisado. Uma sociedade sem conflitos é estática.

3.2. As interações entre o conflito e as relações de poder

Estar em conflito é apenas uma das possíveis formas de interação entre indivíduos, grupos, organizações e coletividades. Uma outra possível forma de interação é a cooperação. Os conflitos – como se disse – podem acontecer entre indivíduos, grupos, organizações e coletividades. Existem, então, diversos níveis nos quais podem ser situados, de modo que seria possível centrar somente a atenção sobre os conflitos de classe (esquecendo os conflitos étnicos) de um lado ou sobre os conflitos internacionais (esquecendo os políticos internos dos Estados, como os contrastes entre maioria e oposição ou as guerras civis) do outro lado.[92]

Assim, o conflito é uma forma social possibilitadora de elaborações evolutivas e retroativas no concernente a instituições, estruturas e interações sociais, possuindo a capacidade de constituir-se num espaço em que

---

[90] Aqui, especificamente Dahrendorf será analisado, uma vez que esse sociólogo salienta a dupla natureza do exercício de poder: como fonte de conflitos e como meio coercitivo de tratá-los.

[91] A raiz identitária do conflito pode se tornar paradoxal no momento em que a relação conflitiva une o grupo em torno de um mesmo objetivo (por exemplo, lutar contra outro grupo), criando uma identidade social, mas por outro lado, é preciso respeitar o direito de cada um de ser único, de ser ele mesmo. Sobre o tema, Eligio Resta escreve: quello che il conflitto mette in luce è il contrasto tra diverse contingenze dell'identità, più o meno generalizzabili; il suo codice non è quello vero-falso, ma riconoscibile-non riconoscibile. La semantica del conflitto e la sua condensazione nelle decisione del giudice ci formano molto più di tante psicologie e sociologie dell'identità. Il sistema sociale ne sedimenta esperienze e aspettative così come può osservarle: il suo linguaggio duplica e amplifica il dilemma (RESTA, Eligio. Le stelle e le masserizie. Paradigmi dell'osservatore. Roma/Bari: Laterza, 1997, p. 84).

[92] PASQUINO, Gianfranco. Conflitto. In: BOBBIO, Norberto; MATTEUCCI, Nicola; PASQUINO, Gianfranco. Dicionário de Política. Tradução Carmen V. Varriale et al. Coordenador e tradutor João Ferreira; Revisão geral João Ferreira e Luís Guerreiro Pinto Cascais. 12. ed. Brasília: Editora Universidade de Brasília, 2004. v. 1.

o próprio confronto é um ato de reconhecimento produzindo, simultaneamente, uma transformação nas relações daí resultantes. Desse modo, o conflito pode ser classificado como um processo dinâmico de interação humana e confronto de poder no qual uma parte influencia e qualifica o movimento da outra.

O conflito pode ser considerado tanto uma potencialidade como uma situação, uma estrutura, uma manifestação, um evento ou um processo. Em cada uma dessas formas existe um confronto dialético entre a realidade e a perspectiva do homem, em entrelaçadas potencialidades, disposições e poderes. O que é perceptível é o movimento do poder, o "toma/larga", o "puxa/empurra", o "dá/toma". Um movimento para a frente e para trás. Por isso, Rudolph Rummel define o conflito como o equilíbrio dos vetores de poder. Nenhuma das partes tem poder suficiente para se sobrepor à outra e eliminar o conflito.[93]

Enquanto meio de medir forças e demonstrar poder o conflito pode se transformar em disputa. Uma disputa é um conflito interpessoal que é comunicado ou manifestado. Um conflito não se transforma em disputa a não ser que seja participado a alguém na forma de incompatibilidade ou de contestação.[94] Conflitos aparecem quando as pessoas definem sua posição, reagem e correspondem a infrações, nos seus relacionamentos. Podem surgir quando líderes expressam ofensas de forma pública ou privada, por exemplo. Disputas ocorrem quando terceiros se envolvem num conflito, apoiando ou atuando como agentes de entendimentos e o tornam público. É importante fazer essa diferenciação frente à necessidade de identificar o mais adequado processo de intervenção. Enquanto somente conflito, a incompatibilidade de interesses pode permanecer indefinidamente não identificada por terceiros e sem efeitos aparentes. Enquanto disputa, o conflito ocasiona comportamentos referentes à obrigação.[95]

A disputa, seja ela a respeito de fatos, de dinheiro, de uma compra num leilão ou da posse de algo, não é mais do que duas posturas em desacordo, porém de forma ordenada, já que cada um defende a sua posição. A disputa pode ocultar um conflito, mas, diferente dele, não é caótica. Pode ser a via para resolver o conflito, mas nem toda resolução de disputas acaba com o conflito que permanece contido, do mesmo modo que nem toda a disputa traduz um conflito.[96]

---

[93] RUMMEL, Rudolph J. *Understanding conflic and war*. New York: John Wiley and Sons, 1976. v. 2, p. 237-257.
[94] FORBERG, Jay; TAILOR, Alison. *Mediation*: a compreensive guide to resolving without ligation. Washington: San Francisco – London: Jessey Bass Publishers, 1984, p. 19.
[95] SERPA, Maria de Nazareth. *Teoria e Prática da Medição de Conflitos*. Rio de Janeiro: Lumen Juris, 1999, p. 20-21.
[96] BREITMAN, Stella; PORTO, Alice Costa. *Mediação familiar*: uma intervenção em busca da paz. Porto Alegre: Criação Humana, 2001, p. 100.

Da mesma forma, os termos *conflito* e *competição*[97] são empregados como sinônimos, o que também reflete um entendimento impreciso que provoca confusão. Muito embora competição seja fonte e possa provocar conflito, nem todos os conflitos refletem competição. Também aqui a diferenciação dos termos/situações se mostra importante quando se atenta para a escolha do método de gestão, correntes tanto num contexto cooperativo quanto competitivo, ou seja, através de processos adversais ou não adversais. Dentre os primeiros está o processo judicial de resolução, no qual um poder interventor determina um ganhador ou um perdedor. Os não adversais, com ou sem intervenção de terceiros, conclamam a responsabilidade dos agentes num trabalho de resolução. Assim, numa competição, não há que se falar em resolução, já que esta se resolve por processo próprio, é a sua própria conclusão.[98]

O objetivo pelo qual a competição se dá em uma sociedade sempre é, presumivelmente, a favor de uma pessoa ou de terceiros. Nestes termos, cada uma das partes concorrentes tenta aproximar-se o máximo daquele terceiro. A principal característica sociológica da competição é o fato de o conflito ser, aí, indireto. Na medida em que alguém se livra de um adversário ou o prejudica diretamente, não está competindo com ele. Antes de tudo, a forma pura da luta competitiva não é ofensiva e defensiva, pela razão de que o prêmio da disputa não está em mãos de nenhum dos adversários.

Na verdade, a competição possibilita duas outras combinações: a primeira delas ocorre quando cronologicamente a vitória sobre o concorrente é a primeira necessidade, o que nada significa em si mesmo. A meta da ação global só é alcançada com a disponibilidade de um valor que não depende em absoluto daquela disputa competitiva. Assim, a tonalidade específica da luta competitiva é que seu resultado, em si mesmo, não constitui a meta, como acontece onde quer que a cólera, a vingança, o castigo ou o valor ideal da vitória como tal motivam uma luta. Já o segundo tipo de competição se diferencia ainda mais de outros gêneros de conflito, nele a luta consiste apenas no fato de que cada concorrente busca a meta por si mesmo, sem usar sua força contra o adversário. Em intensidade e esforço

---

[97] Formalmente falando, a competição repousa sobre o princípio do individualismo. [...] A disputa competitiva é conduzida por meio de realizações objetivas, produzindo habitualmente um resultado algo valioso para um terceiro. O interesse puramente social faz desse resultado uma meta suprema, enquanto que para os próprios concorrentes é somente um produto secundário. Dessa maneira, esse interesse social não só pode admitir, como deve até mesmo evocar a competição diretamente (SIMMEL, Georg. *Sociologia*. Tradução de Carlos Alberto Pavanelli *et al*. São Paulo: Ática, 1983, p. 147).

[98] SERPA, Maria de Nazareth. *Teoria e Prática da Medição de Conflitos*. Rio de Janeiro: Lumen Juris, 1999, p. 22-23.

apaixonado, esse tipo de competição é igual a todas as outras formas de conflito.[99]

Esse é o grande diferencial entre competição e conflito e, ao mesmo tempo, traduz a importância da competição para o círculo social do qual os concorrentes são membros. Nos demais tipos de conflito – nos quais o prêmio, originalmente, está nas mãos de uma das partes, ou onde uma hostilidade inicial, mais que a conquista de um prêmio motiva a luta – induzem à aniquilação mútua dos combatentes e, para a sociedade como um todo, deixam apenas a diferença obtida pela subtração do poder mais fraco pelo mais forte.

Entretanto, a dúvida que se instala é: o conflito é sempre negativo? É uma patologia que acontece quando os papéis sociais não são desenvolvidos de forma adequada ou um fenômeno fisiológico de desenvolvimento? O conflito possui, afinal, importância social? Ele pode ser considerado uma sociação positiva?

3.3. O conflito como associação[100] positivo-democrática

A cada posição que o indivíduo ocupa, correspondem determinadas formas de comportamento; a tudo que ele é, correspondem coisas que ele faz ou tem; assim como cada posição social corresponde a um papel social. Ocupando posições sociais, o indivíduo torna-se uma pessoa do drama escrito pela sociedade em que vive. Através de cada posição, a sociedade lhe atribui um papel que precisa desempenhar.[101] Através de posições e papéis, indivíduo e sociedade são mediatizados; este par de conceitos caracteriza o *homo sociologicus*, constituindo o elemento básico da análise sociológica.

Qualquer organização possui um conjunto de papéis sociais mais ou menos diferenciados que podem ser definidos como sistemas de coerções normativas, a que devem curvar-se os atores que os desempenham, e de direitos correlativos a essas coerções. O papel define, assim, uma zona de obrigações e de coerções correlativa de uma zona de autonomia

---

[99] SIMMEL, Georg. *Sociologia*. Tradução de Carlos Alberto Pavanelli *et al*. São Paulo: Ática, 1983, p. 135-136.

[100] É importante considerar que a palavra "associação" vem aqui utilizada tal como fez Simmel referindo ao conflito como uma forma de sociação enquanto meio de interação humana (SIMMEL, Georg. *Sociologia*. Tradução de Carlos Alberto Pavanelli *et al*. São Paulo: Ática, 1983).

[101] Um papel é um conjunto de ideias associadas a um STATUS social, que define sua relação com outra posição. Por isso, deve ser separado do que as pessoas efetivamente fazem como ocupantes dos *status*, no que é conhecido como desempenho de papel. Essa distinção tem importância especial no interacionismo simbólico, que enfatiza a importância da criatividade no comportamento social (JOHNSON, Allan G. *Dicionário de Sociologia*. Guia prático da linguagem sociológica. Tradução de Ruy Jungmann. Rio de Janeiro: Jorge Zahar, 1997, p. 168-169).

condicionada.[102] Como deve manter o bom funcionamento de seu colégio, o diretor pode, dentro de limites e sob condições mais ou menos definidas, recorrer a certas sanções se determinado ator – aluno, por exemplo – afastar-se das normas que definem seu papel de aluno. Este, por sua vez, deverá curvar-se a essas normas, mas pode, em contrapartida, opor-se aos abusos de poder ou de autoridade do diretor.[103] Nestes termos, o problema da liberdade humana se resume ao equilíbrio entre comportamento condicionado pelos papéis sociais e autonomia, sendo que a análise do "homo sociologicus" parece, pelo menos neste ponto, comprovar o paradoxo dialético de liberdade e necessidade.

Os papéis sociais implicam uma coerção exercida sobre o indivíduo, podendo ser vivenciada como uma privação de seus desejos particulares, ou como um ponto de apoio que lhe fornece segurança. Esse caráter das expectativas de papéis baseia-se no fato de que a sociedade dispõe de sanções com auxílio das quais é capaz de coagir.[104] Aquele que não desempenha o seu papel será punido; quem o desempenha, será recompensado; na pior das hipóteses, não castigado. Conformismo em relação aos papéis preestabelecidos não é de forma alguma exigência característica de sociedades modernas, porém um aspecto universal de todas as formas sociais.[105]

A classificação e definição dessas sanções que garantem conformidade com o comportamento social dos papéis conduz manifestamente à esfera da sociologia jurídica. Da mesma forma que, no âmbito do direito, cada sociedade apresenta constantemente processos de consolidação dos usos para costumes e dos costumes para leis, igualmente os papéis sociais encontram-se sob constante mudança. Se leis perdem a razão de ser pela mudança do contexto social, também as expectativas obrigatórias estão submetidas a um processo de revalidação.

Quando os papéis sociais não são desempenhados de forma adequada (conforme as expectativas do grupo social), nascem os conflitos.[106] Tais

---

[102] Nesse sentido, é importante a leitura de NIETZSCHE, Friederich. Em que medida as condições de vida serão mais artísticas na Europa. *In*: *Gaia Ciência*. Lisboa: Guimarães, 1967.

[103] BOUDON, Raymond; BOURRICAUD, François. *Dicionário crítico de sociologia*. Tradução de Maria Letícia Guedes Alcoforado e Durval Ártico. São Paulo: Ática, 1993, p. 415.

[104] As coerções normativas associadas a cada um dos papéis, sendo, no caso mais simples, mais ou menos conhecidas do conjunto dos atores pertencentes a uma organização, criam expectativas de papel (*role expectations*), cujo efeito é reduzir a incerteza da interação: quando o ator A entra em interação com o ator B, ambos esperam que o outro aja dentro do quadro normativo definido por seu papel (BOUDON, Raymond; BOURRICAUD, François. *Dicionário crítico de sociologia*. Tradução de Maria Letícia Guedes Alcoforado e Durval Ártico. São Paulo: Ática, 1993, p. 415).

[105] DAHRENDORF, Ralf. *Homo sociologicus*: ensaio sobre a história, o significado e a crítica da categoria social. Tradução de Manfredo Berger. Rio de Janeiro: Tempo Brasileiro. 1991, p. 57.

[106] Pense-se, por exemplo, no problema da explicação do conflito industrial. Por que empresário e empregado se encontram em um conflito? Será devido à existência de um antagonismo entre esses grupos humanos? Serão empregados e empresários, como pessoas, opositores irreconciliáveis? Essa

conflitos são relações sociais, caracterizando-se como apenas um dos muitos meios de interação e convívio dentro de uma mesma sociedade. No entanto, é preciso reconhecer que eles não têm, necessariamente, um sentido negativo. Ao perceber a sociedade como um tecido de relações humanas que se diferencia e transforma sem cessar, o conflito deve, necessariamente, fazer parte dessa constatação como o meio através do qual muitas dessas alterações acontecem. É por isso que, em princípio, a importância sociológica do conflito não é questionada. Admite-se que ele produza ou modifique grupos de interesse e organizações.

Discutir a relevância/importância sociológica do conflito é partir do pressuposto de que nenhuma sociedade é perfeitamente homogênea, salvo aquelas utópicas. Essa heterogeneidade resulta em desacordos, discórdias, controvérsias, turbulências, assim como choques e enfrentamentos. Toda a ordem social é, a respeito de uma desordem, ao menos latente, uma circunstância que pode ameaçar a coesão social. O jogo de dissensões se traduz segundo o desejo de uns de impor seus pontos de vista sobre os outros mediante a persuasão, o domínio, ou por outros meios. Por isso, o choque de interesses e de aspirações divergentes desenvolve uma relação de forças. Consequentemente, a ordem social é sempre solicitada por forças que buscam estabilizá-la, organizá-la, e por outras que buscam desestabilizá-la, desorganizá-la e desestruturá-la com o pretexto de instaurar uma ordem melhor. Desse modo, percebe-se que é um equilíbrio mais ou menos sólido entre forças antônimas, podendo romper-se a qualquer momento.[107]

Contudo, sob um ponto de vista comum, pode parecer paradoxal se alguém perguntar, desconsiderando qualquer fenômeno que resulte do conflito ou que o acompanhe, se ele, em si mesmo, é uma forma de sociação. À primeira vista, essa parece uma questão retórica. Se toda interação entre os homens é uma sociação, o conflito – afinal, uma das mais vívidas interações e que, além disso, não pode ser exercida por um indivíduo apenas – deve certamente ser considerado uma sociação. E de fato, os fatores de dissociação – ódio, inveja, necessidade, desejo – são as causas do conflito; este irrompe devido a essas causas. O conflito está, assim, destinado

---

acepção efetivamente seria pouco plausível, porém encontra-se implícita em muitas discussões sobre esse tema. Através das categorias aqui desenvolvidas, poderemos substituir tais suposições por acepções mais razoáveis. Operários e empresários são portadores de dois papéis que, entre outras coisas, são definidos por expectativas de papéis contraditórios. O antagonismo é de natureza estrutural, isto é, é independente, em princípio, dos sentimentos e imaginações dos atores. O conflito entre empregados e empresários consiste apenas em que, enquanto que os senhores A, B, e C, são portadores da posição "empresário", os senhores X, Y e Z, são portadores da posição "empregado". Em outras posições, por exemplo, como membros de um clube esportivo, A, B, C e X, Y, Z podem ser amigos (DAHRENDORF, Ralf. *Homo sociologicus*: ensaio sobre a história, o significado e a crítica da categoria social. Tradução de Manfredo Berger. Rio de Janeiro: Tempo Brasileiro. 1991, p. 98).

[107] FREUND, Julien. *Il terzo, il nemico, il conflitto*. Materiali per una teoria del politico. A cura di Alessandro Campi. Milano: Giuffrè, 1995, p. 101

a resolver dualismos divergentes; é um modo de conseguir algum tipo de unidade, ainda que através da aniquilação de uma das partes conflitantes.[108]

Nestes termos, conflito e desacordo são partes integrantes das relações sociais e não necessariamente sinais de instabilidade e rompimento. Invariavelmente, o conflito traz mudanças, estimulando inovações. Lewis Coser,[109] inclusive, aponta o conflito como um dos meios de manutenção da coesão do grupo no qual ele explode. As situações conflituosas demonstram, desse modo, uma forma de interação intensa, unindo os integrantes do grupo com mais frequência que a ordem social normal, sem traços de conflitualidade.

Assim observadas, as formas sociais aparecem sob nova luz quando vistas pelo ângulo do caráter sociologicamente positivo do conflito. Provavelmente não existe unidade social na qual correntes convergentes e divergentes não estão entrelaçadas. Um grupo absolutamente centrípeto e harmonioso, uma "união" pura não só é empiricamente irreal, como não poderia mostrar um processo de vida real.[110]

A "dinâmica conflitiva" torna-se, então, o meio de manter a vida social, de determinar seu futuro, facilitar a mobilidade e valorizar certas configurações ou formas sociais em detrimento de outras.[111] Essa dinâmica conflitiva permite verificar que o conflito pode ser tão positivo quanto negativo e que a valoração de suas consequências se dará, justamente, pela legitimidade das causas que pretende defender.

Simmel parece resumir a importância sociológica do conflito quando afirma que assim como o universo precisa de "amor e ódio", de forças de atração e de forças de repulsão para que tenha uma forma qualquer, também a sociedade, para alcançar uma determinada configuração, precisa de quantidades proporcionais de harmonia e desarmonia, de associação e de competição, de tendências favoráveis e desfavoráveis. Sociedades definidas, verdadeiras, não resultam apenas nas forças sociais positivas da inexistência de fatores negativos que possam atrapalhar. A sociedade, é o resultado de ambas as categorias de interação (positivas e negativas), que se manifestam desse modo como inteiramente positivas.[112]

---

[108] SIMMEL, Georg. *Sociologia*. Tradução de Carlos Alberto Pavanelli *et al*. São Paulo: Ática, 1983, p. 122.

[109] COSER, Lewis A. *Le funzioni del conflitto sociale*. Milano: Feltrinelli, 1967, p. 98-107.

[110] SIMMEL, Georg. *Sociologia*. Tradução de Carlos Alberto Pavanelli *et al*. São Paulo: Ática, 1983, p. 123-124.

[111] Sobre o assunto, é importante a leitura de BEUCHARD, J. *La dynamique conflictuelle*. Paris: Réseausx, 1981.

[112] SIMMEL, Georg. *Sociologia*. Tradução de Carlos Alberto Pavanelli *et al*. São Paulo: Ática, 1983, p. 124.

As forças repulsivas ou a aversão são uma realidade constante na vida moderna, colocando cada pessoa em contato com inumeráveis outras todos os dias. Toda a organização interna da interação humana se baseia numa hierarquia extremamente complexa de simpatias, indiferenças e aversões, do tipo mais efêmero ao mais duradouro. A extensão e a combinação de antipatias/simpatias, o ritmo de sua aparição e desaparição, a par de elementos mais literalmente unificadores, produzem a forma de vida humana em sua totalidade insolúvel; e aquilo que à primeira vista parece disassociação, é, na verdade, uma de suas formas elementares de socialização.

O conflito transforma os indivíduos, seja em sua relação um com o outro, ou na relação consigo mesmo, demonstrando que traz consequências desfiguradoras e purificadoras, enfraquecedoras ou fortalecedoras. Ainda, existem as condições para que o conflito aconteça, e as mudanças e adaptações interiores geram consequências para os envolvidos indiretamente e, muitas vezes, para o próprio grupo.

Assim, o conflito promove a integração social. Resumindo as considerações de Coser e Simmel a respeito de tal afirmação, verifica-se que isso independe de ser interno ou externo ao grupo.[113] Considerando um conflito externo,[114] observa-se que a) o conflito determina os confins do grupo e contribui para o nascimento de um sentimento de identidade;[115] b) traz uma centralização da estrutura interna do grupo; c) possibilita a

---

[113] Nesse mesmo sentido são as indagações de Marc Howard Ross: "¿Qué relación guarda el conflicto dentro de los grupos con el que ocurre entre ellos? Esta relación puede describirse teóricamente de dos maneras. Una de ellas, que tiene que ver con el principio psicológico de la generalización, pone de relieve cómo los individuos o grupos propensos a la violencia o al comportamiento contencioso de un determinado ámbito de sus vidas (o con un conjunto dado de actores), se comportan de forma similar en otras esferas. El segundo modelo se basa principalmente en factores estratégicos, señalando que os actores no pueden entrar a la vez en conflicto con otras mucha facciones" (ROSS, Marc Howard. *La cultura del conflicto. Las diferencias interculturales en la práctica de la violencia*. Traducción de José Ral Gutiérrez. Barcelona: Paidós Ibérica, 1995, p. 40).

[114] Os efeitos do conflito intergrupal (externo) sobre um determinado grupo são assim resumidos por Simmel: em condição de paz, o grupo pode permitir que membros antagônicos convivam em seu interior numa situação indeterminada, porque cada um deles pode seguir seu próprio caminho e evitar colisões. Uma condição de conflito, todavia, aproxima os membros tão estreitamente e os sujeita a um impulso tão uniforme que eles precisam concordar ou se repelir completamente. Esta é a razão pela qual a guerra com o exterior é, algumas vezes, a última chance para um estado dominado por antagonismos internos superar estes antagonismos, ou então dissolver-se definitivamente (SIMMEL, Georg. *Sociologia*. Tradução de Carlos Alberto Pavanelli et al. São Paulo: Ática, 1983, p. 154).

[115] La identificación con el propio grupo es un proceso cognitivo de adaptación social que hace posible relaciones pro sociales tales como la cohesión social, la cooperación e la influencia. Los grupos constituyen el mecanismo central que la identidad a las personas; en vez de sostener que estas "sacrifican" una porción de su identidad cuando forman parte de un grupo, la perspectiva que aquí se adopta sólo ve posible la identidad positiva del individuo dentro del contexto de una segura afiliación al grupo (ROSS, Marc Howard. *La cultura del conflicto. Las diferencias interculturales en la práctica de la violencia*. Traducción de José Ral Gutiérrez. Barcelona: Paidós Ibérica, 1995, p. 42).

definição de aliados, incluindo aqui a lista de outros países simpáticos às reivindicações de um daqueles que se encontram em guerra.[116]

A leitura dos textos de Simmel e Coser não faz referência expressa à possibilidade de utilização dos mesmos princípios para os conflitos internos ao grupo (aqueles existentes entre um grupo, de um lado, e alguns de seus membros, de outro, ou, especificamente, entre dois membros do grupo). No entanto, de modo tácito, fazem referência a análises que podem ser ajustadas ao primeiro dos princípios supra referindos. Assim, parece correto afirmar, com base nesses dois autores, que "... il conflitto, sia interno che esterno, contribuisce al mantenimento dei confini di gruppo e all'identità sociale".[117] Todavia, os outros dois princípios não se aplicariam, uma vez que não parece correto afirmar que o conflito interno conduza necessariamente a uma centralização das organizaçãoes sociais. O mesmo pode-se dizer quanto à definição de aliados.

Nestes termos, o conflito externo une o grupo e o faz coeso, levando a concentração de uma unidade já existente, eliminando todos os elementos que possam obscurecer a clareza de seus limites com o inimigo, aproximando pessoas e grupos que, de outra maneira, não teriam qualquer relação entre si. O poderoso efeito do conflito a este respeito surge de modo mais claro no fato de que a conexão entre a situação de conflito e a unificação é suficientemente forte para chegar a ser importante mesmo no processo inverso. De modo semelhante, a unificação com o propósito de luta é um processo vivenciado tão frequentemente que às vezes o mero confronto de elementos, mesmo quando ocorre sem qualquer propósito de agressão ou de outra forma de conflito, aparece aos olhos dos outros como uma ameaça e um ato hostil.[118]

Não se pode ignorar, na análise atenta de Simmel, o singular e aparente paradoxo "comunitário" do conflito entre dois litigantes. Aquilo que os separa, a ponto de justificar o litígio, é exatamente aquilo que os aproxima, no sentido de que eles compartilham a lide e um intenso mundo de relações, normas, vínculos e símbolos que fazem parte daquele mecanismo. Portanto, a aposta em jogo separa e une, corta nitidamente a possibilidade de comunicação e instaura outras, sendo elas equivocadas e destrutivas.[119]

Essa unidade originada no conflito e com propósitos de conflito se mantém inclusive depois do período de luta. Verdadeiramente, a impor-

---

[116] COLLINS, Randall. *Teorie Sociologiche*. Traduzione di Umbreto Livini. Bologna: Il Mulino, 2006, p. 150.

[117] Ibid., p. 151.

[118] SIMMEL, Georg. *Sociologia*. Tradução de Carlos Alberto Pavanelli *et al*. São Paulo: Ática, 1983, p. 157.

[119] RESTA, Eligio. *Il diritto fraterno*. Roma-Bari: Laterza, 2005, p. 74-75.

tância do conflito consiste na articulação da unidade e da relação latente, tornando-se mais uma oportunidade para as unificações exigidas internamente, o que não se constituía como propósito. De fato, no interesse coletivo pelo conflito, há mais uma graduação, a saber, de acordo com o fato de a unificação com o propósito de conflito se referir ao ataque e defesa ou apenas à defesa. Assim, o poder unificador do princípio do conflito não surge com mais força em nenhum outro caso do que quando produz uma sociação temporal ou real em circunstâncias de competição ou de hostilidade.

No entanto, não obstante a importância positiva do conflito enquanto meio de associação e coesão interna, não se pode perder de vista a estreita relação entre conflito e poder e entre este último e os meios através dos quais se têm administrado as situações conflitivas. Sendo assim, as estruturas de poder social oferecem um cenário interessante à discussão dos conflitos sociais.

4. A jurisdição

4.1. O monopólio estatal da força como meio legítimo de tratamento dos conflitos

Retomando a estrutura doutrinária da tripartição de funções,[120] que separa a administrativa ou de governo, da legislativa e da jurisdicional, este estudo ficará concentrado na última delas que, no Estado de direito, é atribuída a órgãos especializados os quais, em seu conjunto, costuma-se denominar Poder Judiciário. Infere-se aqui uma transformação histórica na busca de disciplinar a convivência social, até o que veio a definir-se hoje como função jurisdicional, monopolizada pelo Estado.

À medida que as sociedades foram se complexificando, produziu-se uma normatização mínima de condutas viabilizadoras e reguladoras do convívio harmônico entre os integrantes dos grupos sociais, implicando também a elaboração de instrumentos que as possam fazer valer. Assim, as primeiras manifestações do hoje nominado "direito de agir" antecedem ao próprio Estado, quando a justiça era obtida mediante a defesa privada dos interesses, reflexo da lei de Talião.

Paulatinamente, conforme vão se sofisticando as relações sociais, a instituição estatal de monopólio da aplicação do direito – jurisdição – aparece, ainda que primitivamente, e mune-se do poder de coerção. Este fato, proporcionalmente, vai afastando a justiça privada, ora considerada como

---

[120] Vários pensadores e críticos atuais, com intuito de provocar meditações sobre as transformações que, por ora, vêm se instalando, inferem que, muito embora a ideia de distribuição de poder a órgãos separados seja indispensável para o Estado Contemporâneo, esta tipologia das funções de que se serviu Montesquieu encontra-se superada na realidade hodierna, devendo-se (re)pensar, neste âmbito, uma nova "separação dos poderes". Assim enquadrar as "funções sociais dentro do esquema da rígida tripartição de poderes não corresponde mais às necessidades das sociedades hodiernas devido à sua alta complexidade que permite o afloramento das mais diversas necessidades". Tudo isso se dá em virtude da velocidade na qual os fatos sociais e as grandes transformações ocorrem, o que reclama solução imediata dos órgãos públicos, "o Poder Legislativo, que para realizar uma lei tem que cumprir um minucioso e longo procedimento, não pode atender de forma eficiente a essas demandas". Por conseguinte, "a concepção do Poder Legislativo como órgão único de produção normativa torna-se insustentável" (BOLZAN DE MORAIS, Jose Luis; AGRA, Walber de Moura. A jurisprudencialização da Constituição e a densificação da legitimidade da jurisdição constitucional. *In*: *Revista do Instituto de Hermenêutica Jurídica – (neo) Constitucionalismo – ontem, os Códigos hoje, as Constituições*. Porto Alegre: Instituto de Hermenêutica Jurídica, 2004, p. 226).

garantia e execução pessoal do direito. Oriunda da ausência de um poder central organizado, é geradora de intranquilidades comprometedoras do convívio social, afinal, nesses conflitos tratados mediante a defesa privada, não há como saber, quem realmente detinha a razão ou quem fora mais forte, mais astuto, no desenrolar da lide.

Como reação a este quadro, nasce a jurisdição, vista como uma das funções do Estado. É através dela que o mesmo entra como um terceiro substituto das partes titulares dos interesses envolvidos, tratando o conflito em concreto, fazendo a atuação da vontade do direito objetivo que rege a lide, caracterizando-se, ainda, pela imparcialidade e neutralidade.

Oportuno referir o fato de que antes do Estado ser coroado com esta função, este terceiro poderia ser um árbitro escolhido de acordo com a vontade dos litigantes. Era a *arbitragem facultativa*. Num segundo momento, esta *arbitragem* passou a ser *obrigatória*, sendo os árbitros auxiliados pela força do Estado no que tange à efetivação das suas decisões, conforme se verá posteriormente.

Mas foi em seguida que o Estado tomou para si esta função, passando a monopolizar a Jurisdição, ditando o direito para o caso concreto de forma impositiva, com o intuito de assegurar a convivência social através da neutralização do conflito pela aplicação forçada do direito Positivo.

Verifica-se que as ideias de conflito e de jurisdição possuem um liame bastante forte. Afinal, a jurisdição dirige-se, essencialmente, à eliminação (ou como veremos, neutralização) do conflito de interesses existente (ou virtual) entre as partes. A jurisdição[121] surge, portanto, como poder jurisdicional que, sendo função do Estado, cabe-lhe com exclusividade. A tarefa de dirimir os conflitos de interesses passa, pois, a ser exercida por órgãos estatais separados da legislatura e da administração.

Para Cappelletti,[122] a característica mais importante do ato jurisdicional é a *terzietà* do juiz, seu desinteresse pessoal na relação jurídica sobre a qual a sentença irá operar. O juiz é sempre um *terceiro* no sentido de ser alheio ao *litígio*, de ser *imparcial*; e o comando da sentença é um imperativo ao qual as partes ficam sujeitas, é um comando *superpartes*. Considerando-se que o legislador também atua *superpartes* mas que, enquanto este age de ofício, o juiz, *sujeito imparcial*, age condicionado ao pedido das partes, *sujeitos parciais* do processo.

Os conflitantes mantêm-se atrelados ao processo pelo litígio que, conforme já visto, é importante enquanto meio de evolução/transformação social. Por outro lado, cada conflito envolve também uma relação de poder.

---

[121] O sentido original deste termo é *jurisdictio; jus* (direito) e *dicere* (dizer). Portanto, esta função de que o Estado se faz monopolizador, compreende o dizer o direito em casos concretos.
[122] CAPPELLETTI, Mauro; GARTH, Bryant. *Acesso à justiça*. Tradução de Ellen Gracie Northfleet. Porto Alegre: Sergio Antonio Fabris, 1988.

Muitos conflitos têm como estopin a distribuição desigual das chances de vida, que é um resultado das estruturas de poder. Alguns estão numa posição em que podem estabelecer a lei pela qual a situação dos outros será mediada. Em 1848, Marx escreve o Manifesto do Partido Comunista expondo um programa de governo revolucionário, delineando a proposta de uma nova estrutura social. É possível verificar que os textos de Marx têm como escopo principal o fato de que os indivíduos possuem uma essência nata e interesses predeterminados e que se não agem conforme tais interesses, é somente porque são enganados pelo sistema social. A sociedade, por sua vez, é analisada de acordo com os interesses contrastantes entre os diversos grupos.

Assim, a teoria marxista afirma que a sociedade consiste num equilíbrio instável de forças contrapostas, que, através de suas lutas e tensões, geram a transformação social. Marx aponta para o conflito social como elemento determinante do processo histórico. Nestes termos, põe em evidência a importância prioritária de se apropriar da tecnologia e da propriedade na determinação da vida dos indivíduos no curso do conflito social e salienta a interação de forças de poder gerada pela posse de tais bens.[123] Portanto, a raiz econômica do pensamento marxista determina seu alcance na afirmativa de que a "evolução política, jurídica, filosófica, religiosa, literária, artística, dentre outras, repousa sobre a evolução econômica", não que essa seja a única causa ativa e todo o resto o efeito passivo.[124]

Toda a obra de Marx mostra-se influenciada pela concepção de sociedade dividida em classes determinadas por fatores econômicos, traduzidos especialmente na detenção dos meios de produção e na força de trabalho. Nesse ânimo de explicar fatores econômicos como determinantes da estrutura social, de sua transformação e da explicação de sua própria realidade, Marx distingue três aspectos de relevo: a) primeiramente, a força material da produção, que pode ser traduzida nos meios efetivos que os sujeitos utilizam para produzir a sua subsistência; b) num segundo momento, as relações de produção passam a integrar esse cenário, especialmente porque derivados da força de produção compreendendo as relações e o direito de propriedade; c) por fim, aponta a superestrutura legal/política como formadora de consciência social, correspondentes aos dois primeiros anteriormente citados.[125]

---

[123] "Tanto i rapporti giuridici quanto le forme dello Stato non possono essere compresi né per se stessi, né per la cosiddetta evoluzione generale dello spirito umano, ma hanno le loro radici, piuttosto, nei rapporti materiali dell'esistenza il cui complesso viene abbracciato da Hegel... sotto termine di 'società civil'.. l'anatomia della società civile è da cercare nell'economia politica" (MARX, Karl. *Per la critica dell'economia politica*. Roma: Editori Riuniti, 1971, p. 4).

[124] ENGELS, Friederich. Lettera a W. Borgius, 25 gennaio 1894. *In*: MARX, Karl; ENGELS, Friederich. *Opere*. Roma: Editori Riuniti, 1977. v. 5, p. 227.

[125] MARX, Karl. *Per la critica dell'economia politica*. Roma: Editori Riuniti, 1971. MARX, Karl. *Do capital*. O rendimento e suas fontes. Tradução de Edgar Malagodi. São Paulo: Nova Cultural, 1996 (Os pen-

Dos aspectos apontados por Marx, o último é aquele de maior importância e interesse para o presente livro, principalmente porque, ao discuti-lo, o autor ressalta as relações de poder exercidas pelo Estado sobre o cidadão no tratamento dos conflitos sociais. A teoria marxista descreve o Estado como um instrumento de domínio de classes e vê no domínimo político um reflexo e uma expressão do conflito entre essas mesmas classes. Ao discutir as atribuições estatais, Marx afirma que o Estado possibilita a exploração fornecendo estabilidade e mantendo as condições sociais que permitem a um grupo permanecer no poder, defendendo os interesses da classe dominante.[126]

Marx imaginava a futura sociedade comunista como um lugar do qual a miséria fosse banida, como se o desaparecimento da pobreza significasse também o desaparecimento de todas as grandes desigualdades entre os indivíduos. Consequentemente, na sociedade comunista existiria somente uma única vontade e um único intento social, de modo que a produção econômica estaria ligada a um consenso universal, tornando-se despicienda a existência de um aparato estatal coercitivo.[127]

Já Max Weber formulou uma teoria diversa sobre o conflito[128] e suas intrínsecas relações de poder, trabalhando com ênfase na distinção entre poder legítimo e ilegítimo. O primeiro diz respeito à detenção de autoridade por parte de algumas pessoas que têm o "direito" de serem obedecidas. Nestes termos, fala-se da autoridade de uma *pessoa*, de uma *instituição*, de uma *mensagem*, para significar que confiamos nelas, que acolhemos sua opinião, sua sugestão ou sua ordem, com respeito, consideração, sem hostilidade nem resistência, e que estamos dispostos a submeter-nos a ela. A autoridade é, portanto, uma relação que é preciso analisar do ponto de vista daquele (pessoa ou instituição) que emite a mensagem ou o comando e do ponto de vista de quem os recebe.[129]

Nesta análise, Weber distingue três tipos de autoridade/legitimidade de poder:[130] a) carismática, que tem por base a qualidade pessoal do líder,

---

sadores); MARX, Karl; ENGLES, Friederich. *O manifesto do partido comunista de 1948 e cartas filosóficas*. Tradução de Klaus von Puschen. São Paulo: Centauro, 2005.

[126] Nesse sentido, ver MARX, Karl. *Le lotte di classe in Francia dal 1848 al 1850*. Roma: Editori Riuniti, 1966.

[127] WALLACE, Ruth A.; WOLF, Alison. *La teoria sociologica contemporanea*. Traduzione di Daniela Sandri, Giovanni Dognini e Maurizio Pisati. Bologna: il Mulino, 2001, p. 110.

[128] Il conflitto di classe di Weber differisce da quello di Marx per un altro e più importante verso. Per Marx le classi sono definite dalla proprietà o dalla mancanza di proprietà dei mezzi di produzione, per Weber dalla loro posizione sul mercato (COLLINS, Randall. *Tre tradizioni sociologiche*. Manuale introduttivo di storia della sociologia. Bologna: Zanicheli, 1991, p. 65).

[129] BOUDON, Raymond; BOURRICAUD, François. *Dicionário crítico de sociologia*. Tradução de Maria Letícia Guedes Alcoforado e Durval Ártico. São Paulo: Ática, 1993, p. 29.

[130] Coser risalta che Weber contrariamente a molti teorici politici, concepisce il potere in tutte le sue manifestazioni come espressione delle relazioni tra coloro che esercitano il potere e coloro che sono

de modo que os governados se submetem à extraordinária capacidade de uma pessoa cuja autoridade se legitima pela crença em seus poderes mágicos, em suas revelações, sendo cultuada como um herói; b) tradicional, cuja base de aceitação está enraizada no passado, como é, por exemplo, a autoridade de um rei ou do chefe de uma tribo que se faz respeitar muitas vezes pelo costume. Também serve de exemplo de autoridade tradicional as relações patriarcais nas quais o pai ou o marido se faz respeitar muito mais pelo hábito do que por suas próprias qualidades pessoais; c) por fim, a legitimidade legal/racional é aquela na qual o respeito se funda sobre regras formais. Os burocratas modernos obedecem ao que as regras codificadas determinam, uma vez que a sociedade aceita a lei estatutária como fonte última de autoridade.[131] Segundo Weber, a legitimação de um núcleo de regras vem centrada num processo de racionalização da sociedade moderna.[132]

---

tenuti all'obbedienza, piuttosto che come attributo dei capi (COSER, Lewis A. *I classici del pensiero sociologico*. Traduzioni di Franca Montanari Orsello. Bologna: Il Mulino, 2006, p. 177).

[131] Eugène Enriquez aponta outras formas de exercer o controle social garantindo a legitimidade: 1. Controle direto (físico) através da violência: "o controle é fundado sobre a opressão que assume as formas da exploração e da repressão. Exploração dos indivíduos e dos grupos totalmente submissos às leis do capitalismo selvagem, que fazem dobrar os corpos e corações, repressão que se exprime em todos os casos de questionamentos ou mesmo quando uma ameaça dessa ordem é percebida aos olhos dos dirigentes". Aqui, a violência "inaugura o mundo do contra-senso, o da violência institucionalizada transformada na lei das relações humanas. A única civilização possível, nesse momento, é a da morte e do gozo dos carrascos que a põem em prática"; 2. O controle organizacional, desenvolvido pela máquina burocrática, "que prevalece no mundo das grandes organizações industriais e administrativas. Lidamos aí com um controle do trabalho (e do rendimento) que os indivíduos devem realizar"; 3. O controle dos resultados, vertido pela competição econômica. Trata-se de um modo de controle mais sutil. "O importante, para os grupos, organizações ou indivíduos, é o sucesso nos negócios e na vida, sucesso reconhecido e invejado pelos outros, indispensável, de qualquer forma, para se manter na corrida e não se tornar desacreditado pelo sistema"; 4. O controle ideológico, manifestado pela adesão. Nele, um "Estado que se crê coerente e que quer ser a expressão da vontade popular não pode deixar o campo livre à expressão florescente e divergente"; 5. O controle do amor, pela identificação total ou expressão da confiança, que possui "dois modos de funcionamento do discurso amoroso: o fascínio (próximo da hipnose e cujo caráter fundamental na forma de ação das multidões foi visto por Freud) e a sedução"; 6. O controle pela saturação, assim reconhecida pela repetição indefinidamente que se utiliza de um só meio: "a monopolização da expressão do discurso social e a censura generalizada, que privam todas as classes de seus próprios deveres e meios de expressão; 7. O controle pela dissuasão, que acontece através da instalação de um aparelho de intervenção, cujo objetivo primordial é mostrar sua força para não ter que usá-la. Por isso, "os defensores da dissuasão nuclear nos dizem, dia após dia, que o aumento de arsenal militar e o equilíbrio do terror constituem o único meio de escapar da terceira guerra mundial". Porém, "a dissuasão, atualmente, não só regula as relações internacionais, como também as relações sociais internas" (ENRIQUEZ, Eugène. *Da horda ao Estado. Psicanálise do vínculo social*. Tradução de Teresa Cristina Carreteiro e Jacyara Nasciutti. Rio de Janeiro: Jorge Zahar, 1993, p. 283 *et seq.*).

[132] WEBER, Max. *Economia e sociedade:* fundamentos da Sociologia Compreensiva. Tradução de Regis Barbosa e Karen Elsabe Barbosa. Brasília: UNB, 1999. No entanto, alguns sociólogos contemporâneos acrescentam um quarto tipo de autoridade: aquela baseada no conhecimento especializado (conhecida também como autoridade profissional). A autoridade dos médicos é um exemplo. Até certo ponto tradicional, está se tornando cada vez mais racional-legal à medida que corpos legislativos assumem de forma crescente a regulamentação legal de decisões médicas que variam do aborto à retirada de aparelhagem mantenedora da vida. Além disso, contudo, tornando-se a prática da medicina cada vez mais complexa e longe da compreensão de muitos pacientes, a posse de conhecimentos especializados

Nesse contexto, a definição weberiana da conexão social não é mais dada pela relação indivíduo-sociedade, mas pela relação entre racionalidade e forma de ação. O coroamento desse processo de racionalização – secularização vem simbolizado pela imagem da "jaula de aço", introduzida nas últimas páginas da *Ética protestante e o espírito do capitalismo*.[133] Em resumo, de um lado se tem a angústia da "jaula de aço" e, de outro, a inquietude pelo emergir de formas de ação emotivo-passionais que comprometem a solidariedade e os requisitos legitimantes do "mundo administrado". Nasce a oscilação entre "carisma" e "disciplina", o que exprime a dificuldade em responder ao quesito de qual seja a força capaz de contrapor-se à entropia do processo inovativo produzida pela automatização burocrática das funções estatais. Assim, Weber completa a formalização da imagem "maquinal" (hobbesiana) do poder reproduzindo ao extremo aquele dilema entre ocasião e norma, *inventio* e disciplina, direção política e máquina burocrática-administrativa, que acompanha desde as origens o moderno conceito de política.[134]

Enquanto detentor de poder/autoridade[135] política, fundado em regras formais/racionais, o Estado monopoliza não só a força, mas principalmente a força legítima. Dentro de um Estado pode existir violência criminal, mas esse não é um grande problema porque tal violência é ilegítima e poderá/deverá ser massacrada pela força legítima estatal. Nesses termos, a legitimidade é causada por condições sociais e existe ou não de acordo com as transformações desenvolvidas no decorrer da história. Não se pode perder de vista que o Estado se tornou legítimo também devido à construção de coalisões de combate às guerras. O combate ao inimigo tornou-se, assim, o elemento crucial de legitimidade estatal.[136]

---

torna-se, por mérito próprio, uma base para a autoridade (JOHNSON, Allan G. *Dicionário de Sociologia*. Guia prático da linguagem sociológica. Tradução de Ruy Jungmann. Rio de Janeiro: Jorge Zahar, 1997, p. 24).

[133] WEBER, Max. *A ética protestante e o espírito do capitalismo*. Tradução de Irene Szmerecányi e Tamás Szmerecsányi. São Paulo: Pioneira/UnB, 1981.

[134] MARRAMAO, Giacomo. *Poder e secularização. As categorias do tempo*. São Paulo: Editora Universidade do Estado Paulista, 1995, p. 187-189.

[135] L'auctoritas derivante dalle convenzioni politiche costituisce nello stesso tempo la fonte e l'effetto della legalità, a essa subordinata e contemporaneamente sovra ordinata; modello alto di autoregolazione, la legalità moderna (sistema di "astratta e generale statuizione") rimette ogni possibile controversia che la legge non abbia già indirizzato a un'ultima decisione del giudice "terzo", affinché non ci sia spazio per violenze, ma soltanto violenze, private. Ed è terzo per definizione il giudice perché trova l'imparzialità della sua decisione legislativa – o almeno così dovrebbe essere – sulla base di un'aspettativa normativa che la legge stessa costituisce, salvo, cognitivamente, a vedere se si realizzi imparzialità nel caso concreto. E tuttavia si potrà dire che il giudice sarà imparziale quando, cognitivamente, lo sarà stato (RESTA, Eligio. Giudicare, conciliare, mediare. *In*: SCARPARRO, Fulvio. *Il coraggio di mediare*. Contesti, teorie e pratiche di risoluzioni alternative delle controversie. Milano: Angelo Guerini, 2005, p. 39).

[136] COLLINS, Randall. *Teorie Sociologiche*. Traduzione di Umbreto Livini. Bologna: Il Mulino, 2006, p. 163-164.

Por conseguinte, a teoria weberiana da política define o Estado como uma organização que reivindica o monopólio sobre o uso legítimo da força dentro de um determinado território, sendo que sua legitimidade também sofre influências do prestígio internacional que possui. Através da força, o Estado pretende manter a coesão social. Discutindo a visão social-racionalista weberiana e questionando o meio através do qual as sociedades humanas se mantêm coesas, Dahrendorf aponta para a posição de uma ampla e meritória escola de pensamento que sustenta que a ordem social resulta de um acordo generalizado em torno de valores, um *consensus omnium* ou *volonté générale*, que tem mais peso do que qualquer diferença possível ou efetiva de opinião ou interesse. Ressalta, porém, que outra escola de pensamento, igualmente ampla e meritória, é de opinião que coesão e ordem na sociedade são fundadas na força e na coerção, na dominação por alguns e sujeição de outros. Certamente, um enfoque não exclui totalmente o outro. O utópico (como o autor chama os que insistem na coesão por consenso) não nega a existência de divergência de interesse, tampouco o racionalista (o que acredita na coesão por coerção e dominação) ignora a existência de acordos em torno de valores de que depende o próprio estabelecimento da força.[137]

Seguindo essa linha de raciocínio, Dahrendorf aponta para duas (meta)teorias que podem e devem ser identificadas na sociologia contemporânea. Uma delas, a *teoria da integração da sociedade*, concebe a estrutura social em termos de um sistema funcionalmente integrado, mantido em equilíbrio por certos processos padronizados e repetitivos. Já a *teoria da coerção da sociedade*[138] vê a estrutura social como uma forma de organização mantida coesa por força de coerção e que se estende constantemente para além dela mesma, no sentido de produzir dentro de si forças que a mantém em um processo contínuo de mudanças. Salienta, então, que uma decisão que aceite uma dessas teorias e rejeite a outra não é necessária nem desejada.[139]

---

[137] O Sociólogo Utópico não postula que a ordem é baseada em um consenso geral em torno de valores, mas sim que ela pode ser concebida em temos de tal consenso, e que, se ela for concebida nestes termos, são possíveis certas proposições que resistem ao teste de observação específica. De maneira analógica, para o Sociólogo Racionalista, o pressuposto da natureza coercitiva da ordem social é um princípio heurístico, e não um juízo fatual (DAHRENDORF, Ralf. *As classes e seus conflitos na sociedade industrial*. Tradução de José Viegas. Brasília: Editora Universidade de Brasília, 1982, p. 145).

[138] Abordando os conflitos sociais, Dahrendorf rompe com o marxismo até então dominante ao afirmar que os conflitos não tinham como base a propriedade, mas o poder e a sua distribuição. In tale visione, l'essenza nella possibilità di chi lo detiene di imporre sanzioni e ordini e di ottenere l'obbedienza di chi non ha potere alcuno. In ogni caso, la gente prova avversione verso la sottomissione; per questo Dahrendorf sostiene che esiste un conflitto di interesse inevitabile e un impeto della parte di chi non ha potere a combattere contro chi lo detiene, i primi per ottenerlo, gli altri per difenderlo. Il potere è una persistente fonte di attrito (WALLACE, Ruth A.; WOLF, Alison. *La teoria sociologica contemporanea*. Traduzione di Daniela Sandri, Giovanni Dognini e Maurizio Pisati. Bologna: il Mulino, 2001, p. 134). Também nesse sentido: COLLINS, Randall. *Teorie Sociologiche*. Traduzione di Umbreto Livini. Bologna: Il Mulino, 2006, p. 154 *et seq.*

[139] DAHRENDORF, Ralf. *As classes e seus conflitos na sociedade industrial*. Tradução de José Viegas. Brasília: Editora Universidade de Brasília, 1982, p. 146.

Nessa perspectiva, a teoria coercitiva da sociedade pode ser reduzida a um pequeno número de componentes básicos, embora estas premissas impliquem simplificações e exagero na consideração da questão: a) a primeira delas propõe que toda sociedade se encontra sujeita a processos de mudança; a mudança social é ubíqua; b) toda sociedade exibe a cada momento dissensão e conflito; o conflito social é ubíquo; c) todo elemento em uma sociedade contribui de certa forma para sua desintegração e mudança; d) toda sociedade é baseada na coerção de alguns de seus membros por outros.

Do ponto de vista da teoria coercitiva, não é a cooperação voluntária ou o consenso geral, mas a coerção imposta que faz com que organizações sociais tenham coesão. Em termos institucionais, isto quer dizer que em toda organização social é outorgado a alguns o direito de controlar outros com vistas a assegurar uma coerção efetiva; em outras palavras, há uma distribuição diferenciada de poder e autoridade. Assim, uma das principais diferenças entre a teoria sobre o conflito social marxista e aquela defendida por Dahrendorf reside justamente na premissa de que a distribuição diferenciada de autoridade se torna fator determinante de conflitos sociais sistemáticos de tipo equivalente ao conflito de classes no sentido tradicional do termo. A origem estrutural de tais conflitos está no modo que foram arranjados os papéis sociais a que se conferiram expectativas de dominação ou de sujeição.

Do mesmo modo como a diferenciação de papéis gera conflitos, ela também é relevante do ponto de vista do exercício da autoridade. A identificação dos papéis de autoridade com diferentes atribuições é a primeira tarefa da análise de conflitos, tanto conceitual quanto empiricamente, todos os passos seguintes da análise partem da pesquisa de distribuições de poder e autoridade. A diferença, importante entre estes últimos, consiste no fato de que enquanto o poder está essencialmente ligado à personalidade de indivíduos, a autoridade é sempre associada com posições ou papéis sociais.[140] Seria possível explicar a diferença de uma outra forma dizendo – como faz Marx Weber – que enquanto o poder é uma relação meramente

---

[140] A autoridade sempre manteve estreita relação com o poder. Assim, o primeiro modo de entendê-la como uma espécie de poder seria definindo-a como uma relação de poder estabilizado e institucionalizado em que os súditos prestam uma obediência incondicional. [...] A obediência baseia-se unicamente no critério fundamental da recepção de uma ordem ou sinal emitido por alguém. [...] Praticamente todas as relações de poder mais duráveis e importantes são, em maior ou menor grau, relações de autoridade: o poder dos pais sobre os filhos na família, o do mestre sobre os alunos na escola, o poder do chefe de uma igreja sobre os fiéis, o poder do governo sobre os cidadãos de um Estado [...] (STOPPINO, Mario. Autoridade. *In*: BOBBIO, Norberto; MATTEUCCI, Nicola; PASQUINO, Gianfranco. Dicionário de Política. Tradução Carmen V. Varriale et al. Coordenador e tradutor João Ferreira; Revisão geral João Ferreira e Luís Guerreiro Pinto Cascais. 12. ed. Brasília: Editora Universidade de Brasília, 2004. v. 1).

factual, a autoridade é uma relação legítima de dominação e sujeição. Nesse sentido, a autoridade pode ser descrita como poder legítimo.[141]

Assim, a autoridade, enquanto poder legítimo,[142] pode dar vazão a conflitos de grupos, principalmente porque: (1) as relações de autoridade são sempre de superioridade e subordinação; (2) onde existem relações de autoridade, há a expectativa social de que o elemento superior exerça controle, mediante ordens, admoestações e proibições, sobre o comportamento do elemento subordinado; (3) tais expectativas vinculam-se a posições sociais relativamente permanentes, e não ao caráter de indivíduos específicos; sendo que são, nestes termos, legítimas; (4) autoridade, diferentemente de poder, nunca é uma relação de controle generalizado sobre outrem; (5) como a autoridade é uma relação legítima, a desobediência de seus comandos pode provocar sanções, e é, na verdade, uma das funções do sistema legal (e, naturalmente, dos costumes e normas quase legais) apoiar o exercício efetivo da autoridade legítima.[143]

Consequentemente, para tratar os conflitos nascidos da sociedade, o Estado, enquanto detentor do monopólio da força legítima, utiliza-se do Poder Judiciário. O juiz deve, então, decidir os litígios porque o sistema social não suportaria a perpetuação do conflito. A legitimidade estatal de decidir os conflitos nasce, assim, do contrato social no qual os homens outorgaram a um terceiro o direito de fazer a guerra em busca da paz.

4.2. A (re)solução[144] judicial de conflitos

Em Hobbes, é possível discutir o contrato de sujeição firmado pelos homens entre si (fugindo do estado de natureza e da guerra de todos contra todos), criador do poder supremo de um governante. Esse contrato social consiste numa "transferência mútua de prerrogativas" e vem baseado nas leis da natureza, que primeiramente determinam a busca pela

---

[141] DAHRENDORF, Ralf. *As classes e seus conflitos na sociedade industrial*. Tradução de José Viegas. Brasília: Editora Universidade de Brasília, 1982, p. 151 *et seq*.

[142] Como poder legítimo, a autoridade pressupõe um juízo de valor positivo em sua relação com o poder. Portanto, a expressão "poder legítimo" deve ser entendida tendo em vista que é assim considerada por parte de indivíduos ou grupos que participam da mesma relação. Em segundo lugar, devemos ter presente que uma avaliação positiva do poder pode dizer respeito aos seus diversos aspectos: conteúdo das ordens, o modo ou o processo como são transmitidas ou a própria fonte de onde provêm as ordens (comando). O juízo de valor que funda a crença na legitimidade é mencionado em último lugar: ele diz respeito à fonte do poder que pode ser identificada em vários níveis e estabelece, por isso, a titularidade da autoridade (STOPPINO, Mario. *Le forme del potere*. Napoli: Guida, 1974).

[143] DAHRENDORF, Ralf. *As classes e seus conflitos na sociedade industrial*. Tradução de José Viegas. Brasília: Editora Universidade de Brasília, 1982, p. 153.

[144] A expressão "(re)solução" é aqui utilizada como meio de fazer o "contraponto" entre a busca pela "solução" dos conflitos feita pelo Judiciário e a matriz teórica discutida na presente tese que aponta para o "tratamento" dos conflitos. Vide nota de rodapé 01.

paz, possibilitando que se contrate para obtê-la. Essa contratação garantiria segurança aos homens, que estariam obrigados a cumprir os pactos que tivessem celebrado. Segundo Hobbes, nela reside a fonte e a origem da justiça, determinando que justo é o cumprimento do pacto e injusto seu descumprimento.

Porém, não se pode perder de vista que o pacto assim vigente entre as criaturas era artificial, e que, para se tornar duradouro, foi preciso um poder comum que as mantivesse em respeito e dirigisse as suas ações para o benefício de todos. Nesse contexto, a determinação era conferir toda a força e poder a um homem, ou a uma assembleia que pudesse reduzir todas as vontades humanas, por pluralidade de votos, a uma só vontade. Estava criada a República,[145] que poderia assumir três formas distintas: Monarquia, Democracia e Aristocracia.

Consequentemente, o contrato social que fez nascer a República e com ela a Democracia determinou o surgimento de regras de racionalização das disputas, objetivando cessar a violência e o caos. Surgiu como meio de garantir segurança e certeza aos homens, protegendo-os dos demais. Pretendeu, assim, evitar a discórdia original e a transgressão, perdendo, no entanto, a capacidade de, ao invés de recalcar a luta de todos contra todos, superá-la através da deliberação consensuada entre homens livres e autônomos.

Assim, o que os membros de uma unidade política esperam do poder é que ele assegure, como proclamava Hobbes, sua proteção contra as diversas ameaças que possam sacudir a sociedade. Mais exatamente, esperam não estar expostos à luta, ou seja, à violência arbitrária de uns contra os outros e ao temor permanente próprio do estado natural. O mínimo que se pode ganhar com a política é transformar a luta indistinta em combate regulamentado. Uma das maneiras de cumprir o papel de proteção consiste precisamente na transformação, dentro da sociedade, da luta indistinta e confusa em combate graças à regulamentação dos conflitos por convenções ou leis. Desse modo, o Estado tende a eliminar, na medida do possível, o combate, substituindo-o pela competição regrada pelo direito, fora de toda a violência.[146]

O Estado toma para si o monopólio da violência legítima, alçando-se no direito de decidir litígios e chamando à possibilidade de aplacar a

---

[145] Uma instituição que, mediante pactos recíprocos uns com os outros, foi criada por todos, de modo que ela pode usar a força de recursos de todos, da maneira que considerar conveniente, para assegurar a paz e a defesa comuns (HOBBES, Thomas. *Leviatã ou a matéria, forma e poder de uma república eclesiástica e civil*. São Paulo: Martins Fontes, 2003, p. 148).

[146] FREUND, Julien. *Sociología del conflicto*. Traducción de Juan Guerrero Roiz de la Parra. Madrid: Ministerio de Defensa, Secretaría General Técnica. D.L., 1995, p. 69-70.

violência através de um sistema diverso do religioso e do sacrificial,[147] denominado Sistema Judiciário. Este último se diferencia dos primeiros porque não é ao culpado que se voltam os olhos, mas à vítima não vingada, sendo preciso dar a ela uma satisfação meticulosamente calculada, que apagará os seus desejos de vingança sem acendê-los novamente. Não se trata de legislar a propósito do bem ou do mal, não se trata de fazer respeitar uma justiça abstrata, se trata de preservar a segurança do grupo afastando a vingança, de preferência com uma reconciliação baseada na composição ou em qualquer outra que resulte possível, mediante um encontro predisposto de modo tal que a violência não volte a ocorrer. Tal encontro se desenvolverá em campo fechado, de forma regulada entre adversários bem determinados.[148]

Para que se entenda melhor esse processo, é importante distinguir entre situação polêmica e estado agonal. A primeira é refletida na violência aberta e direta, aquela do combate regulado. É uma situação conflitiva ou que corre o risco de chegar a sê-lo, pouco importando o grau de violência. A característica essencial da situação polêmica é que os opositores se enfrentam como inimigos,[149] o que quer dizer que se dão, mutuamente, o direito de se suprimir fisicamente. Já o estado agonal consiste naquela situação que logrou desativar os conflitos e substituí-los por outra forma de rivalidade, conhecida pelo nome de competição, de competência ou de concurso. Nestes termos, assimila-se ao jogo. A característica essencial é que os rivais não se comportam como inimigos, e sim como adversários,[150]

---

[147] Sobre o assunto, é de grande importância a obra de Renè Girard, na qual ele demonstra como o sacrifício possibilitava o distanciamento da violência, interpretando-o como violência substitutiva, reconhecendo em seu âmago uma verdadeira operação de transferência coletiva que se efetua às expensas da vítima e que investe as tensões internas, os rancores, a rivalidade, todas as agressões no seio da comunidade (GIRARD, Renè. *La violenza e il sacro*. Traduzione di Ottavio Fatica e Eva Czerkl. Milano: Adelphi, 2005).

[148] GIRARD, Renè. *La violenza e il sacro*. Traduzione di Ottavio Fatica e Eva Czerkl. Milano: Adelphi, 2005, p. 39.

[149] Eligio Resta define "inimigo" como aquele "che indica uno stato di inimicizia, diversa dal non essere amico, che si colloca, o è collocato fuori non si sa da cosa, ma sempre all'esterno di un interno: da un gruppo, da una comunità, da uno Stato, da una nazione. Egli è sempre fuori da qualcosa che blinda i suoi confini più o meno immaginari giustificandoli con qualche cogente necessità imposta da una geografia, da una politica o da una cultura, se non da un semplice stato d'animo. Il nemico quando viene identificato, serve persino a rafforzare i confini di un inside, di un territorio qualsiasi e di qualsiasi natura che conserverà sempre la caratteristica di un Nomos der Erde segnato dall'appropriazione di una terra (RESTA, Eligio. *Il diritto fraterno*. Roma-Bari: Laterza, 2005, p. 97).

[150] Giovanni Cosi diferencia adversário de inimigo salientando: L'avversario è infatti colui senza il quale, nel conflitto, io non esisto: solo dove lui è, anch'io posso veramente essere. Con lui ci si confronta. L'avversario mi permette infatti non solo di misurarmi con lui, ma anche con me stesso: mi fa scoprire i miei limiti le mie possibilità. L'avversario è come me: ha i miei stessi timore e le mie stesse speranze; imparando a conoscerlo, scoprendo la sua forza e le sue ragioni, i suoi punti deboli e le sue incongruenze, imparo a conoscere anche i miei. Perciò gli devo rispetto. Il nemico è invece colui che mi impedisce di esistere: dove lui è, io non posso essere. Con lui si combatte; fino alla resa, o all'annientamento (COSI, Giovanni. Interessi, diritti, potere. Gestione dei conflitti e mediazione. *In*: Ars Interpretandi. Padova: CEDAM, 2004. n. 9, p. 23).

o que quer dizer que de antemão a violência e a intenção hostil estão excluídas, ainda que permaneça a possibilidade de vencer ou de cair frente ao outro competidor.[151]

No estado agonal, os meios de jogar são definidos de antemão, sendo que ambos os competidores renunciam ao ataque da integridade física recíproca. Os meios de definir tais regras circulam desde o estabelecimento de instituições até a criação do direito. Tais regras servem para impor condutas e proibições aos rivais, bem como determinar as condições de vitória. Em resumo, o estado agonal é o fundador de uma ordem reconhecida por todos, que não está na vontade discricionária do vencedor, como ocorre ao acabar um conflito violento. No entanto, a estabilidade do estado agonal é precária, podendo sofrer abalos. Na tentativa de manter a ordem a qualquer custo, muitas vezes se lança mão do uso abusivo da coerção, fazendo da mesma um instrumento de opressão.

Nestes termos, o estado agonal objetiva a submissão da vida à regulamentação e ao direito.[152] É conhecido como o "estado dos juízes", pois busca no procedimento judicial a solução de rivalidades e de divergências políticas. Contudo, as dúvidas nascem da incerteza de que a instauração do estado agonal seja sempre desejável, temendo que ele possa determinar um conservadorismo social ao impor regras de flexibilidade e plasticidade rígidas que não atendam à complexidade social na qual estão inseridas.[153]

No momento em que o Sistema Judiciário (ou estado agonal, como quer Freund) passa a reinar absoluto como único meio de impor regras de tratamento de conflitos, dissimula – e ao mesmo tempo revela – a mesma vingança avistada nos sacrifícios religiosos, diferenciando-se somente pelo fato de que a vingança judicial não será seguida de outra, rompendo, assim, a cadeia vingativa.[154] Desse modo, o Poder Judiciário racionaliza a vingança, a subdivide e limita como melhor lhe parece e a manipula sem perigo; buscando uma técnica eficaz de prevenção da violência. Essa racionalização da vingança se apoia sobre a independência da autoridade judiciária que recebeu tal encargo, atribuição que ninguém discute. Assim,

---

[151] FREUND, Julien. *Sociología del conflicto*. Traducción de Juan Guerrero Roiz de la Parra. Madrid: Ministerio de Defensa, Secretaría General Técnica. D.L., 1995, p. 66-76.

[152] Il dominio, la repressione dei conflitti con la forza o con la minaccia del ricorso alla forza, è un grande male politico che ogni cittadino dovrebbe sentire come tale, anche se non condivide la posizione di altri cittadini che riconoscono a esso una particolare priorità rispetto ai grandi mali (HAMPSHIRE, Stuart. *Non c'è giustizia senza conflitto*. Democrazia come confronto di idee. Traduzione di Giovanna Bettini. Milano: Feltrinelli, 2000, p. 64).

[153] HAMPSHIRE, Stuart. *Non c'è giustizia senza conflitto*. Democrazia come confronto di idee. Traduzione di Giovanna Bettini. Milano: Feltrinelli, 2000, p. 75-76.

[154] Por isso, segundo Eligio Resta, é confiado ao mecanismo judiciário não o exercício da virtude, mas a difícil tarefa de dizer a última palavra sobre os conflitos e, graças a isso, minimizar a violência, evitando o seu perpetuar. Depurada da retórica mais ou menos justificada, esta é a função que o sistema legal atribui ao juiz: interromper o conflito e decidir (RESTA, Eligio. *Il diritto fraterno*. Roma-Bari: Laterza, 2005, p. 38).

o Judiciário não depende de ninguém em particular, é um serviço de todos e todos se inclinam diante de suas decisões.[155]

Somente ao Poder Judiciário se atribui o direito de punir a violência porque possui sobre ela um monopólio absoluto. Graças a esse monopólio, consegue sufocar a vingança, assim como exasperá-la, estendê-la, multiplicá-la. Nestes termos, o sistema sacrifical e o Judiciário possuem a mesma função, porém o segundo se mostra mais eficaz, desde que associado a um poder político forte. Todavia, ao delegar a tarefa de tratamento dos conflitos ao Poder Judiciário – num perfeito modelo hobbesiano de transferência de direitos e de prerrogativas – o cidadão ganha, de um lado, a tranquilidade de deter a vingança e a violência privada/ilegítima para se submeter à vingança e à violência legítima/estatal, mas perde, por outro, a possibilidade de tratar seus conflitos de modo mais autônomo e não violento, através de outras estratégias.

Por conseguinte, a sociedade atual permanece inerte enquanto suas contendas são decididas pelo juiz.[156] Da mesma forma, como o cidadão de outrora que esperava pelo Leviatã para que ele fizesse a guerra em busca da paz, resolvesse os litígios e trouxesse segurança ao encerrar a luta de todos contra todos, atualmente vemos o tratamento e a regulação dos litígios serem transferidos ao Judiciário, esquecidos de que o conflito é um mecanismo complexo que deriva da multiplicidade dos fatores, que nem sempre estão definidos na sua regulamentação; portanto, não é só normatividade e decisão.[157]

Unidos pelo conflito, os litigantes esperam por um terceiro que o "solucione". Espera-se pelo Judiciário para que diga quem tem mais direitos, mais razão ou quem é o vencedor da contenda. Trata-se de uma transferência de prerrogativas que, ao criar "muros normativos", engessa a solução da lide em prol da segurança, ignorando que a reinvenção cotidiana e a abertura de novos caminhos são inerentes a um tratamento democrático.

Essa transferência de responsabilidades quanto à gestão do conflito se direciona ao juiz que o traduz na linguagem dele.[158] Desse modo, par-

---

[155] GIRARD, Renè. *La violenza e il sacro*. Traduzione di Ottavio Fatica e Eva Czerkl. Milano: Adelphi, 2005, p. 40-41.

[156] La nostra cultura appartiene da tempo al gruppo di quelle che hanno deciso di delegare prevalentemente al diritto statale e ai suoi strumenti formali di decisione delle controversie la gestione dei conflitti sociali. Non importa se di civil o di common law, se accusatori o inquisitori, i nostri sistemi giuridici ci sembrano i soli capaci di garantire un livello accettabile di ordine e sicurezza, scongiurando al tempo stesso la necessità di ricorrere a interventi di controllo eccessivamente repressivi, se non addirittura totalitari (COSI, Giovanni. Interessi, diritti, potere. Gestione dei conflitti e mediazione. *In*: *Ars Interpretandi*. Padova: Cedam, 2004. n. 9, p. 21).

[157] RESTA, Eligio. *Il diritto fraterno*. Roma-Bari: Laterza, 2005, p. 74-75.

[158] Isso se dá, segundo Maurice Blanchot, porque o juiz tem o direito de ser único maître du language. A expressão maître du language é decisiva e densa, como pode ser aquela de um pensador como Mau-

tindo do processo de racionalização weberiana, o Estado, ao deter a forma de poder legal, detém, também, o monopólio legítimo da decisão vinculante. Assim, as atenções continuam centradas na figura do juiz, do qual se espera a última palavra, "não importa qual, mas a última". O lugar do juiz entre os conflitantes é uma questão complicada, uma vez que ele não se deixa encerrar na fácil fórmula da lei que assegura "distância de segurança" das razões de um e do outro. Ele vive no conflito e do conflito que ele decide, pronunciando a última palavra. Entretanto, um Sistema Judiciário chamado a decidir sobre tudo e com poderes muitas vezes discricionários e pouco controláveis, é o lugar que oculta quotas fortes de irresponsabilidade: consente álibis e cobre a aguda diferença entre aquilo que o sistema da jurisdição diz que é, e o que faz, e aquilo que na realidade é e faz.[159]

Assim, observa-se uma oferta monopolista de justiça incorporada ao *sistema da jurisdição*, delegado a receber e a regular uma conflitualidade crescente. Atualmente, chamamos essa conflitualidade crescente de explosão da litigiosidade, que tem muitas causas, mas que nunca foi analisada de forma mais profunda. É notório como a estrutura jurídico-política foi sempre muito atenta aos "remédios" e quase nunca às causas, deixando de lado análises mais profundas sobre a litigiosidade crescente, que é constantemente "traduzida" na linguagem jurídica e que se dirige à jurisdição sob a forma irrefreável de procedimentos Judiciários.[160]

A explosão de litigiosidade se dá quanto à quantidade e à qualidade das lides que batem às portas do Poder Judiciário, especialmente observando a existência de uma cultura do conflito. Em face de tal fato, a direção da política do direito deve ser no sentido de uma "jurisdição mínima", contra uma jurisdição ineficaz.

Quando se litiga judicialmente, ao juiz pede-se que "decida", que diga a última palavra com base na lei, e não que desenvolva a tarefa de cimento social que compete a outros mais preparados fazer. Mas o resultado, sabe-se, é paradoxal: incorpora-se no interior das competências judiciárias cada gênero de linguagem "funcional", embocando, obviamente,

---

rice Blanchot, que trabalhou de maneira muito convincente sobre o poder da escrita e sobre a ideia de comunidade. A conexão entre linguagem e comunidade não é, obviamente, imprevista, mas encontrar ligações e mediações através do juiz abre caminhos insuspeitos por meio dos quais se descobre que a linguagem da comunidade não corresponde nunca à comunidade de linguagem (BLANCHOT, Maurice. *Pour l'amitié*. Paris: Fourbis, 1996).

[159] RESTA, Eligio. *Il diritto fraterno*. Roma-Bari: Laterza, 2005, p. 65-66.

[160] Dunque il compito del giudice, fuori da ogni retorica, è quello di assumere decisioni sulla base di decisioni e di permettere decisioni sulla base delle stesse decisioni. Paradossalmente, però, in un sistema ad altissima complessità, più si decide e più aumenta il bisogno di decisione dato il carattere di rete interrelata dei sistemi di comunicazione (RESTA, Eligio. *Il diritto fraterno*. Roma-Bari: Laterza, 2005, p. 40).

em uma estrada errada. Os sintomas da inadequação de tais condições são percebidos de modo incisivo.[161]

No entanto, por que não cabe ao Poder Judiciário "eliminar" e sim "decidir" conflitos sociais? O fato de que o Judiciário tem como "função fundamental" a decisão de conflitos não quer dizer que a sua função seja a eliminação de conflitos. Assim, o conflito social representa um antagonismo estrutural entre elementos de uma relação social que, embora antagônicos, são estruturalmente vinculados – aliás, o "vínculo" é condição *sine qua non* do conflito. Portanto, se os elementos não são estruturalmente ligados, também não podem ser conflituosos ou divergentes. Nesse contexto, as funções (competências) do Poder Judiciário fixam-se nos limites de sua capacidade para absorver e decidir conflitos, ultrapassando os próprios limites estruturais das relações sociais. Não compete ao Poder Judiciário eliminar vínculos existentes entre os elementos – ou unidades – da relação social, a ele caberá, mediante suas decisões, interpretar diversificadamente este vínculo; podendo, inclusive, dar-lhe uma nova dimensão jurídica (no sentido jurisprudencial), mas não lhe "compete" dissolvê-lo (no sentido de eliminá-lo), isto porque estaria suprimindo a sua própria fonte ou impedindo o seu meio ambiente de fornecer-lhe determinados *inputs* (demandas).[162]

Pormenorizando, é possível afirmar que a vida social gera as suas próprias relações. Se em qualquer uma destas relações sociais nascer um conflito e uma decisão sobre o mesmo for demandada ao Judiciário, este poderá dar uma sentença sobre aquele tipo especial de relação social. Por conseguinte, não é pelo fato do Judiciário decidir a respeito de divórcio ou separação, de uma ação de despejo ou homologar um dissídio coletivo entre patrões e empregados, que deixarão de existir vínculos familiares ou trabalhistas, convergentes ou divergentes.[163]

Consequentemente, o Judiciário funcionaliza (no sentido de que institucionaliza) ou processa conflitos sociais, mas suas decisões não eliminam relações sociais. Na verdade, ele decide sobre aquela relação social especificamente demandada, o que não impede, todavia, que outras tantas, com novas características, se manifestem ou que continue existindo a própria

---

[161] RESTA, Eligio. *Il diritto fraterno*. Roma-Bari: Laterza, 2005, p. 69.

[162] BASTOS, Marco Aurélio Wander. *Conflitos Sociais e Limites do Poder Judiciário*. 2 ed., rev. e atual. Rio de Janeiro: Lumen Juris, 2001, p. 103.

[163] La pace assicurata dal diritto si dimostra spesso carente sul suo piano etico che su quello pratico dell'effetiva risoluzione del conflitto perché, come già si diceva, essa segue a una procedura che di fatto tende ad assimilare i contendenti più alla figura del nemico che non a quella dell'avversario. La pacificazione giuridica non farebbe del resto che riflettere, nei metodi utilizzati e nei risultati perseguiti, il modo tipicamente competitivo d'intendere le relazioni sociali diffuso nelle moderne società tecnologicamente avanzate: no esistono altri esiti possibili di una disputa, oltre la vittoria/sconfitta e il compromesso (COSI, Giovanni. Interessi, diritti, potere. Gestione dei conflitti e mediazione. *In*: Ars Interpretandi. Padova: CEDAM, n. 9. 2004, p. 26).

relação social enquanto relação social. O ato do Poder Judiciário interrompe apenas aquela relação conflitiva, mas não impede o desenvolvimento de outras tantas. Não cabe ao Judiciário eliminar o próprio manancial de conflitos sociais, mas sobre eles decidir, se lhe for demandado. Assim, ele funcionaliza os conflitos sociais, mas não a própria vida. O que se espera é que decida os conflitos que absorve, dados os graves riscos para a sua funcionalidade e para a própria sociedade.[164]

Não se pode perder de vista que os modos por meio dos quais um sistema social regula os conflitos que nascem no interior da sociedade são, de fato, muito diversos, mudam no tempo e no espaço, não são nada eternos.[165] Refugiam-se nos singulares sistemas sociais; dão eles próprios, por sua vez, complexos sistemas sociais. Somente em parte dependem do modo pelo qual se conflitam; às vezes ocorre o contrário, o modo pelo qual se briga e se conflita depende do modo pelo qual existem saídas para o conflito, os remédios (leis) são, então, dispostos cultural e socialmente.[166]

A lei substitui a violência privada ou sacrifical, determinando posições e tornando-se exigível e coercível. A ordem e a segurança dependem, assim, não só da validade da solução adotada como do consenso entre as partes e, principalmente, da eficácia do seu aparato de coerção. Contudo, os contendentes podem não estar satisfeitos, e as raízes do conflito não estarem extirpadas, mas a paz do direito funcionará repousando sobre a sua capacidade impositiva. Como certos remédios, o direito parece capaz de tratar, sobretudo, os sintomas, e não as causas de um mal-estar.[167]

O circuito *conflito/remédio* é aquele no qual mais empenhado se torna o reequilíbrio ecológico. Os conflitos aumentam progressivamente e se atribui tudo isso à ineficácia decorrente da falta de recursos; requerem-se aumentos consistentes destes pensando que, assim, os conflitos podem ser diminuídos. O remédio reage sobre o remédio, mas não tem nenhuma incidência direta sobre as causas, dimensões, efeitos da litigiosidade que determinam os conflitos.[168]

É claro que a regulação dos conflitos dentro de uma sociedade se transforma no tempo e no espaço, criando os "remédios" a serem aplica-

---

[164] BASTOS, Marco Aurélio Wander. *Conflitos Sociais e Limites do Poder Judiciário*. 2. ed. rev. e atual. Rio de Janeiro, Lumen Juris, 2001, p. 104.

[165] La cultura modela la forma en que los individuos entienden sus respectivos mundos sociales, clasifican la gente, evalúan las posibles acciones u sancionan ciertas respuestas y no otras. Los conflictos reflejan prioridades culturales pero también un matiz político, puesto que su control sobre la definición de acciones y actores legítimos favorece a cierta gente y grupos ROSS, Marc Howard. *La cultura del conflicto. Las diferencias interculturales en la práctica de la violencia*. Traducción de José Ral Gutiérrez. Barcelona: Paidós Ibérica, 1995, p. 254).

[166] RESTA, Eligio. *Il diritto fraterno*. Roma-Bari: Laterza, 2005, p. 70.

[167] COSI, Giovanni. Interessi, diritti, potere. Gestione dei conflitti e mediazione. *In: Ars Interpretandi*. Padova: CEDAM, n. 9. 2004, p. 25.

[168] RESTA, Eligio. *Il diritto fraterno*. Roma-Bari: Laterza, 2005, p. 70-72.

dos, sendo que a ineficácia em sua aplicação produz a noção equivocada de que a causa é a falta de recursos estruturais, materiais e pessoais, dentre outros. Porém, o remédio age apenas sobre a ferida, não atacando a causa. É justamente nesse contexto que se faz necessário reportar ao problema do vínculo social exposto em Freud,[169] definido pelo jogo das competições e rivalidades geradoras do conflito. Esses podem ser interindividuais e/ou sociais (aqui encontramos os litígios étnicos, culturais, econômicos, bélicos, dentre outros), e, ao mesmo tempo em que rompem, reafirmam o vínculo social, merecendo regulação e decisão.

Desse modo, conforme Simmel,[170] existe um conflito "comunitário" entre os litigantes, pois aquilo que separa, justificando o litígio, é também o que os une, uma vez que compartilham a lide. Não se pode, então, deixar de pensar nas palavras de Freud,[171] o qual aponta para a intensa competição entre irmãos, mas também confirma a união dos mesmos na empreitada de matar o pai. Esse conflito entre "irmãos" acontece nas mais diversas formas relacionais e pode, hoje, ser especificado em um jogo de palavras que envolve antônimos como paz-guerra, centro-periferia, norte-sul, desenvolvimento-subdesenvolvimento.

Na busca de tratamento da grande maioria dos conflitos, ocorre a demanda processual, na qual os dois lados na batalha poderão vencer ou perder, mas não podem e/ou não querem desistir do confronto. É por isso que quem frequenta as salas dos tribunais reconhecerá, muitas vezes, no rosto neutro das partes, verdadeiros e próprios duelantes[172] que estão ali a demonstrar com a sua presença e com seu comportamento processual – do qual muitas vezes também outros são cúmplices – que a verdadeira razão do conflito judiciário não é um direito controverso, mas é simplesmente a "contraparte", como se diz na linguagem do processo. Cada motivo é supérfluo: as causas em matéria de separação e divórcio,[173] que não

---

[169] FREUD, Sigmund. *O mal estar da civilização*. Tradução de José Octávio de Aguiar Breu. Rio de Janeiro: Imago, 1997.

[170] SIMMEL, G. *Sull'intimità*. Roma: Armando Editore, 1996.

[171] FREUD, Sigmund. *O mal estar da civilização*. Tradução de José Octávio de Aguiar Breu. Rio de Janeiro: Imago, 1997, p. 1745-1851.

[172] Nel duello nessuna delle parti può godere di un vantaggio iniquo: la sola ineguaglianza dev'essere quella tra il temperamento e l'abilità dei contendenti. Com'è ovvio, il duello presenta un esempio molto chiaro di istituto preposto alla risoluzione dei conflitti, governato da regole e rituali tradizionali oltre che da un ideale di equità procedurale (HAMPSHIRE, Stuart. *Non c'è giustizia senza conflitto*. Democrazia come confronto di idee. Traduzione di Giovanna Bettini. Milano: Feltrinelli, 2000, p. 24).

[173] O tratamento de conflitos na área de direito de família sempre foi alvo de estudos e debates. Sobre o tema, é importante a leitura de GORVEIN, Nilda S. *Divorcio y mediación*: construyendo nuevos modelos de intervención en mediación familiar. 2. ed. República Argentina: Córdoba, [s. d.].; HAYNES, John M. *Fundamentos de la mediación familiar como afrontar la separación de pareja de forma pacífica para seguir desfrutando de la vida*. Madrid: Gaia Ediciones, 1993; MARTÍN, Nuria Belloso. *Estudios sobre mediación: la ley de mediación familiar de castilla y león*. [s. l.]: Junta de castilla y león. 2006; ORTEMBERG, Osvaldo D. *Mediación familiar aspectos jurídicos y prácticos*. Buenos Aires: Biblos, 1996; YANIERI, Alcira Ana. *Mediación en el divorcio alimentos y régimen de visitas*. Buenos Aires: Júris, 1994.

terminam nunca, mesmo quando são concluídas, são seu emblema mais evidente, tanto é verdade que, melancolicamente, a teoria sugere que somos adultos quando "litigamos bem".[174]

Todavia, tratar o conflito judicialmente significa recorrer ao magistrado e atribuir a ele o poder de dizer quem ganha e quem perde a demanda. É nesse sentido a afirmativa de que "quando se vai ao juiz se perde a face",[175] uma vez que, imbuído do poder contratual que todos os cidadãos atribuem ao Estado, sendo por ele empossado, o magistrado regula os conflitos graças à monopolização legítima da força.[176] O principal problema da magistratura é que ela decide litígios que lhe são alheios, sem sentir os outros do conflito, encaixando-o num modelo normativo, sem ouvir/sentir as partes. "Para os juízes, o outro não existe, sempre decidem a partir de si mesmos, de seus egos enfermos. Decidem sem responsabilidade, porque projetam a responsabilidade na norma. Decidem conflitos sem relacionar-se com os outros. As decisões dos juízes são sem rosto". Nestes termos, os juízes creem que sua função é administrar justiça e que a realizam, quando decidem, a partir de um conceito, simultaneamente, metafísico e determinista, que não leva em consideração, salvo raras exceções, o que as partes sentem como o justo no litígio que vivem. A tal ponto que, em alguns casos, a distribuição de justiça termina sendo uma violência para com uma das partes. Quando um juiz se preocupa em comparar se seu conceito abstrato de justiça corresponde às expectativas do que é justo para as partes?[177]

Paralelamente às formas jurisdicionais tradicionais, existem possibilidades não jurisdicionais de tratamento de disputas, nas quais se atribui legalidade à voz de um conciliador/mediador, que auxilia os conflitantes

---

[174] RESTA, Eligio. *Il diritto fraterno*. Roma-Bari: Laterza, 2005, p. 78-79.

[175] É nesse contexto que Eligio Resta recorda o estudioso norueguês Eckhoff, que, no ensaio The Mediator, the Judge and the Administrator in Conflict Resolution. Acta Sociologica, 1996, p. 158, avançava a hipótese de que nas culturas religiosas de tipo conciliatório, como o confucionismo, havia escassa propensão privada e baixa atenção pública à lide judiciária. Não é que ali não houvessem litígios, mas existe uma forte ligação entre a desvalorização do litígio e a interiorização dos preceitos religiosos. Diz que para a religião confuciana, "quando se vai ao juiz se perde a face", quase que litigar seja pecado. Isto não ocorre nas culturas católicas nas quais, não obstante a ética do perdão e a proibição do ressentimento, recorre-se cada vez mais frequentemente ao juiz (RESTA, Eligio. *Il diritto fraterno*. Roma-Bari: Laterza, 2005, p. 80). Sobre o assunto, Warat acrescenta: "a noção de rosto foi trabalhada entre nós por Levinas, que revela o que não se pode conhecer do outro, o inacessível, ao qual podemos nos aproximar por intelecção sensível, não por interpretações racionais. O acesso ao rosto não é perceptivo, não é intencional, dá-se longe do conhecimento. É uma aproximação do outro a partir de nosso próprio corpo, e não a partir de lugares de saber, lugares de conhecimento ou modelos de significado. O rosto é o que eu chamo de reserva selvagem ou reserva de sensibilidade. [...] O rosto pode também ser entendido como a força moral do outro. A resistência do outro não nos faz violência, não se abre negativamente; tem uma estrutura ética positiva. É o limite à onipotência do ser." (WARAT, Luis Alberto. *O ofício do mediador*. Florianópolis: Habitus, 2001. v. 1, p. 145).

[176] FERRARI, V. *Lienamenti di sociologia del diritto*. Roma-Bari: Laterza, 1997. v. 1.

[177] WARAT, Luis Alberto. *O ofício do mediador*. Florianópolis: Habitus, 2001. v. 1, p. 151.

a compor o litígio. Não se quer aqui negar o valor do Poder Judiciário, o que se pretende é discutir uma outra maneira de tratamento dos conflitos, buscando uma nova racionalidade de composição dos mesmos, convencionada entre as partes litigantes.

Esse novo modelo de composição dos conflitos possui base no direito fraterno,[178] centrado na criação de regras de compartilhamento e de convivência mútua que vão além dos litígios judiciais, determinando formas de inclusão de proteção dos direitos fundamentais. Existem outros mecanismos de tratamento das demandas, podendo-se citar a conciliação, a arbitragem e a mediação. Trata-se de elementos que possuem como ponto comum o fato de serem diferentes, porém não estranhos ao Judiciário, operando na busca da "face" perdida dos litigantes numa relação de cooperação pactuada e convencionada, definindo uma "*justiça de proximidade* e, sobretudo, uma filosofia de justiça do tipo restaurativo que envolve modelos de composição e gestão do conflito menos autoritariamente decisórios".[179]

Na busca por uma justiça mais próxima – não em termos geográficos, econômicos ou sociais, mas em termos que signifiquem autonomização e responsabilização do cidadão pelas decisões delas vertidas – a mediação pode surgir como um "um salto qualitativo para superar a condição jurídica da modernidade, que vem baseada no litígio e possuindo como escopo objetivo idealizado e fictício, como é o de descobrir a verdade, que não é outra coisa que a implementação da cientificidade como argumento persuasivo". Essa verdade deve ser "descoberta por um juiz que pode chegar a pensar a si mesmo como potestade de um semideus" na tentativa de "descoberta da verdade que é só imaginária".[180] A ciência e o pensamento linear cartesiano têm como pressuposto evitar a dúvida, apontando o certo, o verdadeiro, o indubitável. Desse modo, as verdades científicas impossibilitam a indagação e o risco.

A procura da verdade, nos termos da ciência mecanicista,[181] é, por si mesma, violenta. Traduz-se numa forma de manipulação do mundo e dos

---

[178] O direito fraterno coloca, pois, em evidência toda a determinação histórica do Direito fechado na angústia dos confins estatais e propõe um espaço de reflexão ligado ao tema dos direitos humanos, com uma consciência a mais: a de que a humanidade não é apenas um lugar "comum", em cujo interior pode-se pensar o seu reconhecimento e tutela. Assim, ser homem e ter humanidade são coisas diferentes: ser homem não significa que se possua o sentimento singular de humanidade. O direito fraterno propõe uma autorresponsabilização (RESTA, Eligio. *Il diritto fraterno*. Roma-Bari: Laterza, 2005, p. XI a XIII da introdução).

[179] RESTA, Eligio. *Il diritto fraterno*. Roma-Bari: Laterza, 2005, p. 82-83.

[180] WARAT, Luis Alberto. *O ofício do mediador*. Florianópolis: Habitus, 2001. v. 1, p. 18.

[181] Dove c'è intersecazione tra vero e possibile, il metodo scientifico, si sa non da oggi, perde il riferimento e si autodescrive come qualcosa di diverso, ad esempio, come mercato delle idee definito dall'immediatezza degli scopi e, nel migliore dei casi, "deciso" e regolato dall'autorità della comunità scientifica. La delega operata dal diritto alla verità scientifica ha funzionato fin quando le intersecazione non erano forti e dove il modello "positivistico" era in grado di placare le indecisioni.

outros. Ninguém pode predizer o real, ninguém sabe o que vai acontecer; por isso, as verdades como momentos predizíveis do saber da ciência são uma ficção, mito destinado a satisfazer nossa criança insatisfeita e os lugares comuns de medo, com as quais pretendemos dotar "de sentido o sentido da existência".[182]

É por isso que precisam ser pensados outros mecanismos de tratamento dos litígios, tais como a mediação, enquanto *locus* democrático que trabalhe com a concepção de autorregulamentação dos conflitos por parte do sistema social, redefinindo, de forma radical, o modelo de terceiro e a forma de decisão, reconhecendo, ainda que de forma indireta, o papel não exclusivo da jurisdição, que atualmente está em crise frente à complexidade social.

4.3. As crises da jurisdição e a complexidade social

Todas as considerações sobre a jurisdição e suas crises (criadas e fomentadas a partir da globalização cultural, política e econômica) são consequências da crise estatal. Nascida de um deliberado processo de enfraquecimento do Estado, a crise se transfere para todas as suas instituições, pois o direito que imediatamente conhecemos e aplicamos, posto pelo Estado, assim o é porque seus textos são escritos pelo Legislativo, mas também porque suas normas são aplicadas pelo Judiciário.

Devido a essa assertiva é que se deve discutir a tão aclamada crise da jurisdição a partir da crise do Estado, observando sua gradativa perda de soberania, sua incapacidade de dar respostas céleres aos litígios atuais, de tomar as rédeas de seu destino, sua fragilidade nas esferas Legislativa, Executiva e Judiciária, enfim, sua quase total perda na exclusividade de dizer e aplicar o direito. Em decorrência das pressões centrífugas da desterritorialização da produção e da transnacionalização dos mercados, o Judiciário, enquanto estrutura fortemente hierarquizada, fechada, orientada por uma lógica legal-racional, submisso à lei, se torna uma instituição que precisa enfrentar o desafio de alargar os limites de sua jurisdição, modernizar suas estruturas organizacionais e rever seus padrões funcionais para sobreviver como um poder autônomo e independente. Em termos de jurisdição, os limites territorias do Judiciário, até então organizados de modo preciso, têm seu alcance diminuído na mesma proporção que as barreiras

---

Il modello tecnocratico che ne derivava finiva per ribadire che scienze speaks truth to power, essendone essa l'unica detentrice e la sola legittima portavoce: il diritto visi rimetteva neutralizzando la propria debolezza insita nell'indefinito delle Humanities, dove, peraltro, era più facile occultare le background ideologies (RESTA, Eligio. Le verità e il processo. *In*: *Politica del Diritto*. Bologna: Il Mulino. Anno XXXV, n. 3, settembre 2004, p. 397).

[182] WARAT, Luis Alberto. *Surfando na pororoca:* o ofício do mediador. Florianópolis: Fundação Boiteux, 2004. v. 3, p. 117-18.

geográficas vão sendo superadas pela expansão da informática, das comunicações, dos transportes, e os atores econômicos vão estabelecendo múltiplas redes de interação. Quanto maior a velocidade desse processo, mais o Judiciário é atravessado pelas justiças emergentes, nos espaços nacionais e internacionais, representadas por formas "inoficiais" de tratamento de conflitos. Em termos organizacionais, o Poder Judiciário foi estruturado para atuar sob a égide dos códigos, cujos prazos e ritos são incompatíveis com a multiplicidade de lógicas, procedimentos decisórios, ritmos e horizontes temporais hoje presentes na economia globalizada. Nestes termos, o tempo do processo[183] judicial é o tempo diferido. O tempo da economia globalizada é o real, isto é, o tempo da simultaneidade. Ainda, para o Judiciário faltam meios materiais de dispor de condições técnicas que tornem possível a compreensão, em termos de racionalidade subjetiva, dos litígios inerentes a contextos socioeconômicos cada vez mais complexos e transnacionalizados.[184]

Diante de tais circunstâncias, a jurisdição torna-se alvo de uma preocupação constante voltada para a compreensão da racionalidade instrumental de aplicação do direito e, especialmente, da estrutura funcional necessária para sua realização. Todavia, a estrutura funcional do Estado, que deveria possibilitar a realização da jurisdição, também se encontra em crise. É possível observar que as várias instâncias determinadoras da perda de centralidade e de atribuição do Estado, no momento de produzir ou de aplicar o direito, traduzidas pela globalização e pela abertura de fronteiras, pela desregulação e pela *lex mercatória*, permitem espaço para o surgimento de instâncias alternativas de tratamento de conflitos, o que se dá em âmbito nacional e internacional. Nesse contexto, demonstrada a incapacidade do Estado de monopolizar esse processo, tendem a se desenvolver procedimentos jurisdicionais alternativos, como a arbitragem, a mediação, a conciliação e a negociação, almejando alcançar celeridade, informalização e pragmaticidade.

Paralelamente, surgem novas categorias de direitos e de sujeitos jurídicos legitimados a pleiteá-los. São os direitos coletivos, individuais homogêneos e os difusos. Esses novos direitos produziram novos atores, que determinaram a transferência do conflito da zona política para a jurisdicional. Então, as demandas sociais se tornam jurídicas e a consagração de novos direitos provoca um explosão de litigiosidade significativa (em termos qualitativos e quantitativos), realçando ainda mais a incapacidade

---

[183] Vide RESTA, Eligio. *Tempo e processo*. Santa Cruz do Sul: Essere nel Mondo, 2014 (recurso eletrônico www.esserenelmondo.com).

[184] FARIA, José Eduardo. O poder Judiciário nos universos jurídico e social: esboço para uma discussão de política judicial comparada. *In: Revista Serviço Social e Sociedade*. Ano XXII, n. 67, set. 2001, p. 8-9.

e as deficiências da estrutura judiciária, que passou a ser requisitada de forma ampla.

Tais constatações permitiram que se colocasse em pauta o problema da efetividade da prestação jurisdicional, buscando estratégias para o caráter cada dia mais agudo e insuficiente das respostas dadas aos conflitos pelo aparelho jurisdicional do Estado. Deve-se ter presente, também, que as crises por que passa o modo estatal de dizer o direito – jurisdição – refletem não apenas questões de natureza estrutural, fruto da escassez de recursos, como inadaptações de caráter tecnológico – aspectos relacionados às deficiências formativas dos operadores jurídicos – que inviabilizam o trato de um número cada vez maior de demandas, por um lado, e de uma complexidade cada vez mais aguda de temas que precisam ser enfrentados, bem como pela multiplicação de sujeitos envolvidos nos polos das relações jurídicas, por outro.

Assim, as crises da Justiça fazem parte de um quadro cada vez mais intrincado de problemas que são propostos à solução, tendo-se como paradigma a continuidade da ideia de Estado de direito – e por consequência do direito como seu mecanismo privilegiado – como instrumento apto, eficaz e indispensável para o tratamento pacífico dos litígios, e que se ligam umbilicalmente ao trato do problema relativo à transformação do Estado Contemporâneo.

É necessário entender esta crise sob diversas perspectivas: uma que diz respeito ao seu financiamento – infraestrutura de instalações, pessoal, equipamentos, custos – que dizem respeito não apenas aos valores (custas judiciais, honorários etc.), efetivamente despendidos, como também ao *custo diferido* que se reflete em razão do alongamento temporal das demandas –, remuneração etc. – nominada *crise estrutural*.

Outra, diz respeito a aspectos pragmáticos da atividade jurídica, englobando questões relativas à linguagem[185] técnico-formal utilizada nos rituais e trabalhos forenses, a burocratização e lentidão dos procedimentos e, ainda, o acúmulo de demandas. É a *crise objetiva ou pragmática*.

A terceira crise se vincula à incapacidade tecnológica de os operadores jurídicos tradicionais lidarem com novas realidades fáticas que exigem não apenas a construção de novos instrumentos legais mas, também, a (re)formulação das mentalidades, moldadas que foram para pretenderem funcionar a partir de silogismos lógicos neutralizados da incidência de uma pressuposição legal-normativa (suporte fático abstrato) a um fato ocorrido na realidade (suporte fático concreto). Ora, este mecanismo lógico-formal não atende – se é que algum dia atendeu – às soluções buscadas

---

[185] Veja a respeito os trabalhos de Luis Alberto Warat, em especial *O direito e sua linguagem*. Porto Alegre: SAFE, 1984.

para os conflitos contemporâneos, em particular aqueles que envolvem interesses transindividuais. É a *crise subjetiva ou tecnológica*.

Por fim, existe a crise que diz respeito em particular aos métodos e conteúdos utilizados pelo direito para a busca de um tratamento pacífico para os conflitos a partir da atuação prática do direito aplicável ao caso *sub judice*. O que se vislumbra aqui é a interrogação acerca da adequação do modelo jurisdicional para atender às necessidades sociais do final do século – e do milênio – em razão do conteúdo das demandas, dos sujeitos envolvidos ou, ainda, diante do instrumental jurídico que se pretende utilizar – direito do Estado, direito social, *lex mercatoria*, costumes, equidade etc. É a *crise paradigmática*.

Assim, no momento que as relações sociais vão se sofisticando, em particular no interior do Estado Moderno de feitio liberal, o Estado passa a chamar para si o monopólio da Jurisdição, afastando na mesma medida a justiça privada, meio apto até então para a execução do direito ou interesse lesado.

Desde aí, este vem se transformando e passando a ter papel fundamental no dia a dia das pessoas, assumindo funções e tarefas novas e ampliadas, montando estruturas burocráticas para concretizar as pretensões a ele dirigidas. Por outro lado, o direito, desenvolvido e inserido em uma sociedade de massas que busca resolver seus intrincados e sempre emergentes conflitos, sofre os reflexos do crescimento estatal, pois, embora exista um número crescente de dispositivos legais, existe também uma carência de teoria jurídica apta a responder a tais pretensões.

Assim, quando se fala em crise do Estado, este tema está intrinsecamente ligado à crise da Justiça e do próprio direito, e quando se fala em um repensar das funções estatais diante das mesmas, automaticamente este se projeta sobre seu braço ordenador, o direito. Nesse sentido, "o conflito entre as condições existenciais e as normas jurídicas vigentes propicia a perda da confiança nas soluções normatizadas, gerando a crise do direito. A crise do direito, como a crise das instituições relaciona-se com a inadequação da ordem jurídica às exigências de Justiça, em crescente insatisfação".[186]

Fazendo uma abordagem retroativa das transformações pelas quais o Estado vem passando, conforme Weber[187] o Estado Moderno assumiu duas formas: o Estado Liberal (sécs. XVIII e XIX) e o Estado Social (sécs. XIX e XX), assistindo-se à passagem de uma associação ordenadora (ideal

---

[186] KATO, Shelma Lombardi de. "A crise do direito e o compromisso da libertação". In: *Direito e Justiça*. 2. ed. São Paulo: Ática, 1994, p. 172.

[187] WEBER, Max. *Economia e sociedade:* fundamentos da Sociologia Compreensiva. Tradução de Regis Barbosa e Karen Elsabe Barbosa. Brasília: UNB, 1999, v. 1 e 2.

do Estado de Direito Liberal) para uma associação reguladora (ideal do Estado de direito Social).

O Estado, como instância central da regulação social, passou a orientar as condutas humanas enfrentando hoje, tanto internacionalmente (ONU, mecanismos do mercado internacional...) como nacionalmente, pela política de descentralização, uma(s) crise(s) que o atinge(m) como um todo, e particularmente como expressão jurídica.[188] Os mecanismos econômicos, sociais e jurídicos de regulação padecem de efetividade em decorrência dessa inevitável perda da soberania e autonomia dos Estados Nacionais (fenômeno da globalização) por um lado, como também pela quebra de suas instâncias e instrumentos de legitimação interventiva, por outro.

Como já se disse, a causa dessa inadequação encontra-se na complexidade das relações sociais, nas quais o homem, passando a ser compreendido a partir de seu contexto social, econômico e cultural, assiste ao alargamento dos seus interesses jungido a uma dimensão coletivista e vê o Estado tomar para si o compromisso constitucional de oferecer os meios necessários para a concretização dos mesmos.

Perfeitamente justificada a pretensão de tratar este debate, conjugando-o com o do Estado, visando, com isso, supor que não há uma inexorabilidade iminente que leve à emergência de outros *mecanismos* para o tratamento de conflitos como estratégia final para a administração das questões relacionadas com estas crises que acima apontadas.

Conscientes dessa realidade faz-se necessário lançar mão do debate que relaciona tempo, direito e sociedade na busca de uma "construção" que tenha por base o consenso dos litigantes, objetivando outras respostas: a "jurisconstrução".

---

[188] (...) incapaz de impor uma regulação social, e aprisionado entre um nível internacional mais coativo e um nível infranacional que procura libertar-se de sua tutela, o Estado se encontra em uma crise de legitimidade. (ROTH, André-Nöel. "O direito em crise: Fim do Estado Moderno?" *In*: FARIA, José Eduardo. *Globalização econômica: implicações e perspectivas*. São Paulo: Malheiros, 1996, p. 19. Ver, também: CAMPILONGO, Celso Fernandes. *Direito e Democracia*. São Paulo: Max Limonad, 1997, em especial, p. 112 *et. seq.*

Parte III

TEMPO, DIREITO E JURISCONSTRUÇÃO

5. Tempo

5.1. A temporalização do tempo e a instituição do direito

Numa tentativa de definição da temporalidade tal como a conhecemos hoje, poder-se-ia dizer que a palavra "tempo" designa, simbolicamente, a relação que um grupo de seres vivos dotados de uma capacidade biológica de memória e de síntese estabelece entre dois ou mais processos, um dos quais é padronizado para servir aos outros como quadro de referência e padrão de medida. Tomando por base tal definição, percebe-se que as relações temporais instituem-se em diversos níveis, de múltiplas complexidades.[189] Nestes termos, permanece a dúvida: como fazer para instituir esse quadro de referência temporal?

Por mais que os físicos se esforcem em construir fórmulas que possibilitem fazê-lo, o tempo não se deixa ver, tocar, ouvir, saborear e nem respirar. Nesses termos, como medir algo que não se pode perceber pelos sentidos? Uma hora é algo invisível. Mas e os relógios? Eles não medem o tempo? Se eles permitem medir alguma coisa, não é o tempo invisível, mas algo que pode ser captado como a duração de um dia ou de uma noite de trabalho ou a velocidade de um corredor. Nesse sentido, os relógios são criados para exercer, socialmente, a mesma função dos fenômenos naturais: oferecer orientação ao homem. Com esse processo, harmonizam comportamentos de uns para com os outros, adaptando-os à vida terrena.[190]

---

[189] ELIAS, Norbert. *Sobre o tempo*. Tradução de Vera Ribeiro. Rio de Janeiro: Jorge Zahar, 1998, p. 39-40.

[190] ELIAS, Norbert. *Sobre o tempo*. Tradução de Vera Ribeiro. Rio de Janeiro: Jorge Zahar, 1998, p. 08. Importa referir que durante a longa história do desenvolvimento das sociedades humanas, os sacerdotes sempre foram os primeiros especialistas da determinação ativa do tempo. Numa fase posterior, quando surgiram as sociedades-Estados, mais vastas e mais complexas, os sacerdotes passaram, de um modo geral, a dividir com as autoridades leigas a função de fixação do momento das grandes atividades sociais e, em muitos casos, essa partilha deu margem a tensões múltiplas. Depois, quando a luta entre sacerdotes e reis pela supremacia deu vantagem a estes últimos, o estabelecimento do calendário tornou-se, tal como a cunhagem da moeda, um monopólio do Estado (ELIAS, Norbert. *Sobre o tempo*. Tradução de Vera Ribeiro. Rio de Janeiro: Jorge Zahar, 1998, p. 45).

Mas por que os homens precisam determinar o tempo? Para definir posições e trajetórias que se apresentam sucessivamente e, nesse caso, precisam de uma segunda sucessão de acontecimentos em que as mudanças individuais, obedecendo à lei da irreversibilidade, sejam marcadas pelo reaparecimento de certos modelos sequenciais. Essas sequências, por sua vez, são perceptíveis em si e relacioná-las representa uma das elaborações do perceber humano. Isso encontra expressão em um símbolo social comunicável: a ideia de "tempo", a qual, no interior de uma sociedade, permite transmitir de um ser humano para o outro imagens mnêmicas[191] que dão lugar a uma experiência, mas que não podem ser percebidas pelos sentidos não perceptivos.[192] Essa percepção/determinação do tempo nada mais é do que a sua instituição.

Não obstante a instituição temporal, o tempo pode ser definido como um ponto de encontro para questões transdisciplinares, mas não se pode fugir do fato de que a "sensação do passar do tempo" tem importância central para os sentimentos de consciência. Tem-se sempre a sensação de estar avançando no tempo, partindo de um passado definido para um futuro incerto. Quanto ao passado cerrado, fechado, vivido, nada mais se poderá fazer. É imutável e num certo sentido, ainda existe "lá fora". O seu conhecimento vem dos nossos registros, da memória e das deduções de modo que não se impõem dúvidas quanto à sua *realidade*. O futuro, por outro lado, ainda parece indeterminado, podendo ser uma coisa ou outra. Quem sabe uma "escolha" fixada por leis físicas ou em parte pelas nossas próprias decisões, mas, indubitavelmente é algo que ainda está por ser feito. Muitas vezes parece ser construído de *potencialidades*. À medida que se percebe, conscientemente, o passar do tempo, a parte mais imediata desse vasto futuro, aparentemente indeterminado, vai se tornando realidade e entrando para o passado fixo. Por isso, muitas vezes o homem experiencia a sensação de ser responsável por ter influenciado, de alguma forma, a escolha de determinado futuro potencial que, de fato, é realizada e se torna permanente no passado. Mas, na maioria das vezes, a humanidade se sente expectadora impotente – muitas vezes grata por ter sido privada da responsabilidade da escolha – enquanto, inexoravelmente, o âmbito do passado determinado vai avançando para um futuro incerto.[193]

Então, passado, presente e futuro, direito e sociedade, processo e narrativa serão temporalidades/categorias revisitadas nesse contexto, uma vez que se identificam com a substância originária do direito e com a subs-

---

[191] As imagens mnêmicas são aquelas relativas à memória, que se coadunam conforme os seus preceitos e que são fáceis de conservar.

[192] ELIAS, Norbert. *Sobre o tempo*. Tradução de Vera Ribeiro. Rio de Janeiro: Jorge Zahar, 1998, p. 13.

[193] PENROSE, Roger. *A mente nova do rei*. Computadores, mentes e as leis da física. Tradução de Waltensir Dutra. Rio de Janeiro: Campus, 1991, p. 335-336.

tância íntima do homem. Levando em consideração que "sem a temporalidade, o direito careceria de significado".[194]

Diante da incapacidade individual de forjar, por si só, o conceito de tempo, este, tal como a instituição social que lhe é inseparável, vai sendo assimilado pela criança à medida que ela cresce numa sociedade em que ambas as coisas são tidas como evidentes.[195] Ao crescer, a criança vai-se familiarizando com o "tempo" como símbolo de uma instituição social cujo caráter coercitivo ela experimenta desde cedo.[196] Se no decorrer de seus primeiros anos de vida não desenvolve um sistema de autodisciplina conforme essa instituição, se não aprende a se portar e a modelar sua sensibilidade em função do tempo, ser-lhe-á muito difícil, senão impossível, desempenhar o papel de um adulto no seio dessa sociedade.[197]

É nesse ínterim que se pode perceber a presença de um "processo civilizador"[198] que contribui para a transformação da coerção exercida de fora para dentro pela instituição social do tempo num sistema de autodisciplina que abarque toda a existência do indivíduo e que contribui para formar os hábitos sociais, os quais são partes integrantes das estruturas de personalidades individuais.

Dito isso, observa-se que as relações entre o tempo e o direito são institucionalizadas pela sociedade, que possuem como ponto de partida três premissas: 1) o tempo é uma instituição social antes mesmo de ser um fenômeno físico ou uma experiência psíquica;[199] 2) a função principal

---

[194] CARNELLI, Lorenzo. *Tiempo y derecho*. Buenos Aires: Lavalle, 1952, p. 188.

[195] O que o relógio comunica, por intermédio dos símbolos inscritos em seu mostrador, constitui aquilo a que chamamos tempo. Ao olhar o relógio, sei que são tantas ou quantas horas, não apenas para mim, mas para o conjunto da sociedade a que pertenço... O tempo tornou-se, portanto, a representação simbólica de uma vasta rede de relações que reúne diversas sequências de caráter individual, social ou puramente físico (ELIAS, Norbert. Sobre o tempo. Tradução de Vera Ribeiro. Rio de Janeiro: Jorge Zahar, 1998, p. 16-17).

[196] E, nesse sentido, Eligio Resta ressalta: Le percezioni del tempo possono essere definite da codici differenti: il gioco è il meccanismo intemporale per eccellenza, l'infanzia vive in una dimensione svincolata dal dipanarsi meccanico delle ore del mondo, che essendo fuori dal tempo si situa per certi versi nella eternità. Assim, a percepção de "tempo" de uma criança é diferente de um adulto, mas essa criança crescerá e tornar-se-á um adulto e sua concepção temporal deixará de ser "eterna" (RESTA, Eligio. *Le stelle e le masserizie*. Paradigmi dell'osservatore. Roma-Bari: Laterza, 1997, p. 12-13).

[197] RESTA, Eligio. *Le stelle e le masserizie*. Paradigmi dell'osservatore. Roma-Bari: Laterza, 1997, p. 13-14.

[198] Estudando o processo civilizador pelo qual passou a humanidade, Norbert Elias investiga a sociogênese do Estado, apoiando-se em um aspecto de sua formação e estrutura: o problema do "monopólio da força", buscando demonstrar como os processos históricos completos, desde o tempo em que o seu exercício era privilégio de um pequeno número de guerreiros rivais, gradualmente impeliu a sociedade para a centralização e monopolização do uso da violência física e de seus instrumentos por parte do Estado (ELIAS, Norbert. *O processo civilizador*: uma história dos costumes. Tradução de Ruy Jungmann. Rio de Janeiro: Jorge Zahar, 1994. v. 1, p. 17).

[199] Assim como os relógios e os barcos, o tempo é algo que se desenvolveu em relação a determinadas intenções e tarefas específicas dos homens. Nos dias atuais, o "tempo" é um instrumento de orientação indispensável para realização de uma multiplicidade de tarefas variadas. Dizer, porém, que é um meio de orientação criado pelo homem traz o risco de levar a crer que ele seria apenas uma invenção

do jurídico é justamente contribuir para a instituição do social; 3) e, por último, reconhecer a interação dialética existente entre as duas premissas defendendo que existe um elo profundo entre a temporalização social e a instituição jurídica da sociedade. É com base nessas três premissas tem-se que "o direito afecta directamente a temporalização do tempo, ao passo que, em compensação, o tempo determina a força instituinte do direito" Em termos ainda mais exatos, "o tempo temporaliza ao passo que o direito institui".[200]

Portanto, tempo e direito relacionam-se com a sociedade, uma vez que não existe tempo fora da história.[201] Não existe tempo, direito e sociedade isolados, trata-se de uma instituição, mais especificamente uma instituição imaginária, na qual o tempo constrói e é construído, institui e é instituído, ou seja, o Direito é uma instituição temporal.[202] Portanto, torna-se importante que a norma jurídica implemente um tempo próprio, carregado de sentido instituinte. O tempo do processo dá disso uma boa aproximação, por estar separado da vida real, estreitamente regulado a prescrições rituais, permitindo que o julgamento desenvolva os seus efeitos performativos e instituintes: efeitos jurídicos (condenação e absolvição) e efeitos sociais (apaziguar o conflito).[203]

No entanto, a instituição do tempo é uma obra frágil e sempre ameaçada pela *destemporalização* que pode se dar de quatro formas: primeiramente, através da própria recusa do tempo entendido como mudança, evolução, finitude e, consequentemente, mortalidade. Num segundo momento, a destemporalização surge como o abandono no decurso do tempo físico cujo movimento irreversível conduz todas as coisas à destruição (assim, quanto mais o tempo passa, mais a energia se dissipa e mais a

---

humana. E esse "apenas" traduz nossa decepção diante de uma "ideia" que não seja o reflexo fiel de uma realidade externa. Ora, o tempo não se reduz a uma "ideia" que surja do nada, por assim dizer, na cabeça dos indivíduos. Ele é também uma instituição cujo caráter varia conforme o estágio de desenvolvimento atingido pelas sociedades. O indivíduo, ao crescer, aprende a interpretar os sinais usados na sua sociedade e a orientar sua conduta em função deles (ELIAS, Norbert. *O processo civilizador*: uma história dos costumes. Tradução de Ruy Jungmann. Rio de Janeiro: Jorge Zahar, 1994. v. 1, p. 15).

[200] OST, François. *O tempo do Direito*. Tradução de Maria Fernanda de Oliveira. Lisboa: Instituto Piaget, 1999, p. 12-14.

[201] La temporalidad se identifica a la sustancia originaria del derecho, por lo mismo que es la sustancia íntima del hombre. Sin la temporalidad, el derecho carecería esencialmente de significado. Sólo proyectándose, desde el ser originario, a través de ese tiempo que se temporaliza, es posible, al fin, el conocer lógico mediante el cual lo aprehendemos en el mundo; conocer que deriva de aquel otro que es, también por la temporalidad, no razonando, sino existiendo. Podemos igualmente afirmar del derecho, que la existencia se trasciende en él, temporalizándose, bajo una especie de causa, previa a toda causa verdadera, y que es la libertad (CARNELLI, Lorenzo. *Tiempo y derecho*. Buenos Aires: Lavalle, 1952, p. 188).

[202] CASTORIADIS, Cornelius. *A instituição imaginária da sociedade*. Tradução de Guy Reynaud. 3. ed. Rio de Janeiro: Paz e Terra, 1982.

[203] OST, François. *O tempo do Direito*. Tradução de Maria Fernanda de Oliveira. Lisboa: Instituto Piaget, 1999, p. 15.

desordem aumenta). A terceira forma de destemporalização é apontada pelo pensamento determinista gerado pela representação de um tempo homogêneo e uniforme, pleno e contínuo. Finalmente, a quarta ameaça de destemporalização diz respeito à gestão da policronia, pois o tempo social declina-se evidentemente do plural.[204]

Desse modo, recusar a finitude humana e, consequentemente, buscar a eternidade é uma das formas de destemporalização. Por outro lado, o homem é o único ser vivo que possui a capacidade de "virar a ampulheta" e refletir sobre a temporalidade que o envolve, fazendo caso do fato de que o passado é volvido, e o futuro, indeterminado.[205] No entanto, é frágil o laço entre passado e futuro e entre ambos é possível observar um presente reduzido a acessos de instantaneidade, aos sobressaltos da urgência.[206] Justamente nesse momento observa-se a interpretação dos textos – exercício cotidiano dos juristas – que contribui para essa ligação intertemporal: o magistrado decide casos de hoje com a ajuda de textos legais de ontem, observando que sua decisão poderá gerar um precedente para novos julgamentos amanhã. O tempo de interpretação textual do direito corre o risco do determinismo exposto por um tempo horizontal da duração e um tempo vertical do instante criador. Observa-se, então, a necessidade de não impor à vida social o ritmo programado que convém à fabricação de coisas e que requer, justamente, um saber técnico associado a uma temporalidade homogênea e contínua. É nesses termos que se defende o direito à lentidão,[207] uma vez que dela poderá emergir uma *práxis* social inédita.

---

[204] Assim, os riscos de destemporalização são bem reais: a nostalgia da eternidade gera ideologias totalitárias de que o século XX deu vários exemplos devastadores; a vertigem da entropia leva à crise da cultura traduzida pela incapacidade de articular o passado e o futuro, à memória e ao projeto de uma cultura muitas vezes marcada pelo instante e pela sobrevalorização do presente. A tentação do determinismo marca também a nossa época, que o pensamento único e o domínio do mercado caracterizam. O risco da discronia é real em sociedades pouco solidárias, que acumulam as tensões entre o tempo dos ganhadores e o tempo dos negligenciados, o tempo instantâneo das trocas financeiras e o tempo lento da produção ou o tempo muito lento da regeneração dos recursos naturais, tempo imediato da comunicação mediática e tempo mediato da reflexão (OST, François. *O tempo do Direito*. Tradução de Maria Fernanda de Oliveira. Lisboa: Instituto Piaget, 1999, p. 15-17).

[205] Sobre as imbricações entre passado, presente e futuro, enquanto categorias espaço-temporais influentes na finitude humana, é importante a leitura de KERN, Stephen. *Il tempo e lo spazio*. La percezione del mondo tra Otto e Novecento. Bologna: Il Mulino, 1995, especialmente o segundo, terceiro e quarto capítulos.

[206] "As sociedades modernas se constituíram mediante uma 'inversão do tempo' que instituiu a supremacia do futuro sobre o passado" (KRZYSZTOF, Pomian. *La crise de l'avenir*. Le Débat, 7, decembre, 1980).

[207] Mas como discutir o direito à lentidão se "Il modello del moderno è quello della velocità-voracità: deve praticare oblii, deve cancellare il passato, deve far posto a nuove merci, stabile nell'essere instabile, il suo compito è quello di accumulare cinicamente e perciò sacrificare ideali, riti, affetti, patrimoni di tradizione (modello del seduttore o del globalismo economico)". Consequentemente, nesse ponto é "necessaria la riscoperta della pensosità e della lentezza". (RESTA, Eligio. *Le stelle e le masserizie*. Paradigmi dell'osservatore. Roma-Bari: Laterza, 1997, p. 14-15).

Mas, na mesma medida em que todos possuem um direito ao seu tempo, ao seu ritmo, observa-se como normal o fato de uma sociedade avançar a várias velocidades. E quanto a isso, tem-se um fato: "o tempo contemporâneo é cada vez mais fragmentado, o que não deixa de comprometer sua função tradicional de integrador social". Nesses termos, que forma poderia assumir uma tentativa de retemporalização? Tratar-se-ia de lembrar uma vez mais de uma prerrogativa geralmente negligenciada: "o direito ao tempo", ou seja, o direito ao seu tempo, o direito ao seu ritmo, cada um construindo sua história de acordo com a sua própria cadência. Essa poderia ser uma das políticas desenvolvidas para evitar o risco da discronia, em função da fragmentação do direito embalada pelo avanço cadenciado de cada um, que evidencia, justamente, a pluralidade/complexidade temporal.[208]

É nesse sentido que a retemporalização possui quatro momentos extremamente importantes: o primeiro momento seria o fato de que o Direito está ligado à ideia de memória, no segundo momento, ao perdão, o terceiro momento, à promessa, e o quarto momento ao questionamento.

O direito é a memória da sociedade. O que são os cartórios, os arquivos,[209] os nossos documentos, senão aquilo que está dentro da memória do direito, ou, falando normativamente, só é válida a memória jurídica, o direito tem como função manter a memória.[210] Não existe direito sem passado, sem memória, sem tradição.[211] Por isso que a tomada de consciência[212] de

---

[208] OST, François. *O tempo do Direito*. Tradução de Maria Fernanda de Oliveira. Lisboa: Instituto Piaget, 1999, p. 15.

[209] O arquivo é a grande metáfora do saber do nosso tempo. Emancipada das dificuldades do polvorento ritualismo burocrático, a palavra arquivo vai se definindo na espera de sentido. Arquiva-se um procedimento, conserva-se no arquivo qualquer coisa, no arquivo coloca-se em ordem, o arquivo tem sua colocação, tem suas vozes, mas tem também os seus silêncios. O arquivo pode re-abrir e pode fechar, proteger e esconder, e testemunhar com toda a ambivalência do testemunho. Coloca junto uma imprevista combinação aristotélica de espaço e tempo, conserva a memória do tempo em um lugar. Sedimenta as informações, relata a sua existência, mas não desvela tão facilmente a origem; a metade entre a memória e o esquecimento, como uma mente coletiva; relata a ambiguidade de cada técnica que promete emancipações, omitindo custos e regressões. (RESTA, Eligio. O tempo e o espaço da justiça. In: *Anais do II Seminário Internacional de demandas sociais e políticas públicas na sociedade contemporânea.* Porto Alegre: Evangraf, 2005, p. 157).

[210] Sobre a memória em tempos modernos, chamados de "hiperconsumo", Gilles Lipovetsky afirma que a sociedade moderna é contemporânea do tudo-patrimônio-histórico e do todo-comemorativo, de modo que a nova valorização do antigo se fez acompanhar de excrescências, de saturação, de alargamento infinito das fronteiras da memória e do patrimônio histórico, pelo que se reconhece uma modernização levada ao extremo. Passou-se do reinado do finito para o infinito, do limitado ao generalizado, da memória à hipermemória: na neomodernidade, o excesso de lógicas presentistas segue em conformidade com a inflação proliferante da memória (LIPOVETSKY, Gilles. Tempo contra tempo, ou a sociedade hipermoderna. In: LIPOVETSKY, Gilles; CHARLES, Sebastien. *Os tempos hipermodernos*. Tradução de Mário Vilela. São Paulo: Barcarolla, 2004, p. 86-87).

[211] ROCHA, Leonel Severo. Tempo. In: BARRETO, Vicente de Paulo. *Dicionário de filosofia do direito*. São Leopoldo – RS, Rio de Janeiro – RJ: Editora Unisinos/Renovar: 2005, p. 802.

[212] Ao definir consciência, Bergson salienta: "a consciência significa primeiramente memória. A memória pode faltar amplitude; ela pode abarcar apenas uma parte ínfima do passado; ela pode reter

estados de consciência sucessivos é classificada como tempo e, nesses termos, é bem evidente que este tempo é o tempo em que se sucedem os fenômenos e que tem apenas uma semelhança longínqua com o que a ciência (ou o relógio) mede, o que os físicos podem integrar em leis rigorosas, aquele que hoje consideramos como uma dimensão do espaço. O tempo fenomenal, o tempo da duração, está irremediavelmente ligado à memória, e é através dele, na medida em que nos lembramos daquilo que faz a unidade da nossa própria consciência, que encontramos a identidade pessoal.[213]

Assim, a associação indefectível da consciência, do tempo e da memória (ainda que parcial ou fraca) concorre para a elaboração da noção fundamental que é a identidade[214] pessoal, como se esta se fabricasse, etapa por etapa, à medida que o tempo avança e que a consciência acumula objetos e experiências diferentes dentro de uma memória em perpétuo reordenamento.[215] Em outras palavras, a unidade de representação (o fato de que o mundo funciona de acordo com as regras que nós podemos apreender e que por isso não mudam) e a unidade da consciência (o fato de que o sujeito percebe o mundo de uma maneira também unitária, contínua e coerente) são duas faces da mesma medalha.[216]

---

apenas o que acaba de acontecer; mas a memória existe ou então não existe consciência. Uma consciência que não conservasse nada de seu passado, que se esquecesse sem cessar de si própria, pereceria e renasceria a cada instante" (BERGSON, Henri. *Cartas, conferências e outros escritos*. Tradução de Franklin Leopoldo e Silva. São Paulo: Nova Cultural, 2005, p. 104. (Os pensadores).

[213] FAROUKI, Nayla. *A consciência e o tempo*. Tradução de José Luís Godinho. Lisboa: Instituto Piaget, 2000, p. 71-72. É que uma identidade individual é mais do que uma simples consciência, é também memória. Um indivíduo que age, afecta os outros e o mundo que o rodeia, deixando uma marca que, na singularidade do tempo histórico que passa, permanece com a sua marca própria e irreversível. Além disso, é a história (objectiva, desta vez) tomada na sua totalidade que pode dar testemunho da existência de identidades individuais, além do facto de que a sua existência subjectiva (o eu) e fenomenal é de uma evidência gritante para cada ser humano. (FAROUKI, Nayla. *A consciência e o tempo*. Tradução de José Luís Godinho. Lisboa: Instituto Piaget, 2000, p. 74).

[214] L'identità non si può spiegare ricorrendo unicamente ai caratteri "statistici" quali nome cognome residenza professione, perché esiste un decimo carattere che, pur ricomprendendoli tutti, li scompone fino a negarli nella loro veridicità e rispondenza alla realtà. L'identità, secondo Musil è un vuoto spazio invisibile che pone una lunga serie di problemi; il suo spazio, la sua invisibilità concreta, la sua oscillazione tra il dentro e il fuori, la sua indecisione tra contenente e contenuto (RESTA, Eligio. *Le stelle e le masserizie*. Paradigmi dell'osservatore. Roma-Bari: Laterza, 1997, p. 57).

[215] Se o mundo do futuro se abre para a imaginação, mas não nos pertence mais, o mundo do passado é aquele no qual, recorrendo a nossas lembranças, podemos buscar refúgio dentro de nós mesmos e nele reconstruir nossa identidade; um mundo que se formou e se revelou na série ininterrupta de nossos atos durante a vida, encadeados uns aos outros, um mundo que nos absolveu e nos condenou para depois, uma vez cumprido o percurso de nossa vida, tentarmos fazer um balanço final. É preciso apressar o passo. O velho vive de lembranças e em função das lembranças, mas sua memória torna-se cada vez mais fraca. O tempo da memória segue um caminho inverso ao do tempo real: quanto mais vivas as lembranças que vêm à tona de nossa recordações, mais remoto é o tempo em que os fatos ocorreram (BOBBIO, Norberto. *O tempo da memória: de senectute e outros escritos autobiográficos*. Tradução de Daniela Versiani. Rio de Janeiro: Campus, 1997, p. 54-55).

[216] FAROUKI, Nayla. *A consciência e o tempo*. Tradução de José Luís Godinho. Lisboa: Instituto Piaget, 2000, p. 74-75.

Porém, a memória atualmente se encontra em migalhas,[217] e seu declínio se deve basicamente a dois fatores: o primeiro, à superabundância de informações e de imagens geradas pelos meios de comunicação, o que produz uma comunicação imediata e pontualizada em desabono à coerência temporal e à hierarquia de sentido. Num segundo momento, observa-se a fragmentação infinita dos grupos e subgrupos de pertença que define cada uma das filiações parciais e superficiais, pouco capazes, portanto, de suscitar identidades coletivas e mobilizadoras.[218]

Da mesma forma, não se pode perder de vista que a memória é social e não individual, pois as nossas recordações, mesmo as mais íntimas e pessoais, só conseguem se exprimir nos termos da tradição e só fazem sentido se forem partilhadas com uma comunidade afetiva e social.[219] Mas, longe de derivar do passado, a memória atua a partir do presente, justamente porque da memória acontece a reinterpretação coletiva,[220] sendo que, em função disso, a memória se situa num prolongamento direto do precedente, pois se ela opera a partir do presente e não do passado é porque possui uma disposição ativa voluntária, e não uma faculdade passiva e espontânea. Por fim, deve-se levar em consideração que a memória se relaciona com o esquecimento, de modo que, longe de se opor a ele, o pressupõe, tendo em vista que qualquer organização de memória é igualmente uma organização do esquecimento. Somente ocorre memorização a partir da triagem seletiva.[221]

Entretanto, para que se possa falar de uma nova temporalidade que possa desligar o passado através do perdão, faz-se necessário que o tempo da memória seja ultrapassado ou superado.[222] Nesses momentos, o tempo

---

[217] Sobre a memória e suas migalhas, é importante a leitura de DOSSE, Francois. *A história à prova do tempo:* da história em migalhas e o resgate do sentido. Tradução de Ivone Castilho Benedetti. São Paulo: UNESP, 2001.

[218] OST, François. *O tempo do Direito.* Tradução de Maria Fernanda de Oliveira. Lisboa: Instituto Piaget, 1999, p. 57.

[219] Intersezione tra strutture temporali, la memoria è quel legame di tradizione socialmente definito e istituzionalmente coltivato attraverso il quale orizzonte di aspettative e spazio di esperienza trovano equilibri. L'instabilità e l'oscillazione, si sa, non sono estranee ai meccanismi della memoria e le istituzione non fanno che amplificarne lo spazio di variabilità (RESTA, Eligio. *Poteri e diritti.* Torino: Giappichelli Editore, 1996, p. 152).

[220] Nesse sentido, é importante diferenciar a memória coletiva e a memória histórica: a primeira, pode ser considerada "quente", elabora-se no seio de grupos sociais e produz tradições vivas, a segunda, que pode ser qualificada como "fria", apresenta-se como "quadro de acontecimentos" e "recolha de factos" gerando um "saber histórico" (OST, François. *O tempo do Direito.* Tradução de Maria Fernanda de Oliveira. Lisboa: Instituto Piaget, 1999, p. 60).

[221] OST, François. *O tempo do Direito.* Tradução de Maria Fernanda de Oliveira. Lisboa: Instituto Piaget, 1999, p. 59-63.

[222] Assim, a "dialética entre a memória e o esquecimento se vê alterada em função da ação de descolar o passado de uma concepção que o decalcasse do presente, de atual, que fizesse dele a representação de um antigo presente, uma dimensão empírica do tempo" (PELBART, Peter Pál. *O tempo não reconciliado.* São Paulo: Perspectiva: FADESP, 1998, p. 127).

do perdão se agiganta, garantindo sua necessidade para o mundo do direito não como meio de simplesmente esquecer, mas de selecionar o que se vai esquecer. Ou seja, só pode existir direito na sociedade a partir do momento que se tem perdão, uma vez que a vingança é uma fonte do direito primitivo. Por outro lado, o perdão é um momento de maturidade, sem ele, se está sob a Lei de Talião. O direito moderno nasce com a ideia de perdão, que se liga à ideia de esquecimento seletivo. No entanto, o perdão é realizado por um terceiro, o Judiciário é que encaminha esses processos de perdão.[223]

Mas como desligar o passado sem aboli-lo? Como ultrapassar a vingança sem cair na injustiça e na desonra? Não se pode duvidar que o passado tem uma presença tão forte quanto o presente, todavia, o esquecimento, não obstante ser ameaçador, é necessário, uma vez que se trata do reverso da memória. Porém, para pensar é preciso esquecer diferenças, generalizar, abstrair. É preciso esquecer, e uma das formas de esquecimento no mundo do direito é justamente a prescrição[224] que ocorre para não manter alguém obrigado, atrelado a outro eternamente.

Assim, o perdão[225] é simultaneamente um ato de memória e de remissão: uma forma de apagar deliberadamente uma ofensa real, de modo que o ofendido considera o ofensor livre de uma falta cuja realidade é reconhecida pelos dois protagonistas. Porém, o perdão também se destaca da lógica jurídica por ser um ato pessoal (concedido pelo ofendido ao ofensor que o solicita), trata-se de uma medida coletiva e pública, se não devido, não pode ser imposto por nenhuma lei, gratuito e gracioso, excede a lei de equivalência frequentemente associada ao reino da justiça. Nesse ínterim, o direito surge como meio de mediação que, ao substituir a justiça privada, utiliza o processo como meio de intervenção de um terceiro numa querela que se torna, doravante, triangulada e verbalizada.[226] Dessa

---

[223] ROCHA, Leonel Severo. Tempo. *In*: BARRETO, Vicente de Paulo. *Dicionário de filosofia do direito*. São Leopoldo – RS, Rio de Janeiro – RJ: Editora Unisinos/Renovar: 2005, p. 802.

[224] Ou "esquecimento programado", como quer Ost: "o direito constata o fluir do tempo e o desgaste da memória, tanto das testemunhas como da indignação pública: para lá de um certo prazo, a pessoa visada poderá invocar em seu benefício o esquecimento" (OST, François. *O tempo do Direito*. Tradução de Maria Fernanda de Oliveira. Lisboa: Instituto Piaget, 1999, p. 178-179).

[225] Especificamente no campo penalista, o perdão ganha outros contornos, segundo Mireille Delmas-Marty, ao salientá-lo como uma forma primeira da "reconciliação, do abrandamento para o qual tende o direito penal, o perdão, que apaga posteriormente e de uma só vez o crime, ou a condenação pelo crime, nunca foi completamente excluído do direito penal" (DELMAS-MARTY, Mireille. *A imprecisão do direito*: do código penal aos direitos humanos. Tradução de Denise Radanovic Vieira. Barueri: Manole, 2005, p. 69).

[226] Eligio Resta aponta para dois tipos de perdão: o perdão que traz consigo desejo de submissão e que fixa o tempo imóvel do ressentimento que "vuol farla pagare all'infinito". Esse tipo de perdão permanece imóvel e fixo, ancorado ao passado, sem esquecer aquilo que parece publicamente esquecido. Outra forma de perdão é aquela que reconstrói o tempo não permanecendo dele prisioneiro, possuindo a capacidade de transcendê-lo. Não é um gesto de renúncia, mas de reelaboração. É típico daquele que sabe renunciar a vingança, talvez por sabedoria, talvez por generosidade. Esse perdão

relação triangulada se espera uma sentença que só é pronunciada ao fim de um debate contraditório ao longo do qual ambas as partes tiveram sucessivamente a palavra.[227]

Nesse momento, está-se diante de mais um paradoxo do direito, a sentença, ou seja, a decisão, o julgamento dispõe sobre o passado enquanto a lei para o futuro. Segundo Ost, o problema reside na regra do direito que o juiz aplica. Em princípio, o juiz diz um direito de então que é igualmente o direito de agora: o intemporal tal como se impõe na sua verdade. Eis ainda um aspecto do caráter declarativo do julgamento – um julgamento que é suposto enunciar uma verdade intangível decorrente de uma lei ou de um princípio preestabelecido. Porém, toda gente sabe que qualquer texto escrito é passível de interpretação e que estas podem ser criadoras, de modo que o juiz pode não repetir uma norma preexistente, muitas vezes adaptando-a. Faz-se necessário, então, conciliar a memória e o requestionamento, cujo liame diz respeito à segurança jurídica e à não menos indispensável faculdade de reabrir por vezes o passado para nele reinscrever as premissas de um direito ou de uma justiça que aí se tenham perdido.[228]

A interpretação criadora faz nascer a promessa, é extremamente importante no sentido de que ela tem que romper com a tradição, mas tem que fazer este rompimento de uma maneira sofisticada, comprometendo o futuro[229] que, assim, se torna menos imprevisível, uma vez que se dá a ele um sentido no modo normativo: "as coisas serão assim, pois a isso me comprometo", esse compromisso se refere a uma norma aplicada a si mesma. Exemplo típico da promessa é aquela realizada em Hobbes através do contrato social cujo poder constituído a partir dali se tornou perpétuo. Desse modo, a promessa compromete o futuro se, e apenas se, conseguir apoiar-se em uma forma prévia de confiança que ao mesmo tempo regenera e reforça.[230]

---

possui um lugar público na política que não pode ser delegado ao Direito uma vez que "la legge non può consentirsi questo singolare supplemento d'anima" (RESTA, Eligio. *Poteri e diritti*. Torino: Giappichelli Editore, 1996, p. 157-158)

[227] OST, François. *O tempo do Direito*. Tradução de Maria Fernanda de Oliveira. Lisboa: Instituto Piaget, 1999, p. 176.

[228] Ibid., p. 193-195.

[229] Alguém disse que é sempre difícil fazer previsões, sobretudo... quando elas dizem respeito ao futuro! O futuro é imprevisível, mas só podemos conhecer o que é, não o que ainda não é. Para conhecer o futuro seria necessário esperar que ele acontecesse, mas então ele deixaria de ser futuro! Todo o futuro é, por natureza, aberto e opaco ao mesmo tempo (KLEIN, Étienne. *O tempo*. Tradução de Fátima Gaspar e Carlos Gaspar. Lisboa: Instituto Piaget, 1995, p. 91).

[230] Ver HOECKE, Mark van; OST, François. Del contrato a la transmisión. Sobre la responsabilidad hacia las generaciones futuras. *Revista DOXA*. n. 22, 1999. Coordinadores Josep Aguillò Regla y Maccario Alemany. Disponível em: <www.cervantesvirtual.com.portal.doxa>.; OST, François. Tiempo y contrato. Crítica del pacto fáustico. *Revista DOXA*. n. 25, 2002. Coordinadores Josep Aguillò Regla y Maccario Alemany. Disponível em: <www.cervantesvirtual.com.portal.doxa>.

Por conseguinte, a promessa apresenta um futuro que nos obriga desde já. Exemplos típicos dessa relação futurista que responsabiliza as gerações atuais são aqueles ligados ao meio ambiente. Nessa relação, a longevidade do futuro se encontra nas mãos da humanidade, dependendo dos homens de hoje que o longo prazo não se torne curto. Portanto, é através do tempo que os homens são chamados à responsabilidade, como se o futuro tivesse poder sobre a humanidade.[231]

Esse se torna o desafio para aos juristas: pensar as vias de abertura para o futuro em formas duráveis rompendo mas, ao mesmo tempo, apoiando-se no passado,[232] libertando as forças do instituinte nas próprias formas do instituído.[233] Esse raciocínio faz emergir outra vez a figura do Estado como a mais importante das instituições jurídicas susceptíveis de obrigar o futuro não só como um poder soberano, mas também como um poder contínuo. No âmbito estatal, a Constituição é, por excelência, o instrumento jurídico de ligação com o futuro. Essa ligação nasce e se valoriza pelo contrato. Porém, é necessário recordar que o "futuro valorizado não é necessariamente um futuro garantido.[234] O risco contribui até para a valorização da aposta.

---

[231] No entanto, as relações com as gerações futuras merecem cuidado especialmente quanto à falta de identidade, uma vez que ainda não existem e há o risco de decisões paternalistas sobre um direito que não é atual e sim futuro, assim: L'idea rivoluzionaria che emerge è quella di un diritto trans-generazionale, su un modello di diritto fraterno in cui i diritti dei popoli potessero comprendere l'idea di genere umano: comprese le generazioni future... Ma il meccanismo dell'imputabilità vuole che ci sia sempre la persona a cui rispondere ... Come può dunque essere la generazione futura?! Viene meno la struttura dialogante del domandare e rispondere. Ecco perché l'etica intergenerazionale rischia sempre di cadere nella ingenuità (i soggetti futuri non hanno identità e dunque non possono essere soggetti di diritto) e nella arroganza (decisioni paternalistiche verso il prossimo)...Bisogna lasciare al prossimo la possibilità di scegliere tra diverse alternative. Scegliere per lui anche quella che noi riteniamo l'ipotesi migliore rappresenta solo una violenza più raffinata (RESTA, Eligio. *Le stelle e le masserizie*. Paradigmi dell'osservatore. Roma-Bari: Laterza, 1997, p. 49).

[232] "O futuro é o passado em preparação". Esta frase é verdadeira a ponto de ignorar a seta do tempo: podemos inverter a cronologia para afirmar também que "o presente é o futuro que se prepara" (KLEIN, Étienne. *O tempo*. Tradução de Fátima Gaspar e Carlos Gaspar. Lisboa: Instituto Piaget, 1995, p. 101).

[233] OST, François. *O tempo do Direito*. Tradução de Maria Fernanda de Oliveira. Lisboa: Instituto Piaget, 1999, p. 227.

[234] Essa imprevisibilidade do futuro é, segundo Capella, uma diminuição do horizonte de expectativas, uma vez que as pessoas percebem cada vez menos o que podem esperar e, inclusive, deixam de confiar na probabilidade de expectativas razoáveis, o que desenvolve uma tendência de deixar de fazer previsões individuais para o futuro. O resultado é uma contraditória, esquizofrênica, desaparição do interesse pelo futuro em seres humanos para quem o presente pode ser dificilmente suportável. Cria-se, então, uma histérica apologia ao presente (CAPELLA, Juan Ramón. *Os cidadãos servos*. Tradução de Lédio Rosa de Andrade e Têmis Correia Soares. Porto Alegre: Sergio Antonio Fabris, 1998, p. 30-31). A impotência para imaginar o futuro só aumenta em conjunto com a sobrepotência técnico-científica para transformar radicalmente o porvir: a febre da brevidade é apenas uma das facetas da civilização futurista hipermoderna. (LIPOVETSKY, Gilles. Tempo contra tempo, ou a sociedade hipermoderna. *In*: LIPOVETSKY, Gilles; CHARLES, Sebastien. *Os tempos hipermodernos*. Tradução de Mário Vilela. São Paulo: Barcarolla, 2004, p. 68).

Aqui, a regra do jogo é que os contratantes, um ou os dois, assumam essa parte inevitável de risco que o futuro comporta".[235]

Desse modo, o tempo positivista é o tempo da instantaneidade[236] e da perenidade, o tempo da certeza e da segurança, mas os tempos atuais são de imprecisão.[237] Entretanto, uma temporalidade absoluta se faz perigosa, surgindo a necessidade de requestionamento, como algo que desobriga o futuro, não fazendo com que o mesmo esqueça a promessa, mas com que ele abra novas vias para que ela se concretize. Fugindo da temporalidade absoluta, o requestionamento surge como uma oportunidade de suspensão do instante que autoriza as iniciativas e alimenta a trama do tempo;[238] não é o seu apêndice ou epílogo.[239]

Assim, para o mundo jurídico, o futuro traz a incômoda sensação de incerteza e gera insegurança, pois a interrogação imediata que se faz é sobre a capacidade do direito de instituir o elo que é posto em causa, mais ainda do que a sua aptidão para garantir segurança.[240] O desafio diante do qual se encontram os juristas é, nesse contexto de incerteza, preparar o futuro num mundo de falibilidade. Tal fato pode ser evidenciado especialmente quanto se percebe que o Estado Providência perde espaço para a "sociedade de risco",[241] cuja evidência principal ocorre na volta da segurança como assunto primordial em substituição à solidariedade. Nestes termos, não basta ao Estado ser redistribuidor para honrar a promessa de felicidade social, é necessário que ele conduza à mudança social. Cria-se, então, a figura de um Estado propulsivo, no sentido de desenvolver, em todos os setores das políticas públicas, "programas finalizados" com

---

[235] OST, François. *O tempo do Direito*. Tradução de Maria Fernanda de Oliveira. Lisboa: Instituto Piaget, 1999, p. 306.

[236] A instantaneidade (anulação da resistência do espaço e liquefação da materialidade dos objetos) faz com que cada momento pareça ter capacidade infinita; e a capacidade infinita significa que não há limites ao que pode ser extraído de qualquer momento – por mais breve e "fugaz" que seja (BAUMAN, Zygmunt. *Modernidade líquida*. Tradução de Plínio Dentzien. Rio de janeiro: Jorge Zahar, 2001, p. 145).

[237] Sobre a imprecisão do tempo e a necessidade humana de determinação do mesmo, é importante a leitura de FRANK, Jerome. *Derecho e incertidumbre*. Tradução de Carlos M. Bidegain. Buenos Aires: Centro Editor de América Latina S. A., 1986.

[238] A trama do tempo vem refletida numa perspectiva histórica em: DOMINGUES, Ivan. *O fio e a trama*. Reflexões sobre o tempo e a história. São Paulo: Iluminuras; Belo Horizonte: UFMG, 1996.

[239] OST, François. *O tempo do Direito*. Tradução de Maria Fernanda de Oliveira. Lisboa: Instituto Piaget, 1999, p. 324.

[240] Mais uma vez, a contribuição de Prigogine: PRIGOGINE, Ilya. *O fim das certezas*. Tempo, caos e as leis da natureza. Tradução de Roberto Leal Ferreira. São Paulo: UEP, 1996 e PRIGOGINE, Ilya; STENGERS, Isabelle. *Entre o tempo e a eternidade*. Tradução de Roberto Leal Ferreira. São Paulo: Companhia das Letras, 1992.

[241] Conforme Ulrich Beck, não se pode perder de vista que a sociedade do risco é também a sociedade na qual a urgência se torna o estado normal, de modo que a sociedade do risco põe a si própria em perigo (o risco sanitário e o risco tecnológico são exemplos disso). Então, se pode constatar que a ameaça vem mais das nossas ações do que da natureza (BECK, Ulrich. *Risk Society*. Towards a new modernity. Londres: Sage Publications, 1997, p. 79).

vistas a atingir os objetivos que lhe parecem conformes à sua visão construtivista do interesse geral.[242]

Outro ingrediente deve ser adicionado à tal situação: a urgência, a imposição de ações em tempo real, instantâneo, imediato. Então, a discussão pode ser reportada ao direito e ao processo propriamente dito, que precisa lidar com todo um arsenal de ritos e prazos e não obstante tais instituições se põem a requestionar sua certezas e renegociar as promessas anteriormente formuladas. Nesse contexto, a discussão se avoluma e passa a ser centrada no tempo do processo, cujo debate se fará adiante.

5.2. O tempo e o destempo do processo

Para discutir as relações entre o tempo e o processo, é necessário recordar que o tempo do processo não é um tempo ordinário. Da mesma forma que o espaço Judiciário reconstrói, por oposição ao abandono da sociedade, um interior que encarna a ordem absoluta, o tempo do processo interrompe o escoamento linear do tempo cotidiano. O primeiro insinua-se neste como uma ação temporária que, dada a sua ordem e a sua regularidade, compensa as lacunas do tempo profano, que se ritualiza para tornar-se processual.[243]

Antes mesmo de existirem leis, juízes e palácios de justiça, havia um ritual. Esse ritual poderia ser religioso ou pagão, mas era consenso entre seus praticantes e seguidores.[244] Nestes termos, o que é um processo? Ele é, inicialmente, um ritual e justamente por isso carrega consigo um repertório de palavras, gestos, fórmulas, discursos, de tempos e locais consagrados, destinados justamente a acolher o conflito. Primitivamente, a autoridade não era necessariamente um juiz, poderia ser o sacerdote ou o líder de um povo, mas de uma coisa não se abria mão: era necessário um código, uma fórmula (escrita ou não) de tratar o conflito, consensuada entre todos os integrantes do grupo, ou seja, institucionalizada por eles.[245]

---

[242] OST, François. *O tempo do Direito*. Tradução de Maria Fernanda de Oliveira. Lisboa: Instituto Piaget, 1999, p. 338.

[243] GARAPON, Antoine. *Bem julgar*: ensaio sobre o ritual do Judiciário. Tradução de Pedro Filipe Henriques. Lisboa: Instituto Piaget, 1997, p. 53.

[244] Rito è termine che viene dall'esperienza religiosa e che ha finito per far parte del lessico fondamentale dell'antropologia. Indica l'insieme di pratiche linguistiche che trasferiscono nel campo della prevedibilità un mondo variegato di simboli, aspettative, esperienze che generano l'angoscia dell'incertezza. Si parla così di rito di iniziazione, di rito di passaggio, di rito di fondazione, di rito liturgico; qualcuno azzarda che la sua origine sia da riportare ad un dire e ad un avanzare. Il rito ripete, replica e si ripete: trasmette memoria di un'esperienza e regola le attese del nuovo; non ci si può interrogare sul perché né tanto meno sulla verità o falsità di un rito. (RESTA, Eligio. Il tempo del processo. Disponível em: <www.jus.unitn.it/cardozo/rewiew/Halfbaked/Resta.htm>. Acesso em: 01 nov. 2006).

[245] GARAPON, Antoine. *Bem julgar*: ensaio sobre o ritual do Judiciário. Tradução de Pedro Filipe Henriques. Lisboa: Instituto Piaget, 1997, p. 25.

Essa forma era o ritual, o código. Não é por acaso que ainda se usa a palavra *rito* para definir o procedimento judicial (rito ordinário, sumário...). O uso desse termo não é um mero acaso, uma vez que se trata de uma prática social que serve para governar o sentido da complexidade das coisas. O rito é a resposta para a incerteza,[246] condimento da angústia do não previsível, é controle, é tanta coisa, mas é sobretudo prática social.[247] O processo é construído em torno da lógica ritual, não substituível por nenhuma outra linguagem, exclusivamente em função de uma coação a decidir.[248] Assim, não todas as provas, mas também aquelas tecnologicamente mais relevantes poderiam ser admitidas, e nem todos os tempos seriam consentidos, senão dentro do código linguístico regulado pelo direito.[249]

Desse modo, integrado nessas marcas rituais do tempo, o processo desenrola-se de uma assentada: representa-se até o fim. Durante o período em que se desenvolve, apresenta avanços e recuos, peripécias, uma alternância de esperança e de pessimismo e, quando o fim se aproxima, a tensão. O processo é uma revolução completa. É por isso que se pode afirmar que a temporalidade processual não encontra possibilidade de reprodução. Tudo isso se deve, efetivamente, ao princípio da autoridade da coisa julgada, que proíbe que a mesma jurisdição volte a ocupar-se de um mesmo caso previamente julgado por ela. Não reprodutível, o tempo do processo é, pois, e de igual modo, um tempo único.[250]

---

[246] Jerome Frank trabalha com a incerteza do direito focando a produção probatória como um dos fatores de angústia dos juristas. Tal produção probatória também oferece um ritual, desde a apreciação dos fatos e de suas provas, até a sentença. É nesse sentido que salienta o erro principal: "concluyen que la certidumbre jurídica debe ser medida por la bastante fácil predecibilidad de la sentencias del tribunal superior en los numerosos pleitos usuales, no excepcionales, llamados a ser resueltos por normas jurídicas bien establecidas y precisas." (FRANK, Jerome. *Derecho e incertidumbre.* Tradução de Carlos M. Bidegain. Buenos Aires: Centro Editor de América Latina, 1986, p. 83).

[247] Il rito giudiziario lo fa soltanto più degli altri. C'è anche un racconto del rito che affonda nelle pieghe della storia del diritto capace di raccontarci dei suoi cambiamenti, ma anche delle sue giustificazioni, dal meccanismo formalmente irrazionale dei responsi oracolari ai moderni apparati sostanzialmente razionali del tecno-diritto, alla scommessa moderna del processo formalmente razionale; storia di un passaggio da legittimazioni sacrali all'infondatezza delle convenzioni moderne. Ma proprio quel racconto del rito ci mostra come in esso si consumi il tentativo dei nostri sistemi sociali di ingannare la propria violenza sostituendo alla cattiva infinità della vendetta o al rischioso arbitrio di un sovrano il procedere discorsivo. (RESTA, Elígio. *Il tempo del processo.* Disponível em: <www.jus.unitn.it/cardozo/rewiew/Halfbaked/Resta.htm>. Acesso em: 01 nov. 2006).

[248] Ma la storia del processo è tutta consegnata a questo filo conduttore che ci conduce, in occidente, lungo i diversi sistemi e le diverse epoche, verso questo punto: il processo giudiziario è "rito" fondato su regole sue proprie, dotato di autonomia e differenza dalla materia che deve accertare e che tende a differenziarsi dall'arbitrio del decisore o dalla pericolosa irrazionalità della punizione di una comunità (RESTA, Elígio. *Il tempo del processo.* Disponível em: <www.jus.unitn.it/cardozo/rewiew/Halfbaked/Resta.htm>. Acesso em: 01 nov. 2006).

[249] RESTA, Eligio. O tempo e o espaço da justiça. In: *Anais do II Seminário Internacional de demandas sociais e políticas públicas na sociedade contemporânea.* Porto Alegre: Evangraf, 2005, p. 169.

[250] GARAPON, Antoine. *Bem julgar:* ensaio sobre o ritual do Judiciário. Tradução de Pedro Filipe Henriques. Lisboa: Instituto Piaget, 1997, p. 58-59.

É possível afirmar que o tempo do processo não resulta, entretanto, unicamente das regras processuais, pois o processo deve regular um litígio. Assim, a matéria litigiosa impõe o ritmo dos procedimentos. Seu estudo mostrou que o tempo é evolutivo e não se reduz ao momento da demanda na justiça. A matéria litigiosa é uma matéria viva que não pode se solidificar no início do processo. O procedimento deve, assim, integrar as evoluções do litígio que resultam da atividade das partes, do juiz ou, ainda, de uma mudança de legislação.[251]

Portanto, o processo do qual tanto se fala e sobre o qual tanto se litiga, não pode ser considerado outra coisa senão um lugar, único, onde se realizam duas exigências diferentes: a primeira é a busca pela verdade em uma história que uma lei prevê como delito/ilícito; a segunda é a garantia que o acusado/requerido possa se defender da acusação que lhe é feita. Ambas existem uma em função da outra, e não uma contra a outra, e juntas, entre elas, se constitui o critério fundamental de legitimação da jurisdição.[252]

Por fim, o tempo do processo é um tempo contínuo, possuindo um começo e um fim.[253] Vive-se até o fim. Além disso, avista-se a temporalidade processual como um procedimento ordenado de modo que cada um possui o seu lugar e cada coisa acontece a seu tempo: é essa a ordem do ritual Judiciário. Todo juiz dá uma certa liberdade para adequar essa ordem às especificidades do processo,[254] prerrogativa que não é atribuída às partes, por exemplo. Ainda, observa-se que o tempo é muito mais "longo" para as partes (especialmente o acusado) do que para os profissionais da justiça. Muitas vezes, ele (o acusado) esperou longamente para que o tempo "passasse".[255]

---

[251] Le temps du procès ne résulte cepedant pas uniquement de règles processuelles. Le procès doit régler un litige. La matière litigieuse impose le rythme des procédures. Son étude a montré que le temps est évolutif et ne se réduit pas à l'instant de la demande en justice. La matière litigieuse est une matière vivante qui ne peut se figer au début du procès. La procédure doit donc intégrer les évolutions du litige qui résultent de l'activité des parties, du juge ou encore d'un changement de législation (AMRANI-MEKKI, Soraya. Le temps et le procès civil. Paris: Daloz, 2002, p. 511-512).

[252] RESTA, Eligio. Il tempo del processo. Disponível em: <www.jus.unitn.it/cardozo/rewiew/Halfbaked/Resta.htm>. Acesso em: 01 nov. 2006.

[253] Il processo è dunque un tempo di sospensione e di riflessione e, per così dire, un percorso di riordino dell'esperienza giuridica; il che significa anche un principio di orientamento per i consociati, in quanto la sanzione e la reintegrazione dell'ordine giuridico mediante il processo attuano, per altro verso, una controspinta psicologica che scoraggia e riduce le turbative dell'ordine giuridico: una funzione preventiva complementare a quella repressiva e non meno importante di essa (MARINELLI, Vicenzo. Dire il diritto. La formazione del giudizio. Milano: Giuffrè, 2002, p. 312-313).

[254] É justamente nessa crença que reside o risco de discricionariedade judicial.

[255] GARAPON, Antoine. Bem julgar: ensaio sobre o ritual do Judiciário. Tradução de Pedro Filipe Henriques. Lisboa: Instituto Piaget, 1997, p. 61-62.

À exceção dos casos flagrantes, o processo não decorre em tempo real, nele o tempo é recriado.²⁵⁶ A vida social não pode ser reparada aos bocados, ela pede para ser regenerada: é esse o sentido do tempo Judiciário. Essa recriação da ordem social não consiste numa simples representação e, nesse contexto, o ritual permite também que a sociedade *participe* nessa criação. Aquilo que se representa é um *drama*, ou seja, uma ação, algo que se está para fazer, algo que se faz, algo sobre o qual é possível agir. Observa-se que o tempo da ritualidade judiciária evoca o tempo do direito. Assim como o tempo Judiciário, o direito, ao assimilar textos provenientes de épocas diferentes, parece ser insensível ao tempo. Sublima a perenidade para proporcionar à sociedade uma atualidade eterna. Integra o passado num presente eterno. Contra a corrupção do tempo, o direito afirma a sua inesgotável capacidade de autorregeneração, de sublimação do caráter finito da História. Portanto, luta contra o abandono, trazendo a cada grupo social a possibilidade de se reproduzir sem ser afetado pelo tempo. É o "não tempo" do direito.²⁵⁷

No entanto, a elaboração simbólica do processo é hoje alvo de ataques e críticas. Na maioria das vezes, acusa-se a justiça de ser demasiado lenta e para muitos o antídoto para essa morosidade é o tratamento dos processos "em tempo real". Desse modo, a justiça, que se flexibiliza e desformaliza, é solicitada com mais frequência. Na ânsia de dar respostas céleres às demandas, o Judiciário brasileiro passou por uma reforma trazida pela Emenda Constitucional 45 (EC/45), cujas expectativas são de que suas alterações possam gerar transformações necessárias para implementar uma efetividade quantitativa junto ao sistema Judiciário nacional.

No entanto, o tempo processual único possui vínculos estreitos com a narrativa literária uma vez que cada juiz, ao decidir, deve se considerar como parceiro de um complexo empreendimento em cadeia (o processo) do qual essas inúmeras decisões, estruturas, convenções e práticas são a história. Consequentemente, ele deve interpretar o que aconteceu antes porque tem a responsabilidade de levar adiante a incumbência que tem em mãos, e não partir em alguma nova direção.²⁵⁸ Essa intersecção entre tempo e narrativa, entre o antes e o depois, numa cadeira literária de reconstrução interpretativa é objeto da próxima abordagem.

---

²⁵⁶ Il "metodo giudiziario" si basa sul non precipitare il giudizio, anzi al contrario sul consapevole e voluto differimento della sua pronuncia all'esito del processo. Lo stesso principio del contraddittorio richiede di prender tempo per la decisione. Il giudice, prima di giudicare (in modo non meramente interlocutorio; cioè prima di emettere la sentenza), deve rimanere in posizione di ascolto (MARINELLI, Vicenzo. *Dire il diritto*. La formazione del giudizio. Milano: Giuffrè, 2002, p. 308-309).

²⁵⁷ GARAPON, Antoine. *Bem julgar*: ensaio sobre o ritual do Judiciário. Tradução de Pedro Filipe Henriques. Lisboa: Instituto Piaget, 1997, p. 68-69.

²⁵⁸ Aqui é importante a leitura de DWORKIN, Ronald. *Uma questão de princípio*. São Paulo: Martins Fontes, 2005, p. 238 *et. seq.*

5.3. O tempo e as dificuldades de contar o direito

Tempo e narrativa são correlatos, tal afirmativa ocorre nos escritos de Paul Ricoeur[259] e são posteriormente revisitados por François Ost.[260] Ambos os autores afirmam que a configuração narrativa se encerra numa refiguração da experiência temporal.[261] Justamente para que a experiência temporal receba esse nome, ela não deve se limitar a descrever aspectos implicitamente temporais da remodelação da conduta pela narratividade. É necessário que se acrescente aí a consciência do tempo. Desse modo, para determinar o estatuto filosófico da refiguração do tempo, é preciso examinar os recursos de criação pelos quais a atividade narrativa responde e corresponde à aporética da temporalidade.

Finalmente, observa-se que a refiguração efetiva do tempo o humaniza pelo entrecruzamento da história e da ficção. Essa refiguração ocorre na maneira através da qual a história e a ficção, em conjunto, oferecem às aporias do tempo reveladas pela fenomenologia a réplica de uma poética[262] da narrativa. Essa maneira única através das qual a história responde às aporias da fenomenologia do tempo consiste na elaboração de um terceiro-tempo (propriamente histórico) que faz a mediação entre o tempo vivido e o tempo cósmico. Para que tal aconteça, estabelecem-se procedimentos de conexão, tomados da prática historiadora, garantidores da reinscrição do tempo vivido no tempo cósmico, tais como calendários, sequência das gerações, arquivos, documentos, rastro. É nesse sentido que a narrativa histórica ganha importância, uma vez que se relaciona com eventos que realmente ocorreram no passado, de modo que se pode dizer que o narrado "foi real". É possível perceber o poder que a história tem de refigurar o tempo através do entrecruzamento entre a historicização da

---

[259] RICOEUR, Paul. *Tempo e narrativa*. Tradução de Roberto Leal Ferreira. Campinas: Papirus, 1997. t. 3.

[260] OST, François. *Contar a lei*: as fontes do imaginário jurídico. Tradução de Paulo Neves. São Leopoldo: UNISINOS, 2004.

[261] Por sua prória estrutura, a narrativa instituía uma confusão entre a consecução e a consequência, o tempo e a lógica. Essa ambiguidade é que constitui o problema central da sintaxe narrativa. Existe uma lógica intemporal por trás do tempo da narrativa? [...] A análise atual tende, com efeito, a "descronologizar" o conteúdo narrativo e a "relogificá-lo". Assim, a tarefa consiste em chegar-se a dar uma descrição estrutural da ilusão cronológica; cabe à lógica narrativa dar conta do tempo narrativo. Poder-se-ia dizer, de outro modo, que a temporalidade não é senão uma classe estrutural da narrativa (do discurso), exatamente como, na língua, o tempo existe apenas sob a forma de sistema; do ponto de vista da narrativa, aquilo que chamamos tempo não existe, ou pelo menos não existe senão funcionalmente, como elemento de um sistema semiótico: o tempo não pertence ao discurso propriamente dito, mas ao referente: a narrativa e a língua só conhecem um tempo semiológico; o "verdadeiro" tempo é uma ilusão referencial, "realista" (BARTHES, Roland. *A aventura Semiológica*. Tradução de Mário Laranjeira. São Paulo: Martins Fontes, 2001, p. 124).

[262] Importante ressaltar que Paul Ricoeur utiliza a expressão "poética da narrativa" enquanto outros autores como Fraçois Ost, Jerome Bruner e Roland Barthes trabalham as relações entre "narrativa e literatura".

narrativa de ficção e ficcionalização da narrativa histórica, dando origem ao que chamamos de tempo humano,²⁶³ e que não é senão o tempo narrado.²⁶⁴

Nesse aspecto, a relação histórica com o passado muitas vezes se dá através da invenção documentária, uma vez que, ao inventar documentos, a história tem consciência de se relacionar com acontecimentos realmente ocorridos. Essa consciência faz do documento um "rastro" (ao mesmo tempo um resto e um signo do que foi e não é mais). Por outro lado, é de se observar que "inumeráveis são as narrativas do mundo"²⁶⁵ podendo ocorrer através da linguagem articulada, oral ou escrita, através de imagens fixas ou móveis, do gesto e da mistura ordenada de todas as substâncias. A narrativa se encontra presente no mito, na lenda, na fábula, na novela, no conto, na epopeia, na tragédia, no jornal, na conversa, e assim por diante. Mais do que isso: a narrativa está presente em todos os tempos, lugares e em todas as sociedades. A narrativa tem início com a própria história da humanidade. Não existe povo sem narrativa, a comunidade se faz através da narrativa, que perpetua suas lendas, suas histórias, sua cultura.

Por que estudar a narrativa num contexto temporal relacionando-a com o direito? Essa questão pode ser colocada e encontra resposta na constatação de que os processos judiciais são decididos não só baseados em seus méritos legais, mas também na narração de um advogado. Então, se a ficção literária trata com reverência aquilo que lhe é familiar, se pretende conseguir verossimilhança, os contos Judiciários devem respeitar os expedientes da grande narrativa se querem obter o máximo do juiz ou do júri.²⁶⁶

Um "racconto giudiziario" é um "racconto" narrado no tribunal.²⁶⁷ Mas os advogados e os juízes não consideram a sua competência narrató-

---

²⁶³ As relações entre a literatura, a linguagem e a humanidade vêm muito bem exposta em: STEINER, George. *Linguaggio e silenzio*. Saggi sul linguaggio, la letteratura e l'inumano. Traduzione di Ruggero Bianchi. Milano: Garzanti, 2006.

²⁶⁴ RICOEUR, Paul. Tempo e narrativa. Tradução de Roberto Leal Ferreira. Campinas: Papirus, 1997. t. 3, p. 173-177.

²⁶⁵ Essa afirmação é feita por Roland Barthes ao dar início à discussão sobre "introdução à análise estrutural das narrativas" (BARTHES, Roland. *A aventura Semiológica*. Tradução de Mário Laranjeira. São Paulo: Martins Fontes, 2001, p. 103).

²⁶⁶ Un mio amico romanzieri passò alcuni mesi a Napoli per "immedesimarsi" nell'aspetto e negli odori di questa città, in preparazione di un romanzo che vi aveva ambientato. Un avvocato impegnato in una causa farebbe forse bene a immergersi in romanzi e commedie che trattano l'argomento in questione prima di escogitare una strategia processuale (BRUNER, Jerome. *La fabbrica delle storie*. Diritto, letteratura, vita. Roma-Bari: Laterza & Figli Spa, 2002, p. 14-15).

²⁶⁷ È dunque proprio la narrazione che ci porta a un punto di incontro tra un ordine raccontato dalla apparente certezza delle norme e da mondi della vita, ricchi, plurali, insondati, che sono più grandi e complessi di quanto quella certezza non possa dire. Quel terreno dunque parla di uno scarto tra quello che l'ordine giuridico dice di sé e quello che i mondi della vita si rappresentano; è una sorta di distanza di sicurezza che tra vita e diritto, per usare lessici più consueti, si viene a costruire e che, pur cambiando forma e contenuto, si perpetua costantemente in molte esperienze storiche. Si tratta di

ria. Todos se esforçam para descrever o mínimo de "histórias" possíveis, antes, pelo contrário, são anti-história: limitam-se aos fatos, logicamente evidentes, são avessos aos vôos da fantasia. Todavia, os narradores literários têm uma conduta diversa: a sua tarefa é justamente imaginar e explorar a possibilidade.[268]

As dificuldades de "contar o direito" não são recentes e podem ser abordadas a partir da constatação de que direito e literatura possuem relações muito próximas e elos significativos entre si,[269] ainda que inaugurados "sob o signo de um não acolhimento, ou, pior ainda, de uma censura recuperadora". O poder da literatura determina que, "conscientes do temível poder da ficção, os legistas querem manter os poetas à distância para preservar a integridade do direito e da justiça". Essa afirmativa dá início à discussão que põe e contrapõe o espaço literário da ficção ao espaço imperativo da ordem posto pelo direito, argumentando que o primeiro determina a desordem das convenções, suspende as certezas e libera as utopias, enquanto que o segundo se esforça por garantir a segurança jurídica: "entre os interesses em disputa, ele decide; entre pretensões rivais, opera hierarquias".[270]

Ocorre que a literatura assume muitos saberes, tornando-se possível afirmar que, independentemente da escola a qual se encontra filiada, é categoricamente realista: "ela é a realidade, isto é o próprio fulgor do real". Entretanto, faz girar os saberes, não os fixa, não fetichiza nenhum deles, lhes dá um lugar indireto e esse indireto é preciso. Permite designar saberes possíveis trabalhando nos interstícios da ciência: a "ciência é grosseira, a vida é sutil, e é para corrigir essa distância que a literatura nos importa". Por outro lado, o saber que ela mobiliza nunca é inteiro nem derradeiro, pois a literatura não diz que "sabe alguma coisa, diz que sabe de alguma coisa". Ou melhor, que "sabe algo das coisas – que sabe muito

---

una tensione dialettica tra l'una, la vita, e l'altro, il diritto, che è impossibile ridurre alla nota contrapposizione tra fatto e norme. È semplicemente un'altra cosa che lavora su questo scarto attraverso una dimensione che lo rappresenta. Si sedimenta dunque nella narrazione intesa come quella complessa pratica di costruzione di mondi attraverso "testi", quelli normativi e quelli della vita quotidiana che ad essi si rapportano (RESTA, Eligio. *Codici narrativi*. – no prelo).

[268] BRUNER, Jerome. *La fabbrica delle storie*. Diritto, letteratura, vita. Roma-Bari: Laterza & Figli Spa, 2002, p. 52.

[269] Il campo del diritto e letteratura si occupa, in via generale, della ricognizione di aspetti della problematica e dell'esperienza giuridica esposti nelle opere letterarie e dell'esame del contributo della letteratura nella formazione della cultura giuridica. Esso si occupa, inoltre, della valutazione di ipotesi di estensione dei metodi della critica letteraria all'analisi del ragionamento giuridico e all'interpretazione della norma giuridica e della sentenza giudiziaria (SANSONE, Arianna. *Diritto e letteratura*. Un'introduzione generale. Milano: Giuffrè, 2001, p. 01).

[270] OST, François. *Contar a lei:* as fontes do imaginário jurídico. Tradução de Paulo Neves. São Leopoldo: UNISINOS, 2004, p. 10-15.

sobre os homens.²⁷¹ Nesse sentido, o direito pode se avizinhar da literatura uma vez que também sabe muito sobre os homens, tanto que regula suas ações através da lei. Porém, direito e literatura são diferentes em vários aspectos.²⁷²

Uma diferença marcante entre o direito e a literatura é o fato de que o primeiro produz pessoas, e a segunda produz personagens. Desse modo, "a pessoa jurídica é o papel estereotipado, dotado de um estatuto (direitos e deveres) convencionado. Na encenação que opera da vida social, o direito endurece o traço – impondo ao indivíduo uma máscara normativa".²⁷³ É assim que o direito cria padrões de comportamento ao cidadão, rotulando-os de acordo com a conduta que espera deles e com aquela efetivamente desempenhada. Na verdade, o direito contribui para a instituição do social, no momento em que se transforma num discurso performativo, num tecido de ficções operatórias que exprime o sentido e o valor da vida em sociedade. "Instituir quer aqui dizer estreitar o elo social e oferecer aos indivíduos os pontos de referência necessários à sua identidade e autonomia".²⁷⁴

Todavia, o direito é geral e abstrato (afinal, assim definimos a lei), e a literatura é singular e concreta, e esta é outra grande diferença entre eles. O direito é o mesmo para todos, enquanto a literatura conta as peculiaridades de cada história. Ainda, a linguagem do direito é racional, e a da literatura é a linguagem da fantasia. Mas então, de que modo o estudo da literatura pode contribuir para o direito? François Ost explica a estreita relação entre ambos ao apontar a necessidade de se "contar o direito", de "narrar" seus fatos à moda literária. Afirma o "quanto uma comunidade política está ligada a um imaginário histórico partilhado, quanto sua identidade, sua memória e sua capacidade de projeto são devedoras de interpretação do mundo produzida pelas narrativas fundadoras".²⁷⁵

Esse imaginário histórico partilhado reflete o tempo instituído por cada comunidade e pode ser distinguido através de duas dimensões: a dimensão identitária e a dimensão imaginária. O tempo instituído como identitário é o tempo de demarcação, de medidas, é o tempo do calendário, com suas dimensões numéricas apoiadas nos fenômenos do substrato

---

²⁷¹ BARTHES, Roland. *Aula*. Tradução e posfácio de Leyla Perrone-Moisés. 11. ed. São Paulo: Cultrix, 1978, p. 18-19.
²⁷² La letteratura imita con le sue astuzie la realtà convenzionale per creare la verosimiglianza; il diritto lo fa citando il corpus juris e attenendosi ai precedenti (BRUNER, Jerome. *La fabbrica delle storie*. Diritto, letteratura, vita. Roma-Bari: Laterza & Figli Spa, 2002, p. 53).
²⁷³ OST, François. *Contar a lei:* as fontes do imaginário jurídico. Tradução de Paulo Neves. São Leopoldo: UNISINOS, 2004, p. 16.
²⁷⁴ OST, François. *O tempo do Direito*. Tradução de Maria Fernanda de Oliveira. Lisboa: Instituto Piaget, 1999, p. 11.
²⁷⁵ OST, François. *Contar a lei:* as fontes do imaginário jurídico. Tradução de Paulo Neves. São Leopoldo: UNISINOS, 2004, p. 29.

natural. Já o tempo instituído como imaginário é o tempo da significação, ou significativo, que mantém com o corpo identitário a relação de inerência recíproca ou de implicação circular que sempre existe entre duas dimensões de toda a instituição social: a dimensão conjunturista-identitária e a dimensão de significação. Assim, o tempo identitário só é tempo porque referido ao tempo imaginário que lhe confere significação de tempo; e o tempo imaginário seria indefinível, irreferível, inapreensível – não seria *nada* fora do tempo identitário.[276] Justamente por isso os juristas não escapam a essa comunidade narrativa que compõe ambas temporalidades (imaginária e identitária),[277] pois no seu interior, no meio de suas significações partilhadas, é que eles operam.[278] As Constituições, por exemplo, que são redigidas, são o relato da moralidade política dessa comunidade.

Nesse sentido, a narrativa é uma arte profundamente popular que maneja crença comum sobre a cultura das pessoas e do seu mundo, sendo assim, especializa-se em situações perigosas. Contar histórias é o nosso instrumento para pactuar com a certeza e a estranheza da condição humana e com a nossa compreensão imperfeita dessa condição. Assim, as histórias rendem um inesperado menos surpreendente, e desse modo domesticamos o imprevisto, lhe damos uma aura de ordinariedade. Essa domesticação provavelmente seja um meio fundamental para manter a coerência de uma cultura. No final das contas, a cultura prescreve a nossa ideia de ordinário. Entretanto, dada a litigiosidade humana e as imperfeições do controle social, nem sempre prevalece aquilo que é esperado. A transgressão do ordinário traz de volta a narrativa domesticada e se pode vislumbrar que a vitalidade cultural reside na sua dialética, na sua exigência de pactuar ainda que com opiniões opostas e com narrações conflitantes.[279]

---

[276] CASTORIADIS, Cornelius. *A Instituição imaginária da sociedade*. Tradução de Guy Reynaud. 5. ed. Rio de Janeiro: Paz e Terra, 1982, p. 246-247.

[277] Sobre identidade, tempo e narração, é importante a leitura de LORENZETTI, Roberta. Tempo e spazio nella narrazione autobiografica. *In*: LORENZETTI, Roberta; STAME, Stefania. *Narrazione e identità*. Aspetti cognitivi e interpersonali. Roma-bari: Laterza, 2004, p. 19-43.

[278] La diversità della letteratura sta nel fatto che pone l'identità come problema di confine, tra possibilità e contingenza. l'identità degli attori come la sua stessa identità. E questo deve essere appreso dalle scienze sociali come movimento di se stesse verso questa dimensione di confine; così la contingenza del sé smette di essere "qualità" dell'oggetto di osservazione, fissata e ingabbiata una volta per tutte, per diventare dispositivo dell'osservatore re-immettendosi nello stesso circuito che descrive. Detto in altre parole le scienze sociali nel parlare dell'identità dovrebbero acquisire "stili narrativi" maggiormente capaci di avvicinare quell'infinito mondo di possibilità che nessuna teoria e nessun sapere disciplinare hanno mai potuto decifrare sotto forma di modelli e di pratiche concettuali già sperimentate. La narrazione riapre il campo dove le scienze, tutte e massimamente quelle giuridiche, sembrano orientate a chiuderlo; quel paradosso soltanto così diventa meno ossessivo e più fecondo (RESTA, Eligio. *Codici narrativi*. No prelo).

[279] BRUNER, Jerome. *La fabbrica delle storie*. Diritto, letteratura, vita. Roma-Bari: Laterza & Figli Spa, 2002, p. 102-103.

Assim, reconhecendo a popularidade da narrativa e a necessidade de "narrar", "contar" o direito, Ost aponta para a realidade vislumbrada nas faculdades que apenas "analisam" o direito. Diferencia análise de narrativa ao explicar que o direito analisado postula, com as forças de um dogma, a diferença irredutível do ser e do dever-ser, da qual decorre a distinção entre fato e direito. A teoria analítica do direito apoia-se na aplicação de suas regras numa base de fatos empíricos, devidamente estabelecidos por provas fatuais. Na realidade, essa empiria é amplamente construída pela rede de qualificações convencionais do direito e o jogo de suas regras constitutivas. Volta à cena, então, a identificação e a personificação que o direito faz dos indivíduos, como "rótulos", atribuindo-lhes papéis, direitos e deveres que exprimem a natureza real da discursividade jurídica como um todo. Já a teoria do direito "contado", baseada na teoria dos atos de linguagem, sublinha antes a importância das regras constitutivas, que não se limitam a regular comportamentos já existentes, mas constituem literalmente os comportamentos por ela visados, criando a possibilidade mesma de jogar, habilitando os jogadores, determinado os objetos em disputa, fixando os objetivos do jogo.[280]

Portanto, não é de surpreender que o direito analisado conceba o raciocínio jurídico de modo formal e dedutivo,[281] no qual a coerência lógica é o ideal. A principal consequência foi o desenvolvimento de uma atividade jurisdicional mecânica fomentada, por séculos, objetivando preservar a certeza e a segurança nas decisões. Essa concepção veio baseada na manutenção e defesa da teoria tripartite de separação dos poderes cujo objetivo era, dentre outras coisas, prevenir o arbítrio do Judiciário. Porém, suas raízes também se encontram deitadas sobre o racionalismo. No entanto, John H. Merrymann[282] esclarece que também tiveram como base o "credo che il diritto possa essere reso chiaro e certo cosí che l'individuo possa conoscere quali siano i suoi diritti senza dover attendere il risultato di una azione

---

[280] OST, François. *Contar a lei*: as fontes do imaginário jurídico. Tradução de Paulo Neves. São Leopoldo: UNISINOS, 2004, p. 44.

[281] Esse raciocínio tinha por base as afirmações de Descartes quando aconselhava "nunca aceitar como verdadeira nenhuma coisa que eu não conhecesse evidentemente como tal, isto é, em evitar com todo o cuidado a precipitação, só incluindo nos meus juízos o que apresentasse de modo tão claro e distinto à minha mente que não houvesse nenhuma razão para duvidar". Em caso de dúvida, Descartes afirmava: "achei melhor fazer justamente o contrário e rejeitar como absolutamente falso tudo aquilo em que pudesse imaginar a menor dúvida, e isso para verificar se restaria, depois, alguma coisa em minha crença que fosse inteiramente indubitável". O "método" proposto por René Descartes, além de determinar precaução, objetivando certeza e segurança, ainda previa a necessidade de dividir cada uma das dificuldades a serem examinadas em tantas partes quantas fossem possíveis, pondo-as em ordem e começando o trabalho pelos objetos mais simples e mais fáceis de conhecer, posteriormente deveriam ser feitas "enumerações tão completas e revisões tão gerais que tivesse a certeza de não ter omitido nada" (DESCARTES, René. *Discurso sobre o método*. Tradução de Paulo M. de Oliveira. 8. ed. São Paulo: Atena, [s.d.], p. 28-43, passim).

[282] MERRYMANN, John H. Lo "stile italiano": la doctrina. In: *Rivista trimestrale di diritto e procedura civile*, Milano, Ano XX, 1966, p. 1203.

giudiziaria", tudo isso, de acordo com o mesmo autor, porque "la certezza è un aspetto della giustizia, che fu uno degli obiettivi della rivoluzione europea". Na verdade, aspirava-se a uma justiça que seria obtida através de um ordenamento jurídico claro, simples e uniforme em sua aplicação.

Nesse diapasão, a teoria do direito contado privilegia o espírito do direito (de modo inverso à teoria do direito analisado), preocupando-se antes com a "coerência narrativa" do raciocínio, evidenciando a importância da interpretação dos textos e da natureza argumentativa das discussões jurídicas.[283] Tal preocupação se dá principalmente porque, na teoria analítica do direito (predominante atualmente), percebe-se uma concepção instrumental e utilitarista do racional que não se justifica diante de um homem que não é sempre "necessariamente racional nesse sentido, mas que busca também satisfações simbólicas porque adere a 'significações imaginárias instituintes', um lugar deverá ser dado a um modo complementar de interpretação da sociedade, do qual a teoria do direito contado constitui um elemento". Servem de ilustração alguns comportamentos irredutíveis a uma explicação em termos de eficácia instrumental, como, por exemplo, os comportamentos estratégicos ou simbólicos: "nos processos judiciais, os protagonistas buscam ao menos tanto 'colocar-se em cena', 'dar-se em representação', obter um reconhecimento simbólico, quanto auferir essa ou aquela vantagem pecuniária".[284] Justamente por isso é importante que o direito contado reconheça essa face simbólica do direito, especialmente o seu papel pedagógico.[285]

Além disso, o direito analisado e o direito contado/narrado diferenciam-se no plano temporal, uma vez que o primeiro se preocupa mais com as estruturas do que com a história, demonstrando incapacidade de pensar as transições jurídicas; somente o direito contado integra a dimensão diacrônica do direito, restituindo o roteiro da narrativa. Por fim, o direito analisado "que se articula em torno de pirâmides de normas escalonadas de poder, apreende com dificuldade o caso particular e as pessoas individuais, enquanto o ponto de vista inverte-se, evidentemente, no caso

---

[283] A cobertura funcional da narrativa impõe uma organização de revezamentos, cuja unidade de base só pode ser um pequeno agrupamento de funções, a que se chama sequência (BARTHES, Roland. *A aventura Semiológica*. Tradução de Mário Laranjeira. São Paulo: Martins Fontes, 2001, p. 126).

[284] OST, François. *Contar a lei:* as fontes do imaginário jurídico. Tradução de Paulo Neves. São Leopoldo: UNISINOS, 2004, p. 45.

[285] La dialettica narrativa di una cultura si esprime anzitutto nelle opere di fantasia degli scrittori e dei commediografi, ed è virtualmente possibile prevedere se, quando e in che modo finirà col trovare espressione nel corpus juris della cultura, che sia nell'epoca tempestosa di Giustiniano o nella nostra. Ma di una cosa possiamo essere certi. È stato sempre importante che le perorazioni giudiziarie e le narrazioni della letteratura abbiano in comune il medium della narrativa – forma che mantiene perpetuamente in gioco l'inquieto rapporto di amore-odio tra ciò che è storicamente accertato e ciò che è possibile sul piano della fantasia. Forse è ciò che certi critici del diritto intendono affermando che la narrativa restituisce la legge al popolo (BRUNER, Jerome. *La fabbrica delle storie*. Diritto, letteratura, vita. Roma-Bari: Laterza & Figli Spa, 2002, p. 86).

do direito contado". Aqui, é a partir da história singular que o direito se reconstrói, é a partir do caso particular que sua racionalidade é posta à prova.[286]

Mas a teoria do direito contado possui resistências e críticas expostas através do que se pode chamar de "dois riscos": "o perigo de expansão do subjetivismo e a ameaça de fechamento político em um comunitarismo autoritário e intolerante". Esses riscos são reais, mas existem balizas que permitem contê-los. Contra o risco da submersão pela emoção e pelos excessos da paixão, aponta o formalismo jurídico o estrito respeito aos procedimentos, a absoluta necessidade de conformar-se a argumentos "intersubjetivamente válidos": textos de autoria reconhecida e elementos de prova suscetíveis de discussão. Quanto ao perigo de uma coletividade reunida em torno de narrativas fundadoras que lhe conferem identidade, memória e projeto, possibilitando o desenvolvimento de atitudes regressivas de intolerância e de rejeição do outro (maquinações nacionalistas, purificações étnicas e outras guerras santas), deve-se situar na "perspectiva de um comunitarismo moderno e aberto que faz dialogar a identidade narrativa, baseada em histórias coletivas e destinos singulares, e a identidade argumentativa, apoiada sobre normas gerais e razões partilháveis". Consequentemente, "cada protagonista passa a dialogar com outras tradições: delineia-se um espaço público de discussão em que se aceita reconstrução crítica das próprias narrativas e o reconhecimento do outro".[287] Esse espaço de discussão revisitado poderá criar uma temporalidade despida do anseio por segurança e certeza, traduzida por um "novo tempo democrático", que "jurisconstrua" outros caminhos.

---

[286] OST, François. *Contar a lei:* as fontes do imaginário jurídico. Tradução de Paulo Neves. São Leopoldo: UNISINOS, 2004, p. 46.
[287] Ibid., p. 47-48.

6. "Jurisconstrução"[288]

6.1. Estratégias à jurisdição

O trato deste tema exige, desde logo, que se faça referência não apenas às transformações que se operam no interior do direito, como também a aspectos referentes a questões que dizem respeito às circunstâncias sócio-histórico-político-econômicas brasileiras.

Ao longo dos anos, ocorreram profundas transformações sociais. Ao lado de um afluxo (ou fluxo?) imenso de massas em direção aos grandes centros, e em praticamente todos os segmentos, animadas por uma intensa reivindicação por bens da vida, dentre os quais se incluem serviços públicos – e nestes, encontra-se inserido o dever do Estado de distribuir a justiça e aplicar o direito –, verifica-se uma desatualização do sistema jurídico processual e uma profunda ineficiência e insuficiência do próprio aparato do Estado.

Sob esta ótica, constata-se que não há, em muitas ocasiões, uma interação entre o sistema jurídico e a situação social do País. O sistema jurídico brasileiro – filiado à tradição da *civil law* – rege-se preponderantemente pelo normativismo e foi, ao pretender constituir um Código de Processo Civil, como único e exclusivo sistema para resolver a totalidade dos conflitos de interesse, que o mesmo se revelou adaptado. Inflexível, mostra-se hodiernamente superado no tempo e pelas circunstâncias já aludidas.

A impossibilidade de tratamento adequado de todos os problemas que hoje demandam acesso à Justiça e que colimam seja essa justiça, realmente, efetiva, elucida um descompasso e um desajuste que acabam por ocasionar uma perda de poder do Estado e consequente desprestígio e deslegitimação do próprio Poder Judiciário, como Poder Público Estatal.

Efetivamente, a estrutura procedimental foi idealizada para tratar conflitos individuais, e ao que se percebe, estes não representam a totalidade dos conflitos de interesses atualmente existentes.[289] Portanto, é exa-

---

[288] Este termo foi cunhado pelo autor Jose Luis Bolzan de Morais.

[289] Ver BOLZAN DE MORAIS, Jose Luis. *Do Direito Social aos Interesses Trainsindividuais*: o Estado e o Direito na ordem contemporânea. Porto Alegre: Livraria do Advogado, 1996, no qual se abordou o tema dos interesses transindividuais, considerados como novos direitos.

tamente por ser marcado pelo individualismo, que o sistema processual vigente está capacitado – se tal fosse verdadeiro – para administrar apenas uma parte dos conflitos de interesse na sociedade.

Apresenta-se, por isso, um momento de desacomodação interna, no qual há um aumento extenso e intenso de reivindicações de acesso à Justiça (quantitativa e qualitativamente) em contraposição a instrumentos jurisdicionais notoriamente insuficientes e ineficientes para atender e satisfazer subjetiva e objetivamente o conjunto de demandas que lhe são propostas.

Atualmente, enfrentam-se crescentes falhas na direção de condutas que, desde o surgimento do Estado, sempre foram de sua competência por exercício e imposição do direito. É aqui, portanto, que se fala em crise da Justiça e em suas prováveis causas, como também na busca de subsídios para a obtenção de soluções factíveis que, pelo menos, possam amenizá-la.

Neste raciocínio, importante deixar para trás aquela visão de que um sistema só é eficiente quando para cada conflito há uma intervenção jurisdicional e passa-se à construção da ideia de que um sistema de tratamento de conflitos é eficiente quando conta com instituições e procedimentos que procuram prevenir e resolver controvérsias a partir das necessidades e dos interesses das partes.

Ou seja, a provocação dos tribunais, que se dá em nível inicial, passaria a ter um caráter subsidiário. O sistema judicial só seria acionado depois de tentados outros métodos de tratamento, a não ser que a questão envolvida versasse sobre direitos não disponíveis pelas partes quando a provocação da jurisdição fosse absolutamente necessária.

Esse pensar cria fórmulas renovadas no contexto atual, no qual embora se recorra aos tribunais de forma irracional, – em função de uma sociedade de cultura essencialmente litigiosa –, ainda restaria uma parcela considerável de litígios que poderia ser resolvida pelas próprias partes ou com a ajuda de um terceiro de sua conveniência.

Esses mecanismos, entre os quais citam-se a *mediação*,[290] *a arbitragem*,[291] *a negociação*,[292] *a conciliação*,[293] colocam-se ao lado do tradicional processo

---

[290] A mediação será abordada posteriormente.

[291] A arbitragem será abordada posteriormente.

[292] "A negociação aparece como um procedimento muito comum na vida do ser humano, utilizado desde a tenra infância, quando a criança negocia um brinquedo. Ela acontece a qualquer tempo e lugar, e antes de ser 'um fato jurídico', é um acontecimento natural" (SALES, Lília Maia de Morais. *Justiça e mediação de conflitos*. Belo Horizonte: Del Rey, 2003, p. 36). Na negociação, as partes chegam ao tratamento do conflito satisfatoriamente por meio do método da autocomposição. Nela não se desencadeia a participação de terceiros, tratando-se de um processo no qual os envolvidos entabulam conversações no sentido de encontrar formas de satisfazer os seus interesses. (SERPA, Maria de Nazareth. *Teoria e Prática da Medição de Conflitos*. Rio de Janeiro: Lúmen Júris, 1999, p. 108). A negociação pode ocorrer de forma direta, de uma maneira considerada cotidiana, no qual as partes mantém aberta a comunicação e administram os seus conflitos de modo autônomo e informal; todavia, a negociação pode se dar também com o auxílio de negociador. Segundo o esquema b), pode dar-se uma relação

judicial como uma opção que visa a descongestionar os tribunais e a reduzir o custo e a demora dos procedimentos; a estimular a participação da comunidade na resolução dos conflitos e a facilitar o acesso ao seu tratamento, já que, por vezes, muitos deles não são tratados porque as vias de obtenção são complicadas e custosas, e as partes não têm possibilidades disponíveis, a não ser, quem sabe, recorrer à força.

Os defensores destes mecanismos colocam a sua incorporação como condição para o funcionamento adequado da justiça, tanto no âmbito privado como no público. O modo mais primitivo de tratar controvérsias não foi o judicial, este é que se tornou alternativo aos primeiros métodos, dos quais se procederá sua evolução oportunamente. Estes mecanismos não objetivam a exclusão ou superação do sistema tradicional, apenas visam a sua complementação para melhor efetivação de resultados.

Agregam, ainda, que tais métodos chegam a resultados mais rápidos porque o terceiro, seja árbitro, conciliador ou mediador, pode ajudar a formar um resultado antes que o processo avance ou que se inicie. Mas, tais mecanismos também têm sofrido árduas críticas, tais como:

O comum desequilíbrio de poder entre as partes, pois a maioria dos conflitos envolve pessoas com posições econômicas diferentes, o que acaba por influenciar a parte de menor poder a acordar por falta de recursos.

O problema da representação que, muito embora estes mecanismos pressuponham indivíduos agindo por si mesmos, por vezes, os advogados ou representantes das pessoas jurídicas, grupos ou organizações então constituídos, firmam acordos que não são os que melhor atenderiam aos interesses de seus clientes, subordinados, membros etc.

A falta de fundamento para a atuação judicial posterior, que, segundo os críticos, os que creem no tratamento alternativo minimizam o juízo a um remédio e erroneamente supõem que o acordo realizado pelas partes agirá como um substituto da sentença, pondo fim ao processo. Assim, quando

---

mais complexa, normalmente quando as partes já não possuem condições de entabular a comunicação direta, sem o auxílio de um intermediador que fará o trabalho de porta voz de ambas, levando e trazendo as propostas; por fim, a negociação pode ocorrer de acordo com o esquema c), no qual pode-se avistar a típica representação de um conflito administrado por advogados. Nele, a situação se torna ainda mais complexa: a parte A fala ao seu advogado que escreve ao advogado da parte B, que fala com B, e vice-versa. Essa técnica é lenta e custosa e, principalmente, representa uma probabilidade maior de envolver-se na estrutura decisional típica da nossa sociedade: o processo.

[293] Dentro do procedimento Judiciário, ou fora dele, a conciliação é também uma forma de tratamento de conflitos. Mas a diferença fundamental entre conciliação e mediação reside no conteúdo de cada instituto. Na conciliação, o objetivo é o acordo, ou seja, as partes, mesmo adversárias, devem chegar a um acordo para evitar o processo judicial ou para nele pôr um ponto final, se por ventura ele já existe. Na conciliação, o conciliador sugere, interfere, aconselha, e na mediação, o mediador facilita a comunicação sem induzir as partes ao acordo. Na conciliação, resolve-se o conflito exposto pelas partes sem analisá-lo com profundidade. Muitas vezes, a intervenção do conciliador ocorre no sentido de insistir o acordo

as mesmas solicitarem alguma modificação ou decisão, o juiz estará limitado pelos pactos de decisões já firmadas.

A justiça deve prevalecer antes que a paz, afirmam os críticos. Considerar a equivalência entre um acordo firmado e uma sentença proferida seria reduzir a função social da decisão jurisdicional a mera resolução de conflitos privados, o que privaria os tribunais de emitirem interpretações acerca de textos legais e a sociedade de ter a seu alcance autênticos critérios de justiça.[294]

Dessa forma, para compreender a emergência desta realidade e sua inserção jurídica no quadro brasileiro, é indispensável que, de antemão, apontar alguns pressupostos indispensáveis para que se perceba aquilo que se apresenta para o direito neste século e que implica uma reformulação substancial em seus enunciados mais tradicionais e pretensamente solidificados.

A ordem jurídica pátria, a partir de 1980 e particularmente com a promulgação da Constituição de 1988, passou a contar com um conjunto significativo de instrumentos legais predispostos a enfrentar os novos problemas frutos da transformação do direito.

A (re)constitucionalização de 1988 propôs um período de confiança e estímulo ao cidadão em relação aos órgãos jurisdicionais. Passou-se a apostar na resolução não só dos conflitos tradicionais, mas dos novos interesses protegidos pelo direito, o que desencadeou uma onda de frustrações, desconfianças, descréditos na máquina jurisdicional estatal que, há muito, já vinha mostrando sinais de assoberbamento e disfuncionamento e, por óbvio, não conseguiu atender satisfatoriamente a este acréscimo de novas demandas.

Assim, resta à sociedade brasileira persistir, pressionando e reclamando por uma prestação jurisdicional célere e eficaz, hábil a tratar os conflitos decorrentes das relações sociais. Lutar, portanto, por uma aproximação entre jurisdição e cidadania, que elucide a questão do acesso ao Judiciário na prática, fora de parâmetros formais, já referida oportunamente.

As debilidades do Poder Judiciário repercutem na obstrução das vias de acesso à Justiça, distanciando-o cada vez mais de seus usuários e é somente através desses instrumentos – constantes reivindicações – que se pode pressionar os que detêm responsabilidade pública – representantes políticos, operadores jurídicos, dirigentes, ... – a encontrar soluções satisfatórias às aspirações sociais.

Mas, o que concretamente fica evidenciado é a ineficácia das medidas que vêm sendo tomadas, aplicadas em caráter individual, atuando apenas

---

[294] Ver a respeito, BONAFÉ-SCHIMITT, Jean-Pierre. *La Mediation*: Une Justice Douce. Paris: Syros, 1992, p. 16-17.

no aspecto formal de modernização e melhoramento da máquina jurisdicional estatal. Representam, portanto, a insistência frente a esquemas tradicionais que têm mostrado fragilidade para tratar não só os conflitos tradicionais, como os novos, emergentes do reconhecimento legal de "novos" interesses.

Por outro lado, veem-se, com insistência, manifestações públicas no sentido da necessária revisão dos métodos de composição dos litígios como estratégia para enfrentar as crises ou simplesmente como perspectiva para enquadrar a função jurisdicional pública nos moldes das privatizações produzidas nos demais espaços públicos estatais.

É neste quadro que se dá o revigoramento do consenso, com a concomitante renovação de outras estratégias de tratamento de conflitos.

Todavia, para que se possa falar em perspectivas de êxito, essas medidas deverão ser implementadas, conjuntamente, com meios assecuratórios à cidadania, pois a crise que enfrentada provém de causas distintas pertencentes a um mesmo fenômeno global,[295] mas com características próprias.

O descompasso referido reflete, sutilmente, o confronto da atual construção normativa do Estado brasileiro com os indicadores dos anseios populares. Questiona-se, portanto, se é o direito que persegue a realidade ou, contrariamente, se incumbe a ele a tarefa de antecipar e produzir o novo, pela imposição de regramentos. Fica aqui a interrogação de que, por vezes, as situações fáticas e as exigências sociais antecedem a prescrição normativa, cabendo ao direito acompanhar, e aos juristas, prevendo situações conflituosas futuras, propor regramentos para as mesmas – por exemplo, a questão da clonagem que faz com que se pense em uma nova matéria jurídica, o biodireito, em franca ascensão.

Assim, os operadores jurídicos devem dar ensejo a modernizações no sistema processual que, por ser um instrumento a serviço dos cidadãos, deve fundar-se no reconhecimento da cidadania individual e coletiva e nos princípios da ordem jurídica pátria, possibilitando, através da incessante busca de maior eficiência do Poder Judiciário, a satisfação das aspirações populares.

---

[295] Aqui é possível apontar a globalização como um dos fatores que promovem os atuais "desajustes/desordens" causando o deslocamento da atividade estatal e valorizando as forças extraestatais. Em suma, "ninguém parece estar no controle agora. Pior ainda – não está claro o que seria nas circunstâncias atuais 'ter o controle'". Tudo isso porque já não existe uma instância "local" com arrogância suficiente para falar em nome da humanidade ou para ser ouvida e obedecida por esta. Não "há uma questão única que possa captar e teleguiar a totalidade dos assuntos mundiais e impor concordância global". Justamente essa nova e desconfortável percepção das "coisas fugindo ao controle" é que foi articulada num conceito atualmente em moda: globalização. No entanto, o seu significado mais profundo é transmitido pelo caráter indeterminado, indisciplinado e de autopropulsão dos assuntos mundiais: ausência de um centro, de um painel de controle, de uma comissão diretora, de um gabinete administrativo. Assim, a globalização é a "nova desordem mundial". BAUMAN, Zygmunt. *Globalização*: as conseqüências humanas. Tradução de Marcus Penchel. Rio de Janeiro: Jorge Zahar, 1999, p. 66-67.

Observa-se a necessidade social de respostas concretas e efetivas para litígios, as quais só serão obtidas a partir da formação de uma concepção de credibilidade das instituições jurisdicionais[296] do florescimento de uma consciência transformadora, que não se limite a meramente "aceitar" essas outras estratégias, mas que tenha a convicção da obtenção de respostas satisfatórias pela implementação das mesmas.

No cenário brasileiro, essas medidas se referem, basicamente, à modernização da legislação processual civil, realizada com o fim precípuo de reduzir o sofrimento do jurisdicionado que aguarda, morosamente, o desfecho para o seu problema. Como complemento, caminha-se, também, rumo a uma maior democratização do processo, pelas tentativas de eliminação dos privilégios detidos pelo Estado, fundamentada no princípio da igualdade de tratamento.

Jungidas a elas e frente à crise dos mecanismos tradicionais de jurisdição – de dizer o direito – a inserção do Brasil, neste contexto de readequação dos procedimentos judiciais através de outros meios para o tratamento de conflitos, passa a tomar forma a partir da Resolução 125/2010 do CNJ e da Resolução 174/2016 do CSJT; dos arts. 166 e seguintes do CPC/2015; da Lei 13.140/2015;[297] da Lei 9.307/96 alterada pela Lei 13. 129/2015.

Ocorre uma transição de paradigmas, e a contrapartida que se apresenta, nestes tempos de crise dos sistemas judiciários de regulação de conflitos, é percebida pelo crescimento em importância dos instrumentos consensuais e extrajudiciários.

O modelo conflitual, dito tradicional, sempre foi amplamente empregado em detrimento do modelo consensual que, aparecendo como uma *outra justiça*, atualmente passa por um período de fortalecimento e recuperação.

Cabe aqui distinguir entre a estrutura desses mecanismos referidos que, utilizados com o objetivo de pôr fim a querelas, restabelecendo a paz social, possuem atributos próprios.[298]

O Poder Judiciário é um meio de solução, administração ou resolução de conflitos (dificilmente de tratamento), porém não o único e com certeza não é o mais democrático. Contudo, para que outros métodos de tratamento de disputas possam ser postos em prática, o primeiro passo é deixar de considerar o conflito como um evento social patológico, um mal a ser curado, para vê-lo como um fenômeno fisiológico, muitas vezes

---

[296] A sociedade atual é formada por uma cultura litigiosa e isso não é pelo número de conflitos que apresenta, mas pela tendência a resolvê-los de forma adversarial.

[297] Sobre essas alterações legislativas, sugere-se a leitura de SPENGLER, Fabiana Marion. *Mediação de conflitos*. Teoria e prática. 2. ed. Porto Alegre: Livraria do Advogado, 2017.

[298] MORAIS, J. L. Bolzan de. O Poder da Conciliação. *Revista dos Juizados Especiais*, Porto Alegre, abril, 1996, p. 10-11.

positivo.[299] Isso significa abrir mão da lógica processual judiciária de ganhador/perdedor para passar a trabalhar com a lógica ganhador/ganhador desenvolvida por outros meios de tratamento (dentre os quais a mediação), que auxiliam não só na busca de uma resposta consensuada para o litígio, como também na tentativa de desarmar a contenda, produzindo, junto às partes, uma cultura de compromisso e participação.[300] Nesses casos, não há um ganhador ou um perdedor: ambos são ganhadores.

Tratando-se de procedimentos informais, particulares e muitas vezes confidenciais, os métodos de tratamento de conflitos estabelecem uma ordem consensuada contrária àquela solução imposta pelo Poder Judiciário e que, na maioria das vezes, não significa uma solução efetiva para o litígio. Na ordem consensuada, as partes mantêm do início ao fim o controle sobre o procedimento e o seu eventual resultado. É um procedimento autônomo, uma vez que estipulam suas regras, e informal, no sentido que não seguem prescrições ou modelos prontos (ao menos aparentemente). Já na ordem imposta, as partes possuem um controle limitado sobre o procedimento e o seu êxito. As regras procedimentais são impostas e impera a formalidade.[301]

O modelo conflitual caracteriza-se pela oposição de interesses entre indivíduos iguais em direitos e a atuação de um terceiro encarregado de "dizer" (declarar) a quem pertence o direito – é o modelo tradicional triádico de Jurisdição.[302]

Propõe no momento em que não há o cumprimento espontâneo dos preceitos legais, o recurso ao Judiciário, a quem se deferiu a exclusiva legitimação de, na qualidade de ente autônomo e externo, neutro e imparcial, impor decisões normativas encerrando eventuais querelas surgidas entre indivíduos "iguais" em direitos, as quais lhes são trazidas como versões do fato pela intermediação de operadores jurídicos detentores exclusivos da capacidade postulatória.

Assim, o julgamento é, atualmente, o modo tradicional de tratamento de conflitos. Como instituição, os tribunais têm desempenhado esse papel, sendo que o direito e as leis têm sido os instrumentos norteadores das questões conflituosas. O tratamento se dá mediante um processo judicial no qual o terceiro interventor tem poder de decisão.

---

[299] Il conflitto di per sé è un fatto, un evento, un fenomeno neutrale: sono le valutazioni che lo qualificano come "utile" o "inutile", "positivo" o "negativo", e simili (COSI, Giovanni; FODDAI, Maria Antonietta. *Lo spazio della mediazione*. Conflitti di diritti e confronto di interessi. Milano: Giuffrè, 2003, p. 10).

[300] Vide SPENGLER, Fabiana Marion. *Da jurisdição à Mediação de conflitos*. Por uma outra cultura no Traamento dos Conflitos. 2 ed. Ijuí: UNIJUI, 2016.

[301] COSI, Giovanni; FODDAI, Maria Antonietta. *Lo spazio della mediazione*. Conflitti di diritti e confronto di interessi. Milano: Giuffrè, 2003, p. 18-19.

[302] Vide: SPENGLER, Fabiana Marion. Uma relação à três: o papel político e sociológico do terceiro no tratamento dos conflitos. *Revista Dados*, Rio de Janeiro, vol. 59, n. 2, abr./jun., 2016.

O tratamento de conflitos através do processo junto ao Poder Judiciário aponta para a presença de uma terceira pessoa: o juiz, que, mesmo não sendo escolhido pelas partes, julga o processo, pondo fim (aparentemente) ao litígio. As partes não se comunicam entre si e nem com o juiz. Este, sim, se comunica com as partes, colhe informações que lhe parecem necessárias para formar sua convicção e, finalmente, julgar. O produto do processo judicial é a sentença, que define um vencedor e um perdedor. Os envolvidos A e B são postos entre parênteses porque nessa fase do conflito a sua presença é considerada quase supérflua: o papel principal é desenvolvido pelos advogados e pelo juiz, que debatem o problema em termos técnicos. O procedimento é formal e heterônomo; a sentença foge ao controle das partes.[303]

Há, portanto, ao invés da delegação do poder de resposta, uma apropriação do mesmo pelos envolvidos, peculiar pela proximidade, oralidade, ausência/diminuição de custos, rapidez e negociação, e pela atribuição de uma função simbólica referencial ao ente estatal, pois aponta para uma desjudiciarização do conflito, que permanece como instância de apelo. Enquanto este é retirado do âmbito da função jurisdicional e até mesmo das técnicas de conciliação colocadas à disposição do julgador tradicional, que permanece como um outro nível de jurisdição, instância de apelo sempre que não for possível o tratamento consensual do conflito.

Assim, desenvolvem-se novas políticas sociais referentes ao papel jurisdicional do Estado frente a essa explosão de litigiosidade, decorrente da complexidade socioeconômica moderna.

Trata-se da exigência de garantias e meios concretos rumo à democratização do acesso à Justiça – ao tratamento dos conflitos – princípio basilar do Estado Democrático de direito.

Entretanto, o entendimento de que mundialmente, na esfera judicial, caminha-se rumo a fórmulas jurídicas *inéditas* para a defesa dos interesses mediante mecanismos mais flexíveis e informais não é de todo verdadeiro. Em princípio, não se assiste à emergência de novas formas de convivência ordenada. Elas sempre existiram e reaparecem em um momento de crise do modelo judiciário, como resposta aos seus disfuncionamentos.[304]

---

[303] COSI, Giovanni; FODDAI, Maria Antonietta. *Lo spazio della mediazione*. Conflitti di diritti e confronto di interessi. Milano: Giuffrè, 2003, p. 25. "O Modelo Conflitual caracteriza-se pela oposição de interesses entre indivíduos iguais em direitos e a atuação de um terceiro encarregado de "dizer" (declarar) a quem pertence o Direito – é o modelo tradicional triádico de Jurisdição" (BOLZAN DE MORAIS, Jose Luis. *Mediação e arbitragem:* alternativas à jurisdição. Porto Alegre: Livraria do Advogado, 1999, p. 113-114).

[304] Ainda que existam diversos autores que afirmem a existência da mediação desde os primórdios da civilização, trata-se de um instituto novo enquanto instrumento de tratamento de conflitos reconhecido pelo mundo do Direito como eficiente. Nesse contexto, Moore afirma que a mediação já era prática para tratar os litígios bíblicos, especialmente nas comunidades judaicas. Posteriormente, seu uso se difundiu entre várias culturas, dentre elas a islâmica, a hindu, a chinesa, a japonesa. Todavia, o

A sociedade, consciente das limitações estatais frente aos seus reclamos, jamais deixou de preservar outros métodos de tratamento dos conflitos, embora o Estado detivesse o monopólio da Jurisdição.[305]

Pode-se propor, então, na análise dos modos de tratamento dos conflitos, a seguinte classificação, agrupada em duas grandes vertentes: a *AUTÔNOMA* e a *HETERÔNOMA*, compreendendo grupos menores, *Autotutela* e *Autocomposição*, *Arbitragem* e *Jurisdição*, respectivamente.

Posteriormente, este ponto será retomado, entretanto, vale antecipar que o critério-base para a sua divisão repousa na atribuição do poder de decidir/tratar o conflito. Enquanto nas formas autônomas este poder centra-se nas partes, individual ou conjuntamente, nas heterônomas o mesmo pertence a um terceiro, ator privado ou público.[306]

Acompanhando a história dos instrumentos procedimentais, verifica-se que nos primórdios não havia a figura do Estado, como centro do poder e das decisões. No início, ele inexistia por completo, após, apenas como figura ilustrativa. Em face disto, os conflitos ocorridos entre as pessoas eram tratados instintivamente, ou seja, a parte interessada em satisfazer seu direito fazia-o através do uso da força, impondo sua vontade ao outro. Era a chamada autodefesa ou, mais costumeiramente, *Autotutela*. Neste instituto, o que realmente pesa é a força propriamente dita, o poder de coação, que acaba por relegar a segundo plano qualquer parâmetro de justiça. Era, por outras palavras, a "busca da justiça pelas próprias mãos". As do mais forte, por óbvio.

Surge, então, a figura ativa do Estado que, chamando para si o *jus punitionis*, passa a resolver os casos a ele chegados com base em critérios

---

próprio autor ressalta que foi nos últimos 25 anos que a mediação se expandiu exponencialmente no mundo, ganhando espaço e tornando-se reconhecida como meio de tratamento de litígios alternativo às práticas judiciais (MOORE, Christopher W. *O Processo de mediação: estratégias práticas para a resolução de conflitos*. Tradução de Magda França Lopes. Porto Alegre: Artmed, 1998, p. 32-34).

[305] Segundo Carreira Alvim, estamos falando aqui, em "soluções parajurisdicionais", nas quais a iniciativa privada propõe atividades paralelas à atividade do Estado, [...] desloca-se a administração da Justiça do eixo do Estado para o das próprias comunidades onde emergem os conflitos, mais próximas dos contentores e que melhor sabem avaliar os males que provoca a discórdia entre seus membros. (ALVIM, J. E. Carreira. Alternativas para uma maior eficácia da prestação jurisdicional. In: *Doutrina*, v. 1. Rio de Janeiro: ID-Instituto de Direito, 1996, p. 17). Ainda, pode-se dizer que: "alguns autores costumam descrever os meios de tratamento dos conflitos sociais como se seu aparecimento na história obedecesse a uma rigorosa sucessão linear que iria da autotutela, como o modo correspondente à fase da barbárie, até se chegar à jurisdição como o modo correspondente ao estágio mais civilizado". Mas: "[...] essa maneira de tratar o tema é ideológica porque parte do pressuposto, não demonstrado, de que a história obedece a alguma razão moral ou princípio de justiça que dirigiria sempre para a perfeição..., enquanto na verdade a experiência mostra que a história humana é guiada puramente por condições materiais (interesses, sobretudo)".

[306] De alguma forma, poder-se-ia questionar a inclusão da autotutela como mecanismo autônomo. Todavia, nos limites deste trabalho, pode-se aceitar tal classificação, na medida em que não há a intervenção de um terceiro que tenha a incumbência de constituir a solução.

próprios. Constitui, na verdade, uma forma precária de tratamento de litígios.

Após, aparece o instituto da *Autocomposição*, que, apesar de ser uma forma autônoma (os titulares do poder de decidir a lide são as partes) de tratamento de conflitos, tal como a autotutela, atua com melhor eficiência quanto ao comprometimento dos interesses. Baseia-se em fatores persuasivos e consensuais, mediante os quais as partes compõem o litígio, de tal forma que obtêm soluções mais duradouras.

Outrossim, esta autonomia pode, ainda, ser alcançada com a participação de terceiros, através das figuras da mediação e conciliação, formas de tratamento de conflitos conhecidas desde há muito. Faz-se, todavia, conveniente salientar que, em ambos os institutos, nota-se um processo construtivo de decisão, na qual a titularidade da mesma remanesce com as partes (autonomia), como na autotutela, com a diferença de que esta passa a ser auxiliada pela presença do mediador/conciliador, portanto, constituindo modos menos rudes de se lidar com interesses conflitantes.[307]

A mediação, em breves palavras – pois será tema de análise posterior neste mesmo estudo –, consiste no tratamento do litígio pela intermediação de uma pessoa distinta das partes, que atuará na relação pendente na condição de mediador, favorecendo o diálogo direto e pessoal. Quanto à conciliação, forma similar a anterior, percebe-se igualmente a figura de um terceiro interlocutor, que proporcionará o debate entre as partes, só que, no entanto, este conciliador se limitará a receber as propostas de uma e de outra das partes, tentando, para fazer jus ao nome do instituto, conciliar os envolvidos na relação de atrito.

Mas a diferença fundamental entre conciliação e mediação reside no conteúdo de cada instituto.[308] Na conciliação, o objetivo é o acordo, ou seja, as partes, mesmo adversárias, devem chegar a um acordo para evitar o processo judicial ou para nele pôr um ponto final, se porventura ele já existe. Na conciliação, o conciliador sugere, interfere, aconselha, e na mediação, o mediador facilita a comunicação sem induzir as partes ao acordo. Na conciliação, resolve-se o conflito exposto pelas partes sem analisá-lo com profundidade. Muitas vezes, a intervenção do conciliador ocorre no sentido de forçar o acordo.[309] Diferencia-se, pois, a mediação da conciliação pelo fato de que na segunda o tratamento dos conflitos é superficial, encontrando-se um resultado muitas vezes parcialmente satisfatório. Já na primeira, existindo acordo, este apresenta total satisfação dos mediados.

---

[307] Vide: SPENGLER, Fabiana Marion. Uma relação à três: o papel político e sociológico do terceiro no tratamento dos conflitos. Revista Dados, Rio de Janeiro, vol. 59, n. 2, abr./jun., 2016.

[308] Para entender melhor tais diferenças sugere-se a leitura de SPENGLER, Fabiana Marion. *Mediação de conflitos*. Teoria e prática. 2 ed. Porto Alegre: Livraria do Advogado, 2017.

[309] SALES, Lília Maia de Morais. *Justiça e mediação de conflitos*. Belo Horizonte: Del Rey, 2004, p. 38.

Diz-se que a mediação e a conciliação são métodos autocompositivos porque as partes chegam ao acordo espontaneamente, através do auxílio do mediador ou do conciliador.

Mais adiante, a titularidade do poder decisório passa das partes (autonomia) para um terceiro (heteronomia), tendo como expressão a *arbitragem* e a *jurisdição*.

Primeiramente, estabeleceu-se na sociedade o instituto da arbitragem, no qual as partes designavam uma pessoa alheia a elas, depositária de confiança e credibilidade, para decidir a respeito da controvérsia. Geralmente, tal poder decisório era delegado aos sacerdotes, anciãos enfim, a pessoas de destaque pela sua reputação e/ou conhecimentos.

Portanto, a arbitragem é método heterocompositivo, porque as partes não logram obter o acordo sozinhas, e por isso buscam sua solução através de uma decisão imposta por um terceiro que atua como "julgador privado". Daí por que recomenda-se que o árbitro escolhido pelas partes não seja o mesmo que tenha atuado anteriormente como mediador ou conciliador, porque somente assim ele poderá desempenhar sua função com total isenção.

Com a transformação da sociedade e a ascensão da figura do Estado, tem-se a transferência para este, de forma gradual, do poder decisório. O Estado passa, então, a decidir por intermédio de um terceiro também, mas agora designado por ele próprio, compondo sua função jurisdicional.

No princípio, o caminho processual realizava-se em duas fases: uma diante do pretor (magistrado) e outra perante o árbitro. As partes encaminhavam as causas até o pretor (representante do Estado) e nomeavam um árbitro, que recebia o poder de decidir da figura do pretor.

Desse modo, verifica-se a um aumento do poder do Estado e, via de consequência, a criação de regras norteadoras das decisões a serem proferidas, quando este vai se impondo sobre os particulares, ocorrendo a substituição da justiça privada pela justiça pública.[310] A este fenômeno, pelo qual há a atuação de órgãos estatais para a solução de disputas jurídicas, chama-se *Jurisdição* e, por ora, é o instituto que, ordinariamente, rege o tratamento de disputas.

Pode-se, assim, construir um quadro acerca da transformação da tutela jurídica na sociedade, não obstante, tal "evolução" não tenha se estabelecido necessariamente nesta sequência clara e lógica como aparenta, afinal, a história humana não é retilínea, ao contrário, ela é contraditória, com avanços, estagnações e, às vezes, até retrocessos. O que embasa tal

---

[310] SPENGLER, Fabiana Marion. O pluriverso conflitivo e seus reflexos na formação consensuada do Estado. In: *Revista direitos fundamentais e democracia*. Curitiba, v. 22, n. 2, maio, 2017. p. 189-209. Disponível em <http://revistaeletronicardfd.unibrasil.com.br/index.php/rdfd/issue-/view/301982-0496>. Acesso em: 05 maio 2018.

assertiva é o fato de institutos utilizados nas civilizações antigas, como é o caso da mediação e da arbitragem, no devir demonstrado acima foram substituídas por outros, que eram considerados mais justos e eficazes, e hoje estão sendo retomados com o objetivo de atacar a debatida crise da administração da justiça, pelos mais variados motivos.

FORMAS DE TRATAMENTO DE CONFLITOS

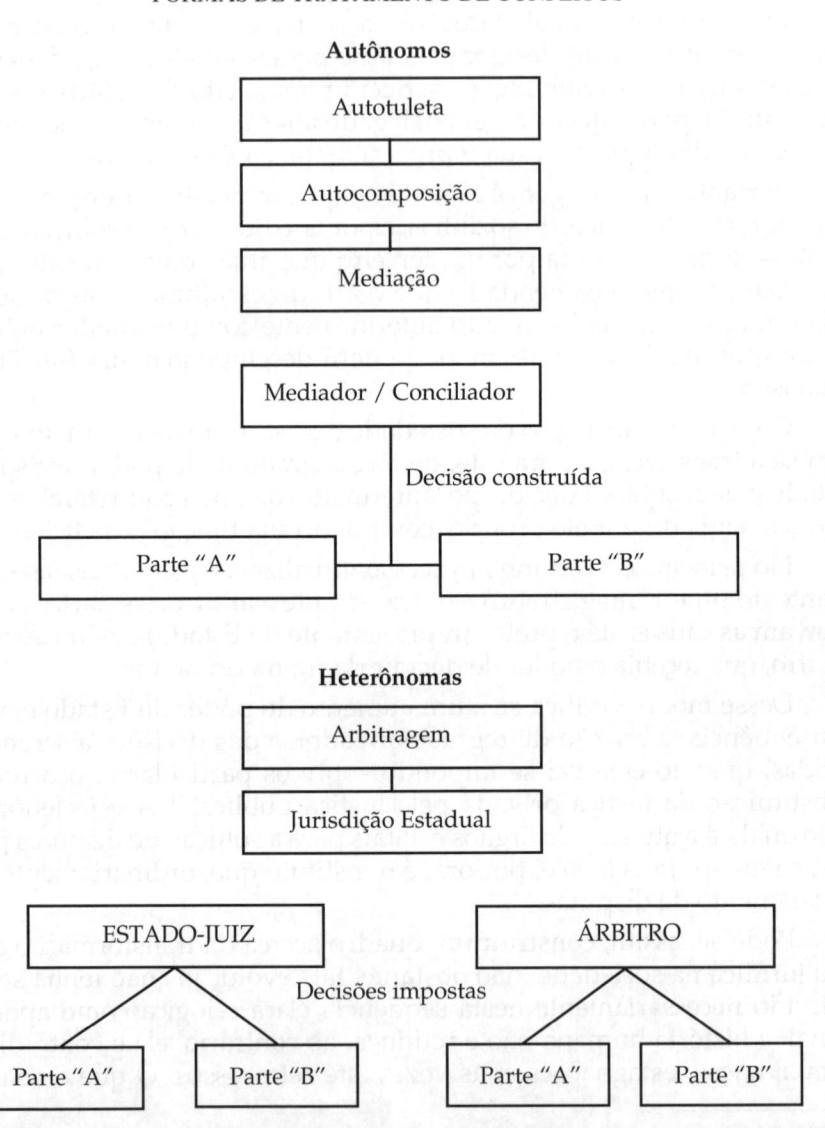

Autônomos

Autotuleta

Autocomposição

Mediação

Mediador / Conciliador

Decisão construída

Parte "A" — Parte "B"

Heterônomas

Arbitragem

Jurisdição Estadual

ESTADO-JUIZ — ÁRBITRO

Decisões impostas

Parte "A" — Parte "B" — Parte "A" — Parte "B"

Essa procura de outros mecanismos se enquadra na terceira onda reformista no movimento de acesso à justiça, como apontado anteriormente.

É tempo, portanto, de dar novo enfoque à autocomposição, à heterocomposição, e ao processo, estando ciente de que a escolha, para dirimir eventual litígio, por quaisquer das estratégias e a consequente renúncia ao mecanismo estatal se dê de forma espontânea, por vontade real, e não por inacessibilidade ao mesmo ou por sua ineficiência, insuficiência ou ineficácia.[311]

Porém, deve-se ter em vista que a possibilidade de estipulação do juízo arbitral para tratar conflitos, em qualquer contrato, inclusive os de adesão, pode tornar a arbitragem *obrigatória*, deixando de ser uma opção ao modo tradicional. A inconveniência é notória, afinal a escolha do árbitro poderá recair sobre pessoa de sua exclusiva confiança, do contratante-proponente, sem falar que a atuação contrária aos interesses de quem o nomeou poderá conduzir à sua substituição.

Observe-se, portanto, que a consagração destes outros meios tem gerado discussões entre diversos operadores jurídicos.[312] O posicionamento particular desses juristas origina-se da "terceira onda renovatória" – ideia amplamente difundida, como já se disse, pelo jurista italiano Mauro Cappelletti – na medida em que interpretam como necessário para que se majore o grau de participação na administração da justiça, a ampliação do conceito de Jurisdição.[313]

---

[311] [...] atuando como um filtro, retendo grande parte das situações litigiosas, deixando a justiça ordinária como reduto final, reservado para os litígios que não obtêm solução por arbitragem, conciliação ou mediação. (BASSO, Maristela. RT/ Fasc. Civ. Ano 85, v. 733, nov. 1996, p. 11-23).

[312] Para Alexandre Freitas Câmara, a consagração destes meios alternativos, de modo algum, contraria os princípios basilares do Estado Democrático de Direito. Para ele, [...] se o Estado tem o monopólio da jurisdição, não tem o monopólio da realização da justiça. Esta pode ser alcançada por vários meios, sendo a jurisdição apenas um deles. (CÂMARA, Alexandre Freitas. *Arbitragem*. Rio de Janeiro: Lumen Juris, 1997, p. 3.) Carlos A. Carmona enfatiza essa questão, expondo a necessidade de uma conduta: [...] A nova Lei de Arbitragem deverá ser precedida de uma ampla revisão de alguns conceitos da teoria geral do processo, a começar pela própria noção de jurisdição, pois a jurisdição não pode ser entendida atualmente, como atuação concreta da vontade da lei por meio da emissão de decisões exclusivamente pelo poder judiciário. (CARMONA, Carlos Alberto. *A Arbitragem no Processo Civil Brasileiro*. São Paulo: Malheiros, 1993, p. 136).

[313] Roque Caivano, no que se refere ao monopólio jurisdicional e à permissão/autorização concedida ao particular de optar em especial pelo mecanismo do juízo arbitral, diz: Si una persona – en una esfera de libertad y autonomía de voluntad – puede renunciar a un derecho propio, parece un principio natural que pueda también entregar la suerte de su derecho a la decisión de un particular que le inspire confianza. La jurisdicción, en definitiva, no importa un ejercicio monopólico a través de los órganos del Estado; al ser una función establecida en el interés y protección de los particulares, éstos podrán, en el campo de los derechos que pueden disponer libremente, escoger un sistema privado, al que – por añadidura – la propia ley otorga naturaleza jurisdiccional. El Estado permite – en el arbitraje voluntario – la instauración de una jurisdicción privada; mientras que, en el caso de arbitraje forzoso, directamente delegada su jurisdicción al disponer, mediante una norma, que determinados asuntos sean resueltos por esa vía. Por ello, que los árbitros detenten facultades jurisdiccionales, depende en forma inmediata de la voluntad de las partes que los designan como jueces para resolver un caso concreto; pero en forma mediata deben su jurisdicción al ordenamiento jurídico que posibilita la asunción de esas funciones a particulares. Justifica tal postura, pois: Cuando – como en la actualidad – los órganos estatales de la judicatura no están en condiciones de prestar el servicio en los términos expuestos, por vía indirecta se está privando a los particulares del derecho a la jurisdicción, poniendo al Estado en si-

Todavia, para que tais formas sejam verdadeiramente incorporadas, faz-se imprescindível uma mudança de mentalidade, pois, por ora, assiste-se apenas a uma resignada aceitação, o que não é suficiente, necessitando-se de acentuada convicção e disposição de toda a sociedade.

Contudo, é preciso indagar a respeito das instituições mais adequadas a promover as espécies do gênero Justiça Consensual – *Mediação, Conciliação, Negociação*[314] – já que, atualmente, expandem-se os debates acerca do tema.

E, a partir daí, questionar a respeito do pessoal adequado para trabalhar nestas instituições; profissionais de renome e elevado conhecimento técnico ou, simplesmente, pessoas leigas, pessoalmente familiarizadas com o interesse visado e a problemática vivida pelas partes? Ainda, torna-se indispensável atentar para os padrões e garantias mínimas que deverão reger estas espécies alternativas de órgãos julgadores e procedimentos, sob o risco de recair-se numa Justiça de segunda classe pelo desvirtuamento do sentido de busca da verdade e justiça social do processo ou, o que é mais grave, pela submissão de interesses de parcelas da população àqueles dos grupos hegemônicos etc.

Uma vez regulamentados estes institutos, uma das consequência poderá ser a desobstrução imediata e efetiva do Judiciário. Para que a retomada dos mesmos logre êxito e não constitua apenas remédios paliativos, deve-se proceder, conjuntamente, uma modernização e uma melhora no aparato jurisdicional estatal, dotando-o de necessária infraestrutura e procurando mudar a mentalidade de operar o/com o direito.

6.2. Jurisdição e Consenso:[315] nasce a "jurisconstrução"

Neste quadro de discussões, importa retomar algumas considerações acerca da dicotomia mecanismos conflituais/mecanismos consensuais utilizados para pôr fim a litígios.

---

tuación de virtual incumplimiento a una de sus funciones inmanentes. (CAIVANO, Roque J. *Arbitraje*: su eficacia como sistema alternativo de resolución de conflictos. Buenos Aires: Ad Hoc, 1992).

[314] Em certo sentido, poder-se-ia incluir aqui a arbitragem; sendo que nela o consenso participa apenas no momento inicial de opção pelo instrumento e indicação do árbitro e das regras a serem observadas.

[315] A imprecisão do termo consenso é apontada por Horowits, que demonstrou seu uso pelos defensores da teoria sociológica em vários sentidos diferentes, entre os quais se pode citar: a) ajustamento da dissensão social; b) acordo entre o papel de um comportamento e o papel dele esperado; c) crenças comuns, que ultrapassam as fronteiras dos grupos; e d) uma visão comum concernente à identidade ou congruência de desinteresses (HOROWITZ, I. L. Consensus, conflict and cooperation: a sociological inventory. *In: Social Forces*, n. 41, dez. 1962). Para a construção do presente texto, interessa mais a concepção de consenso enquanto meio de ajustamento da dissensão social, não obstante os demais aspectos serem mencionados.

O primeiro cuidado é o de tomar consciência de que, no debate acerca da crise da administração da justiça, além dos aspectos (infra)estruturais, deve-se ter presente que a complexidade do mundo contemporâneo importa considerar interesses que têm características totalmente diferenciadas – tais os individuais, os individuais homogêneos, os coletivos e os difusos. Tal fato aprofunda ainda mais o fosso que se apresenta entre a busca de respostas jurídicas suficientes e eficientes para equacionar as demandas e as possibilidades que as fórmulas tradicionais de tratamento de conflitos dispõem para oportunizá-las.

É o próprio modelo conflitual de jurisdição – caracterizado pela oposição de interesses entre as partes, geralmente identificadas com indivíduos isolados, e a atribuição de um ganhador e um perdedor, no qual um terceiro neutro e imparcial, representando o Estado, é chamado a dizer a quem pertence o direito – que é posto em xeque. Assim, readquirem consistência as propostas de se repensar o modelo de jurisdição pela apropriação de experiências diversas, tais as que repõem em pauta a ideia do consenso[316] como instrumento para a solução de demandas, permitindo-se que se fale em um novo protótipo, "jurisconstrução".

Para o tratamento dos conflitos, o direito propõe tradicionalmente o recurso ao Judiciário estruturado como poder de Estado encarregado de dirimi-los. Para tanto, os sistemas Judiciários estatais, no interior do Estado de direito, são os responsáveis pela pacificação social através da imposição das soluções normativas previamente expostas através de uma estrutura normativa escalonada e hierarquizada, tal como pensada por Kelsen.[317] Ou seja: ao Judiciário cabe, em havendo o não cumprimento

---

[316] Porém, para que se fale de consenso é importante que ele seja diferenciado dos conceitos de obediência e de consentimento. Assim, a obediência consiste na aceitação ou reconhecimento de um mando, independentemente de seus motivos determinantes ou justificados. Para sua caracterização, se faz necessário dois critérios: a aceitação externa e formal do mando. Ela constitui um pressuposto do político. Para a essência do político, pouco interessa se essa obediência é consentida ou forçada, se é dirigida a um regime democrático ou obtida por um regime autocrático. Já o consentimento é um conceito mais complexo que se aplica aos planos distintos do fundamento do poder e do seu funcionamento. No plano do fundamento, o consentimento proporciona a justificação do mando ou da obrigação política; no plano do funcionamento, o consentimento opera como uma forma de participação ou de influência da comunidade no poder. No primeiro plano, o consentimento é uma força de obediência. O consentimento-aceitação é um sinal de legitimidade do poder como autoridade. A comunidade aceita espontaneamente o poder-autoridade, visando determinados fins básicos, porque essa estruturação e esses fins traduzem os valores mínimos fundamentais nela dominantes. Por fim, a noção de consensus é a condição da legitimidade, portanto do consentimento, no que concerne tanto ao fundamento do Poder, quanto ao seu funcionamento. Consensus, já vimos, é o acordo entre os membros da Comunidade, sobre as bases da ordem desejável (SOUZA JÚNIOR, Cezar Saldanha. *Consenso e democracia constitucional*. Porto Alegre: Sagra Luzatto, 2002, p. 67-71).

[317] KELSEN, Hans. Teoria Pura do direito. 6. ed. Tradução de João Baptista Machado. Coimbra: Armênio Amado, 1984. Sobre o tema ver também: BARZOTTO, Luis Fernando. *O positivismo jurídico contemporâneo*: uma introdução a Kelsen, Ross e Hart. São Leopoldo: UNISINOS, 1999; BOBBIO, Norberto. *O positivismo jurídico*. Lições de filosofia. Compiladas por Nello Morra. Tradução e notas de Márcio Pugliesi, Edson Bini e Carlos E. Rodrigues. São Paulo: Ícone, 1995; WARAT, Luis Alberto. *Epistemologia e ensino do direito*: o sonho acabou. Florianópolis: Fundação Boiteux, 2004. v. 2.

espontâneo das prescrições normativas, a imposição de uma solução, pois é a ele que se defere, com exclusividade, a legitimação de dizer o direito (jurisdição).

Esta estrutura aqui descrita referenda um modelo jurisdicional que se assenta na fórmula clássica, como dito, da oposição de interesses entre indivíduos iguais em direitos, para os quais é indispensável que se sobreponha o Estado como ente autônomo e externo, neutro e imparcial, do qual provenha uma decisão cogente, impositiva, elaborada com base em textos normativos de conhecimento público, previamente elaborados.

A contrapartida que se apresenta nestes tempos de crise – dos sistemas Judiciários de regulação de conflitos – entre outras, pode ser percebida pelo crescimento em importância dos instrumentos consensuais e extrajudiciários.

A justiça consensual em suas várias formulações – na esteira dos ADR americanos ou da *justice de proximité* francesa – aparece como resposta ao disfuncionamento deste modelo Judiciário, referindo a emergência/recuperação de um modo de regulação social. Essa regulação se apresenta-se como um procedimento geralmente formal, através do qual um terceiro busca promover as trocas entre as partes, permitindo que as mesmas se confrontem, buscando um tratamento pactado para o conflito que enfrentam.

Aparecem, assim, os mecanismos consensuais – apesar de suas distinções – como uma outra justiça, na qual, em vez da delegação do poder de resposta, há uma apropriação pelos envolvidos do poder de geri-los, caracterizando-se pela proximidade, oralidade, ausência/diminuição de custos, rapidez e negociação. Na discussão do conflito são trazidos à luz todos os aspectos que envolvem o mesmo, não se restringindo apenas àqueles dados deduzidos na petição inicial e na resposta de uma ação judicial cujo conteúdo vem predefinido pelo direito positivo e é resguardado pela atuação saneadora do magistrado na condução do processo.

A questão que sobressai, aqui, é a de diferenciar a estrutura destes procedimentos, deixando de lado o caráter triádico da jurisdição tradicional, no qual um terceiro, alheio à disputa impõe uma decisão a partir da função do Estado de dizer o direito, e assumindo uma postura díade/dicotômica, na qual a resposta à disputa seja construída pelos próprios envolvidos, como ocorre na França, com as *Maison de Justice et de Droit* – para questões criminais – ou as *Boîtes Postales 5000* – para as relações de consumo.

É por isso que se propõe, como gênero, o estereótipo "jurisconstrução", na medida em que esta nomenclatura permite supor uma distinção fundamental entre os dois grandes métodos. De um lado, o dizer o direito próprio do Estado, que caracteriza a jurisdição como poder/função estatal e, de outro, o elaborar/concertar/pactar/construir o tratamento para o conflito que reúne as partes.

Sob esta ótica, os autores apontam como objetivos destas outras formas de tratamento de conflitos os seguintes:

a) em relação ao Estado, busca desincumbi-lo dos contenciosos de massa, restando-lhe uma função simbólica de referencial e como instância de homologação e apelo;

b) para as empresas, no caso das relações de consumo, aponta para ganhos de custos, imagem e marca;

c) para as partes, incorporando-as ao procedimento, permite a sua descentralização, flexibilização e informalização.

Assim, o método consensual aponta para uma pretensa harmonização dos interesses e o equilíbrio entre as partes.

Pode-se, então, sustentar, retomando o dito páginas atrás, que o tratamento consensual de litígios pode ser caracterizado como uma desjudiciarização do conflito, retirando-o do âmbito da função jurisdicional do Estado e afastando-o, até mesmo, das técnicas judiciárias de conciliação, colocadas à disposição do julgador tradicional, ou seja, a mediação judiciária.

No caso da mediação – como espécie de Justiça Consensual ou *Alternative Dispute Resolution* (ADR) –, supõe-se que o conflito possa ser resolvido pela restauração de uma identidade harmoniosa que atravessaria o campo social, exigindo conceber o julgamento jurídico como um modelo reflexivo, e não mais sob o modelo silogístico de uma fórmula determinante.

Um dos problemas que emerge neste momento é o do personagem – operador – que funcionará como intermediário das trocas. Este papel tanto pode ser ocupado por um técnico como por alguém com autoridade moral,[318] muito embora as consequências distintas que poderão advir de uma ou outra opção, o que se explicita na Lei 9.307/96.[319]

Dessa forma, torna-se possível construir um quadro para objetivar uma demonstração do modelo de justiça consensual, como apontado anteriormente:

1. Quanto às características: aponta para uma informalização dos procedimentos, onde a troca de informações e a reconstrução do quadro geral do conflito são as feições marcantes;

---

[318] Na mediação comunitária, por exemplo, o mediador muitas vezes possui uma autoridade moral, nascida do reconhecimento comunitário que possui. Vide: SPENGLER, Fabiana Marion. *Fundamentos políticos da mediação comunitária*. Ijuí: Unijuí, 2012.

[319] Ver, neste sentido, o art. 1º desta Lei.

2. Os problemas que estariam ligados à mesma diriam respeito ao controle social de seu funcionamento e de suas decisões, bem como o problema da profissionalização da sua prática, apontando para uma possível burocratização e encarecimento em razão do surgimento de uma nova "profissão", a do mediador/árbitro e de uma estrutura procedimental burocratizada.

O que se percebe é que muitas vezes os eventualmente interessados, como alguns movimentos sociais, em razão mesmo de tais interrogações, apontam, isto sim, para uma pretensão de um efetivo acesso à Justiça/jurisdição estatal de seus interesses. Por consequência, um reforço da instituição judiciária e de suas garantias, ou seja, atenta-se, muitas vezes, para a importância de que a defesa dos interesses se faça através de demandas coletivas no âmbito do Judiciário estatal, e não individualmente, pois o que importa é assegurar a salvaguarda de pretensões de natureza transindividual de cunho difuso que pertencem a todos e a ninguém ao mesmo tempo.

Entretanto, aqui permanece a dúvida exposta por Cappelletti[320] acerca da viabilidade de os modelos jurisdicionais tradicionais estarem aptos a lidar com estes(as) objetos/pretensões, quais sejam os interesses coletivos e, particularmente, os difusos.

Duas outras críticas ainda se podem apontar nesta matéria:

a) a primeira delas diz respeito às insuficiências das bases filosóficas sobre as quais se organizou a função jurisdicional na modernidade democrática, em especial aquelas que pretenderam uma purificação do conflito através de sua limitação objetiva – quanto ao seu conteúdo – e subjetiva – quanto às partes envolvidas. Esta purificação do conflito objetivaria uma neutralização inconsistente, impondo aos atores envolvidos na lide a constante preocupação de sanear o processo, expurgando dele tudo aquilo que a lei considera irrelevante para o tratamento do mesmo. Tal situação se aguça contemporaneamente quando se verifica a incapacidade que tem o Estado de permanecer com a detenção do monopólio de produção e execução do direito.

Apesar disso, não se pode negligenciar o conteúdo de muitas das garantias conquistadas e que estão vinculadas ao modelo de jurisdição estatal, o que aponta para a busca de um efetivo acesso à Justiça do Estado e suas garantias como o único caminho eficiente para assegurar as suas pretensões diante das diferenças marcantes entre as partes envolvidas nas relações sociais contemporâneas.

---

[320] CAPPELLETTI, Mauro; GARTH, Bryant. *Acesso à justiça*. Tradução de Ellen Gracie Northfleet. Porto Alegre: Sergio Antonio Fabris, 1988.

b) a segunda, e mais contundente crítica que se pode apontar, diz respeito ao equívoco que se cometeria em pretender supor as relações sociais a partir de uma possível harmonia e de uma eventual conquista do consenso. Nada mais virtualmente ilusório do que imaginar uma sociedade que estivesse fundada no desaparecimento do conflito. Ao revés, é o conflito que constitui o social e faz parte da tradição democrática, estando na base mesma do direito como instrumento de regulação das práticas sociais e da resolução dos litígios.

Logo, como pretender a construção do consenso diante do conflito que é imanente às relações sociais, o que apenas teria alguma possibilidade de êxito caso estivesse diante de uma desconstrução das paixões e interesses?[321]

Assim sendo, o poder da conciliação, ao mesmo tempo em que aponta a reconstrução de laços conviviais, nos quais o conflito é reconstruído pela interação das partes, tem uma implicação simbólica de pretender referir uma sociedade na qual seja possível atingir utopicamente uma paz social, como a *pax mercatoris* prometida pelos liberais clássicos.

Todavia, para os operadores do direito, por um lado, as possibilidades propostas por mecanismos consensuais de reconstrução dos litígios permitem supor o evitar as deficiências profundas – instrumentais, pessoais, de custos, de tempo etc. – próprios à "Grande Justiça" – a jurisdição estatal. Marca-se assim, apesar das insuficiências, um reforço das relações de cidadania sendo privilegiado como instrumento apto a pôr fim a conflitos que se prolongariam, caso fossem levados à jurisdição estatal nos moldes tradicionais. Mas, por outro, supõem, para muitos, a aceitação acrítica destes métodos sem sequer considerar que esta temática necessita ser pensada em um quadro mais amplo no contexto dos projetos de reforma do Estado, em particular no que diz respeito ao denominado como funções do Estado Contemporâneo – no qual a saga privatista aparece como o virtual paraíso suposto por uma ética, quase religiosa, descompromissada(?) com os sofrimentos terrenos, transposta para o âmbito da economia, do direito e do Estado.

Pensar um modelo reflexivo para as soluções de controvérsias pressupõe ter presente estas duas perspectivas – uma interna, que aponta para o seu viés autonomizante, outra externa, que reflete os seus vínculos com um projeto de sociedade assentado na proposta (neo)liberal.

---

[321] O consenso tem por base o fato de que toda sociedade suscetível de consistência e de duração supõe, de maneira contínua, a influência preponderante de um sistema prévio de opiniões comuns, próprio para conter o impulso impetuoso das divergências individuais. Sem esse sistema de opiniões prévias comuns, a tendência social é cair na anarquia, pela multiplicidade e pelo desencontro de opiniões. Assim, não se pode perder de vista que a noção de consenso não se limita à concordância sobre crenças, valores, normas e objetivos, devendo ser usada amplamente para representar interdependência ou interconexão das partes de um contexto social.

Apesar disso, neste momento, é importante ter clareza quanto ao conteúdo destas outras estratégias e quanto às possibilidades que elas oferecem.

6.3. Outras estratégias para o tratamento dos conflitos

Os novos-velhos métodos de tratamento de controvérsias revigorados se põem na esteira desta grande dicotomia anteriormente apontada, que separa os métodos heterônomos dos métodos autônomos.

Àqueles se vinculam dois modelos: o da jurisdição estatal, onde o Estado-Juiz decide coercitivamente a lide, e a arbitragem – retomada pela Lei 9.307/96[322] – na qual a um terceiro – árbitro ou tribunal arbitral –, escolhido pelas partes, é atribuída a incumbência de apontar o tratamento para o conflito que as (des)une. São ditos, ambos, heterônomos, pois assentam-se na atribuição a um terceiro do poder de dizer/ditar a solução/resposta, seja através do monopólio público-estatal, seja através da designação privada.

Aqui está realmente a distinção intrínseca entre ambos. Na arbitragem, cabe às partes escolher aquele(s) – indivíduo ou tribunal (arbitral) – que irá(ão) ditar a resposta para o conflito, enquanto a jurisdição aparece organizada como uma função de Estado à qual sujeitam-se os indivíduos envolvidos na lide, cujo procedimento fica vinculado às regras de competência definidas nas leis processuais.

Por outro lado, os modelos ditos autônomos revelam a pretensão de que os litígios sejam tratados a partir da aproximação dos oponentes e da (re)elaboração da situação conflitiva sem a prévia delimitação formal do conteúdo da mesma através da norma jurídica. Assim, supõe-se a possibilidade de uma sublimação do mesmo a partir do compromisso das partes com o conteúdo da resposta elaborada por elas mesmas no embate direto que travam.

Ou seja: neste caso, o tratamento do conflito provém não de uma intermediação externa pela autoridade do Estado-Juiz ou do árbitro que dita a sentença mas de uma confrontação explícita de pretensões, interesses, dúvidas, perplexidades etc.; que permita às partes, neste processo de troca, ascender a uma resposta consensuada, apenas mediada pela figura de um terceiro cujo papel é o de facilitar os intercâmbios; esse terceiro não tem como tarefa ditar a resposta (sentença), previamente definida no texto legislado pelo Estado, aplicado pelo Judiciário, no caso da jurisdição, ou

---

[322] Deve-se ter presente que a arbitragem é também o mecanismo privilegiado para o tratamento de conflitos no âmbito do processo integracionista no MERCOSUL, cfe. se observa, em particular, do Protocolo de Brasília, que regulamenta a matéria.

que é definida pelo árbitro a partir das opções originárias dos envolvidos, no caso da arbitragem.

Compõem o conjunto deste método a mediação e a conciliação. Esta última – a conciliação – se apresenta como uma tentativa de chegar voluntariamente a um acordo, na qual pode atuar um terceiro que intervém entre as partes, para dirigir a discussão sem ter um papel ativo. Já a mediação se apresenta como um procedimento em que não há adversários, no qual um terceiro ajuda as partes a se encontrarem para chegar a um resultado mutuamente aceitável, a partir de um esforço estruturado, que visa a facilitar a comunicação entre os envolvidos.[323]

Diante disso, verifica-se o confronto estabelecido entre uma tradição assentada em um modelo conflitivo de tratamento de conflitos no qual de regra há um ganhador e um perdedor – logo um satisfeito e outro descontente – próprio da tradição liberal e do modelo de Estado de direito que lhe acompanha. Por outro lado tem-se e o crescimento de importância adquirida por outros métodos de tratamento de conflitos em razão mesmo das interrogações que se impõem pela rediscussão acerca da eficiência e suficiência do sistema jurisdicional proposta no âmbito do debate relativo à temática do acesso à justiça, como já exposto anteriormente.

Também no âmbito supranacional, como é o caso da União Europeia e do Mercosul – evidentemente que com suas variáveis intrínsecas –, o que se pode observar é que, na esteira da crise apontada, verifica-se o mesmo dilema: a) ou construir/fortalecer os mecanismos jurisdicionais de tratamento de conflitos, via organismo supranacional de jurisdição – o que implica o reforço dos sistemas ditos heterônomos –, privilegiado pelos nominados institucionalistas ou; b) pretender o reforço de fórmulas privilegiadoras do consenso.

Como se observa, na esteira da tomada de consciência da crise de administração da justiça, impõe-se uma tentativa de revisão de posturas frente à tradição processual prática, apontando agora para a necessária instrumentalidade e efetividade do processo, recuperando práticas relegadas a um plano secundário, diante da hegemonia da forma estatal de dizer

---

[323] El mediador no actua como juez, pues no puede imponer una decisión, sino que ayuda a los contrarios a identificar los puntos de la controversia, a explorar las posibles bases de un pacto y las vias de solución, puntualizando las consecuencias de no arribar a un acuerdo. Por esos medios, facilita la discusión e insta a las partes a conciliar sus intereses. Plantea la relación en términos de cooperación, con enfoque de futuro y con un resultado en el cual todos ganan, cambiando la actitud que adoptan en el litigio en que la postura es antagónica, por lo que una parte gana y otra pierde. En la mediación todas las partes resultan ganadoras puesto que se arriba a una solución consensuada y no existe el resentimiento de sentirse "perdedor" al tener que cumplir lo decidido por juez. En definitiva, puede decirse que realmente 'la mejor justicia es aquella a la que arriban las partes por sí mismas', en tanto el haber participado en la solución torna más aceptable el cumplimiento [...] (HIGHTON, Elena; ÁLVAREZ, Gladys. *Mediación para Resolver Conflictos*. Buenos Aires: Ad-Hoc. 1995, p. 122-123).

o direito – a jurisdição. Neste sentido é que se pode perceber a revisão de inúmeras posturas, fórmulas e práticas.

O acesso à justiça, percebido como um interesse difuso, implicou – seja em nível interno, seja internacional e supranacional – na necessária incorporação ao quotidiano jurídico-jurisdicional de fórmulas diversas que permitissem não só a agilização dos procedimentos mas, isto sim, uma problematização dos métodos clássicos desde um interrogante acerca de sua eficácia como mecanismo apto a dar respostas suficientes e eficientes para o tratamento dos litígios que lhe são apresentados.

Todavia, um parêntese deve ser feito: não se pode esquecer que o problema acerca do acesso à justiça não envolve apenas a (re)introdução em pauta de tal debate, senão que implica o reconhecimento das deficiências infraestruturais do Estado – em particular de sua função jurisdicional –, além do inafastável comprometimento da formação dos operadores do direito, bem como dos problemas impostos pela incorporação de novos interesses juridicamente protegidos, além de impor um compromisso com uma certa tradição própria da modernidade ocidental, à qual se liga o modelo de justiça pública própria do Estado Moderno, Democrático e de direito.

Neste quadro ampliado de transformações, readequações e repercussões, o sistema jurídico passa a privilegiar novas-antigas práticas de tratamento de controvérsias.

O consenso emerge como o grande articulador destas novas práticas, podendo ser observado ocupando lugar em vários aspectos da ordem jurídica e promovendo a (re)introdução de práticas que, embora conhecidas, muitas delas, juridicamente, não tinham o reconhecimento/aceitação quotidiana dos operadores do direito.

Discorrendo sobre o esgotamento do atual modelo de prestação jurisdicional no tratamento de conflitos e sobre a sua necessidade de transformação/readequação, torna-se possível mensurar de que modo a introdução das práticas alternativas (ADR) – dentre elas a mediação – se relaciona com o consenso e o porquê de elas serem chamadas de democráticas. A convivência política pacífica e regrada se funda no reconhecimento da necessidade fática do consentimento social. Com o tratamento dos conflitos ocorre o mesmo. Tal intento acontece por meio de instituições capazes de abrir espaços de compromisso,[324] que nascem como estraté-

---

[324] Sobre a relação entre consenso e compromisso, observa-se que: "A tendência normal do consenso é chegar a um compromisso. Utilizam-se para tanto as duas palavras em conjunto que muitas vezes surgem como sinônimos. Tentar o consenso, tentar o compromisso, significa sempre o mesmo, tal a força que este postulado de moderação adquiriu entre nós. Noutros tempos, espera-se que as diferenças entre os indivíduos se resolvam mediante concessões que os aproxima da média das suas posições e os afastam dos extremos. [...] O compromisso é, portanto, a solução mediante a qual cada actor de um eventual conflito renuncia àquilo que lhe é caro, mas não vital, a fim de obter o apoio dos outros, o

gia que a democracia oferece à tirania, à violência e ao terror. As práticas democráticas de tratamento dos conflitos dependem, essencialmente, da adesão social. O tratamento de um conflito somente será considerado democrático se os arranjos concretos que lhe dão forma, além de preencherem os requisitos objetivos do "modelo" democrático, forem aceitos pelos conflitantes enquanto tal.

O modelo de jurisdição atual – na maioria das vezes autoritário –, tendo o medo como princípio, repele o consenso. O compromisso significa composição negociada de discordâncias. As próprias regras do jogo democrático importam um trabalho contínuo de composição de demandas e de interesses que pode ocorrer mediante negociação. Nos sistemas jurisdicionais de ordem negociada, as partes mantêm do início ao fim o controle sobre o processo e o seu resultado. No entanto, nela o direito legal/estatal não desaparece, se transforma em um modelo mais flexível, adaptado às situações concretas.[325]

Consequentemente, uma sociedade consensual, na qual parte do dirigismo jurídico estatal diminuiria (demonstrando que o Estado não é o único garantidor da paz social), constituiria um terreno muito favorável à ordem negociada. Porém, para que o consenso seja alcançado, é preciso mais do que boas intenções. Se faz necessário um certo equilíbrio nas relações socioeconômicas dos conflitantes e a igualdade de direitos entre as pessoas, assim como a proteção judiciária a eles devida. Disso resulta que a democracia, respaldada no consenso é, antes de tudo, uma construção institucional, vale dizer, de um conjunto de instituições legalmente estabelecidas e organizadas segundo determinados arranjos, dentre eles, a mediação.

Estes arranjos devem ser projetados no interior de um debate mais amplo acerca das definições político-institucionais do Estado Contemporâneo – afinal, fala-se aqui da redefinição de uma das funções básicas da atividade estatal. Essa redefinição é importante, particularmente, no que se refere à construção dos nominados blocos supranacionais de países que, embora pretendam projetar-se como megaconvenções/ajustes de caráter particularmente econômico, interferem fundamentalmente no cotidiano da cidadania. Por isso, impõe-se, talvez mais do que nunca, o reforço, em

---

qual lhe é verdadeiramente indispensável. [...] Sem que lhes peça de modo explícito, eles convergem, tentativa após tentativa, para uma avaliação comum próxima das médias dos juízos individuais. Tudo se passa como se, não tendo os participantes qualquer razão para divergirem, evitem essa divergência fazendo concessões mútuas com o objetivo de chegar a este consenso" (MOSCOVICI, Serge; DOISE, Willen. *Dissensões e consenso: uma teoria geral das decisões colectivas*. Tradução de Maria Fernanda Jesuíno. Lisboa: Livros Horizonte, 1991, p. 12-13).

[325] Nesse sentido, é importante a leitura de ZAGREBELSKY, Gustavo. *El derecho dúctil. Ley, derechos, justicia*. Traducción de Marina Gascón. Madrid: Trotta, 2005.

escala comunitária, de garantias do Estado de direito, em particular no que diz respeito à solução de controvérsias.

Para resumir, pode-se constatar de que o estudo deste tema precisa levar em consideração alguns aspectos de um debate macro que questione a reformulação mesma por que passa, ou pretende-se que passe, o Estado Contemporâneo, envolvido que está em construir, talvez, uma nova identidade. Sem ter consciência destas interelações, parece impossível ter capacidade de lidar competentemente com as propostas com as quais se defronta.

Deve-se perceber que o problema do tratamento de conflitos no Estado Contemporâneo precisa ser inserido no macrocontexto de crise do Estado e, particularmente de uma de suas formas de apresentação – o Estado do Bem-Estar Social e, para compreendê-la, seria necessário recuperar alguns de seus paradigmas mais remotos o que não será objeto de análise.

Assim, adiante se enfrenta os aspectos próprios de cada um dos institutos que ocupam a atenção da presente obra: a mediação e a arbitragem.

Parte IV

MEDIAÇÃO E ARBITRAGEM

7. Mediação

7.1. Mediação: do conceito ao procedimento

A mediação, enquanto espécie do gênero justiça consensual, poderia ser definida como a forma ecológica de resolução dos conflitos sociais e jurídicos na qual o intuito de satisfação do desejo substitui a aplicação coercitiva e terceirizada de uma sanção legal.[326] Trata-se de um processo no qual uma terceira pessoa – o mediador – auxilia os participantes na resolução de uma disputa. O acordo final trata o problema com uma proposta mutuamente aceitável e será estruturado de modo a manter a continuidade das relações das pessoas envolvidas no conflito.[327]

A mediação é geralmente definida como a interferência – em uma negociação ou em um conflito – de um terceiro com poder de decisão limitado ou não autoritário, que ajudará as partes envolvidas a chegarem voluntariamente a um acordo, mutuamente aceitável com relação às questões em disputa.[328] Dito de outra maneira, é um modo de construção e de gestão da vida social graças à intermediação de um terceiro neutro, independente, sem outro poder que não a autoridade que lhes reconhecem as partes que a escolheram ou reconheceram livremente. Sua missão fundamental é (re)estabelecer a comunicação.[329]

Através deste instituto, busca-se solucionar conflitos mediante a atuação de um terceiro desinteressado. Este terceiro denomina-se *mediador*

---

[326] WARAT, Luis Alberto (Org.). *Em nome do acordo*: A mediação no direito. Florianópolis: ALMED, 1998, p. 5.

[327] HAYNES, John M.; MARODIN, Marilene. *Fundamentos da Mediação Familiar*. Tradução de Eni Assunpção e Fabrizio Almeida Marodin. Porto Alegre: ArTmed, 1996, p 11.

[328] MOORE, Christipher W. *O Processo de Mediação*: estratégias práticas para a resolução de conflitos. Tradução de Magda França Lopes. Porto Alegre: ArTmed, 1998, p. 28.

[329] Para BONAFÈ-SCHIMITT, mediação é um processo frequentemente formal pelo qual um terceiro neutro tenta, através da organização de trocas entre as partes, permitir a estas confrontar seus pontos de vista e procurar, com sua ajuda, uma solução para o conflito que os opõe. (BONAFÈ-SCHIMITT, Jean-Pierre. *La Mediation*: une Justice Douce. Paris: Syros, 1992, p. 16 e 17).

e exerce uma função como que de conselheiro, pois pode aconselhar e sugerir, porém, cabe às partes constituir suas respostas.

Com o auxílio do mediador, os envolvidos buscarão compreender as fraquezas e fortalezas de seu problema, a fim de tratar o conflito de forma satisfatória. Na mediação, por constituir um mecanismo consensual, as partes apropriam-se do poder de gerir seus conflitos, diferentemente da jurisdição estatal tradicional na qual este poder é delegado aos profissionais do direito, com preponderância àqueles investidos das funções jurisdicionais.

Conforme já se aduziu, a mediação, assim como as demais formas de tratar os conflitos, não constituem um fenômeno novo, na verdade sempre existiu e passa a ser redescoberta em meio a uma crise profunda dos sistemas judiciários de regulação dos litígios – no cenário brasileiro, por exemplo, assiste-se não só a uma crise estrutural (instalações), funcional (pessoal), substancial (métodos) do Poder Judiciário, como a uma crise generalizada nas instituições (crise na educação, saúde, previdência social, economia).

Dentre as principais características da mediação, podem-se apresentar:

a) a privacidade, uma vez que o processo de mediação é desenvolvido em ambiente secreto e somente será divulgado se esta for a vontade das partes.

Faz-se necessário ressaltar que este princípio será desconsiderado em casos nos quais o interesse público sobreponha-se ao das partes, por exemplo, quando a quebra da privacidade for determinada por decisão legal ou judicial, ou ainda por uma atitude de política pública. Todavia, o interesse privado jamais poderá sobrepor-se ao da sociedade.

b) economia financeira e de tempo: em contrapartida aos processos judiciais que, lentos, mostram-se custosos, os litígios levados à discussão através da mediação tendem a ser resolvidos em tempo muito inferior ao que levariam se fossem debatidos em Corte tradicional, o que acaba por acarretar uma diminuição do custo indireto, eis que, quanto mais se alongar a pendência, maiores serão os gastos com a sua resolução.[330]

Quando em busca de seu direito lesado, via de regra, as pessoas almejam uma solução rápida para o seu dilema, tendo-se já comprovado

---

[330] Esses custos podem ser traduzidos não só pelos valores despendidos nas custas processuais, nos honorários de perito ou advocatício, mas também por aqueles custos denominados diferidos que se refletem no prolongamento excessivo da demanda e que possuem maiores reflexos junto a camada hipossuficiente: "em muitos países, as partes que buscam uma solução judicial precisam esperar dois ou três anos, ou mais, por uma declaração exequível. Os efeitos dessa delonga, especialmente se considerados os índices de inflação, podem ser devastadores. Ele aumenta os custos para as partes e pressiona os economicamente fracos a abandonar suas causas, ou a aceitar acordos por valores muito inferiores àqueles a que teriam direito" (CAPPELLETTI, Mauro; GARTH, Bryant. *Acesso à justiça*. Tradução de Ellen Gracie Northfleet. Porto Alegre: Sergio Antonio Fabris, 1988, p. 20).

que a certeza da demora de tal solução faz com que tais direitos muitas vezes sejam ignorados por seus detentores, eis que preferem abdicá-lo a enfrentar trâmites lentos, burocráticos e dispendiosos.

Todavia, a questão temporal precisa restar em aberto posto que, por não haver uma preliminar delimitação do conteúdo do litígio – pela lei e/ou pelo ato saneador do juiz –, pode-se prolongar o debate diante das inúmeras variáveis que poderão compor o universo da demanda. Ou seja: democratizando-se o campo discursivo do litígio, corre-se o (saudável) risco de prolongá-lo no tempo.

c) oralidade: a mediação é um processo informal,[331] no qual as partes têm a oportunidade de debater os problemas que lhes envolvem, visando a encontrar a melhor solução para eles.

Inúmeras vezes pessoas que possuem convivência cotidiana (ou interesses ligados a relações continuadas – tais como: vizinhança, família, emprego etc.) entram em discordância por um motivo qualquer. Este é o caso das relações continuadas, nas quais a *question* que seria debatida na corte tradicional é uma, porém o verdadeiro conflito pode ser outro.

Cita-se como exemplo o relacionamento entre pessoas que residem em um mesmo bairro (direito de vizinhança). Quando surge um litígio entre dois vizinhos, a tendência é que muito mais importante para estes não seja obter uma satisfação de um prejuízo por algo que a outra parte possa ter feito, mas sim a restauração das relações com aquela. Através da mediação, buscar-se-ia encontrar o âmago do problema para solucioná-lo.

Exemplo semelhante seriam as pendências entre membros de uma família, de regra regulados pelo direito de família.[332] O ambiente familiar está sujeito a diversos desentendimentos nos quais, para os envolvidos, mais relevante é a questão sentimental presente. A simples fixação de uma compensação financeira jamais será capaz de reconstruir as relações humanas existentes previamente entre as partes. Isto somente será possível

---

[331] Em função de apresentar "exigências processuais mínimas, a mediação proporciona oportunidade ilimitada para que as partes exerçam flexibilidade ao comunicar suas preocupações e prioridades básicas em relação à disputa. A mediação pode mostrar às partes soluções alternativas potenciais, dar-lhes condições de melhorar e reforçar suas relações em interações futuras e estimulá-las a explorar e a atingir soluções criativas que permitam ganhos mútuos e um alto grau de acato às decisões" (COOLEY, John; LUBET, Steven W. *A advocacia de arbitragem*. Tradução de René Locan. Brasília: Universidade de Brasília, 2001, p. 29). Vide também SALES, Lília Maia de Morais. *Justiça e mediação de conflitos*. Belo Horizonte: Del Rey, 2004.

[332] O tratamento de conflitos na área de direito de família sempre foi alvo de estudos e debates. Sobre o tema, é importante a leitura de GORVEIN, Nilda S. *Divorcio y mediación*: construyendo nuevos modelos de intervención en mediación familiar. 2. ed. República Argentina: Córdoba; HAYNES, John M. *Fundamentos de la mediación familiar como afrontar la separación de pareja de forma pacífica para seguir desfrutando de la vida*. Madrid: Gaia Ediciones, 1993; MARTÍN, Nuria Belloso. *Estudios sobre mediación: la ley de mediación familiar de castilla y león*. [s. l.]: Junta de castilla y león. 2006; ORTEMBERG, Osvaldo D. *Mediación familiar aspectos jurídicos y prácticos*. Buenos Aires: Biblos, 1996; YANIERI, Alcira Ana. *Mediación en el divorcio alimentos y régimen de visitas*. Buenos Aires: Júris, 1994.

através de um amplo debate sobre o problema, com a consequente restauração das relações entre os envolvidos.[333]

Aspecto a ser considerado diz respeito ao estado emocional dos litigantes, que não conseguem debater serenamente em busca de um tratamento para seu conflito. O Poder Judiciário tradicional, quando acionado, em tais circunstâncias, tende a distanciar ainda mais estas pessoas, eis que tem um perfil litigante. Tal perfil se compõe de duas partes combatentes, a fim de apresentar, ao final, um ganhador e um perdedor, vinculados por uma resposta prevista pelo sistema jurídico.

d) reaproximação das partes: o instituto da mediação, ao contrário da jurisdição tradicional, busca aproximar as partes. Trabalha-se para resolver as pendências através do debate e do consenso, tendo como objetivo final a restauração das relações entre os envolvidos. Não se pode considerar exitoso o processo de mediação em que as partes acordarem um simples termo de indenizações, mas que não consigam reatar as relações entre elas. Por isso dizer-se que uma das funções do mediador é a de (re)aproximar as partes.

e) autonomia[334] das decisões: as decisões tomadas não necessitarão ser alvo de futura homologação pelo Judiciário. Compete às partes optarem pelo melhor para si mesmas.

Sabe-se, entretanto, que se pode produzir uma decisão totalmente injusta ou imoral, o que apontaria para alguma falha ocorrida ao longo do procedimento de mediação. Diversos motivos podem levar a isto, mas o principal deles, possivelmente, seja a debilidade emocional por que passam os envolvidos no momento em que debatem a solução de algum problema que importuna as suas vidas. Quando da ocorrência de decisão

---

[333] Enquanto a Justiça tradicional tem primacialmente o objetivo de julgar e sentenciar, a Justiça informal (*Shadow Justice*) visa a compor, conciliar, prevenir conflitos. Diz a processualista ADA PELLEGRINI que, por vezes, o mecanismo contencioso não se ajusta a determinados tipos de litígios, [...] em que se faz necessário atentar para os problemas sociais que estão à base da litigiosidade, mais do que aos meros sintomas que revelam a existência desses problemas. Ver: GRINOVER, Ada Pellegrini. *Participação e Processo*. Revista dos Tribunais, São Paulo: RT, 1988, p. 282.

[334] A palavra "autonomia", conforme Luis Alberto Warat, pode ser pensada "como uma possibilidade de escapar do mundo das palavras e dos mitos que nos exilam do real. A vontade persistente de toda República (entendida aqui como cultura organizada pela alienação, a ciência e a filosofia) é a de manter os cidadãos felizes como dependentes incuráveis das palavras e dos mitos. O cidadão que não pensa, porém, acredita que pensa. Repetindo chavões. Escuta falar que é livre e acredita nas palavras, enquanto a vida lhe grita, e ele não escuta, que é um prisioneiro de sua própria imbecilidade energizada pelas palavras e pelos mitos". (WARAT, Luis Alberto. *Surfando na pororoca:* o ofício do mediador. Florianópolis: Fundação Boiteux, 2004, p. 15). É por isso que a autonomização dos indivíduos pretende possibilitar o tratamento do conflito "pensado" entre as partes e não decidido com base em modelos impostos ou através de ideias clonadas, fotocopiadas. Nesse contexto, uma decisão autônoma é democrática, tomada como espaço consensuado, mediado, que, ao respeitar as diferenças, produz respostas aos conflitos. Assim, torna-se um trabalho de reconstrução simbólica dos processos conflitivos, das diferenças, permitindo formar identidades culturais e integrando as partes do conflito num sentimento de pertinência comum, apontando a responsabilidade de cada um, gerando deveres reparadores e transformadores.

neste sentido, entendem alguns que o mediador deve interferir, alertando para o fato.

Não compete ao mediador oferecer a "solução do conflito", porém é de sua competência a manutenção e a orientação do procedimento. Ora, se é do íntimo do instituto da mediação a pacificação, é a responsabilidade do fiscal do processo alertar sobre a possibilidade de uma decisão que se afaste do caráter mesmo do mecanismo que está sendo utilizado ou não sirva para produzir aquele objetivo pacificador e reaproximador das partes e que leve, eventualmente, ao questionamento jurisdicional da mesma.

Outro motivo que poderá ocasionar um futuro debate em Corte acerca de uma decisão tomada é a comprovação da participação com má-fé, no procedimento, por qualquer das partes, ou pelo mediador. Neste caso, poder-se-ia presumir o prejuízo de uma das partes em relação às demais e seria da responsabilidade do juiz togado anular o resultado firmado.

f) equilíbrio das relações: grande preocupação traduzida pela mediação é o equilíbrio das relações entre as partes. Não obterá êxito a mediação na qual as partes estiverem em desequilíbrio de atuação. É fundamental que a todos seja conferida a oportunidade de se manifestar e garantida a compreensão das ações que estão sendo desenvolvidas.

A prioridade do processo de mediação é a restauração da harmonia. Buscar-se-á através do favorecimento das trocas entre as partes, utilizando-se de um método conciliatório.

Ao tratar-se do tema harmonização das relações, fala-se não somente em encerramento daquele dilema discutido, mas sim da final pacificação dos conflitos. Busca-se, na verdade, que, após o processo, os envolvidos não somente se vejam ressarcidos do(s) prejuízo(s) sofrido(s), mas também sintam que aquele conflito pelo qual passaram esteja terminado, satisfazendo tanto a lide judiciarizada, como o conflito social subjacente.

Importante ressaltar o emprego da mediação nos processos de família, utilizada inicialmente nos Estados Unidos da América, teve como sua porta de entrada na Europa a Inglaterra. Obtve tamanho êxito no país norte-americano que considerável número de seus Estados já a tornaram obrigatória em questões relativas a divórcios.[335] A mediação familiar é um procedimento "imperfeito que emprega uma terceira pessoa imperfeita para ajudar pessoas imperfeitas a concluir um acordo imperfeito em um mundo imperfeito".[336]

---

[335] Porém, o recurso à mediação familiar não intervém unicamente em caso de divórcio ou de separação; a medida familiar recobre tudo o que diz respeito à família: as relações do casal, sim, mas também e tanto quanto as relações entre pais e filhos (qualquer que seja sua idade), nas relações entre irmãos e irmãs (por exemplo, em caso de sucessão etc.), todo o ambiente familiar.

[336] MARLOW, Lenard. *Mediación familiar:* uma practica em busca de uma teoria – uma nueva visión del derecho. Barcelona: Granica, 1999, p. 31.

Especificamente no âmbito familista, a mediação é o procedimento[337] que, através do uso de técnicas de facilitação, aplicadas por um terceiro interventor numa disputa, estabelece o contexto do conflito existente, mediante técnicas da psicologia e do serviço social, identifica necessidades e interesses, objetivando produzir decisões consensuais, com a ajuda do direito.[338]

Acrescenta-se que as circunstâncias apontam para a utilização da mediação como complemento da atividade jurisdicional especialmente quando verificada a inadequação de certas estruturas tradicionais para o tratamento dos conflitos de massas no que tange à questão dos interesses transindividuais; o crescimento do contencioso (excesso de demandas), e na busca por uma justiça mais comunitária,[339] fundada sobre o consenso, e não sobre a sanção.

Por outro lado, os objetivos da mediação dizem respeito ao restabelecimento da comunicação mas também à prevenção e ao tratamento dos conflitos (através de uma visão positiva na pretensão de encará-lo como meio de sociação, de transformação e evolução social), como meio de inclusão social objetivando promover a paz social.[340]

---

[337] Nos procedimentos de mediação familiar brasileiros algumas definições se apresentaram após o desenvolvimento dos trabalhos: a) em casos de separação e divórcio o procedimento é feito com o casal, mas pode estender-se a todo o grupo familiar; b) o caminho para chegar ao acordo depende da habilidade do mediador e da disposição real de cada parte em mudar conceitos e atitudes próprias evitando a conduta litigiosa; c) o mediador deve contar com o auxílio de um supervisor ou um comediador de preferência com qualificação profissional diferente da sua própria; d) o mediador trabalha com a relação familiar, com a relação do casal; e) os dois negociadores são pais e/ou duas pessoas que construíram uma vida em comum, uma sociedade conjugal ou familiar; f) o consenso ajuda a reorganizar a vida comum do casal, em prol dos filhos, bem como a vida familiar no caso de contendas entre pais e filhos.

[338] Nesses casos, o que se pode propor como ética particular ao mediador familiar? a) primeiramente uma ética do tempo. A justeza e a prudência, neste domínio, consistem em prever o tempo que é necessário: nem muito pouco, pois trata-se de respeitar as maturações necessárias; nem demais, pois trata-se de não transformar as mediações em assistências passivas intermináveis; b) uma ética também de espaço. O mediador não tem de tomar partido, ele deve guardar suas distâncias para continuar a ver claramente. Não é neutralidade fria, mas é necessidade de evitar o sentimentalismo. O mediador deve estabelecer um terceiro espaço, ser ele mesmo este espaço intermediário. Convém também que o mediador estabeleça um campo claro, no qual ele faça estritamente a mediação e que não seja outra coisa além de um mediador: um advogado, por exemplo, ou um psicoterapeuta; c) enfim, uma ética da relação, na qual a mediação familiar seja primeiramente prevenção, que, como para a saúde, haja levantamentos de saúde familiar mediante os quais se possa apelar a um mediador com quem a família dialogaria pacificamente, antes mesmo que se declarasse um problema (SIX, Jean François. *Dinâmica da mediação*. Tradução de Giselle Groeninga de Almeida, Águida Arruda Barbosa e Eliana Riberti Nazareth. Belo Horizonte: Del Rey, 2001, p. 71-72).

[339] A justiça comunitária é um projeto implantado atualmente em algumas cidades brasileiras cujo objetivo primordial é fazer uma justiça "realizada pela, para e na comunidade". Trata-se de um trabalho pioneiro que vem ganhando força pela proposta que apresenta: tratar os conflitos dentro da própria comunidade, através de agentes comunitários. Sobre o tema é importante a leitura de BRASIL, Ministério da Justiça. Secretaria de Reforma do Judiciário. Redação e organização: Juíza Gláucia Falsarella Foley. Brasília: Cromos – Editora e Indústria Gráfica Ltda., 2006; SPENGLER, Fabiana Marion. *Fundamentos políticos da mediação comunitária*. Ijuí: Unijuí, 2012.

[340] Nesse sentido ver SALES, Lília Maia de Morais. *Justiça e mediação de conflitos*. Belo Horizonte: Del Rey, 2004. SALES, Lília Maia de Morais. *Mediação de conflitos*: família, escola e comunidade. Santa Ca-

Para promover a pacificação do conflito, é possível utilizar duas formas básicas de mediação: *Mandatória* e *Voluntária*.[341]

Voluntária é aquela que tem início por vontade das partes[342] que acordam em desenvolver tal processo. É iniciada pelo consentimento de todos os envolvidos e, é claro, sem que qualquer destes possa impô-la aos demais.[343]

---

tarina: Conceito Editores, 2007. SALES, Lília Maia de Morais. *Mediare:* um guia prático para mediadores. 2. ed. rev. e ampl. Fortaleza: Gráfica da Universidade de Fortaleza, 2005.

[341] Importante referir que François Six aponta para dois "tipos" de mediação, duas correntes de mediação que se manifestaram: uma que buscou o lado de uma institucionalização da mediação; outra que quis uma autonomia da mediação. Estas duas correntes nós iremos discernir a partir de uma dupla distinção: de uma parte, segundo a origem dos diferentes mediadores; de outra parte, segundo o seu respectivo modo de ação. Pode-se fazer a primeira distinção a partir da origem dos mediadores: aqueles que estão estabelecidos no alto e aqueles que se colocam embaixo. (SIX, Jean François. *Dinâmica da mediação*. Tradução de Giselle Groeninga de Almeida, Águida Arruda Barbosa e Eliana Riberti Nazareth. Belo Horizonte: Del Rey, 2001, p. 28-29).

[342] A origem dos mediadores reconhecidos pelo grupo social – e cuja participação ocorre por vontade desse mesmo grupo social – chamados de mediadores cidadãos. é totalmente diferente. Eles não são fabricados pelas instituições, são mediadores "naturais", que nascem nos grupos sociais; são como que secretados por eles para as necessidades da comunicação. Eles não têm poder como tal, não são juízes que vão sentenciar nem árbitros aos quais se delega a conclusão de uma contenda; eles não tem mais do que a autoridade moral. Se alguém se dirige a eles é porque considera que são, não gurus que decidem, mas, ao contrário, sábios que sugerem. Eles abrem uma via nova em relação ao impasse em que alguém se perdeu, a um dilema do qual se quer sair, envolvendo a si mesmo ou aos outros. Os membros dessas associações independentes, consagradas ao bem comum – associações humanitárias, sociais, caritativas etc. –, são normalmente mediadores cidadãos: eles sentem-se, com outros, responsáveis pela cidade, querem colocar em ação o seu senso cívico e trabalhar para interesses particulares, inclusive os seus, chegando a boa concordância com o interesse geral. (SIX, Jean François. *Dinâmica da mediação*. Tradução de Giselle Groeninga de Almeida, Águida Arruda Barbosa e Eliana Riberti Nazareth. Belo Horizonte: Del Rey, 2001, p. 31-32)

[343] Um texto que reflete bem o trabalho dos mediadores voluntários/cidadãos é datado da década de 70 e resulta de uma pesquisa realizada numa favela brasileira que o autor, Boaventura de Sousa Santos, chama de Pasárgada. A pesquisa foi publicada na forma de livro em 1988 e, não obstante já se terem passado algumas décadas desde sua elaboração, é rica fonte de consulta quando o objetivo é entender e analisar essa forma inoficial de gestão de conflitos. Na pesquisa realizada por Boaventura de Sousa Santos, ele observou que a proliferação dos bairros marginais nos grandes centros urbanos dos países do chamado terceiro mundo constitui uma das características mais salientes do processo de reprodução social do operariado industrial (e do exército de reserva) no capitalismo periférico. A luta pela legalização do espaço, pela melhoria de condições habitacionais e pela segurança faz com que a comunidade se una em torno de tais objetivos. O trabalho desenvolvido em prol da satisfação das necessidades da favela é feito por associações de bairros que, com o passar do tempo, assumem funções diferenciadas daquelas previstas nos estatutos, como a de arbitrar conflitos entre os vizinhos. O direito de Pasárgada é um direito paralelo não oficial, cobrindo uma interacção jurídica muito intensa à margem do sistema jurídico estatal (o direito do asfalto, como lhe chamam os moradores das favelas, por ser o direito que vigora apenas nas zonas urbanizadas e, portanto, com pavimentos asfaltados). Pasárgada ainda apresenta um "modelo decisório: mediação *versus* adjudicação", pois se assenta na mediação, ao contrário do modelo de adjudicação, que se encontra expressamente orientado para a "contabilização plena dos méritos relativos das posições no litígio e que, por essa via, maximiza o potencial de persuasão do discurso e o consequente potencial de adesão à decisão". A partir do relato e discussão sobre a resolução dos litígios, comparando, pode-se concluir que atualmente o Direito oficial apresenta um elevado grau de institucionalização da função jurídica, que se tornou especializada, autônoma, burocrática e sistematizada, apontando tarefas rigidamente definidas e hierarquizadas. Tais características trazem como consequências a padronização e a impessoalização de procedimentos, a falta de celeridade e, por último, a ineficácia na aplicação da lei em determinados litígios. Utili-

Por *Mediação Mandatória* entende-se aquela que tem início por iniciativa do Juiz, cumprindo determinação legal ou, ainda, a mediação que é provocada por determinada cláusula contratual que previa tal procedimento em caso de litígios que porventura viessem a ocorrer.[344]

Independentemente se mandatória ou voluntária, a mediação sempre acontece mediante um procedimento que deve ser analisado de maneira técnica. Não existe um modelo definitivo para o mesmo. Este varia de acordo com a matéria a ser mediada, as habilidades do mediador, sua escola e sua formação técnica, a maneira com que se comportam as partes, e com qualquer outro fator externo que, porventura, venha a interferir no andamento do procedimento.

Em geral, divide-se o procedimento em diferentes estágios. Tais estágios não são fixos ou, tampouco, invariáveis. Diferenciam-se conforme o modelo seguido e conforme o andamento do procedimento. Não há como definir previamente a duração de cada período, mas sim esboçá-los, uma vez que se alteram conforme os entendimentos das partes e de suas reações a cada atividade desenvolvida.

Entende-se, também, que os estágios não precisam, necessariamente, ser perfeitamente definíveis, podendo-se sobrepor uns aos outros. Possível, ainda, é a retomada de um estágio passado já findado, isto no caso de ser tal retorno proveitoso para a efetiva concretização do processo.

Há de se ressaltar, entretanto, que é quase consenso a existência de uma mesma concepção do processo da mediação e uma sequência para seu atos e estágios.

Kimberlee K. Kovach[345] apresenta um modelo de mediação que pode ser tomado por base. Tal modelo é utilizado nos Estados Unidos da América e apresenta nove estágios básicos e outros quatro opcionais.

---

zando o estudo realizado em Pasárgada e verificando a negociação e a aplicação de leis inoficiais na solução dos conflitos, sempre feitas através de um mediador representado na figura do presidente da associação de bairros, pode-se verificar que a conseqüência de não ser alcançado pelo Estado é a criação do direito inoficial, uma vez que "enquanto se está à margem da justiça oficial tudo é negociável" (SANTOS, Boaventura de Sousa. *O discurso e o poder*: ensaio sobre a sociologia da retórica jurídica. Porto Alegre: Sergio Antônio Fabris Editor, 1988).

[344] Na visão de Six esta é a mediação institucional na qual os mediadores, chamados mediadores institucionais, cumprem um trabalho específico a serviço ao mesmo tempo de sua instituição e dos clientes desta. Eles permitem a sua instituição reencontrar o diálogo com seus usuários. A própria justiça quis instituir mediadores que atenuassem o congestionamento dos tribunais, tentando que tal ou qual litígio não chegasse justamente a esses tribunais, sendo previa e amigavelmente regulado, sob o controle de um mediador. As cidades recorrem, mesmo por meio de pequenos anúncios, a mediadores voluntários, que venham a ser mediadores municipais, para ajudar a solucionar os problemas que surgem, particularmente nos bairros perigosos (SIX, Jean François. *Dinâmica da mediação*. Tradução de Giselle Groeninga de Almeida, Águida Arruda Barbosa e Eliana Riberti Nazareth. Belo Horizonte: Del Rey, 2001, p. 31-32).

[345] KOVACH, Kimberlee K. *Mediation:* principles and Practice, St. Paul – Minn – EUA: Ed. West Publishing, 1994.

De regra, esses quatro estágios aparecem como parte dos demais, porém, quando necessários, a eles pode-se dar ênfase especial. Quando desnecessários, podem ser descartados.

São estes os estágios sugeridos:[346]

1. Arranjos preliminares: a sessão de mediação, propriamente dita, é preparada. É neste momento que devem ser feitos os acertos gerais. É o instante em que as partes darão o aceite final ao procedimento de mediação.

Os envolvidos passam então a selecionar o mediador e, a partir daí, a trabalhar na preparação do procedimento – é fundamental para o êxito dos trabalhos que as diretrizes de ação sejam definidas antes do início dos labores de negociação e pacificação, eis que isso evitará interrupções desnecessárias e prejudiciais.

É neste momento, também, que se devem combinar os honorários do mediador e a forma pela qual as partes dividirão o custeio das despesas que, porventura, ocorram. Conveniente, ainda, traçar-se um cronograma prévio de atividades, definindo-se qual das partes estará presente em cada seção e quais serão as seções conjuntas. Na hipótese de representação de alguma das partes por terceiro, é nessa ocasião que o mesmo deverá apresentar-se a todos.

Neste estágio, compete ao mediador buscar o máximo de informações acerca das partes e de seus representantes e transmitir a estes detalhes acerca da mediação e da forma pela qual seu processo é conduzido, com o objetivo de possibilitar-lhes certeza sobre o fim real deste instituto.

Outra função deste período é a determinação do local de trabalho e do arranjamento da mobília deste local.

2. Introdução do mediador: na introdução do mediador, este deve apresentar-se e oferecer tempo para que as partes e seus representantes também o façam. Posteriormente, deve descrever o procedimento minuciosamente a fim de que os envolvidos tenham pleno conhecimento do assunto discutido.

3. Depoimentos iniciais pelas partes: nos depoimentos iniciais, cabe às partes e aos seus representantes fazerem uma apresentação, de forma ininterrupta, acerca dos motivos que as trouxeram a esta situação, devendo, ainda, expressar os argumentos em favor do seu ponto de vista sobre a disputa. É muito importante que cada uma das partes utilize-se do seu tempo e que não seja interrompida. Compete ao mediador frisar que os debates serão desenvolvidos no momento oportuno.

---

[346] Os estágios apresentados entre parênteses são os que o autor determina serem opcionais.

O objetivo deste momento é que as partes apresentem às demais e ao mediador os verdadeiros motivos que as levaram a ingressar no procedimento.

4. (Arejamento): é natural, em consequência do período emocional por que as partes estarão passando, que estas sintam a necessidade de expressar seus sentimentos ao grupo. A elas deve ser oferecido um momento para isso. Este período recebe a denominação de arejamento. Busca-se com este período que as partes se aliviem de frustrações e raivas. Isso auxiliará as partes na busca de uma solução para a causa.

5. Obtenção de informações: no caso de os depoimentos iniciais serem insuficientes para a definição clara e concreta sobre a disputa, compete ao mediador dar início ao estágio de obtenção de informações. Neste estágio, o mediador deve buscar as informações adicionais necessárias. Para tal, deve questionar as partes envolvidas. É de extrema importância que ao término deste estágio o mediador e as partes tenham forte noção do problema em questão e que estas tenham consciência dos motivos que as levaram ao processo.

6. Identificação da causa: após a obtenção de dados considerados suficientes, deverá o mediador atentar para a identificação exata do ponto em discussão. Afinal, é compreensível que as partes ingressem no processo de forma impensada, sem a prévia análise do porquê de ingressar em tal processo, como também dos objetivos que almejam com este.

Para solucionar tal problema, ingressa-se no período denominado de identificação da causa. Busca-se neste estágio a definição da *question* do processo. Este período somente pode ser concluído quando este elemento estiver perfeitamente definido.

7. (Acerto do cronograma): podem as partes ou o mediador concluir pela elaboração de um novo cronograma de trabalho para as próximas etapas. É este, pois, o momento para desenvolvê-lo.

8. (Reuniões): neste momento, além das reuniões conjuntas, pode o mediador reunir-se em privativo com cada uma das partes, recebendo tal ação a denominação de estágio das reuniões.

9. Criação de opções: definida a mesma, passa-se para o período de formação de ideias, opções e alternativas para solucionar a questão.

10. (Teste da realidade): conveniente também é a realização de um momento de testes da realidade, quando as partes simulariam e imaginariam a utilização das opções propostas a fim de verificar do seu êxito pacificador ou não.

11. Barganha e negociação: dá-se início, então, ao momento denominado negociações, no qual é às partes que compete chegar a uma solução final para o problema trazido. Esta deverá ser ponderada consoante as opções sugeridas e o entendimento pessoal das mesmas sobre a causa e, por óbvio, representará a solução que mais se aproxima dos interesses de cada envolvido. É este, portanto, o período do "dar e receber" do processo da mediação.

12. Acordo: sabido que perfaz função do mediador, a prestação de auxílio nas conversações e *negociações* no curso deste processo, quando do sucesso do mesmo, firma-se um acordo.[347]

A preparação deste é competência do mediador. Deve conter a determinação do acordo firmado, assumir a forma de contrato ou memorando de pacificação e ser assinado pelas partes. Não sendo obtido uma concordância, deve o mediador reapresentar o problema às partes, salientando qualquer avanço nos entendimentos que, porventura, estas tenham obtido.

13. Fechamento: como estágio final, de conclusão do processo, fala-se na fase do encerramento. É recomendável que o processo seja encerrado formalmente a fim de simbolizar o término do problema vivenciado pelas partes.

Por outro lado, existem outras maneiras de se expor e realizar o procedimento[348] de mediação, dentre os quais pode-se citar aquele entabulado por **Haynes e Marodin**:[349]

1) **identificar o conflito**: as negociações podem desde logo realizar-se quando as partes em conflito reconhecem e concordam em resolvê-lo. Sabe-se que por vezes nem todos reconhecem o conflito e, portanto, não há acordo. Por isto, deve o mediador deixar claro às partes qual o problema e o prejuízo que possam vir a ter caso deixem a decisão sujeita ao Juiz.

2) **escolher o método**: no momento em que as partes concordam que devem resolver o conflito, basta decidir o método adequado para tanto, sendo no presente caso, a mediação. É preciso ter em mente as vantagens dentre elas: a não adversariedade, a privacidade, a economia, a rapidez, já que se toma menos tempo no acordo do que num processo judicial.

3) **selecionar o mediador**: a escolha do mediador adequado para o caso se baseia no conhecimento do processo pelas partes, na reputação do mesmo e no encaminhamento/aconselhamento de outros profissionais.

---

[347] No entanto, vale ressaltar que nem todo procedimento de mediação redunda em acordo. A não obtenção do mesmo não significa que a mediação fracassou. Se a comunicação foi restabelecida, o procedimento foi exitoso, ainda que dele não se entabule nenhum acordo

[348] Importante referir que esses e outros procedimentos/modelos podem ser conferidos em BREITMAN, Stella; PORTO, Alice Costa. *Mediação familiar:* uma intervenção em busca da paz. Porto Alegre: Criação Humana, 2001.

[349] HAYNES, John M.; MARODIN, Marilene. *Fundamentos da Mediação Familiar*. Tradução de Eni Assunpção e Fabrizio Almeida Marodin. Porto Alegre: ArTmed, 1996.

4) **reunir os dados**: primeiro, o mediador coleta dados sobre o objeto em conflito e o ponto de vista das partes.

5) **definir o problema**: ao definir o conflito, deve-se levar em conta que não haja benefício a uma parte sobre a outra.

6) **desenvolver as opções**: depois da definição do conflito, o mediador auxilia as partes a tratá-lo, de forma que as opções sejam mútuas.

7) **redefinir posições**: geralmente, as primeiras posições das partes frente ao problema são de cunho emocional e não refletem o real interesse do conflitante. Cabe ao mediador auxiliar na negociação, fazendo com que as partes usem o raciocínio para identificar seus verdadeiros interesses, selecionando as opções.

8) **barganhar**: neste estágio, as posições tendem a se modificar, visto que para chegarem a um acordo as partes negociam e acabam abrindo mão de uma ou outra posição a fim de se chegar num consenso, satisfatório para ambos.

9) **redigir o acordo**: finalmente, mediador redige o acordo de forma detalhada e encaminha judicialmente para que seja homologado pela autoridade competente.

Já o modelo de **Sara Cobb**[350] expõe uma possibilidade de narrativa, privilegiando a metáfora das narrações do conflito e das histórias dos conflitantes. Nestes termos, a mediação é um processo narrativo que tem por objetivo principal desmistificar a concessão de poder: nem para o mediador, nem para as partes em conflito. Trata-se de um modelo circular-narrativo que apresenta conceitos da teoria da comunicação e da teoria familiar sistêmica. Durante o processo de negociação, se construirá uma outra narrativa – conjunta – mais eficaz idealizada pelas partes e pelo mediador.

Apresenta três obstáculos para a efetivação de um bom processo mediativo: a) **o balanço do poder**, situação na qual influem os níveis de autoestima, os recursos, o gênero, a raça, a classe social, a quantidade e a natureza da informação disponível, visando a alcançar um equilíbrio; b) **o controle do processo,** admitindo que o manejo do processo mediativo é algo que aufere poder; c) **a neutralidade,** cuja tônica recorrente é a autoridade uma vez que se manter neutro implica não tomar partido por nenhuma das partes. Nestes termos, o mediador possui controle apenas sobre o procedimento.

Propõe a participação como uma técnica que permite a coelaboração e a coconstrução de uma história conjunta. A história narrada pelas partes é uma metáfora. Aquele que conta primeiro a sua versão da história fica

---

[350] COBB, Sara. Una perspectiva narrativa de la Mediación: hacía la materialización de la metafora del "narrador de historias". In: FOLGER, Joseph P.; JONES, Tricia F. (compiladores). *Nuevas direciones em Mediación: investigación y perspectivas comunicacionales*. Buenos Aires: Paidós, 1997.

em uma posição privilegiada, pois quem conta depois apenas apresenta uma resposta, uma reação ao que foi narrado.

Com relação ao modelo de **Bush e Folger**,[351] observa-se que o enfoque transformador da mediação – denominado de mediação transformativa – se concentra no esforço de revalorização pessoal e reconhecimento do outro, objetivando ajudar os conflitantes a obter o aumento da força do "eu" e a sensibilidade mútua, qualquer que seja o modo de resolver o problema. Trata-se de uma visão relacional e não individualista do mundo.

Esse modelo reconhece os conflitos como oportunidade de crescimento, e a mediação, como modo de aproveitá-los.

O **modelo da Universidade de Harvard** é considerado o mais tradicional, fundamentando-se na teoria e compreensão do conflito. Suas principais características são: a) diferenciar as pessoas do problema; b) direcionar focos nos interesses que estão ocultos por trás das posições; c) inventariar opções para benefício mútuo; d) criar critérios objetivos; e) eleger a melhor alternativa ao acordo feito.

Esse modelo trabalha com a ideia de que o conflito aparece no momento em que as partes precisam firmar acordos no que diz respeito aos interesses e às necessidades incompatíveis. Nestes termos, propõe que firmem esses acordos de modo colaborativo. Os mediadores controlam a interação, estando orientados para obter a satisfação dos interesses.

Aqui a função do mediador é a de facilitador da comunicação para que ela seja efetivamente bilateral. Também privilegia uma posição que elimine as percepções de erros do passado que impedem a compreensão do presente, o que facilitará um acordo no futuro. Tem como foco principal o acordo e o conteúdo da comunicação, colocando em segundo plano o relacionamento entre as partes, sem procurar modificá-lo.

Nota-se, que no decorrer do processo de mediação, vão sendo atribuídas aos conflitos diferentes significações, sendo que ao terem esta percepção, as partes, que acabam por se aceitarem como autores do problema, conseguem facilmente traçar a solução que lhes for mais vantajosa.

Atualmente, o procedimento de mediação oferece inúmeras vantagens, dentre elas: é um procedimento voluntário e sigiloso, trazendo certa tranquilidade às partes, especialmente nas disputas que determinam privacidade; as partes envolvidas, geralmente rateiam os custos e honorários, custos estes que, normalmente, são muito inferiores aos casos que passam

---

[351] Vide FOLGER, Joseph P.; BUSH, Robert A. *La promessa de mediación:* como afrontar el através del fortalecimiento próprio y el reconocimiento de los otros: Barcelona: Granica, 1994. FOLGER, Joseph P.; BUSH, Robert A. A mediação transformativa e intervenção de terceiros: as marcas registradas de um profissional transformador. *In*: SCHNITMAN, Dora Fried; LITTLEJOHN, Stephen (org.). *Novos paradigmas em mediação*. Porto Alegre: ArtMed, 1999, p. 85-100.

por um julgamento, além da menor burocracia; e principalmente, reduz em muito, o sentimento de ansiedade que os envolvidos sentem.

Além disso, ao participar de um procedimento judicial, tem-se sempre o sentimento de busca de um direito que redunda, tradicionalmente, em um ganhador que se sente vingado na disputa judicial (o que pode trazer dissabores ao relacionamento dos litigantes acirrando ainda mais os ânimos). Na mediação não, as partes saem satisfeitas com o acordo entabulado, evoluindo do estereótipo ganhador/perdedor para o de ganhador/ganhador. Como o processo é colaborativo, a mediação estimula o tratamento cordial entre as partes, devolvendo a autoestima aos participantes. O tempo do procedimento de mediação inúmeras vezes é mais curto que o do procedimento judicial, e os custos, menores.[352]

Porém, como desvantagem, há o fato de que nem sempre a mediação comporta o tamanho e a intensidade do conflito, existem situações que não podem ser mediadas. Para que a mediação funcione é preciso boa vontade e boa-fé das partes; para que o acordo vertido da mediação seja executado é necessário recorrer ao Judiciário para sua homologação. No entanto, não obstante estes entraves a mediação ainda é um procedimento eficaz para responder à conflituosidade social atual uma vez que oferece respostas mais próximas e plausíveis, restabelecendo a comunicação entre as partes e instaurando uma outra cultura que trabalhe com a "arte de estar no meio".

7.2. A mediação enquanto arte de "estar no meio"

É possível dizer que as duas últimas décadas do século passado foram as da mediação. Especialmente entre os anos de 1980 a 1990, pode-se vislumbrar a sua explosão: em todos os lugares falava-se de mediação. O que ocorreu foi a banalização do termo, utilizando-o para todo propósito, a torto e a direito. Todavia, a função "mediação" não se exprime somente nas relações interpessoais, mas naquelas que cada um pode ter com as instituições e, entre outras, com as administrações destas últimas. Assim, não há somente o emprego – bastante intempestivo – do termo "mediação"; existe uma preocupação cada vez mais expressa de achar meios para responder ao problema real: uma enorme dificuldade de se comunicar; dificuldade esta paradoxal numa época em que a mídia conhece um extremo desenvolvimento. Entretanto, a multiplicação de mídias não é sinônimo de real "mediação". O emprego múltiplo desta palavra – e de seu conteúdo –

---

[352] Nesse sentido, ver SALES, Lília Maia de Morais. *Justiça e mediação de conflitos*. Belo Horizonte: Del Rey, 2004, p. 71-72.

testemunha, no final das contas, a necessidade imperiosa, hoje, de situar a mediação na nossa sociedade, de inseri-la, e profundamente.[353]

Nesse contexto, no qual a necessidade de comunicação se demonstra constante, permeado por partes que não conseguem restabelecer o liame perdido, rompido pelo litígio (cuja consequência é a necessidade de uma comunicação "mediada"), surge a mediação como uma outra forma de tratamento de conflitos que possa responder a tal demanda. O termo "mediação" procede do latim *mediare*, que significa mediar, intervir, dividir ao meio. Derivada da palavra *mediare* também a expressão *mediatione* e toda uma série de outras palavras.[354]

Outras três palavras provenientes do prefixo *med* possuem sua importância apontada por Elígio Resta.[355] O autor explica que entre dois valores extremos, mas opostos e conflitantes, a relação escalonada oferece resultados diversos: a *média*, a *moda* e a *mediana*. Nesse contexto, a *média* pressupõe a separação e a divisibilidade, porém, exclui a conjunção, como recorda a notória descisão do juízo salomônico. A *média* resolve o conflito, porém, o faz cortando, interrompendo cada comunicação e excluindo passado e futuro: é o que faz o juízo quando decide com base numa escolha fria e contábil.

A *moda*, que dentro da escala numericamente exprimível indica simplesmente o valor mais utilizado, também aponta as preferências mais expressas, aproxima, certamente, a maior parte, mas exclui as minorias; tem, justamente, uma característica de princípio majoritário. Já a posição da *mediana* é aquela mais significativa para a experiência de mediação. Enquanto a média separa, a mediana une, constituindo um lugar de partida do qual é possível que a comunicação recomece; enquanto a primeira decide, a segunda conserva espaços argumentativos, para que cada outra possibilidade se realize. A mediação é, pois, isto, e essa é sua diferença a respeito do juízo; ela não deve concluir nem decidir nada, deve somente fazer com que as partes conflitantes estejam em condições de recomeçar a comunicação.

Por conseguinte, a palavra *mediação* evoca o significado de centro, de meio, de equilíbrio, compondo a ideia de um terceiro elemento que se encontra entre as duas partes, não sobre, mas entre elas. Por isso, a mediação é vista como um procedimento em virtude do qual um terceiro (o media-

---

[353] SIX, Jean François. *Dinâmica da mediação*. Tradução de Giselle Groeninga de Almeida, Águida Arruda Barbosa e Eliana Riberti Nazareth. Belo Horizonte: Del Rey, 2001, p. 27-28.

[354] Todas essas palavras possuem como prefixo med, cujos exemplos são: a) *medeor*: cuidar, tratar, curar; b) *meditor*: meditar, pensar em, considerar; c) *modestus*: moderado, mensurado, comedido, razoável; d) *modero*: manter dentro da medida, regular, guiar; e) *modus*: medida, tamanho, maneira; f) *modius*: medida de capacidade; g) *medhyo*: médio; h) *medius*: que está ao centro (Vide ROBERTS, E. A.; PASTOR, B. *Diccionario etimológico indoeuropeo de la lengua española*. Madrid: Alianza, 1997).

[355] RESTA, Eligio. *Il diritto fraterno*. Roma-Bari: Laterza, 2005, p. 91 *et seq*.

dor) ajuda os participantes em uma situação conflitiva a tratá-la, o que se expressa em uma solução aceitável e estruturada de maneira que permita ser possível a continuidade das relações entre as pessoas involucradas no conflito.[356] Trata-se de uma "gestão ativa de conflitos pela catálise de um terceiro" através de uma "técnica mediante a qual são as partes mesmas imersas no conflito que tratam de chegar a um acordo com a ajuda do mediador, terceiro imparcial que não tem faculdades de decisão".[357]

Dentre as várias propostas de definição da palavra "mediação", aquela construída por Bonafé-Schmidt se sobressai quando propõe considerá-la uma "justice douce", cujo processo, na maioria das vezes, é informal, através do qual uma terceira pessoa tenta, mediante a organização de trocas entre as partes, confrontar as opiniões, procurando o tratamento para o conflito que as opõe.[358]

O tratamento do conflito através da mediação pode acontecer mediante uma pluralidade de técnicas que vão da negociação à terapia. Os contextos nos quais é possível aplicá-la são vários: mediação judicial, mediação no direito do trabalho, no direito familiar, na escola, entre outros. Possuem como base o princípio de religar aquilo que se rompeu, restabelecendo uma relação para, na continuidade, tratar o conflito que deu origem ao rompimento.

Nesse contexto, a mediação é considerada atualmente como maneira "ecológica de resolução dos conflitos sociais e jurídicos, uma forma na qual o intuito de satisfação do desejo substitui a aplicação coercitiva e terceirizada de uma sanção legal".[359] Diz-se dela uma forma consensuada de tratamento do litígio, uma vez que o terceiro mediador[360] tem "um poder de decisão limitado ou não autoritário, e que ajuda as partes envolvidas a chegarem voluntariamente a um acordo, mutuamente aceitáveis com relação às questões em disputa". Por isso, não se pode perder de vista a importância desta prática em uma sociedade cada vez mais complexa,

---

[356] HAYNES, John M. *Fundamentos de la fundamentación familiar:* como afrontar la separación de pareja de forma pacífica para seguir disfrutando de la vida. Madrid: Gaia, 1993, p. 11.

[357] SIX, Jean François. *Dinâmica da mediação.* Tradução de Giselle Groeninga de Almeida, Águida Arruda Barbosa e Eliana Riberti Nazareth. Belo Horizonte: Del Rey, 2001, p. 191. Nessa mesma linha: SUARES, Marines. *Mediación.* Conducción de disputas, comunicación y técnicas. Buenos Aires: Paidós, 1997; GOTTHEIL, J.; SCHIFFRIN, A. *Mediación:* una transformación en la cultura. Buenos Aires: Paidós, 1996.

[358] BONAFÈ-SCHMITT, Jean Pierre. Una, tante mediazioni dei conflitti. *In*: PISAPIA, G.V.; ANTONUCCI, D. *La sfida della mediazione.* Padova: CEDAM, 1997, p. 17. Do mesmo autor é importante a leitura de BONAFÈ-SCHMITT, Jean Pierre. *La Mediation:* une justice douce. Paris: Syros, 1992, p. 161.

[359] WARAT, Luis Alberto. *O ofício do mediador.* Florianópolis: Habitus, 2001. v. 1, p. 5.

[360] Luis Alberto Warat afirma que a função do mediador é "provocar-te, estimular-te, para te ajudar a chegar ao lugar onde possas reconhecer algo que já estava ali (ou em ti)". Esse é o papel do mestre, e também o papel do mediador (WARAT, Luis Alberto. *Surfando na pororoca:* o ofício do mediador. Florianópolis: Fundação Boiteux, 2004, p. 13).

plural e multifacetada, produtora de demandas que a cada dia se superam qualitativa e quantitativamente.

Justamente por isso a mediação surge como espaço democrático, uma vez que trabalha com a figura do mediador que, ao invés de se posicionar em local superior às partes, se encontra no meio delas, partilhando de um espaço comum e participativo, voltado para a construção do consenso num pertencer comum. Isso se dá porque a mediação não é uma ciência, mas uma arte na qual o mediador não pode se preocupar em intervir no conflito, oferecendo às partes liberdade para tratá-lo. Porém, a mediação suscita um paradoxo composto pelo fato de dizer ao juiz que não desenvolva o papel que disseram ser o seu, isto é, deixar de decidir e adjudicar para propô-la. Consequentemente, o que se pede é que pacifique sem decidir, quando o seu papel é tradicionalmente o de decidir sem, necessariamente, pacificar.[361]

Se comparada à decisão judicial, à composição consensuada entre as partes, percebe-se que a primeira tem por base uma linguagem terceira normativamente regulada. Ao contrário, a mediação desmancha a lide, decompõe-na nos seus conteúdos conflituosos, avizinhando os conflitantes que, portanto, perdem as suas identidades construídas antagonicamente. A mediação pretende ajudar as partes a desdramatizar seus conflitos, para que se transformem em algo de bom à sua vitalidade interior.

Contextualmente, enquanto em juízo, tudo se movimenta em torno do magistrado (autoridade que tem poder de decidir e de dizer quem ganha e quem perde o processo), na mediação, os conflitantes tomam em suas mãos o tratamento do litígio. A figura do mediador não possui papel central; via de regra, possui papel secundário, poder de decisão limitado ou não oficial; ele não pode unilateralmente obrigar as partes a resolverem a contenda ou a impor decisão. Deve mediá-las ou reconciliar os interesses conflitivos, conduzindo para que elas concluam com o seu impulso a melhor solução.

É nessa linha que a mediação, como ética da alteridade,[362] reivindica a recuperação do respeito e do reconhecimento da integridade e da totalidade dos espaços de privacidade do outro, repudiando o mínimo de movimento invasor e dominador. A mudança de lentes ao olhar para os conflitos traz uma nova concepção deles. As divergências passam a ser vistas como oportunidades alquímicas, as energias antagônicas como complementares, e o direito como solidariedade. As velhas lentes que fragmentavam, classificavam e geravam distâncias vão para a lixeira. Começamos a entender que cada homem não é uma mônada isolada, que

---

[361] RESTA, Eligio. *Il diritto fraterno*. Roma-Bari: Laterza, 2005, p. 83-84.
[362] Sobre o tema, vide BUBER, Martin. *Eu e tu*. Tradução de Newton Aquiles Von Zuben. 8. ed. São Paulo: Centauro, 2004.

não são fragmentos sem conexão. Cada um é interdependente e produto forçado das interações. A sociedade é unicamente produto da complexidade desses vínculos.[363]

Paralelamente à ética da alteridade, deve-se pensar a outridade no sentido de "captar o outro": é necessário "captar a alteridade ética do outro e a honestidade que trata de se instalar em sua outridade". Mas quem é o outro? Como se relacionar com ele? As respostas dadas na modernidade eram totalitárias, reducionistas, manipuladoras, eurocêntricas, egocêntricas, etnocêntricas. Respostas que procuram dissolver o outro em sua alteridade, para terminar devorado pelos modelos hegemônicos que pertenciam à cultura referencial colocada em posição de domínio. Modelos de egos coletivos ou egos-padrões. Ego logocêntrico, que considera a alteridade como duplicação da subjetividade de cada um, que, por sua vez, se imagina coincidente com a razão universal. Nossa subjetividade como medida de tudo alheio a nós. É a violência de reduzir o outro a nós. A nova visão da outricidade pretende mostrar que é possível ascender partindo da responsabilidade, que é algo inclusive anterior à nossa liberdade, à nossa autonomia.[364]

O fim da mediação é exatamente responsabilizar os conflitantes pelo tratamento do litígio que os une a partir de uma ética da alteridade, encontrar, com o auxílio de um mediador, uma garantia de sucesso, aparando as arestas e divergências, compreendendo as emoções reprimidas e buscando um consenso que atenda aos interesses das partes e conduza à paz social.[365]

Mas, não obstante as vantagens oferecidas pela mediação, ela não possui só adeptos. Muitas críticas são tecidas especialmente quanto a um dos seus aspectos principais: a informalidade que, segundo os críticos, gera a insegurança e a incerteza jurídica. Sobre o assunto, debater-se-á adiante.

7.3. As críticas à mediação: a falta de segurança e certeza jurídicas

Se a mediação é um instrumento que permite o restabelecimento da comunicação entre os litigantes, por que suscita tanta resistência quanto à sua utilização e se torna alvo de críticas dos operadores do direito e da justiça? Pode-se responder a tal pergunta elencando alguns motivos dessa resistência: a) primeiramente, porque é um instrumento relativamente

---

[363] WARAT, Luiz Alberto. *Surfando na pororoca*: o ofício do mediador. Florianópolis: Fundação Boiteux, 2004, p. 55.
[364] Ibid., p. 145.
[365] TORRES, Jasson Ayres. *O acesso à justiça e soluções alternativas*. Porto Alegre: Livraria do Advogado, 2005, p. 171.

novo[366] de tratamento de conflitos; b) em segundo lugar, porque se trata de uma técnica não disciplinada legalmente em alguns países; c) por último – e esse é o ponto de maior importância –, a perspectiva de uma verdade consensual que se opõe à verdade processual, de uma responsabilidade que não desemboca em uma sanção, mas na possibilidade de escolha das partes, na ausência da figura do juiz, na presença do mediador – figura que guia as pessoas no tratamento do conflito sem, todavia, impor uma decisão –, soa na mente dos juristas como um resquício de justiça privada. Percebe-se, neste último caso, que a mediação é vista como "una zona d'ombra"[367] na qual se aninha o perigo através de formas paternalistas de controle social, exercitadas sem as tutelas que a justiça formal oferece.[368]

Nesse contexto, a mediação realiza, através de uma pluralidade de formas, o fim que o direito, na sua generalidade, parece negar ao singular: a possibilidade de recuperação daqueles espaços decisionais que a organização estatal, sempre invasiva e juridificada, passo a passo subtraiu. No entanto, opor a mediação ao direito significa recair na lógica conflitual da qual se busca a liberdade. Talvez seja melhor (e mais útil) considerá-los com instrumentos diferentes que se inserem em estados e níveis diversos na trama da conflitualidade.[369]

No concernente à necessidade de legislação específica sobre a mediação, ao discutir a experiência francesa no campo da mediação penal, Jacques Faget elabora considerações que podem ser aproveitadas em qualquer contexto no qual a mediação esteja inserida. Segundo o autor, é oportuna a aprovação de uma legislação que coloque a mediação em

---

[366] Ainda que existam diversos autores que afirmem a existência da mediação desde os primórdios da civilização, trata-se de um instituto novo enquanto instrumento de tratamento de conflitos reconhecido pelo mundo do Direito como eficiente. Nesse contexto, Moore afirma que a mediação já era prática para tratar os litígios bíblicos, especialmente nas comunidades judaicas. Posteriormente, seu uso se difundiu entre várias culturas, dentre elas a islâmica, a hindu, a chinesa, a japonesa. Todavia, o próprio autor ressalta que foi nos últimos 25 anos que a mediação se expandiu exponencialmente no mundo, ganhando espaço e tornando-se reconhecida como meio de tratamento de litígios alternativo às práticas judiciais (MOORE, Christoper W. *O Processo de mediação*: estratégias práticas para a resolução de conflitos. Tradução de Magda França Lopes. Porto Alegre: Artmed, 1998, p. 32-34).

[367] Para debater essa concepção da mediação como uma zona de sombra do direito, é importante a leitura de PUPOLIZIO, Ivan. *Una comunità all'ombra del diritto. La mediazione sociale e la giustizia informale nel modello statunitense e nell'esperienza italiana*. Milano: Giuffrè, 2005.

[368] COSI, Giovanni; FODDAI, Maria Antonieta. *Lo spazio della mediazione*. Conflitti di diritti e confronto di interessi. Milano: Giuffrè, 2003, p. 62 .

[369] Michele Taruffo escreve sobre o tema traçando um paralelo entre a "cultura do direito" e a "cultura da mediação", tecendo críticas à segunda, especialmente quanto à inexistência de previsão e certeza em suas técnicas de tratamento dos conflitos. Assim, "tutto questo non deve però far pensare che la cultura dei diritti sia in fase di estinzione, per essere sostituita da una vera e propria cultura della mediazione, e che quindi l'ordinamento si vada complessivamente adeguando a questa sorta di mutazione culturale. La vera ragione della proliferazione, soprattutto legislativa, della mediazione, è culturalmente assai meno qualificata e risiede nella conclamata incapacità del legislatore di provvedere forme decorose di tutela giurisdizionale dei diritti. (TARUFFO, Michele. Considerazioni sparse su mediazione e diritti. *In: Ars Interpretandi*. Padova: CEDAM, 2004. n. 9).

um quadro ético e jurídico, tornando-a adequada às exigências do sistema social, frente aos possíveis riscos e abusos que possibilitaria enquanto instrumento privado de controle jurídico.[370]

Porém, nem todos aqueles que se ocupam da mediação concordam com a tão aclamada necessidade de juridificação através da criação de legislação específica que a regulamente determinando seus objetivos, formas e possibilidades. O temor nasce da possibilidade de perda de seu caráter não decisionista e nem autoritário de tratamento de conflitos.[371] O que não se pretende é ver cristalizadas as suas principais características que lhe permitem conservar a fluidez possibilitadora de adequação a situações diversas.

Paralelamente, torna-se importante observar com particular atenção a relação entre prática e teoria da mediação, uma vez que fazer mediação e pensar na mediação parecem duas atividades heterogêneas que respondem a ritmos, critérios e exigências diferentes. Em parte, essa crença foi induzida de uma imagem simplificada da mediação, exibida como uma prática que não tem necessidade de uma teoria para funcionar adequadamente: mais do que o êxito de um projeto político, de um programa rigorosamente definido nos seus aspectos teóricos, a mediação "tem as características de uma prática em busca de uma teoria que a justificasse".[372] Os seus defensores, de fato, afirmavam que a mediação não tinha necessidade de uma legitimação teórica, apenas precisava demonstrar sua eficácia no campo social.[373]

Ocorre que a rápida aceitação social da mediação enquanto técnica não correspondeu às expectativas de dispensabilidade teórica, de modo que, atualmente, as maiores dificuldades e resistências não são de natureza exclusivamente técnica, mas ideológica. Duvida-se que mediação e Direito possam conviver lado a lado, pacificamente, pois possuem valores que interagem desestruturando-se mutuamente.[374]

É por isso que o risco de introduzir a mediação no sistema jurisdicional é reduzi-la à condição de um mero instrumento a serviço de um Sistema Judiciário em crise, mais do que da paz social. A sua institucionalização pode resultar útil se observada conforme critérios econômicos, mas perigosa de acordo com critérios jurídico-políticos. A alteridade da

---

[370] FAGET, Jacques. Le cadre juridique et éthique de la médiation pénale. *In*: CARIO, R. *La médiation pénale*. Paris: L'Harmattan, 1997, p. 37 *et seq*.

[371] CASTELLI, S. *La mediazione*. Milano: Raffaello Cortina, 1996, p. 30 *et seq*.

[372] COSI, Giovanni. *La responsabilità del giurista*. Torino: Giappichelli, 1998, p. 343.

[373] COSI, Giovanni; FODDAI, Maria Antonietta. *Lo spazio della mediazione*. Conflitti di diritti e confronto di interessi. Milano: Giuffrè, 2003, p. 66.

[374] Assim, "law aims to resolve disputes on the basis of rules, wheres alternative disputes resolution mechanism turn to nonlegal values" (EDWARDS, H. T. Alternative dispute resolution: panacea or anatema? *In*: *Harward law review*. 1986. v. 99, p. 668-684, *passim*).

mediação quanto ao direito nasce dos fins e dos princípios que a inspiram, de uma modalidade diversa de entendimento das relações interpessoais. Nestes termos, mediação e direito propõem dois modelos diversos na forma, na estrutura decisional e, principalmente, nos princípios inspiradores.[375]

A comparação quanto à forma e ao conteúdo das regras seguidas judicialmente na gestão e tratamento de conflitos e na mediação evidenciam o porquê de a última ser chamada de justiça doce.[376] Em função de tais características, para muitos a mediação não pode ser considerada como justiça porque é privada de critérios de igualdade – o que pode ser entendido como falta de garantias de isonomia no tratamento de todos aqueles que a ela recorrem –, de certeza e de respeito aos direitos, uma vez que se baseia em princípios éticos, como ouvir e compreender.

A falta de certeza dos procedimentos de ADR – dentre eles a mediação – é uma das principais críticas.[377] A argumentação possui dois pontos principais: 1) o primeiro diz respeito à diferenciação entre segurança e certeza jurídicas.[378] Quando o nascimento da segurança jurídica se acompanha da possibilidade de um conhecimento certo das normas por parte dos destinatários, estes podem manejar a informação sobre o que é proibido, determinado ou permitido. Isso permite organizar a sua conduta programando as expectativas de sua atuação jurídica futura segundo modelos razoáveis de previsibilidade. Estes são os elementos que constituem a certeza jurídica. 2) O segundo critério diz respeito ao papel atribuído à certeza e à segurança jurídicas, que se encontra vinculado à realização de certos bens dos seus destinatários. Em resumo, a certeza como percepção de previsibilidade das ações dos outros permite organizar a conduta presente dos destinatários, assim como estabelecer projetos de vida futura sob um plano de liberdade e justiça.[379]

---

[375] COSI, Giovanni; FODDAI, Maria Antonietta. *Lo spazio della mediazione*. Conflitti di diritti e confronto di interessi. Milano: Giuffrè, 2003, p. 68-69.

[376] BONAFÈ-SCHMITT, Jean Pierre. *La Mediation*: une justice douce. Paris: Syros, 1992.

[377] [...] manca tanto una formulazione di criteri di valutazione e di decisione, quanto la possibilità di qualsiasi tipo di controllo diffuso degli organi che gestiscono questi metodi. Questi concedono un valore assoluto alla decisione ad hoc, basata sulla situazione specifica, senza fare riferimento a dei criteri generali. Una conseguenza di ciò è che molte soluzioni vengono applicate seguendo la logica del "caso per caso", senza che si possa individuare nessuna certezza o almeno previsione sul risultato delle controversie, né alcuna uniformità di criteri per risolverle [...]. (TARUFFO, Michele. Aspetti della giustizia civile: frammentazione e privatizzazione. *In*: *Anuário de la Faculdad de Derecho de la Universidad Autónoma de Madrid*. 3, 1999, p. 73-74).

[378] Assim, a) conceito de segurança jurídica é ligado à coincidência de uma regularidade estrutural e funcional do sistema jurídico. Essas duas "regularidades" se constituem a partir da promulgação das leis e da criação das instituições; b) já o conceito de certeza depende do conceito de segurança jurídica; a certeza torna-se o seu aspecto subjetivo (LUÑO, Perez. *La seguridad jurídica*. Barcelona: Ariel, 1991, p. 23-27).

[379] SOLER, Raúl Cavo. I Giochi senza arbitro né segnapunti. La mancanza di certezza nella risoluzione dei conflitti. Traduzione di Caterina Briguglia. *In*: *Ars Interpretande*. Padova: CEDAM, 2004. n. 9.

A tão almejada certeza jurídica e seus critérios de previsibilidade são apontados como uma falha nos procedimentos de mediação, se comparada ao tratamento judicial dos conflitos, uma vez que, na segunda hipótese, a autonomia privada é substituída por uma autoridade que impede a prevaricação de uma parte sobre a outra. Essa afirmativa divide-se em dois pontos principais: a) a assimetria do poder, segundo a qual o fato de confiar o tratamento do conflito a uma figura portadora de autoridade pode depender da presença de uma assimetria de poder na relação.[380] A parte em desvantagem sabe que, se a resolução depende da autonomia, é possível que o acordo final requeira grandes concessões suas. Contudo, mediante a intervenção de uma autoridade que estabeleça a solução, a princípio, existe a confiança de não ocorrer pressões para que estas concessões aconteçam; b) a preservação das relações futuras,[381] uma vez que se uma das partes impõe sua posição ao outro, provavelmente prejudica a sua relação futura.[382]

Nesse mesmo contexto, o tratamento de conflitos baseado na certeza busca soluções objetivas, e não posicionamentos que expressem preferências, crenças ou desejos das partes envolvidas. Em resumo, os métodos jurisdicionais são ligados à realidade inevitável da "solução". O processo termina com uma "solução" para o conflito, na qual o juiz diz a última palavra, não importa se justa, se correta, se aplicável ao caso, mas a última.[383] Na mediação não é assim, o princípio da autonomia não vem substituído pela autoridade de um terceiro. Ao contrário, as partes buscam o tratamento adequado de seu conflito. Nestes termos, a mediação corresponde

---

[380] Nesse sentido, o modo de assegurar uma adequada proteção à parte mais fraca dos conflitos é um problema ressaltado por Michele Taruffo, quando argumenta: "[...] nonché il problema di ammetere o di escludere la presenza dei diffensors, di una parte o di entrambi le parti. *In* ogni caso, sembra necessario che vi sia un procedimento 'visibile', guidato da regole predefinite, nel quale tutte le parti abbiano modo di far valere le loro pretese in modo adeguato. [...] informalità del procedimento non può significare disparità ed arbitrio. (TARUFFO, Michele. Considerazioni sparse su mediazione e diritti. *In*: Ars Interpretandi. Padova: CEDAM, 2004. n. 9).

[381] Um tanto quanto paradoxal esta afirmação, uma vez que a mediação também pretende manter e proteger o relacionamento futuro entre as partes, justamente por isso um dos seus objetivos é manter um canal aberto de comunicação entre elas.

[382] SOLER, Raúl Cavo. I Giochi senza arbitro né segnapunti. La mancanza di certezza nella risoluzione dei conflitti. Traduzione di Caterina Briguglia. *In*: Ars Interpretande. Padova: CEDAM, 2004. n. 9.

[383] Segundo Eligio Resta, "bela é a expressão de Blanchot: 'o valor 'soberano' da palavra!'. A palavra reina soberana no mundo da contabilidade jurídica. É sua expressão e seu veículo. Nela, sedimentam-se a validade e o vigor. A gramática dela é a gramática de um poder, que "diz o direito", ou melhor, "diz a última palavra". A sua validade está toda em ser a última palavra. Certamente que outras linguagens reivindicarão esta definitividade; o farão a religião, a filosofia, a ética, até a literatura, de maneira mais sóbria, talvez menos prepotente e mais cintilante. Cada uma delas produzirá juízes; de resto, na linguagem comum, diz-se "cuspir sentenças", que indicam o vício inveterado de cada um de nós julgar.[...] De um ponto de vista frio do sistema social, tudo isso é um dos mecanismos para interromper a maldosa infinitude da violência e ferir a própria capacidade de conviver com ela. Somos obviamente distantes do exercício de artes ou de práticas da virtude, da prudência (RESTA, Eligio. *Il diritto Fraterno*. Roma-Bari: Laterza, 2005, p. 64).

a um jogo sem árbitro e sem pontuação: são sempre os jogadores que controlam a partida.[384]

De fato, o que a mediação propõe é um modelo de justiça que foge da determinação rigorosa das regras jurídicas, abrindo-se à participação e à liberdade de decisão entre as partes, à comunicação de necessidades e de sentimentos, à reparação do mal mais que a punição de quem o praticou. Contudo, esse modelo diferenciado que propõe uma outra forma de tratar os conflitos, buscando não só uma solução para o Poder Judiciário (cujo modelo de jurisdição se encontra esgotado), mas também a autonomia das partes, possui, na falta de previsibilidade (baseada nas regras e nos procedimentos), uma causa de vantagem e outra de desvantagem. A vantagem fundamental é a não submissão a uma *lex previa*, o que permitirá um grau maior de atenção ao caso concreto, favorecendo a identificação de uma pluralidade de caminhos condizentes com as características de cada conflito.

Porém, a desvantagem advém da falta de previsibilidade no processo de criação do acordo, uma vez que, quando duas partes interagem apelando a uma determinada norma, essa funciona como ponto focal em torno do qual gravitam as suas pretensões. Ao contrário, a falta deste ponto focal permite ampliar o conjunto de possíveis tratamentos do conflito. Entretanto, esse aumento de opções permite o distanciamento entre as pretensões de cada parte. Assim, quanto mais estratégias é possível imaginar, mais provável é que aquilo que cada parte pretenda se distancie consideravelmente daquilo que quer a outra. Essa desvantagem pode ser reparada pela figura do mediador dotado de recursos necessários para conduzir os envolvidos a um ponto comum de análise do conflito. E isso só é possível quando se aceita a proposta de um mediador estratégico.[385]

Nesse sentido, existem duas posições extremas: a) de um lado, se encontra-se a proposta de um mediador que restrinja o seu próprio campo de ação à facilitação da comunicação entre os atores do conflito. Nesse caso, o papel do mediador vem substancialmente assimilado àquele do moderador de um debate; b) em contraposição a essa proposta, observa-se o papel desenvolvido por um mediador mais estratégico,[386] que deverá ter em mente uma possível via para o tratamento do conflito.[387]

Diante das duas propostas de mediadores, é possível resumir dizendo que o mediador estratégico é aquele que aponta as possíveis formas de

---

[384] SOLER, Raúl Cavo. I Giochi senza arbitro né segnapunti. La mancanza di certezza nella risoluzione dei conflitti. Traduzione di Caterina Briguglia. *In*: *Ars Interpretande*. Padova: CEDAM, 2004. n. 9.

[385] Idem.

[386] Vide CALCATERRA, R. *Mediación estratégica*. Barcellona: Gedisa, 2002.

[387] SOLER, Raúl Cavo. I Giochi senza arbitro né segnapunti. La mancanza di certezza nella risoluzione dei conflitti. Traduzione di Caterina Briguglia. *In*: *Ars Interpretande*. Padova: CEDAM, 2004. n. 9.

tratar o conflito, conduzindo as partes à escolha de uma delas. É aquele cuja certeza e previsibilidade são mais presentes, de modo a corresponder as expectativas baseadas na regularidade de comportamento. De fato, um dos temores é que a falta de previsibilidade possa condicionar, inicialmente, o alcance do acordo no momento em que quanto menores são as informações a respeito dos pontenciais comportamentos dos atores, maiores serão as variáveis que esses mesmos autores pretenderão incluir para fazer frente a cada eventualidade.[388]

Ao criticar a mediação como meio de tratamento de conflitos, argumentando também em torno da falta de certeza e de previsão legal, Michele Taruffo salienta dois temas aos quais dá especial atenção. O primeiro deles está ligado à figura do mediador que, segundo o autor, deveria apresentar ao menos duas ordens de características: uma adequada preparação profissional, que inclua não só competências jurídicas, mas também um específico conhecimento das técnicas de mediação; o segundo diz respeito à independência e imparcialidade quanto às partes e ao objeto do litígio, uma vez que, não observados tais critérios, poderia favorecer um dos lados em detrimento do outro, alcançando um tratamento não satisfativo do conflito.[389]

Ainda, a falta de previsibilidade no procedimento de mediação institui uma segunda problemática constituída na inexistência de expectativas *ex ante*, baseadas sobre uma regra que resolva o conflito e faz com que as previsões sobre como se comportará o outro sejam ligadas à história dessa pessoa.[390] A questão se torna problemática porque uma vez aceito que a relação conflitual se manifeste nas histórias dos atores e que as suas previsões são funcionais a tais histórias, é muito provável que cada uma faça previsões não compartilhadas e até mesmo opostas.[391]

O desencontro de posicionamentos vertidos de uma situação conflituosa, a figura do mediador enquanto terceiro intermediário do conflito, a inexistência de previsibilidade e certeza jurídicas são vistos como

---

[388] Una dimostrazione dell'applicazione di questa regola è, per esempio, che la formalizzazione dei vincoli commerciali tra imprese che cominciano una collaborazione richiede una maggiore quantità di considerazioni rispetto al caso in cui il rapporto è già assestato. Ciò avviene anche nelle situazioni in cui la previsione di ciò che farà l'altro abbia una connotazione negativa: se conosco l'errore posso darmi da fare per eliminarlo. La maggiore complessità di questa situazione può compromettere la realizzazione degli accordi (SOLER, Raúl Cavo. I Giochi senza arbitro né segnapunti. La mancanza di certezza nella risoluzione dei conflitti. Traduzione di Caterina Briguglia. In: *Ars Interpretande*. Padova: CEDAM, 2004. n. 9).

[389] TARUFFO, Michele. Considerazioni sparse su mediazione e diritti. In: *Ars Interpretandi*. Padova: CEDAM, 2004. n. 9.

[390] CALCATERRA, R. *Mediación estratégica*. Barcellona: Gedisa, 2002, p. 183 *et seq*.

[391] Essa visão é traduzida por Michele Taruffo quando argumenta que a mediação possui tradicionalmente uma ideia que se assemelha a uma black box, na qual ninguém sabe ou deve saber que coisa acontece, e na qual o mediador e as partes fazem aquilo que querem sem seguir nenhuma "regola del gioco". Esse é um dos argumentos nos quais se fundam as críticas.

limitadores da mediação. Essa visão nasce da necessidade de ordem[392] estabelecida pelas prerrogativas de um sistema jurisidicional cuja racionalidade vê na autoridade estatal o direito de dizer quem ganha e quem perde o litígio. O que se observa é a necessidade de limitar a violência e a desordem através do monopólio dessa própria violência por parte do Estado.

É justamente isso que propõe a mediação: um espaço para acolher a desordem social, um espaço no qual a violência e o conflito possam transformar-se, um espaço no qual ocorra a reintegração da desordem, o que significaria uma verdadeira revolução social que possa refutar o espírito, os usos e os costumes pouco democráticos e pouco autônomos impostos aos conflitantes. A mediação oferece tudo isso, a sua especificidade e a sua função essencial é justamente acolher a desordem.[393] De que modo? O conflito é a manifestação mais representativa da desordem (independentemente se individual ou coletivamente). Para que possam tratá-lo, as partes devem estar conscientes do caráter excepcional do encontro que emerge da mediação. No curso do procedimento de mediação, a cólera, as diferenças (não reconhecidas ou não aceitas), os desejos obstaculizados e a violência têm o direito de existir. Os mediadores se encontram em frente a um perseguido e a um perseguidor (e vice-versa). Somente uma rigorosa representação do conflito pode acolher a desordem e representar cada momento do drama, deixando o seu espaço e o seu tempo.[394]

A mediação é a melhor fórmula até agora encontrada para superar o imaginário do normativismo jurídico, esfumaçando a busca pela segurança, previsibilidade e certeza jurídicas para cumprir com objetivos

---

[392] "Ordem é ordem". É impossível que o caráter definitivo e indiscutível atrelado à ordem seja a causa da pouca reflexão a seu respeito. Aceita-se a ordem como algo que sempre existiu; ela parece tão natural quanto imprescindível. Desde pequeno, o homem acostuma-se às ordens; nelas consiste, em boa parte, tudo aquilo a que se chama educação; e mesmo a totalidade da vida adulta encontra-se impregnada dela, seja na esfera do trabalho, da vida ou da fé. Pouquíssimas vezes o homem se perguntou o que, de fato, é a ordem: se ela é tão simples quanto parece; se, a despeito da prontidão e facilidade com a qual produz o efeito esperado, ela não deixaria outras marcas mais profundas e talvez até hostis, naquele que obedece a elas (CANETTI, Elias. *Massa e poder*. Tradução de Sérgio Tellaroli. São Paulo: Companhia das Letras, 1995, p. 303).

[393] [...] la scommessa del diritto del XXI secolo sta proprio nel rinunciare a imporre un ordine dato ed accettare il disordine come elemento che caratterizza la convivenza umana; o, meglio, si tratta di concepire un ordine fondato sulla ricerca costante del consenso, sui bisogni sociali e individuali espressi (ancorché manipolati) piuttosto che su astratte concezioni del mondo (BOUCHARD, Marco; MIEROLO, Giovanni. *Offesa e riparazione*. Per una nuova giustizia attraverso la mediazione. Milano: Bruno Mondadori, 2005, p. 194).

[394] MORINEAU, Jacqueline. *Lo spirito della mediazione*. Traduzione di Federica Sossi. Milano: Franco Angel, 2000, p. 56-57. Sobre o tema: o programa de mediação e sensibilidade pretende que o mediador ajude as partes a desdramatizar seus conflitos, que os transformem para que só restem os sentimentos que acrescentem algo de bom à sua vitalidade interior. Esse programa não é uma técnica, nem uma filosofia ao modo tradicional; ele é uma forma de ver a vida que encontra o sentido da mesma, unicamente, vivendo-a. Falo da mediação como de uma cultura, um determinante de uma forma de vida (WARAT, Luis Alberto. *Surfando na pororoca:* o ofício do mediador. Florianópolis: Fundação Boiteux, 2004. v. 3, p. 33).

inerentes à autonomia, à cidadania, à democracia e aos Direitos Humanos. Portanto, as práticas sociais de mediação configuram-se em um instrumento de exercício da cidadania, na medida em que educam, facilitam e ajudam a produzir diferenças e a realizar tomadas de decisões, sem a intervenção de terceiros que decidem pelos afetados em um conflito. Falar de autonomia, de democracia e de cidadania, em um certo sentido, é ocupar-se da capacidade das pessoas para se autodeterminarem em relação e com os outros; autodeterminarem-se na produção da diferença (produção do tempo com o outro). A autonomia é uma forma de produzir diferenças e tomar decisões em relação à conflitividade que nos determina e configura em termos de identidade e cidadania; um trabalho de reconstrução simbólica dos processos conflitivos das diferenças que nos permite formar identidades culturais e nos integrarmos no conflito com o outro, com um sentimento de pertinência comum. É uma forma de poder perceber a responsabilidade que toca a cada um em um conflito, gerando devires reparadores e transformadores.[395]

Por isso, a mediação é, essencialmente, um procedimento democrático,[396] porque rompe, dissolve, os marcos de referência da certeza determinados pelo conjunto normativo, postos e expostos de forma hierarquizada. É democrática porque acolhe a desordem – e, por conseguinte, o conflito – como possibilidade positiva de evolução social. É democrática quanto ao fundamento da relação de um com o outro. É uma aposta na diferença entre o tratamento dos conflitos de maneira tradicional (Estado produtor de regulação e de jurisdição, único meio de resposta) para uma estratégia partilhada e convencionada que tenha por base um direito inclusivo. A mediação aposta numa matriz autônoma, cidadã e democrática, que seja um salto qualitativo ao ultrapassar a dimensão de "resolução adversária de disputas jurídicas modernas", baseadas no litígio e apoiadas na cientificidade que determina o descobrimento da verdade.

A mediação, como espaço de reencontro, utiliza a arte do compartir para tratar conflitos e oferecer uma proposta inovadora de pensar o

---

[395] WARAT, Luis Alberto. *Surfando na pororoca:* o ofício do mediador. Florianópolis: Fundação Boiteux, 2004. v. 3, p. 66.

[396] Todavia, críticas existem também quanto aos aspectos democráticos da mediação, que são apontados como meios de possibilitar a dominação sobre os mais fracos, não servindo para restaurar as relações comunitárias, pelo contrário, destruindo-as em razão de sua inspiração essencialmente individualista. Assim, primeiramente concebida para deixar de lado a burocracia judiciária da justiça formal, ela seria substituída por uma nova corporação de profissionais da justiça informal. Porém, não se pode confundir o formalismo e a exigência de formas. O primeiro é estéril, a segunda se constitui em garantias para os pleiteantes "como a checagem dos instrumentos de vôo garante a segurança dos passageiros nos aviões". Ademais, os ritos constituem um comportamento simbólico que se bem utilizados podem introduzir o conflito em um procedimento que visa desarmá-lo, tratá-lo, restaurando a continuidade da troca social (ROULAND, Norbert. *Nos confins do direito. Antropologia Jurídica da modernidade.* Tradução de Maria Ermantina de Almeida Prado Galvão. São Paulo: Martins Fontes, 2003, p. 143-145).

lugar do direito na cultura complexa, multifacetada e emergente do terceiro milênio. Essa proposta diferenciada de tratamento dos conflitos emerge como estratégia à jurisdição tradicional, propondo uma sistemática processual que faça novas abordagens linguístico-temporais.

7.4. A figura do mediador e o seu modelo padrão de condutas

Fundamental para o bom andamento do processo de mediação é a figura do terceiro: o *mediador*. Este pode ser qualquer pessoa que, porventura, as partes, órgão estatal ou privado, venham a indicar.[397]

Entretanto, recomenda-se, devido à seriedade e à cientificidade do instituto, que o mediador seja alguém preparado para exercer tais funções e que possua o conhecimento jurídico e técnico necessário para o bom desenvolvimento do procedimento. Ressalta-se, então, que profissionais preparados para exercer a função de mediador se utilizam de técnicas de manejo comportamental previamente programadas a fim de estimular as partes a participar efetiva e proveitosamente das atividades do processo objetivando obter uma decisão que realmente pacifique a discordância.

Nem sempre os melhores mediadores são aqueles que possuem índices significativamente maiores de acordos obtidos, mas sim aqueles que possuem participantes de mediação significativamente mais felizes.

O mediador é o terceiro que intermedeia[398] as relações entre as partes envolvidas. A forma como age frequentemente é elemento determinante do êxito ou não do processo. Conforme dito anteriormente, utilizando-se da autoridade a ele conferida pelas partes, deve restabelecer a comunicação entre estas. Sua função primordial é a de um facilitador, eis que deve proporcionar às partes as condições necessárias para que alcancem a melhor solução para seu conflito. É função também do mediador conduzir as negociações, seu papel[399] é o de um "facilitador, educador e comunicador".

---

[397] Abordando o tema, Six questiona: Com base em que se reconhece um mediador? Em que ele se distingue? Onde está seu lugar na sociedade? O que ele exerce é uma profissão? Uma função? Uma vocação? Um ofício? Uma ocupação? (SIX, Jean François. *Dinâmica da mediação*. Tradução de Giselle Groeninga de Almeida, Águida Arruda Barbosa e Eliana Riberti Nazareth. Belo Horizonte: Del Rey, 2001, p. 205-206).

[398] Cumpre ressaltar que não é permitido ao mediador, tomar qualquer decisão ou medida, não possui poder de coação ou coerção, [...] age como elemento catalisador que acelera a composição. (AMARAL, Lídia Miranda de Lima. *Mediação e arbitragem*: uma solução para os conflitos trabalhistas no Brasil. São Paulo: LTr, 1994, p. 24.)

[399] É nesse contexto que Jacqueline Mourineau afirma que o papel do mediador é ouvir as partes, desembaraçando-se de todo "giudizio a priori". Diz que sua formação é lenta e que justamente por isso "forse basta una vita per diventare um perfetto mediatore" (MORINEAU, Jacqueline. *Lo spirito della mediazione*. Traduzione di Federica Sossi. Milano: Franco Angel, 2000, p. 78-79)

Trata-se de um interventor com autoridade que não faz uso dessa autoridade para impor resultados.[400]

Ao analisar o interior do processo da mediação com objetivo de tentar dissecar as funções específicas do mediador, considerando-se cada momento individualizado em que o mesmo pode vir a se encontrar, vê-se que é de todo impossível. Constata-se que a variedade de situações passíveis de ocorrer é infinita.[401]

Porém, um primeiro e importante passo pode ser dado ao analisar a identidade do mediador mediante sua participação no círculo da cidadania. Colocando-se no coração das coletividades intermediárias, o mediador ultrapassa suas pertinências de identidade "prescritas". A identidade do mediador não é uma identidade inata, mas adquirida. Se certas pessoas são como que naturalmente inclinadas, por temperamento, à mediação, sabem se têm verdadeiramente o senso da mediação, que esta deve sem cessar ser atualizada, afinada, trabalhada. A identidade do mediador não é uma identidade que se dá de uma vez por todas; ela é inventada constantemente como identidade mediatriz. Como um mediador constrói sua identidade? Sobre que base? Poder-se-ia definir o mediador como aquele que vê o "3" e que faz o "3".[402]

Portanto, o pensamento binário do "ou isto ou aquilo"[403] amparou-se cada vez mais no mundo atual através da eficácia das redes binárias das tecnociências. Um outro filósofo colocou em destaque "a história do pensamento como uma longa história da luta entre pensamento ternário – ou trinitário – e pensamento binário". Nesta luta se engaja o mediador. O mediador não pode ser um homem binário: a identidade do mediador

---

[400] CALMON, Petrônio. *Fundamentos da mediação e da conciliação*. Rio de Janeiro: Forense, 2007, p. 123.

[401] Da mesma forma, é necessário dizer que cada mediação é única: de acordo com as pessoas, os grupos, as circunstâncias, a catálise que é a mediação será específica. Assim como o mediador tem sua personalidade, sua maneira de fazer, ele deve também "inventar sua prática e, no limite, sua teoria". Isto seria matar a criatividade, primeira e indispensável qualidade do mediador cidadão, impor a ele uma canga: dependente, ele falará pouco ou muito em nome de um poder e será visto como mais ou menos representativo desse poder. A mediação terá então seu horizonte coberto, entravado; mediador e "mediando" não estariam no espaço livre que é absoluto necessário a toda mediação cidadã. (SIX, Jean François. *Dinâmica da mediação*. Tradução de Giselle Groeninga de Almeida, Águida Arruda Barbosa e Eliana Riberti Nazareth. Belo Horizonte: Del Rey, 2001, p. 210)

[402] SIX, Jean François. *Dinâmica da mediação*. Tradução de Giselle Groeninga de Almeida, Águida Arruda Barbosa e Eliana Riberti Nazareth. Belo Horizonte: Del Rey, 2001, p. 216-217.

[403] Nesse sentido, é importante a leitura de Eligio Resta: "dito em uma fórmula, enquanto o juiz é pensado, no sistemas modernos, como o *nec utrum*, nem um nem outro, nem isto nem aquilo, justamente neutro, o mediador deve ser isto e aquilo, deve perder a neutralidade e perdê-la até o fim. Enquanto as partes litigam e só veem seu próprio ponto de vista, cada uma de maneira espetacular em relação à outra, o medidor pode ver as diferenças comuns aos conflitantes e recomeçar daqui, atuando com o objetivo de as partes retomarem a comunicação, exatamente o múnus comum a ambas. (p. 126). O mediador é agora meio para a pacificação, remédio para o conflito graças ao estar entre os conflitantes, nem mais acima, nem mais abaixo, mas no seu meio". (RESTA, Eligio. *Il diritto fraterno*. Roma-Bari: Laterza, 2005. Versão em português: RESTA, Eligio. *O direito fraterno*. Tradução de Sandra Regina Martini Vial. Santa Cruz do Sul: Edunisc, 2004, p. 126).

se exprime através de uma outra lógica que não aquela do pensamento binário. Ele utiliza a lógica "dialética", "aquela que admite uma terceira possibilidade: a relação estrutural, totalmente intrínseca, entre termos autônomos enquanto autônomos (...).[404] A lógica dialética extrai sua inteligibilidade, de um lado, da impossibilidade em que se está, no terreno da experiência, de se fixar à alternativa simples demais da exclusão ou da fusão. Ela se mostra vantajosamente operatória porque respeita melhor a complexibilidade do real.[405]

Olhar o "3", tarefa de todo mediador, é perceber a terceira dimensão e valorizá-la ali onde se tem a tendência de aplainar o real e de mostrar o mundo e os seres em duas dimensões. Fazer o "3" é provocar as pessoas e situações para que elas não se deixem aprisionar no preto e branco, no maniqueísmo. Isso só pode viver tendo o gosto pela complexidade: "é a inteligência objetiva da complexidade do mundo, não a ignorância ou a inefabilidade, que pode hoje fundar novamente os símbolos no senso comum".[406]

Deve-se, então, ter em mente a premissa de que é encargo do mediador a manutenção do desenrolar mediativo, de forma justa e fiel aos princípios que regem seu trabalho e o instituto.

A todo momento cabe então ao mediador supervisionar a conduta das partes envolvidas, instruindo-as da forma mais conveniente a portarem-se perante o curso do procedimento a fim de obterem a sua efetiva concretização e o acordo final. Assim é, de fato, do mediador a responsabilidade pelo andamento das atividades, remanescendo às partes, estritamente, a função de preocuparem-se com a matéria em discussão.

É fundamental que o mediador garanta que as discussões rumem para um acordo que seja fiel ao direito da comunidade em que vivem, que seja moral e, quando relacionado aos princípios gerais do direito, justo, pois de nada adiantaria o acordo obtido como resultado final deste processo, se o mesmo pudesse ser destituído pelas Cortes locais.

Importante para o êxito processual deste mecanismo são as habilidades[407] que devem possuir os mediadores, sendo, inclusive, indispensáveis

---

[404] O mediador é um tradutor que deve ficar no meio das linguagens diversas, deve conhecer duas línguas e servir de trâmite, de meio, entre uma e outra; importante função essa quanto mais línguas, linguagens, culturas, mundos entram em contato e têm necessidade de transformar o conflito potencial em comunicação. (RESTA, Eligio. Il diritto fraterno. Roma-Bari: Laterza, 2005. Versão em português: RESTA, Eligio. O direito fraterno. Tradução de Sandra Regina Martini Vial. Santa Cruz do Sul: Edunisc, 2004, p. 126).

[405] SIX, Jean François. Dinâmica da mediação. Tradução de Giselle Groeninga de Almeida, Águida Arruda Barbosa e Eliana Riberti Nazareth. Belo Horizonte: Del Rey, 2001, p. 218-219.

[406] Ibid., p. 219.

[407] Sobre as habilidades do mediador (que a autora chama de "virtudes") Jacqueline Mourineau salienta que devem ser a de "specchio" (espelho), através do qual se encontra o outro que cada pessoa é ao refletir-se sobre o mediador; o "silenzio" que é a linguagem da alma é algo que se aprende, é graças

e necessárias, dependendo da espécie de matéria em discussão, conhecimentos específicos.[408]

Dessa forma, é consenso que compete ao mediador *conhecer o direito material relativo ao mérito da questão em discussão*, na mesma medida que se reconhecem algumas habilidades específicas como fundamentais aos mesmos.

Interessante é o estudo apresentado por William E. Simkin,[409] elencando dezesseis *características* que acredita serem fundamentais ao mediador:

1) a paciência de Jó;

2) a sinceridade e as características do buldogue de um inglês;

3) a presença de espírito de um irlandês;

4) a resistência física de um maratonista;

5) a habilidade de um *halfback*[410] de esquivar-se ao avançar no campo;

6) a astúcia de Machiavelli;

7) a habilidade de um bom psiquiatra de sondar a personalidade;

8) a característica de manter confidências de um mudo;

9) a pele de um rinoceronte;

10) a sabedoria de Salomão;

11) demonstrada integridade e imparcialidade;

---

a ele que os personagens são apresentados. Basta uma pequena alteração na posição dos corpos ou na composição dos grupos para dizer a inteira experiência humana: a esperança e o desespero, a alegria e a dor, a vida e a morte (MORINEAU, Jacqueline. *Lo spirito della mediazione*. Traduzione di Federica Sossi. Milano: Franco Angel, 2000, p. 79-81).

[408] Para o seu correto desempenho, deve ter conhecimento da teoria e técnica da mediação, tem a obrigação de fazer tudo que considere adequado e conveniente para ajudar as partes a chegarem a restabelecerem a comunicação. Costuma-se dizer que o bom critério do mediador determinará a procedência e oportunidade das reuniões. Os mediadores devem permitir que as partes exponham seus pontos de vista de forma completa sem interrupções indevidas. A fixação clara e precisa da matéria facilita a solução do conflito, impede perdas de tempo precioso que deve destinar-se à mediação e evita a "volta para trás" no estado das conversações, posto os pontos que vão sendo acordados deverem ser consignados a termo.

[409] SIMKIN, William E. and FIDANDS, Nicholas A. *Mediation and the Dynamics of Colective Bargaining,.* Washington : Bureau of National Affairs, 1986. O texto original segue: "1) the patience of Joh; 2) the sincerity and bulldog characteristics of the English; 3) the wit of the Irish; 4) the physical endurance of the marathon runner; 5) the broken field dodging abilities of a halfback; 6) the guile of Machiavelli; 7) the personality-probing skills of a good psychiatrist; 8) the confidence-retaining characteristic of a mute; 9) the hide of a rhinoceros; 10) the wisdom of Solomon; 11) demonstrated integrity and impartiality; 12) basic knowledge of and belief in the negotiation process; 13) firm faith in voluntarism in contrast to dictation; 14) fundamental belief in human values and potential, tempered by ability to assess personal; 15) weakness as well as strengths; 16) hard-nosed ability to analyze what is available in contrast to what might be desirable sufficient personal drive and ego, qualified by willingness to be self-effacing".

[410] *Halfback* é a denominação usada para o jogador de futebol americano que avança com a bola, partindo de trás da linha de zagueiros da sua equipe.

12) conhecimento básico e crença no processo de negociação;
13) firme crença no voluntarismo em contraste ao ditatoriarismo;
14) crença fundamental nos valores humanos e potencial, temperado pela habilidade, para avaliar fraquezas e firmezas pessoais;
15) docilidade tanto quanto vigor;
16) desenvolvido olfato para analisar o que é disponível em contraste com o que possa ser desejável suficiente capacidade de conduzir-se e ego pessoal, qualificado pela humildade.

Outra importante habilidade que deve possuir o mediador é a *capacidade de comunicação*. A mediação constrói um intercâmbio comunicativo nos quais as partes em disputa tentam determinar "o que cada um dará e tirará ou realizará e receberá em uma transação entre elas". A comunicação é essencial nessa transação. Ela não só permite que as partes expressem e definam a discordância como também propicia *um veículo para geri-la*. A gestão refere-se ao controle da interação comunicativa para criar processos integradores ao invés de distributivos.[411]

É fundamental que o mediador, o responsável pelo bom andamento do processo, seja hábil a fim de se comunicar muito bem,[412] sendo capaz de exprimir seus pensamentos de forma simples e clara, porém apurada, e de receber os pensamentos provenientes das partes sabendo interpretá-los de acordo com a intenção de quem os exprimiu. Afinal, é com as informações que recebe das mesmas que o mediador poderá trabalhar a fim de trazer à tona as possíveis estratégias de tratamento do conflito. E, somente se comprovar às partes que sabe ouvi-las e compreendê-las é que estas realmente prestarão as informações necessárias para que possa desenvolver o seu trabalho.

Importante ressaltar que o procedimento da mediação é, muitas vezes, desenvolvido quando as partes, além de seu interesse que buscam ter respeitado, apresentam-se em um estado sentimental conturbado. É, portanto, dever do mediador trabalhar para minimizar as consequências disto. Um procedimento que se desencadeia entre partes que buscam o prejuízo da outra, como forma de satisfação pessoal, não terá êxito, eis que exitoso somente aquele o processo que apresentar como solução um acordo satisfatório para os envolvidos.

---

[411] SCHNITMAN, Dora Fried; LITTLEJOHN, Stephen. *Novos paradigmas em mediação*. Tradução de Jussara Haubert Rodrigues e Marcos A. G. Domingues. Porto Alegre: ARTMED, 1999, p. 47.

[412] É objetivo do mediador permitir que as partes se escutem e se compreendam, reconheçam, entendam e hierarquizem seus próprios interesses e necessidades, enunciem, junto com o mediador, opções que permitam chegar a um acordo justo, implementável e durável, mas tão flexível quanto seja necessário para preservar a possibilidadede futuros ajustes de suas cláusulas (CALMON, Petrônio. *Fundamentos da mediação e da conciliação*. Rio de Janeiro: Forense, 2007, p. 124).

A habilidade de acalmar e aconselhar as partes irá auxiliar o mediador a aumentar o sucesso de seu trabalho. É sabido que deverá utilizar-se de tal habilidade a fim de não causar prejuízos a qualquer das partes em consequência de um possível maior envolvimento com alguma delas, porém a demonstração de compreensão dos sentimentos pelos quais passam estas pode auxiliar muito o desencadear dos trabalhos. Diz-se que o mediador é o *advogado do procedimento*; logo, ao assim agir, está ele trabalhando pelo bem deste procedimento, e não em benefício de qualquer das partes.

Tais habilidades devem ser utilizadas também quando o objetivo é tratar o conflito utilizando de mediação enquanto técnica de ADR atualmente legislada no Brasil pela Lei 13.140/2015. Esse é, pois, o assunto que será abordado posteriormente.

8. A mediação e a composição de conflitos dispostas na Lei 13.140/2015: limites e possibilidades

8.1. O marco legal da mediação

A Lei 13.140, de 26 de junho de 2015, dispõe sobre a mediação entre particulares como meio adequado de solução de controvérsias e sobre a composição de conflitos no âmbito da Administração Pública. Essa lei compilou propostas legislativas de outros três projetos, PLS 517/11, PLS 434/11, PLS 405/13, determinando, em seus 48 artigos, sobre mediação judicial e extrajudicial, a respeito dos mediadores judiciais e extrajudiciais, dos procedimentos de mediação, sobre a confidencialidade na mediação e suas possíveis exceções. Trata, ainda, da composição de conflitos em que for parte a pessoa jurídica de direito público, trabalha com os conflitos envolvendo a administração pública federal direta, suas autarquias e fundações e traz disposições finais.

A proposta dividiu opiniões de modo que existem adeptos e opiniões contrárias, tecendo críticas que merecem ser consideradas. O fato é que a lei tem seus méritos e suas deficiências e analisar, de modo crítico, esses limites e possibilidades é o objetivo do presente capítulo. Importa salientar que pouco foi escrito a respeito até o presente momento e que, por ser nova, a proposta legislativa merece amadurecimento e reflexão. Essa é uma das primeiras tentativas de análise de um texto que, sabe-se, poderá ainda sofrer várias e profundas modificações na sua interpretação. Desse modo, é possível dizer que se trata de um texto provisório para uma proposta de interpretação em evolução.

Talvez a melhor iniciativa da lei, e por isso sua melhor possibilidade, tenha sido dividir os dispositivos em três capítulos, – fazendo aqui referência especial aos iniciais – nos quais primeiramente se aborda a mediação e posteriormente a composição de conflitos em que for parte pessoa jurídica de direito público. Essa divisão é salutar pois evita a manutenção da enorme confusão instalada no País (entre definições, procedimentos e conflitiva alvo) em cada um dos meios de lidar com os conflitos atualmente conhecidos e praticados. Explica-se: muitos confundem mediação com outros meios de composição de conflitos, dentre eles a conciliação, por exemplo, usando mediação para conflitos nos quais a conciliação poderia ser mais eficaz e ter maior aplicabilidade. É o caso dos conflitos que envolvem pessoa jurídica de direito público que podem e devem ser tratados por meios compositivos, mas não necessariamente pela mediação em função das características a eles inerentes.

Nesse sentido, os conflitos envolvendo pessoa jurídica de direito público serão alvo de práticas compositivas, dentre elas a negociação, a conciliação e a mediação (no que couber) encontrando regulamentação que permita sua aplicação. Essa iniciativa é importante e pioneira em termos de legislação, pois busca mecanismos para tratar uma conflituosidade crescente em termos de jurisdição brasileira. Essa afirmativa pode ser corroborada pelo relatório "Os cem maiores litigantes" da Justiça Brasileira, elaborado em 2012, pelo CNJ e divulgado em sua página.[413] Nessa lista é possível perceber que os dez maiores litigantes do sistema de justiça no Brasil (envolvendo a esfera Estadual, Federal e Trabalhista) são, na sua grande maioria, pessoa jurídica de direito público.[414]

O projeto de lei, especialmente no que diz respeito ao seu capítulo II, vem oferecer uma hipótese para lidar com esses conflitos que efetivamente causam o congestionamento do sistema de justiça no Brasil. A iniciativa é interessante porque até o momento todas as propostas legislativas bem como os projetos a elas vinculados se preocupavam em oferecer mecanismos complementares à jurisdição para lidar com litígios individuais, referentes a família, sucessões, vizinhança, consumidor, danos morais, dentre outros. Agora, a proposta dispõe sobre conflitos envolvendo os grandes litigantes[415] que efetivamente congestionam as vias judiciais e que agora poderão lidar com o conflito utilizando práticas compositivas.

Atualmente é possível verificar uma situação de esquizofrenia completa: o Judiciário (um dos três poderes estatais) busca alternativas para lidar com uma litigiosidade crescente produzida pelo próprio Estado e encontra portas que dão conta apenas da litigiosidade individual e de menor quantidade. Nesse ponto o projeto de lei tem seus méritos.

---

[413] Ver CNJ – Conselho Nacional de Justiça. *100 maiores litigantes* – 2012. Disponível em: <http://www.cnj.jus.br/images/pesquisas-judiciarias/Publicacoes/100_maiores_litigantes.pdf>. Acesso em: 13 jan. 2019.

[414] Ordenados pela quantidade de demandas temos: 1º Instituto Nacional do seguro Social – INSS; 2º B.V. Financeira S/A; 3º Município de Manaus; 4º Fazenda Nacional; 5º Estado do Rio Grande do Sul; 6º União; 7º Município de Santa Catarina; 8º Banco Bradesco S/A; 9º CEF – Caixa Econômica Federal; 10º Canco Itaúcard S/A. CNJ – Conselho Nacional de Justiça. *Órgãos Federais e Estaduais lideram 100 maiores litigantes da justiça.* Disponível em: <http://www.cnj.jus.br/noticias/cnj/21877-orgaos-federais-e-estaduais-lideram-100-maiores-litigantes-da-justica>. Acesso em 13 jan. 2019

[415] Assim considerados pelo número de processos nos quais fazem parte como requerente ou requerido.

A proposta ainda prevê a institucionalização da mediação[416] fomentando a substituição da cultura do litígio, pela cultura da composição do conflito mediante práticas mediativas. A iniciativa é elogiável uma vez que gradativamente a sociedade brasileira vem alcançando grau de maturidade suficiente para reconhecer a importância de lidar de modo autônomo e responsável com seus conflitos.

Porém, não obstante a institucionalização da mediação ser uma proposta bem aceita socialmente[417] é preciso considerar que existem países[418] nos quais a mediação funciona há séculos, independentemente de estar ou não institucionalizada mediante lei específica e absorvida por uma instituição estatal como o Judiciário, e tem muito êxito. Então cabe a pergunta: a mediação funcionará melhor se estiver regrada por lei específica e se for realizada pelo Judiciário? A resposta é negativa. Esses dois fatores não impactarão na qualidade dos mediadores e de suas práticas e nem na qualidade dos resultados obtidos pelos conflitantes. Antes pelo contrário, o risco é que ela se torne mais uma fase processual, uma etapa a ser cumprida (talvez a contra gosto) e que essa processualização a burocratize, formalize e a torne estranha aos seus princípios elementares. O maior exemplo dessa caminhada são os antigos "juizados de pequenas causas" que ao serem legislados (Lei 9.099/95) e "promovidos" a juizados especiais cíveis e criminais perderam muitas de suas características originárias, burocratizando suas práticas e funcionando, em alguns locais, de modo precário, abarrotados de processos. É isso que se espera da mediação? Acredita-se que não. Portanto, é preciso, tanto quanto institucionalizá-la, criar mecanismos para que funcione de modo adequado sem perder sua base principiológica de origem.

É importante fazer referência também ao fato de que o projeto de lei esmiúça o procedimento de mediação ritualizando sua prática de modo

---

[416] "Por institucionalização da mediação entende-se (...) a sua implementação, regulação e suporte conferidos pelo Judiciário, quer antes do processo judicial, quer incidentalmente a ele (mediação pré-processual e processual)". (GABBAY, Daniela Monteiro. *Mediação & Judiciário no Brasil e nos EUA*: condições, desafios e limites para a institucionalização da mediação no judiciário. Coordenadores: Ada Pellegrini Grinover e Kazuo Watanabe. Coleção MASC. Brasília, DF: Gazeta Jurídica, 2013, p. 65).

[417] De acordo com pesquisa Índice de Confiança na Justiça (ICJBrasil) realizada pela Fundação Getúlio Vargas, coordenada por Luciana Gross Cunha, boa parte dos entrevistados aceitariam participar da mediação oferecida pelo Poder Judiciário. Assim: "Ao final do conjunto de questões sobre o Judiciário e a resolução de conflitos, perguntamos aos entrevistados se, na hipótese de enfrentarem algum tipo de conflito, eles aceitariam tentar um acordo reconhecido pelo Judiciário, mas decidido por outra pessoa que não um juiz. No segundo e terceiro trimestres de 2012, 71% dos entrevistados responderam positivamente à questão, declarando que aceitariam procurar solucionar o seu conflito por meios alternativos. Quem mais se mostrou disposto a realizar acordos extrajudiciais foram os entrevistados mais jovens, com maior renda e maior escolaridade. Dentre os respondentes, aqueles que já utilizaram o Judiciário são os que em maior número aceitariam utilizar meios alternativos de resolução de conflitos". Relatório ICJBrasil 2º e 3º semestres de 2012. Disponível em: <http://cpja.fgv.br/sites/cpja.fgv.br/files/relatorio_icjbrasil_2o_e__3o_trimestre_-_2012.pdf>. Acesso em 14 jan.2019.

[418] A China é um exemplo.

exagerado. Se o rito fosse o cerne da questão e a solução para o congestionamento do sistema de justiça brasileiro seria possível investir apenas no processo, não existindo necessidade de pensar em meios complementares à jurisdição. Faz-se necessário refletir a respeito.

Por fim, nesse contexto de inovações o projeto de lei possui acertos e desacertos. Alguns foram mencionados anteriormente, outros ainda serão no decorrer do capítulo que agora se inicia. O que não se pode perder de vista é que o ponto de maior importância é a necessidade – já mencionada em outros momentos na presente obra – de que a preocupação do jurista e do legislador seja com a "qualidade" da "resposta" dada ao jurisdicionado e não com a "quantidade" de processos que tramitam. É preciso evitar que o fator "quantidade" ofusque a "qualidade".

8.2. A mediação e seus dispositivos

O art. 1º dispõe sobre o que trata a lei: mediação como meio adequado de soluções de controvérsias entre particulares e sobre a composição de conflitos no âmbito da Administração Pública.[419] Aqui dois pontos são merecedores de nota:

a) o primeiro diz respeito ao fato de que a mediação, a partir do substitutivo da proposta inicial passou a ser chamada de meio "adequado" ao invés de "alternativo" de solucionar conflitos. A mudança é positiva, pois a palavra "adequado" expressa melhor a proposta legislativa uma vez que a palavra "alternativa" poderia ser confundida com a ideia de uma "justiça alternativa" – nos moldes da justiça privada – e não entendida como "alternativa" para a jurisdição, sinônimo de outra estratégia/possibilidade/opção para lidar com a complexidade conflitiva atual. Essa outra alternativa/estratégia/possibilidade/opção não pretende e nem deverá/poderá suplantar as práticas de jurisdição tradicionais, propondo a coexistência de ambas e trabalhando com a hipótese de outra cultura (consensuada e mais democrática) de tratamento dos conflitos.

Além disso, atualmente existe uma inversão na maneira como são tratados os conflitos. Antes, eles eram administrados e resolvidos dentro do ambiente/contexto conflitivo (casa, comunidade, local de trabalho etc). Atualmente os conflitos são resolvidos primordialmente pelo Judiciário apontando para uma incapacidade e uma completa falta de competência

---

[419] "Em sentido formal, é o conjunto de órgãos instituídos para consecução dos objetivos do Governo; em sentido material, é o conjunto das funções necessárias aos serviços públicos em geral; em acepção operacional, é o desempenho perene e sistemático, dos serviços próprios do Estado ou por ele assumidos em benefício da coletividade. Numa visão global, a Administração é, pois, todo o aparelhamento do Estado preordenado à realização de serviços, visando à satisfação das necessidades coletivas". (MEIRELLES, Hely Lopes. *Direito Administrativo Brasileiro*. 36. ed. São Paulo: Malheiros, 2010, p. 65-66)

dos conflitantes para lidar com um problema que é deles e para o qual, na maioria das vezes, ambos contribuíram. Assim, seguindo esse raciocínio, o Estado, detentor da força legítima, deveria ser a última instância, a *ultima ratio* a recorrer para lidar com os conflitos. Porém, o Judiciário é o primeiro a ser recordado e o primeiro a ser utilizado, numa completa inversão de valores que começa pelo mais distante, burocrático, custoso e lento meio de lidar com os conflitos para depois, então, de maneira "alternativa", buscar a mediação como meio mais "adequado". O que se quer dizer com isso é que a mediação deveria ser a regra e a Jurisdição a exceção. Deveria ser, mas ainda não é!

b) o artigo propõe a mediação entre particulares e composição de conflitos no âmbito da administração pública. Essa proposição é importante, diferencia mediação de conciliação de outros meios, tais como a negociação. O artigo em comento, assim construído, representa um avanço ao diferenciar meios de composição em sentido amplo da mediação considerando que os primeiros serviriam para todo e qualquer tipo de conflito e principalmente aqueles que envolvem questões de cunho pecuniário nas quais não existam relações de afeto, ditas continuadas, preexistentes ao conflito e que se manterão, não obstante sua ocorrência, com o passar dos anos.

Nesse sentido, não há que se falar em mediação nos conflitos da administração pública como se propunha anteriormente, mas em meios autocompositivos que podem, inclusive, se servir de algumas técnicas da mediação, mas que não precisam (até porque eles não existem!) se preocupar com laços afetivos e contínuos.

O artigo em comento, no seu § 1º, explica o que é mediação considerando-a a atividade técnica exercida por terceiro imparcial e sem poder decisório que, escolhido ou aceito pelas partes, as auxilia e estimula a identificar ou desenvolver soluções consensuais para a controvérsia. O parágrafo deixa clara a falta de legitimidade e a impossibilidade do mediador de orientar e aconselhar os conflitantes. Conectada a essas duas hipóteses negativas encontra-se a impossibilidade de decidir por eles ou de obrigá-los a firmar acordo. Tal se dá porque o mediador é um terceiro que se coloca entre as partes, não acima delas, e que não possui a prerrogativa de decidir conflitos. Essa prerrogativa é direcionada somente aos magistrados, recordando que mediador que sugere, orienta, decide e obriga a fazer acordo é aquele que não conhece sua missão e nem o seu código de ética, comportando-se como um juiz, porém em tamanho *bonsai*.

8.3. Os princípios da mediação e os conflitos a ela direcionados

O art. 2º trata dos princípios que regem a mediação determinando: I. imparcialidade do mediador; II. Isonomia entre as partes; III. Oralidade;

IV. Informalidade; V. Autonomia da vontade das partes; VI. Busca do consenso; VI. Confidencialidade; VII. Boa-fé.

A maior parte desses princípios já se encontra analisada em capítulos anteriores da presente obra, uma vez que dizem respeito a outros textos legislativos.[420] De inovador, destaca-se a boa-fé que se torna princípio contido no procedimento de mediação cuja proposta vem corroborar aquilo que se entende por um processo mediativo: um momento no qual todos estão empenhados em colaborar, sem interesses escusos e de boa-fé, considerando que essa última "significa a não consciência de prejudicar outrem".[421]

O § 1º diz que na hipótese de existir previsão contratual de cláusula de mediação, as partes deverão comparecer à primeira reunião de mediação. Esse parágrafo introduz a possibilidade da mediação ser contratada e em existindo a cláusula impõe que ambas as partes compareçam a primeira reunião sem mencionar, porém, nenhuma obrigatoriedade de aderir a mediação. Nesse sentido, o § 2º do artigo em comento deixa claro que ninguém será obrigado a permanecer em procedimento de mediação. Demonstrar a voluntariedade do procedimento deixando claro que ninguém é obrigado a permanecer no procedimento é uma iniciativa importante uma vez que a imposição pode gerar má vontade e uma participação "proforma".

Isso acontece porque a mediação no Brasil é voluntária, ou seja, os conflitantes têm autonomia para aceitá-la ou rejeitá-la. Não obstante opiniões diversas que entendem a necessidade de fazer do procedimento mediativo uma obrigação, o que acarretaria na informação e conhecimento a respeito da mediação e, quem sabe, na final concordância em participar do seu procedimento, o fato é que impor a mediação fere os princípios básicos da liberdade, da autonomia e da responsabilidade.

Obrigar o conflitante a permanecer no procedimento pode gerar consequências desastrosas: a) má vontade e falta de colaboração, desperdiçando um tempo precioso que poderia ser investido em outro conflito; b) a mediação torna-se uma etapa processual (tal como a antiga audiência de conciliação prevista no CPC de 1973) do qual o cidadão participava apenas para cumprir com o que foi legalmente determinado; c) se por ventura ela resulta em acordo, a chance de descumprimento é maior uma vez que é de conhecimento geral que quanto mais imposta a decisão/solução, maior são as chances de descumprimento; d) o abandono dos princípios básicos da mediação tal como anteriormente exposto.

---

[420] Nesse sentido, ver o capítulo que trata da Resolução 125/2010 do CNJ, da Resolução 174/2016 do CSJT e do CPC brasileiro.
[421] MAGALHÃES, Ana Alvarenga Moreira. *O erro no negócio jurídico*: autonomia da vontade, boa-fé objetiva e teoria da confiança. São Paulo: Atlas, 2011, p.86.

O art. 3º determina que pode ser objeto de mediação o conflito que verse sobre direitos disponíveis ou de direitos indisponíveis que admitam a transação, ou seja, só aqueles que podem ser negociados e de forma lícita acordados.

O mesmo artigo no seu § 1º dispõe que a mediação pode versar sobre todo o conflito ou sobre parte dele. Essa medida é salutar, pois dá à mediação uma flexibilidade de procedimento permitindo que todo o conflito ou somente parte dele seja objeto de diálogo e que, todo o conflito ou somente parte dele possa ser alvo de acordo. Assim os conflitantes podem mediar aquilo que pode ser mediado e o que não for possível é direcionado ao Judiciário. O dispositivo faz com que a voluntariedade em se manter no procedimento e mediação ou não impere também de modo parcial nesse caso.

Conforme o § 2º, o consenso envolvendo direitos indisponíveis,[422] porém transigíveis, devem se homologados em juízo, exigida a oitiva do Ministério Público quando houver interesse de incapazes.[423] Dessa determinação se inferem duas constatações:

a) O Judiciário se mantém protagonista e controlador dos acordos feitos em sessões de mediação, dizendo a última palavra, quando envolverem direitos indisponíveis transacionáveis e possui, para isso, a fiscalização do Ministério Público. Tal fato não contribui para a diminuição do volume de processos e não auxilia no descongestionamento da estrutura judicial, uma vez que, na forma de acordo, o conflito vai ao Judiciário para ser homologado;

---

[422] "Inalienável é um direito ou uma coisa em relação a que estão excluídos quaisquer atos de disposição, quer jurídica – renúncia, compra-e-venda, doação –, quer material – destruição material do bem. Isso significa que um direito inalienável não admite que o seu titular o torne impossível de ser exercitado para si mesmo, física ou juridicamente. (...). Os autores que sustentam a tese da inalienabilidade afirmam que ela resulta da fundamentação do direito no valor da dignidade humana – dignidade que costumam traduzir como consequência da potencialidade do homem de ser autoconsciente e livre. (...). Apenas os que visam resguardar diretamente a potencialidade do homem de se autodeterminar deveriam ser considerados indisponíveis. Indisponíveis, portanto, seriam os direitos que visam resguardar a vida biológica – sem a qual não há substrato físico para o conceito de dignidade – ou que intentem preservar as condições normais de saúde física e mental bem como a liberdade de tomar decisões sem coerção externa. Nessa perspectiva seria inalienável o direito à vida – característica que tornaria inadmissíveis atos de disponibilidade patrimonial do indivíduo que o reduzissem à miséria absoluta. Também seriam os direitos à saúde, à integridade física e às liberdades pessoais (liberdade ideológica e religiosa, liberdade de expressão, direito de reunião)". (MENDES, Gilmar Ferreira; Branco, Paulo Gustavo Gonet. *Curso de direito constitucional*. 7. ed. São Paulo: Saraiva, 2012, p. 165).

[423] "A incapacidade é a restrição legal ao exercício dos atos da vida civil, devendo ser sempre encarada estritamente, considerando-se o princípio de que 'a capacidade é a regra e a incapacidade a exceção'. (...). O instituto da incapacidade visa proteger os que são portadores de uma deficiência jurídica apreciável, graduando a forma de proteção que para os absolutamente incapazes (CC, art. 3º) assume a feição de representação, e para os relativamente incapazes (CC, art. 4º) o aspecto de assistência, já que têm o poder de atuar na vida civil, desde que autorizados". (DINIZ, Maria Helena. *Curso de direito civil brasileiro*. Volume 1: teoria geral do direito civil. 31. ed. São Paulo: Saraiva, 2014, p. 170-171).

b) Por outro lado, entende-se a prudência da homologação ali determinada especialmente devido ao tipo de conflito e de direitos nele discutidos bem como a possibilidade de participação de incapazes.

8.4. Do mediador: o terceiro[424] no conflito

A Lei 13.140/15 dispõe, no seu art. 4º, que o mediador será designado pelo tribunal ou escolhido pelas partes. Importante a referência expressa a indicação ou escolha do mediador pelos mediandos uma vez que a mediação depende da confiança nele depositada. Essa confiança normalmente se conquista com trabalho sério do mediador e começa a ser entabulada na primeira sessão quando acontece o "rapport" (uma das técnicas de mediação).

Além disso, a hipótese de escolher o mediador demonstra a independência, a autonomia e a responsabilização que se espera dos participantes de uma sessão de mediação. É ainda fator de flexibilidade e adequação que oferece ao procedimento informalidade e desburocratização.

No § 1º encontra-se a proposta de que o mediador conduza o procedimento de comunicação entre os mediandos, buscando o entendimento e o consenso e facilitando a resolução do conflito. Nesse sentido, a comunicação entre os conflitantes é princípio básico e universal da mediação. Essa comunicação deverá ser, antes de tudo, direta e respeitosa, uma comunicação que prime pela conversa franca e pelo comprometimento em colaborar para que o conflito seja trabalhado de maneira adequada.

O § 2º prevê a hipótese da mediação ser gratuita aos necessitados, nos termos do art. 4º, II, da Lei Complementar 80, de 1984. Importante a previsão de mediador gratuito para os hipossuficientes. Porém, é preciso agilidade na formação e na nomeação de tais profissionais, pois de nada adianta existir previsão legal se não for possível colocá-la em prática. O Brasil é carente de mediadores, mais ainda, é carente de profissionais que possam formar novos mediadores. Por conseguinte, é uma corrida contra o tempo criar cadastros desses profissionais, inclusive aqueles que atendam gratuitamente, a fim de possibilitar acesso a esse serviço por parte de todos, inclusive dos necessitados.

Adiante, determina o art. 5º que se aplicam ao mediador as mesmas hipóteses legais de impedimento e suspeição do juiz. O parágrafo único do mesmo artigo afirma que a pessoa designada para atuar como mediador tem o dever de revelar às partes, antes da aceitação da função, qualquer

---

[424] Sobre o papel político e sociológico do terceiro sugere-se a leitura de SPENGLER, Fabiana Marion. SPENGLER NETO, T. (Org.). *O conflito e o terceiro: mediador, árbitro, juiz, negociador e conciliador*. Santa Cruz do Sul: Essere nel Mondo, 2018. v. 1. 189 p; SPENGLER, Fabiana Marion. *O terceiro e o triângulo conflitivo*: o mediador, o conciliador, o juiz e o árbitro. São Carlos: Pedro & João, 2018. v. 1. 129p .

fato ou circunstância que possa suscitar dúvida justificada em relação à sua imparcialidade para mediar o conflito, oportunidade em que poderá ser recusado por qualquer uma delas. Ou seja, o impedimento e a suspeição ou qualquer outro motivo de dúvida quanto a imparcialidade devem ser trazidos à mesa da mediação pelo mediador em primeiro lugar e se ele não o fizer, então deve ser papel dos mediandos suscitá-lo.[425]

No art. 6º encontra-se a determinação que o mediador ficará impedido de assessorar, representar ou patrocinar qualquer um dos conflitantes que tenha se submetido à mediação por ele conduzida pelo prazo de 1 (um) ano contado do término da última audiência em que atuou. Esse impedimento se encontra contemplado no CPC. Aparentemente, o que se pretende com esse dispositivo é evitar a captação de clientes e o possível favorecimento de um dos lados, o que macularia a imparcialidade do mediador.

O art. 7º dispõe que o mediador não poderá atuar como árbitro, nem funcionar como testemunha em processos judiciais ou arbitrais pertinentes a conflito em que tenha trabalhado como mediador.

A impossibilidade de atuar como árbitro ou como testemunha é determinação recorrente em outros projetos de lei sobre mediação e fica intimamente atrelada ao dever de sigilo, confidencialidade e a discrição do mediador. A proposta original continha, nesse mesmo artigo, a exceção do "salvo acordo em sentido contrário". Era incabível essa exceção, pois desrespeitava os princípios anteriormente referidos. Além disso, uma vez acordado que o mediador pode servir como testemunha ou atuar como árbitro, os mediandos poderiam se recolher, sentindo-se tolhidos na sua liberdade de expressão, pois tudo o que dissessem poderia ser reproduzido e recontado posteriormente ou então utilizado para embasar uma sentença arbitral. A comunicação livre e sincera, genuína e sem tecnicismos legais provavelmente não ocorreria. A narrativa dos fatos seria selecionada escolhendo-se aqueles que "podem ser ditos" e aqueles que "não podem ser mencionados". Nesse sentido, deixar-se-ia de ter mediação na acepção legítima do termo.

O art. 8º equipara o mediador e todos aqueles que o assessoram no procedimento de mediação, quando no exercício de suas funções ou em razão delas, ao servidor público,[426] para os efeitos da legislação penal.

---

[425] A suspeição e o impedimento dos mediadores não serão objeto de análise mais profunda no presente capítulo uma vez que já abordados na Resolução 125 do CNJ e já debatidos no capítulo II que tratou do assunto.

[426] São servidores públicos, em sentido amplo, as pessoas físicas que prestam serviços ao Estado e às entidades da Administração Indireta, com vínculo empregatício e mediante remuneração paga pelos cofres públicos. Compreendem: os servidores estatutários, sujeitos ao regime estatutário e ocupantes de cargos públicos; os empregados públicos, contratados sob o regime de legislação trabalhista e ocupantes de emprego público; os servidores temporários, contratados por tempo determinado para

Essa equiparação já acontece em outras propostas legislativas de modo que observa a necessidade de conduta séria e honesta por parte desses profissionais aplicando regras e punições para o caso de descumprimento das mesmas.[427]

A seção II do projeto de lei ora em comento divide-se em três subseções, sendo que a segunda diz respeito aos mediadores extrajudiciais, e a terceira, aos mediadores judiciais. Diante de tais diferenças, é importante conceituar cada uma das formas mediativas suprarreferidas. A mediação será judicial ou extrajudicial, dependendo da qualidade do mediador que coordenará os trabalhos. Nos EUA, a mediação judicial é aquela designada para ocorrer dentro do processo judicial, enquanto a extrajudicial é realizada por centros especializados em mediação de conflitos. Nesse sentido, interpreta-se que a mediação pode ocorrer dentro ou fora do processo, e que essa definição faz a diferença entre o procedimento judicial e o extrajudicial.

Assim, para conceituar e diferenciar mediação extrajudicial e judicial, é importante referir que na primeira, o mediador é qualquer pessoa capaz, que possua a confiança das partes, e que seja capacitada a fazer mediações, podendo ou não integrar qualquer tipo de conselho, entidade de classe ou associação, ou nele se inscrever (art. 9º).

O art. 10 prevê que as partes poderão ser assistidas por advogados ou defensores públicos, determinando, em seu parágrafo único, que se apenas um deles estiver assistido por advogado ou defensor público, o mediador suspenderá o procedimento até que todos estejam devidamente assistidos. É importante garantir a assistência de um advogado nas sessões de mediação, tal iniciativa pode deixar os conflitantes mais tranquilos quanto ao próprio procedimento e também no concernente a proposição/aceite de acordos. Além disso, tal medida tranquiliza os advogados demonstrando que não haverá perda de espaço profissional e nem mesmo prejuízo quanto a honorários advocatícios que poderão/deverão ser cobrados para a realização do trabalho proposto.

Porém, o que precisa ficar claro é que a presença do advogado é de apoio e auxílio jurídicos; que a mediação é um procedimento de narrativa, de escuta, de diálogo e que, nesses momentos, o advogado tem atuação secundária ou coadjuvante cabendo ao cliente/conflitante o protagonismo. Diferentemente do que ocorre no processo judicial, quando a comunicação é, na maioria das vezes indireta, sempre intermediada pelo advogado, na mediação quem fala é o conflitante.

---

atender à necessidade temporária de excepcional interesse público (art. 37, IX, da Constituição); eles exercem função, sem estarem vinculados a cargo ou emprego público" (DI PIETRO, Maria Sylvia Zanella. *Direito Administrativo*. 25. ed. São Paulo: Atlas, 2012., p. 583-584).

[427] Sobre o assunto sugere-se a leitura do capítulo II, no qual o assunto foi esmiuçado.

Além disso, o advogado precisa estar preparado para uma postura diferente daquela considerada correta e adotada, na maioria das vezes, dentro da estrutura processual: ele precisa primar pela composição, pelo diálogo, cooperando. Isso significa rever a postura bélica adotada por muitos profissionais e que vem fomentada pela noção de perde x ganha disseminada nas universidades e nas lides forenses. Para a cultura do consenso ser instituída, é necessário uma mudança de papéis e de condutas que precisa ser formada (nas universidades) e informada (a cada sessão a de mediação).

Na segunda hipótese (mediador judicial), prevista no art. 11, tem-se que pode atuar como mediador judicial a pessoa capaz, graduada há pelo menos dois anos em curso de ensino superior de instituição reconhecida pelo Ministério da Educação e que tenha obtido capacitação em escola ou instituição de formação de mediadores, reconhecida pela Escola Nacional de Formação e Aperfeiçoamento de Magistrados – ENFAM – ou pelos tribunais, observados os requisitos mínimos estabelecidos pelo Conselho Nacional de Justiça em conjunto com o Ministério da Justiça.

Nesse aspecto, vale referir a importância dos comentários já feitos anteriormente nesse livro, mais especificamente no capítulo II, que trata da Resolução 125 do CNJ no qual, como aqui, verifica-se certo monopólio na formação dos mediadores por parte do Conselho Nacional de Justiça e do Ministério da Justiça. A centralização e o monopólio da capacitação de mediadores, como dito antes, faz com que não se reconheça a competência de cursos ministrados por instituições de ensino superior (muitas vezes conveniadas com os tribunais de seus estados) sérias e comprometidas com a mediação colocando a perder uma fatia de conhecimento e experiência consideráveis.

Sobre o tema, Ada Pellegrini Grinover e Kazuo Watanabe[428] se manifestam afirmando que: "essa centralização e esse monopólio ferem de morte o princípio federativo e a autonomia dos Estados". Avançam ao acrescentar que: "Impede-se, com isso, toda e qualquer participação dos Tribunais de Justiça e dos Tribunais Regionais Federais no reconhecimento de cursos locais de formação – oferecidos pela iniciativa privada, pelo próprio Estado e pelas Universidades bem como nos critérios para cadastramento". Os autores vão além e com sapiência concluem: "o mal já feito pela alteração da Resolução n. 125/2010, por meio da emenda n. 01/2013, não pode ser perpetuado em lei".

O art. 12 refere que os tribunais criarão e manterão cadastros atualizados dos mediadores habilitados e autorizados a atuar em mediação

---

[428] GRINOVER, Ada Pellegrini; WATANABE, Kazuo. *Especialistas criticam projeto de mediação*: In: VASCONCELOS, Frederico. Disponível em <http://blogdofred.blogfolha.uol.com.br/2014/05/09/especialistas-criticam-projeto-de-mediacao/>, publicado em 09.05.2014. Acesso em 14 jan. 2019.

judicial. No § 1° observa-se que a inscrição no cadastro de mediadores judiciais será requerida pelo interessado ao tribunal com jurisdição na área em que pretenda exercer a mediação. Nada de novo se propõe aqui, seguindo, a lei, a mesma regra da Resolução 125 do CNJ.

Já o § 2° determina que os tribunais regulamentarão o processo de inscrição e desligamento de seus mediadores.

O art. 13 aborda a remuneração dos mediadores ainda que de maneira passageira e pouco clara, atribuindo, mais uma vez, aos tribunais o encargo de fixar a mesma e o custeio dos valores pelos mediandos, garantindo a gratuidade aos menos favorecidos. Infelizmente, conforme o apontado no capítulo anterior, mais uma vez a remuneração dos mediadores fica relegada a segundo plano. O legislador esquece que a falta de remuneração ou a remuneração deficiente importa na perda dos melhores profissionais que saem do Judiciário e passam a fazer mediação extrajudicial na qual podem combinar os seus honorários de forma direta, com os mediandos e com isso assegurar renda melhor.

A subseção III aborda o procedimento de mediação. Nos arts. 14 e seguintes, disciplina-se a forma de proceder na organização e na realização da sessão de mediação. Antes de tratar, de modo direto, da procedimentalização da mediação, é importante questionar se essa procedimentalização realmente se faz necessária. Senão vejamos: a) a mediação não é procedimento novo, existindo resquícios de sua ocorrência desde os primórdios da civilização, antes, ela não era procedimentalizada e funcionava bem. Agora precisamos realmente burocratizar para que ela seja reconhecida como meio eficaz de lidar com os conflitos? b) o risco de procedimentalizar a mediação é vizinho da burocratização e da formalização o que significa, muitas vezes, perda da espontaneidade e da humanização, ferindo-se a qualidade que da mediação se espera; c) historicamente, as práticas consideradas "boas" deixam de sê-lo quando institucionalizadas, maculando-se dos mesmos vícios existentes nessas instituições. Prova disso é o Juizado Especial Cível que, enquanto "juizado de pequenas causas" funcionava muito bem. Quando "sequestrado" pelo Judiciário, o que se fez pela mão do legislador, passou a ser lento, burocratizado e caiu no descrédito do cidadão.

8.5. O "como fazer" mediação na Lei 13.140/15

A Lei 13.140/15 determinou o modo como deve ocorrer a mediação, assim, o art. 14 afirma que na primeira reunião de mediação, e sempre que julgar necessário, o mediador deverá alertar as partes acerca das regras de confidencialidade aplicáveis ao procedimento.

Já o art. 15 prevê a hipótese de comediação a requerimento dos mediandos ou do mediador, com anuência daqueles, quando isso for recomendável em razão da natureza e da complexidade do conflito. Essa hipótese mostra-se salutar, pois é comum que o mediador não tenha conhecimento profundo de toda a complexidade conflitiva a ele trazida. Nesses casos, a existência de um profissional de outra área, trazendo e focando na interdisciplinaridade, pode facilitar a condução do diálogo e o restabelecimento da comunicação. A combinação de mediadores de áreas diferentes do conhecimento pode gerar uma administração e um tratamento de qualidade ao conflito.

O art. 16 trata da mediação acontecida dentro/durante o processo ou do procedimento arbitral. Nesse caso, os conflitantes podem submeter-se à mediação, hipótese na qual podem requerer ao juiz ou árbitro a suspensão do processo por prazo suficiente para a solução consensual do litígio. Importante que esse prazo seja solicitado pelos conflitantes e de comum acordo por eles estipulado, uma vez que a mediação possui um ritmo próprio, único, diferente do ritual e do tempo do procedimento judiciário.[429] Nesse sentido, também de salutar importância o § 1° do mesmo artigo, que afirma ser irrecorrível a decisão que suspende o processo nos termos requeridos, de comum acordo, pelas partes. Se de comum acordo solicitado, nada mais justo que se cumpra e que a mediação seja realmente um procedimento experimentado com empenho. Se por ventura não obtiver acordo, então, findo o prazo, o procedimento arbitral/judiciário tem sua sequência normal.

Já o § 2° diz que a suspensão do processo não obsta a concessão de medidas de urgência pelo juiz ou pelo árbitro. Aqui se verifica um problema: se a concessão de tais medidas é requerimento de um mediando contra o outro, a confiança, princípio básico da mediação fica arranhada, o que inviabiliza a continuidade das sessões. Assim, se as medidas são contra terceiros, passível e pertinente sua concessão, mas, se são de um mediando contra o outro, melhor encerrar a mediação e dar seguimento normal ao feito uma vez que nenhum procedimento pode ser chamado de mediação se dentro dele e entre seus atos ocorrerem medidas judiciais de urgência de um conflitante contra o outro. Assim, a mesma decisão que apreciar a medida judicial deve questionar sobre o encerramento da mediação e a volta a tramitação tradicional do processo.

O art. 17 considera instituída a mediação na data para a qual foi marcada a primeira reunião de mediação. No parágrafo único, a determinação é de que: enquanto transcorrer o procedimento de mediação, ficará suspenso o prazo prescricional. Aqui importa salientar que prescrição,

---

[429] Sobre o tema, sugere-se a leitura de SPENGLER, Fabiana Marion. *Tempo, Direito e Constituição*: reflexos na prestação jurisdicional do Estado. Porto Alegre: Livraria do Advogado, 2008.

em resumo, consiste na impossibilidade de ingressar com uma ação junto ao Judiciário reivindicando e defendendo determinado direito, devido à inércia e ao transcurso de um lapso temporal. Assim, quando se fala em prescrição, verifica-se que "o direito está acompanhado de medidas para o seu exercício e proteção. Se a pessoa não faz uso dos meios assegurados, entende-se que houve a desistência, levando os sistemas jurídicos a retirar a faculdade de defesa".[430]

Consequentemente, se transcorrido determinado tempo, legalmente previsto, o sujeito ficará impossibilitado de reivindicar o seu direito de ação para concretizar e/ou reparar a violação de outro direito (o material).

A inclusão de tal dispositivo na lei em comento é positiva principalmente para fins de evitar a utilização da mediação de má-fé, objetivando tão somente postergar, com as sessões, a solução do conflito até o momento em que o direito de ação estivesse prescrito, impossibilitando futura busca da tutela jurisdicional. É no intuito de evitar que isso aconteça que a referida previsão se impõe e deve ser respeitada, uma vez que o legislador nesse aspecto foi cuidadoso ao prever que o procedimento de mediação suspende o prazo prescricional. Outro fator importante é que tal determinação se encontra elencada na seção III "Do Procedimento de Mediação", subseção I "Das disposições comuns" de modo que se aplicam as mediações judiciais e extrajudiciais.

Outra questão importante é o fato de que a lei faz menção expressa à suspensão do prazo prescricional. No Direito, "suspender" e "interromper" a prescrição são coisas distintas, o que transcende a mera discussão etimológica dos termos, apontando, de modo direto, os efeitos temporais da prescrição. Para Silvio de Salvo Venosa,[431] suspensão e interrupção não se confundem: a suspensão faz parar, temporariamente, seu andamento; vencido o motivo de suspensão, a prescrição retoma seu curso normal, inclusive computando o tempo anteriormente decorrido. Já "na interrupção da prescrição a situação é diversa: verificada alguma das causas interruptivas, perde-se por completo o tempo decorrido. O lapso prescricional iniciar-se-á novamente. O tempo precedentemente decorrido fica totalmente inutilizado". Desse modo, anula-se a prescrição já iniciada. O autor finaliza dizendo que "a diferença essencial é que na suspensão o termo anteriormente decorrido é computado, enquanto na interrupção o termo precedente é perdido".[432]

---

[430] RIZZARDO, Arnaldo. *Direito das coisas*. 7. ed. Rio de Janeiro: Forense, 2014, p. 609.

[431] VENOSA, Sílvio de Salvo. *Direito Civil* – Parte Geral. São Paulo: Atlas, 2004, p. 646-647.

[432] Arnaldo Rizzardo aponta o seguinte exemplo de suspensão: "tratando-se de uma prescrição cujo prazo é de cinco anos, se sobrevém a causa da suspensão quando já transcorreram dois anos do prazo, a prescrição dorme por todo o tempo que durar a suspensão e, cessada esta, tem ainda a prescrição que correr três anos para que então se diga acabada, completa, adquirida, consumada, perfeita". (CARPENTER *apud* RIZZARDO, Arnaldo. *Direito das coisas*. 7. ed. Rio de Janeiro: Forense, 2014, p. 609. p. 630).

A lei em comento se cala no que diz respeito às diferenças entre prescrição e decadência. Na prescrição, ocorre a caducidade do direito de ação do titular que já não pode ingressar judicialmente objetivando concretizar ou reparar um direito violado por outra pessoa. Mas esse direito continua vigorando, ainda que o sujeito esteja impedido de concretizá-lo judicialmente. Quando a decadência, o que é atingido pelo decorrer do tempo é o próprio direito material, e não só o direito de ação (processual). Assim, a decadência fere de morte o direito material do sujeito e fere, indireta e igualmente, toda e qualquer possibilidade jurisdicional, uma vez que desaparece o interesse de agir. Tal se dá porque sem direito não existe motivo para ação. A doutrina diferencia as duas figuras, ainda que ambas conduzam a um mesmo fim: o desaparecimento da possibilidade da tutela jurisdicional.

O art. 18 determina que, iniciada a mediação, as reuniões posteriores com a presença dos mediandos somente poderão ser marcadas com a sua anuência. Importante essa iniciativa, pois os conflitantes são livres e independentes para participar da mediação se assim o desejarem e para remarcar suas sessões, podendo finalizar o procedimento se por ventura não estiverem à vontade para dar continuidade ou se não confiarem na figura do mediador.

Já o art. 20 determina que o mediador, no desempenho da sua função, poderá reunir-se com os mediandos, em conjunto ou separadamente, bem como solicitar às partes as informações que entender necessárias para facilitar o diálogo entre aqueles. A reunião em separado com os conflitantes é uma das técnicas de mediação, aliás muito utilizada, também conhecida como *cáucus* ou sessão privada.[433] A participação de terceiros pode ser muito interessante para fins de esclarecer dúvidas sobre fatos ocorridos e muitas vezes é decisiva até para a conclusão da mediação com um acordo.

O procedimento de mediação será encerrado com a lavratura do seu termo final, conforme preceitua o artigo 20, quando for celebrado acordo ou quando não se justificarem novos esforços para a obtenção de consenso, seja por declaração do mediador ou por manifestação de qualquer das partes.

É interessante referir que uma mediação que se encerrou por perda do objeto de litígio (reconciliação, por exemplo) ou porque se tornou improdutiva (e por isso inviável) não é, necessariamente, uma mediação da qual não se obteve êxito. Qualquer procedimento mediativo é exitoso se, não obstante não existir consenso, as pessoas puderem retomar o diálogo interrompido, demonstrando, a partir das sessões, condições de se comunicar de modo mais harmônico.

---

[433] Sobre o assunto, é interessante a leitura SPENGLER, Fabiana Marion; SPENGLER NETO, Theobaldo (Org.). *Do conflito à solução adequada: mediação, conciliação, negociação, jurisdição e arbitragem*. Santa Cruz do Sul: Essere nel Mondo, 2015.

Porém, ao encerrar a mediação, o seu termo final (parágrafo único) constitui título executivo extrajudicial[434] e, quando homologado judicialmente, título executivo judicial.[435] Tal fato garante uma possível execução, no caso de descumprimento. A medida é salutar, garante segurança e certeza aos participantes e gera tranquilidade quanto ao modo de proceder em caso de descumprimento. Porém, não se pode perder de vista que a mediação é um procedimento que tem como base a confiança e a cooperação. Dois princípios que devem ser construídos ao longo das sessões e que, se realmente sólidos, não precisam ser garantidos por um acordo escrito que gere título executivo. O que se pretende dizer com isso é que uma mediação bem feita gera um acordo que será cumprido, uma vez que não imposto – como é o caso da sentença –, e sim, construído pelos participantes. No entanto, enquanto a comunidade jurídica precisar ser convencida de que a mediação funciona e enquanto restarem dúvidas quanto à capacidade e competência dos mediadores, a formalização e a homologação do acordo se impõem.

8.6. E a mediação extrajudicial?

A mediação extrajudicial vem disciplinada nos arts. 21 e seguintes da Lei 13.140/2015. O art. 21 aponta que o convite para iniciar o procedimento de mediação extrajudicial poderá ser feito por qualquer meio de comunicação e deverá estipular escopo para a negociação, data e o local da primeira reunião. Elogiosa a inciativa envolvendo não só a correspondência escrita e postada via correios e telégrafos bem como a correspondência eletrônica e a mensagem de telefone celular, dentre outras formas

---

[434] De acordo com Wambier e Talamini (WAMBIER, Luiz Rodrigues; TALAMINI, Eduardo. *Curso Avançado de Processo Civil*. São Pau-lo: RT, 2010, p. 73) "são atos que abstratamente indicam alta probabilidade de violação de norma ensejadora de sanção e que, por isso, recebem força executiva". Para Elpídio Donizetti "os títulos executivos extrajudiciais representam relações jurídicas criadas independentemente da interferência da função jurisdicional do Estado, do processo de conhecimento; representam direitos acertados pelos particulares." (DONIZETTI, Elpídio. *Curso Didático de Direito Processual Civil*. São Paulo: Atlas, 2010, p. 679.) Conforme Grego Filho, "o primeiro título executivo a surgir foi a sentença, apresentando-se a execução como consequência da condenação. Todavia, a partir da Idade Média, alguns instrumentos de crédito, dadas as exigências do comércio, passaram a ser equiparados à sentença quanto à força executiva. Tal força foi atribuída a instrumentos solenemente firmados perante o notário, com a finalidade de aumentar-lhes a garantia, a rapidez de cobrança. A força executiva, portanto, privilegia certos negócios em relação a outros porque a lei assim o quer, tendo em vista peculiaridades do mundo negocial e jurídico de cada país." (DESTEFENI, Marcos. *Curso de Processo Civil*: processo de execução dos títulos extrajudiciais. São Paulo: Revista dos Tribunais, 2006, p 58).

[435] Para Wambier e Talamini, "títulos executivos judiciais consistem em provimentos jurisdicionais, ou equivalentes, que contêm a determinação a uma das partes de prestar algo à outra. O ordenamento confere a esses provimentos a eficácia de plano, de, inexistindo prestação espontânea, autorizar o emprego dos atos executórios." (WAMBIER, Luiz Rodrigues; TALAMINI, Eduardo. *Curso Avançado de Processo Civil*. São Paulo: RT, 2010, p. 66)

de comunicação lícitas que possam levar a bom termo o convite a todos os conflitantes para participarem. O parágrafo único afirma que o convite formulado por uma parte a outra se considerará rejeitado se não for respondido em até trinta dias da data de seu recebimento.

Essa rejeição implicará o cancelamento da mediação não sendo realizado o procedimento. Tal se dá porque, conforme o já explicitado nos capítulos anteriores (e que assim se mantenha!) a mediação brasileira, independentemente se judicial ou extrajudicial, deve ser voluntária.

O art. 22 determina que a previsão contratual de mediação deverá conter, no mínimo: I – prazo mínimo e máximo para a realização da primeira reunião de mediação, contado a partir da data de recebimento do convite; II – local da primeira reunião de mediação; III – critérios de escolha do mediador ou equipe de mediação; IV – penalidade em caso de não comparecimento da parte convidada à primeira reunião e mediação.

Já o § 1º dispõe que a previsão contratual pode substituir a especificação dos itens acima enumerados pela indicação de regulamento, publicado por instituição idônea prestadora de serviços de mediação, no qual constem critérios claros para a escolha do mediador e realização da primeira reunião de mediação.

O § 2º afirma que, não havendo previsão contratual completa, deverão ser observados os seguintes critérios para a realização da primeira reunião de mediação: I – prazo mínimo de dez dias úteis e prazo máximo de três meses, contados a partir do recebimento do convite; II – local adequado a uma reunião que possa envolver informações confidenciais; III – lista de cinco nomes, informações de contato e referências profissionais de mediadores capacitados; a parte convidada poderá escolher, expressamente, qualquer um dos cinco mediadores e, caso a parte convidada não se manifeste, considerar-se-á aceito o primeiro nome da lista; IV – o não comparecimento da parte convidada à primeira reunião de mediação acarretará a assunção por parte desta de cinquenta por cento das custas sucumbenciais caso venha a ser vencedora em procedimento arbitral ou judicial posterior, que envolva o escopo da mediação para a qual foi convidada.

No § 3º encontra-se a determinação de que nos litígios decorrentes de contratos comerciais ou societários que não contenham cláusula de mediação, o mediador extrajudicial somente cobrará por seus serviços caso as partes decidam assinar o termo inicial da mediação e permanecer, voluntariamente, no procedimento de mediação.

Das determinações supramencionadas pode-se concluir:

a) a previsão contratual da mediação não individualiza/especifica o tipo de litígio podendo ser utilizada para toda e qualquer relação. Essa constatação gera dúvidas quanto à utilização da mediação nos conflitos para os quais foi idealizada e originalmente mostrou sua eficácia. Conforme já mencionado no início do capítulo, uma relação de consumo ou então uma relação comercial pode ser trabalhada e resolvida com a conciliação e a negociação. Essas relações não precisam da mediação, não são relações continuadas e de afeto. Por isso, equivoca-se a previsão legal ao falar de mediação contratual sem especificar o tipo de relação lá disposta. Melhor seria falar de autocomposição de modo genérico, podendo então ser utilizada a conciliação para lidar com os conflitos dela advindos.

b) a mediação a partir da promulgação da presente lei, com a inclusão do artigo e dos parágrafos em comento, passa a viver um limbo jurídico constituindo uma figura atípica, pois é parcialmente obrigatória e parcialmente voluntária (??!!). Tal se dá porque prevê a obrigatoriedade do comparecimento do mediando convidado na primeira sessão (com sanção pecuniária em caso de ausência) recepcionando a opção desse mediando de não permanecer no procedimento, desistindo das próximas sessões.

Esse posicionamento é atípico, pois existem países (Argentina e Itália são dois exemplos) nos quais a mediação é obrigatória, e outros nos quais a mediação é voluntária. Mas, com os dispositivos anteriormente expostos, a mediação no Brasil passa a ser "meio" obrigatória e "meio" facultativa. Ou seja: na primeira reunião o comparecimento é obrigatório, porém, permanecer em mediação, retornando nas demais reuniões, é facultativo, voluntário.

A impressão causada pela escolha por esse "caminho intermediário" é de que faltou coragem de definir, de maneira objetiva, pela voluntariedade ou pela obrigatoriedade, defendendo o posicionamento escolhido e enfrentando a polêmica gerada por essa decisão. Será?!

O art. 23 determina que se, em previsão contratual de cláusula de mediação as partes se comprometerem a não iniciar procedimento arbitral ou processo judicial durante certo prazo ou até o implemento de determinada condição, o árbitro ou o juiz suspenderá o curso da arbitragem ou da ação pelo prazo previamente acordado ou até o implemento dessa condição. O parágrafo único prevê que o disposto no *caput* não se aplica às medidas de urgência em que o acesso ao Poder Judiciário seja necessário para evitar o perecimento de direito. Aqui, vale o dito anteriormente, ao debater as medidas de urgência na mediação judicial.

8.7. E a mediação judicial?

Na mediação judicial, conforme determina o art. 24, os tribunais criarão centros Judiciários de solução consensual de conflitos, responsáveis pela realização de sessões e audiências de conciliação e mediação, pré-processuais e processuais, e pelo desenvolvimento de programas destinados a auxiliar, orientar e estimular a autocomposição. O parágrafo único prevê que a composição e a organização do centro serão definidas pelo respectivo tribunal, observadas as normas do Conselho Nacional de Justiça.

Essa disposição está em consonância com o previsto na Resolução 125 do CNJ. Mais uma vez os tribunais e o CNJ definirão, de forma vertical e isolada, o funcionamento dos centros de mediação, mantendo a vigilância e o controle sobre uma atividade que não é jurisdicional. Mais uma vez fica a dúvida: é temor de perder o monopólio de tratamento do conflito? Se a resposta for positiva, está na contramão da história pois a ideia é substituir a cultura da sentença pela cultura do acordo e mostrar ao cidadão que ele não precisa do Estado, sempre, para resolver seus conflitos. Como ele vai compreender essa lógica se a mediação/conciliação acontece e se subjuga ao Estado e ao Judiciário? Se o controle é feito pelo tribunal e pelo CNJ? Como se cria uma nova cultura mantendo as mesmas raízes, o mesmo substrato, o mesmo controle?

O art. 25 determina que na mediação judicial os mediadores não estarão sujeitos à prévia aceitação das partes, observando o disposto no art. 5º dessa lei.

No art. 26, encontra-se a previsão de que os conflitantes sejam assistidos por advogados ou defensores públicos o que é interessante, pois tal medida traz segurança e tranquilidade aos mediandos de que seus direitos estão assegurados. No parágrafo único, fica assegurada, aos que comprovarem insuficiência de recursos, a assistência pela Defensoria Pública, nos termos do art. 4º, II, da Lei 80, de 1994. A única ressalva a ser feita é de que o protagonismo é dos mediandos, devendo o advogado possuir um papel secundário, sob pena de transformar uma "sessão/reunião" de mediação em uma "audiência" de mediação e sem juiz!

Se o juiz, de acordo com o art. 27, ao receber a petição inicial, verificar que esta preenche os requisitos essenciais e não for caso de improcedência liminar do pedido, designará audiência de mediação. Aqui, cabe reforçar o que se disse várias vezes, ao longo da presente obra: não se trata de "audiência" de mediação, e sim, de "sessão" ou "reunião". Audiência é um ato processual, presidido pelo juiz, com todo o rito e as formalidades exigidos na lei específica. A mediação é coordenada por um mediador e não obedece a ritos processuais possuindo, como característica, dentre outras, a informalidade. Assim, salutar que se use o termo correto, evitando comparações, pois são coisas diferentes.

Da mesma forma e de acordo com o amplamente debatido nos capítulos anteriores, a mediação é um procedimento voluntário (ainda que a lei em comento determine a presença dos mediandos ao menos na primeira reunião), ao qual as partes aderem porque acreditam e porque atribuem ao mediador competência para ajudá-las a lidar com o conflito. Assim, melhor seria não fazer imposições, e sim, fomentar o procedimento, deixando de obrigar – tal como previsto na lei – que as pessoas compareçam a mediação. Além disso, não se informa sobre mediação e nem se convence de que ela funciona impondo. De má vontade ninguém participa ativamente, os resultados só podem ser negativos.

O art. 28 pretende estipular o "tempo da mediação judicial", determinando que o procedimento deve ser concluído em até 60 (sessenta) dias, contados da primeira sessão, salvo quando os conflitantes, de comum acordo, requererem sua prorrogação. Qualquer mediador com alguma experiência sabe que 60 dias é um prazo bastante exíguo para um conflito acirrado, com várias facetas, que muitas vezes passeiam do econômico para o emocional e vice-versa. Nesse sentido, interessante a proposta do artigo em comento quanto à hipótese de prorrogação da mediação por prazo maior desde que os participantes tenham consenso quanto a esse ponto.

Aqui, é preciso encontrar um meio-termo: ao mesmo tempo em que a mediação não pode se estender em demasia, sob o risco de se tornar "terapia" ou então de favorecer os interesses de um dos conflitantes que pretende obter vantagens pelo decorrer do tempo, é também preciso dar a mediação "o seu tempo" que é diverso da temporalidade processual e que não pode ser estabelecido de modo rígido e inflexível.

O parágrafo único desse artigo aponta que: se houver acordo, os autos serão encaminhados ao juiz, que determinará o arquivamento do processo e, desde que requerido pelos conflitantes homologará o acordo, por sentença, e o termo final de mediação e determinará o arquivamento do processo. Aqui é importante recordar que esse termo de acordo deve estar atento ao dever de confidencialidade restringindo-se as cláusulas do convencionado.

Finalizando a seção o art. 29 determina que: solucionado o conflito pela mediação antes da citação do réu, não serão devidas custas judiciais finais. Interessante porque essa hipótese traz diminuição de custos o que pode ser um incentivo para a participação na mediação e para a cooperação na elaboração do acordo.

8.8. Não vamos contar ninguém, certo? Da confidencialidade e suas exceções

A seção IV da Lei 13.140/15 traz como ponto fundamental a confidencialidade[436] nas práticas mediativas. O art. 30 determina que toda e qualquer informação relativa ao procedimento de mediação será confidencial em relação a terceiros, não podendo ser revelada sequer em pro-

---

[436] A respeito da confidencialidade remete-se a leitura aos comentários tecidos em torno do art. 7º, nesse mesmo capítulo.

cesso arbitral ou judicial, salvo se as partes expressamente decidirem de forma diversa ou quando sua divulgação for exigida por lei ou necessária para o cumprimento do acordo obtido pela mediação.

Segundo Humberto Dalla Bernardina de Pinho,[437] a confidencialidade é "proibição imposta ao mediador de não expor a terceiros ao processo de mediação, as informações obtidas durante o seu desenrolar". Assim, a "confidencialidade é regra universal em termos de mediação, até porque é uma das propaladas vantagens desse procedimento e que atrai muitos interessados". Além disso, "a confiança é o ponto central da mediação". Assim, "a confidencialidade é o instrumento que confere este elevado grau de compartilhamento para que as partes se sintam à vontade para revelar informações íntimas, sensíveis e muitas vezes estratégicas, que certamente não exteriorizariam num procedimento orientado pela publicidade". Da mesma forma, o autor supracitado salienta que é "importante assentar, ainda, que a confidencialidade resguarda a proteção do processo em si e de sua real finalidade, permitindo, com isso que, não se chegue a resultados distorcidos em favor daquele que se utilizou de comportamentos não condizentes com a boa fé".

O § 1° determina que o dever de confidencialidade aplica-se ao mediador,[438] às partes, a seus prepostos, advogados, assessores técnicos e a outras pessoas de sua confiança[439] que tenham, direta ou indiretamente, participado do procedimento de mediação, alcançando: I – declaração, opinião, sugestão, promessa ou proposta formulada por uma parte à outra na busca de entendimento para o conflito; II – reconhecimento de fato por qualquer das partes no curso do procedimento de mediação; III – Manifestação de aceitação de proposta de acordo apresentada pelo mediador;

---

[437] PINHO, Humberto Dalla Bernardina, Confidencialidade. In: *Revista Eletrônica de Direito Processual*. Volume especial: A nova lei de mediação brasileira. Comentários ao projeto de Lei 7.169/2014. Rio de Janeiro: 2014, ano 8, p. 165-166 (www.redp.com.br)

[438] "(...) Se, entretanto, fosse possível que o mediador testemunhasse em juízo sobre as informações que obteve em razão da mediação, uma parte de má-fé poderia utilizar o processo de mediação para obter uma vantagem estratégica em uma futura disputa judicial. (...) sendo permitida a oitiva de mediadores, a testemunhas, a encenação perante o mediador de fatos irreais que podem beneficiar, no judiciário, a parte responsável pelo fingimento seria de grande tentação para partes de má-fé (...) Assim, permitindo que o mediador seja testemunha, seria possível que uma parte não colaborasse com o processo de mediação e fosse premiada pelo comportamento não cooperativo, pervertendo o sistema de incentivos descrito no início desse ponto (...)". (SERPA, Maria de Nazareth. *Teoria e Prática da Medição de Conflitos*. Rio de Janeiro: Lumen Juris, 1999, p. 243-244).

[439] O Código Civil e o Código de Processo Civil expressamente ratificam esse entendimento, mediante a positivação do segredo profissional. No campo penal, verifica-se que a revelação de segredo obtido em razão do exercício de profissão, ofício, função e ministério é conduta expressamente tipificada naquele código, sendo, portanto, passível de persecução criminal por parte do Estado, nos moldes da lei penal. (PINHO, Humberto Dalla Bernardina, Confidencialidade. In: *Revista Eletrônica de Direito Processual*. Volume especial: *A nova lei de mediação brasileira*. Comentários ao projeto de Lei 7.169/2014. Rio de Janeiro: 2014, ano 8, p. 165-166 (www.redp.com.br)

IV – documento preparado unicamente para os fins do procedimento de mediação.

Reiterando o dever de confidencialidade, o § 2° determina que a prova apresentada em desacordo com o disposto neste artigo não será admitida em processo arbitral ou judicial, ou seja: o dever de confidencialidade inviabiliza qualquer tentativa de utilização de prova feita na mediação, seja ela documental, testemunhal ou de qualquer outra natureza. Porém, essa regra não se aplica, de acordo com o § 3°, a informação relativa à ocorrência de crime de ação pública, coisa que já se avistava na prática e nos textos publicados sobre o assunto.

Segundo o § 4°, a regra da confidencialidade não afasta o dever das pessoas discriminadas no *caput* de prestarem informações à administração tributária após o termo final da mediação, aplicando-se aos seus servidores a obrigação de manter sigilo das informações compartilhadas nos termos do art. 198 da Lei 5.172, de 25 de outubro de 1966.

Finalizando o capítulo, o art. 31 determina que será confidencial a informação prestada por uma parte em sessão privada, não podendo o mediador revelá-la às demais, exceto se expressamente autorizado. Desnecessário esse dispositivo, pois a sessão privada ou reunião particular é uma das técnicas empregadas pelo mediador e delas, como um todo, exige-se manutenção do sigilo quanto a terceiros e quanto aos próprios mediandos. Aliás, ao iniciar uma sessão privada, o mediador deve começar dizendo que o relato do mediando que está em sua companhia não será revelado ao outro que não se encontra presente. Essa é a conduta ética e adequada, e se o mediador não a adota é porque não possui competência para mediar.

8.9. A autocomposição de conflitos em que for parte pessoa jurídica de direito público

O capítulo II da Lei 13.140/2015 dispõe sobre a composição de conflitos em que for parte pessoa jurídica[440] de direito público e em sua primeira seção apresenta disposições comuns expostas nos arts. 32, 33 e 34.

Nesse sentido, o art. 32 determina que a União, os Estados, o Distrito Federal e os Municípios poderão criar câmaras de prevenção e resolução administrativa de conflitos, no âmbito dos respectivos órgãos da Advoca-

---

[440] "As pessoas jurídicas de direito público podem ser: a) de direito público externo, regulamentadas pelo direito internacional (...); b) de direito público interno de administração direta (CC, art. 41 e I a III): União, Estados, Distrito Federal, Territórios e Municípios legalmente constituídos; e de administração indireta (CC, art. 41, IV a V): órgãos descentralizados, criados por lei, com personalidade jurídica própria para o exercício de atividades de interesse público (...)" (DINIZ, Maria Helena. *Curso de direito civil brasileiro*. Vol. 1: teoria geral do direito civil. 31. ed. São Paulo: Saraiva, 2014, p. 273).

cia Pública, quando houver, com competência para: "'I – dirimir conflitos entre órgãos e entidades da Administração Pública' – aí incluídos, portanto, os conflitos internos; 'II – avaliar a admissibilidade dos pedidos de resolução de conflitos, por meio de composição, no caso de controvérsia entre particular e pessoa jurídica de direito público' – nota-se aqui uma falha técnica, pois, quando se diz 'composição' (que abrange autocomposição e heterocomposição – esta última sendo a resolução por terceiro), o que se pretende dizer é 'autocomposição', ou seja, resolução por acordo. O mais curioso é a menção a esta etapa de 'avaliação da admissibilidade', sem que se estipulem quais seriam os critérios para tal admissão, e sem que se preveja, também, caso admitido o pedido, onde tramitaria a negociação, já que 'avaliar a admissibilidade' é bem diferente de conduzir o processo de resolução consensual; 'III – promover, quando couber, a celebração de termo de ajustamento de conduta' – trata-se do único dispositivo que faz referência a este instrumento, que é utilizado, como visto, em uma série de conflitos envolvendo direitos indisponíveis, de modo que a necessidade de uma regulamentação séria e completa é bastante evidente. A omissão aqui é muito grave".[441]

Antes de qualquer abordagem, é interessante ter claro que a "administração é uma atividade pela qual as pessoas gerem recursos com o objetivo de satisfazer determinados interesses". Nessa linha de raciocínio, "são cinco elementos articulados neste conceito de administração: atividades, pessoas, recursos, objetivos e interesses" de cuja qualificação decorre o conceito de Administração Pública. "As atividades são funções públicas, cometidas ao Estado, caracterizando-se por suas imanentes indisponibilidade e imperatividade e, assim, pela possibilidade de serem executadas coercitivamente". Já as "pessoas, incumbidas de desempenhar essas funções, são os entes públicos ou privados, atuando por seus respectivos órgãos e agentes, que, para esse efeito, recebem competência própria ou delegada". Conectado a tais elementos existem os "recursos, de diversa natureza, notadamente financeiros, empregados para o desempenho dessas funções", que "serão, em princípio, também públicos e afetados a finalidades igualmente públicas". Nesse contexto, "os objetivos a serem perseguidos serão todos aqueles, integral ou parcialmente, previstos em lei, aptos à satisfação dos interesses nela especificamente definidos como públicos". Por conseguinte, partindo dessas qualificações, sintetiza-se o "conceito de administração pública como atividades preponderantemente executórias, definidas por lei como funções do Estado, gerindo recursos

---

[441] SOUZA, Luciane Moessa de (org.). *Mediação de conflitos*. Novo paradigma de acesso à justiça. 2. ed. Revista e ampliada. Santa Cruz do Sul: Essere nel Mondo, 2015 (recurso eletrônico), p. 310.

para a realização de objetivos voltados à satisfação de interesses especificamente definidos como públicos".[442]

Diante do anteriormente exposto, fica claro que, segundo a proposta da Lei 13.140/2015, a composição na administração pública pode ocorrer pela prática da mediação e de outros meios consensuados de lidar com conflitos. Essa também é a opinião de Rodrigo A. Odebrecht Curi Gismondi[443] ao enfatizar que os referidos artigos: "têm escopo que ultrapassa a mera utilização da mediação pela Administração Pública, permitindo a utilização de outras técnicas autocompositivas, como a negociação e a conciliação, bem como a arbitragem (esta, heterocompositiva)".

Referenciando os fundamentos constitucionais para a adoção dos meios consensuais na esfera pública, Luciane Moessa de Souza[444] afirma que: "Os três grandes fundamentos jurídico-constitucionais para a adoção de métodos consensuais na resolução de conflitos em que se vê envolvido o Poder Público, seja na esfera administrativa, seja na esfera judicial, são: a) o princípio do acesso à justiça (art. 5º, XXXV, da CF), que exige a disponibilização de métodos adequados (sob os aspectos temporal, econômico e de resultados) de resolução de conflitos, não se subsumindo a uma simples garantia de acesso formal ao sistema judicial – princípio do qual decorre o também positivado princípio da razoabilidade na duração do processo administrativo e judicial (art. 5º, LXXIV); b) o princípio da eficiência (art. 37, *caput*), que demanda sejam os conflitos resolvidos da forma que apresente a melhor relação entre custo e benefício, ou seja, menores custos, menos tempo, menos desgaste para a relação entre as partes e melhores resultados para ambas; c) o princípio democrático, fundamento de nossa ordem constitucional (art. 1º), que decorre de o Estado não ser um fim em si mesmo e reclama portanto que, quando o Poder Público se veja envolvido em conflitos com particulares, ele se disponha, em primeiro lugar, a dialogar com estes para encontrar uma solução adequada para o problema".

Porém, é interessante observar que existem limites à resolução consensual de conflitos que envolvem a Administração Pública, tais como: a) indisponibilidade dos interesses públicos; b) imposição de publicidade por força de norma constitucional; c) a impessoalidade; d) poderes para realizar o acordo e vantagem na sua realização. Adiante, cada um desses limitadores serão abordados.

---

[442] MOREIRA NETO, Diogo de Figueiredo. *Curso de direito administrativo*: parte introdutória, parte geral e parte especial. 14. ed. Rio de Janeiro: Forense, 2005, p. 111.

[443] GISMONDI, Rodrigo A. Odebrecht Curi. Mediação Pública. In: *Revista Eletrônica de Direito Processual*. Volume especial: A nova lei de mediação brasileira. Comentários ao projeto de Lei 7.169/2014. Rio de Janeiro: 2014, ano 8, p. 175 (www.redp.com.br)

[444] SOUZA, Luciane Moessa de (org.). *Mediação de conflitos*. Novo paradigma de acesso à justiça. 2. ed. Revista e ampliada. Santa Cruz do Sul: Essere nel Mondo, 2015 (recurso eletrônico), p. 301.

a) a indisponibilidade dos Interesses Públicos

Os meios compositivos de tratar conflitos visam ao acordo. Assim, os direitos discutidos em procedimentos compositivos devem ser passíveis de acordo, ou seja, precisam ser disponíveis. Porém, existem posicionamentos desencontrados quanto ao que é disponível ou indisponível dentro da esfera da administração pública.[445] De tal debate se pode depreender que o conceito de indisponibilidade é vago e sobre ele não há um critério uniforme, racional e seguro que o individualize.[446] Assim, não é possível definir (in)disponibilidade conforme a classificação dos bens/direitos públicos ou privados uma vez que ambos possuem esferas próprias de disponibilidade ou não.

Conforme Gismondi,[447] "especificamente quanto aos bens e interesses da Administração Pública, para fins de verificação da sua (in)disponibilidade, é comum a adoção da classificação estrangeira de Alessi,[448] que divide o interesse público em primário e secundário para se afirmar que apenas estes são relativamente disponíveis, mantendo a indisponibilidade do interesse público primário". Seguindo essa linha de raciocínio, o interesse público primário é o interesse social e coletivo, ou seja, interesse da coletividade. Por outro lado, o interesse público secundário é o modo pelo qual os órgãos administrativos veem o interesse público.

Na realidade, "a questão da (in)disponibilidade do interesse e dos bens públicos não depende e não deve ser necessariamente atrelada à classificação acima referida". Desse modo, "grau de disponibilização de um interesse/bem dependerá diretamente do substrato normativo que lhe dá fundamento e de sua hierarquia no ordenamento jurídico". Partindo desta premissa, conforme Gismondi,[449] "são absolutamente indisponíveis os interesses elencados pelo Poder Constituinte Originário como parte do núcleo duro da Constituição Federal (Cláusulas Pétreas), de seus objetivos

---

[445] Nesse sentido, é importante a leitura de CARVALHO FILHO, José dos Santos. *Manual de Direito Administrativo*. 25. ed. São Paulo: Atlas, 2012; BITTAR, Carlos Alberto. *Curso de Direito Civil*. São Paulo: Forense Universitária, 1994, v. 1.; CARREIRA ALVIM, José Eduardo. *Comentários à Lei de Arbitragem*. 2. ed. Rio de Janeiro: Lumen Juris, 2004; TALAMINI, Eduardo. Sociedade de Economia Mista. Distribuição de gás. Disponibilidade de direitos. Especificidades técnicas do objeto litigioso. Boa-fé e moralidade administrativa. In: *Revista de Arbitragem e Mediação*, n. 5, p. 144-147, abr./jun. 2005.

[446] MANCUSO, Rodolfo de Camargo. *O plano piloto de conciliação em segundo grau de jurisdição, no egrégio Tribunal de Justiça de São Paulo, e sua possível aplicação aos feitos da Fazenda Pública*. In: Revista dos Tribunais, n. 820, item n. 7, p.38.

[447] GISMONDI, Rodrigo A. Odebrecht Curi. Mediação Pública. In: *Revista Eletrônica de Direito Processual*. Volume especial: A nova lei de mediação brasileira. Comentários ao projeto de Lei 7.169/2014. Rio de Janeiro: 2014, ano 8, p. 176 (www.redp.com.br)

[448] ALESSI, Renato. *Sistema istituzionale del diritto amministrativo italiano*. 3. ed. Milano: Giuffrè, 1960, p. 197-198.

[449] GISMONDI, Rodrigo A. Odebrecht Curi. Mediação Pública. In: *Revista Eletrônica de Direito Processual*. Volume especial: A nova lei de mediação brasileira. Comentários ao projeto de Lei 7.169/2014. Rio de Janeiro: 2014, ano 8, p. 176 (www.redp.com.br)

fundamentais (art. 3º, CF) e de todas as situações inerentes à própria existência do Estado como tal".

Nessa linha de raciocínio não é possível ao Poder Público renunciar, no todo ou em parte, à titularidade do Poder de Polícia ou a uma parte do território nacional. Além disso, é importante diferenciar "disponibilidade" e "transigibilidade". Em matéria de bens e interesses públicos, a indisponibilidade é a regra, embora também possa ocorrer a disponibilidade, até mesmo com relação à renúncia de bens e de direitos de natureza patrimonial, o que ocorre, por exemplo, na esfera tributária, mediante a concessão de isenção e mecanismos equivalentes. Outro exemplo é a hipótese de o Poder Público realizar doações de imóveis a particulares, sob condição de que ali sejam instalados determinados empreendimentos.[450]

A Administração não tem a livre disposição dos bens e interesses públicos, porque atua em nome de terceiros. Por essa razão e que os bens públicos só podem ser alienados na forma em que a lei dispuser. A partir desse posicionamento, "a autorização legislativa genérica do art. 30 do Projeto de Lei 7.169/14 é insuficiente para a adoção de soluções consensuais em que haja disponibilidade parcial de direitos e interesses da Administração".[451]

Portanto, "insuficiente a previsão de edição de mero regulamento" como previsto no referido projeto de lei, "já que ausente a sua natureza de norma jurídica primária (lei)". Tal se dá porque "a afirmação de que o poder de gestão não engloba o poder de disposição é incompleta". Gerir um patrimônio significa adotar práticas de boa administração, destinando o patrimônio (bens e interesses) aos fins desejados pelo seu titular. Especificamente no caso da Administração Pública, a gestão do seus bens e interesses exige do administrador a utilização dos meios que considerar (e justificar, é claro) necessários e úteis à obtenção do resultado, qual seja, a realização dos interesses públicos previstos nas normas constitucionais.[452]

b) confidencialidade x publicidade

A publicidade, princípio e imposição normativa constitucional (artigo 37, *caput*) que rege os atos da administração pública se contrapõem ao princípio da confidencialidade, princípio da mediação, contido na Lei 13.140/15.

---

[450] SOUZA, Luciane Moessa de. *Meios consensuais de solução de conflitos envolvendo entes públicos* – negociação, mediação e conciliação na esfera Administrativa e Judicial. Belo Horizonte: Fórum, 2012, p.170-171.
[451] GISMONDI, Rodrigo A. Odebrecht Curi. Mediação Pública. *In: Revista Eletrônica de Direito Processual*. Volume especial: A nova lei de mediação brasileira. Comentários ao projeto de Lei 7.169/2014. Rio de Janeiro: 2014, ano 8, p. 184 (www.redp.com.br). Importante ressaltar que o autor citado comentava aqui o anterior PL que deu origem a Lei 13.140/2015. Por isso o artigo referido corresponde atualmente ao art. 32.
[452] Ibid., p. 185.

Segundo o princípio da publicidade, a Administração deve ser transparente, o que permite aos cidadãos e aos órgãos competentes o controle de suas atividades. A publicidade fornece "credibilidade e confiança nas instituições públicas e no respeito à ordem normativa vigente".[453]

É nesse ínterim que se percebe o choque de disposições: por um lado a mediação prevê a confidencialidade das informações trazidas em suas sessões (prevista inclusive na lei) e por outro a administração pública trabalha com ampla publicidade de seus atos. Desse impasse é possível se desvencilhar trabalhando com a lógica de que não se fará mediação nos conflitos que envolvem a administração pública, e sim, se desenvolverá outras práticas compositivas (negociação e/ou conciliação, por exemplo) nas quais a confidencialidade não seja um princípio e uma regra absoluta. Será?

Por outro lado, talvez possa ser adotado o mesmo entendimento vertido em casos de arbitragem de conflitos envolvendo o Poder Público, nos quais se descreve que o interesse público é normalmente relacionado como exceção ao dever de confidencialidade. Assim, "a regra do sigilo cederá diante do princípio constitucional da publicidade dos atos da Administração Pública" (art. 37 da CF).[454]

Segundo Luciane Moessa de Souza,[455] "o que se busca com a confidencialidade é que as partes fiquem mais à vontade para negociar – e a confidencialidade não é o único fator relevante para chegar a este resultado". Nestes termos, a confidencialidade gera confiança no terceiro (mediador, negociador, árbitro, etc.). Essa confiança é importante para o procedimento de mediação. Porém, existindo sessões privadas, o que poderá vir, eventualmente, a ocorrer na mediação envolvendo a administração pública é possível que "entes públicos ou os particulares revelem ao mediador alguma informação que não desejem que chegue ao conhecimento da(s) outra(s) parte(s), normalmente por enfraquecer sua posição na negociação. Admite-se, nestes casos, que o mediador mantenha sigilo sobre tais informações – desde que elas não se enquadrem nas exceções à confidencialidade da mediação que são reconhecidas inclusive na esfera privada (intenção de praticar um crime, revelação da violação a direitos de menores ou outras normas de ordem pública, etc.)".[456]

A mesma autora vai além ao referir que, na sua opinião, não se "pode admitir, contudo, a ideia de confidencialidade para as sessões conjun-

---

[453] GISMONDI, Rodrigo A. Odebrecht Curi. Mediação Pública. In: Revista Eletrônica de Direito Processual. Volume especial: A nova lei de mediação brasileira. Comentários ao projeto de Lei 7.169/2014. Rio de Janeiro: 2014, ano 8, p. 185 (www.redp.com.br).
[454] FICHTNER, José Antonio; MANNHEIMER, Sergio Nelson; MONTEIRO, André Luís. A confidencialidade na arbitragem: regra geral e exceções. In: Revista de Direito Privado, n. 49, 2012, p. 227-285.
[455] SOUZA, Luciane Moessa de (org.). Mediação de conflitos. Novo paradigma de acesso à justiça. 2. ed. Santa Cruz do Sul: Essere nel Mondo, 2015 (recurso eletrônico), p. 305.
[456] Idem.

tas de mediação, muito menos para a documentação produzida durante o procedimento de resolução consensual do conflito, a menos que se trate de informação acobertada por sigilo comercial, industrial, bancário, que coloque em jogo a intimidade ou a vida privada de particulares ou, ainda, que se trate de algum segredo de Estado".[457] Justamente porque na resolução consensual de conflitos que envolva a administração pública, a publicidade sempre será a regra, e a confidencialidade, a exceção que precisa ser juridicamente justificada. Assim, a não aplicação da confidencialidade é tão importante que, por conta dela, *"não existe, na esfera pública, como existe nos conflitos na esfera privada, a necessidade de separação das figuras do terceiro que facilita o diálogo (o mediador) e do terceiro julgador (que decidirá o conflito se o acordo não for alcançado)"* grifo da autora.[458]

Para concluir, nessa mesma linha de raciocínio, tem-se que "a regra geral é que não haverá confidencialidade nas técnicas consensuais de resolução de conflitos que envolvam o Poder Público, possibilitando-se sua utilização caso haja a demonstração em concreto de situação prevista na Lei 12.527/2011[459] ou em motivado caso de conflito entre princípios constitucionais, em que o valor conflitante com a publicidade prevaleça após o juízo de ponderação".[460]

Esse também é o entendimento de Luciane Moessa de Souza[461] ao referir que "não me parece haver outra solução jurídica admissível senão o reconhecimento da inaplicabilidade de confidencialidade, como regra, no processo de mediação envolvendo entes públicos – ao menos no que diz respeito a sessões conjuntas, em que efetivamente se debate e se decide a melhor solução para o problema".

c) a impessoalidade na Administração Pública

Conforme art. 37 da Constituição Federal de 1988, "a administração pública direta e indireta de qualquer dos Poderes da União, dos Estados, do Distrito Federal e dos Municípios obedecerá aos princípios de legalidade, impessoalidade, moralidade, publicidade e eficiência [...]".

---

[457] SOUZA, Luciane Moessa de (org.). *Mediação de conflitos*. Novo paradigma de acesso à justiça. 2. ed. Santa Cruz do Sul: Essere nel Mondo, 2015 (recurso eletrônico), p. 305-306.

[458] Ibid., p. 205.

[459] Conhecida como "Lei de Acesso a Informação", ela "regula o acesso a informações previsto no inciso XXXIII do art. 5º, no inciso II do § 3º do art. 37 e no § 2º do art. 216 da Constituição Federal; altera a Lei 8.112, de 11 de dezembro de 1990; revoga a Lei 11.111, de 5 de maio de 2005, e dispositivos da Lei 8.159, de 8 de janeiro de 1991; e dá outras providências". Sobre o assunto sugere-se a leitura de ALMEIDA (2014) (recurso eletrônico in: www.esserenelmondo.com).

[460] GISMONDI, Rodrigo A. Odebrecht Curi. Mediação Pública. *In: Revista Eletrônica de Direito Processual*. Volume especial: A nova lei de mediação brasileira. Comentários ao projeto de Lei 7.169/2014. Rio de Janeiro: 2014, ano 8, p. 192 (www.redp.com.br)

[461] SOUZA, Luciane Moessa de. *Meios consensuais de solução de conflitos envolvendo entes públicos* – negociação, mediação e conciliação na esfera Administrativa e Judicial. Belo Horizonte: Fórum, 2012, p. 97.

A impessoalidade constitucionalmente disposta tem como meta assegurar a igualdade no tratamento dos administrados que estiverem na mesma situação jurídica, barrando o favorecimento indevido de uns em detrimento de outros.

Por isso, "simpatias ou animosidades pessoais, políticas ou ideológicas não podem interferir na atuação administrativa e muito menos interesses sectários, de facções ou grupos de qualquer espécie. O princípio em causa não é senão o próprio princípio da igualdade ou isonomia".[462] Assim, "na regulamentação das hipóteses em que a Administração Pública esteja autorizada a negociar, imprescindível sua observância mediante a estipulação de condições gerais que permitam aos administrados estar no mesmo patamar de igualdade se preenchidos os requisitos".[463]

d) poderes para realizar o acordo – vantagem para a administração pública

A Administração deve motivar sua conduta justificando a celebração do acordo nos moldes previstos na Lei 13.140/2015 elencando os motivos de fato e de Direito que a levaram a sua aceitação. A justificativa razoável e a demonstração de que o acordo proposto/aceito era vantajoso demonstra a observância do dever de motivar a conduta dos administrados.

Portanto, "o princípio da supremacia do interesse público é confundido com meras regras (não princípios) jurídicas, constitucionais ou legais, que realizam uma preponderação entre os valores envolvidos e optam, para a hipótese, pela preponderância de determinado interesse público sobre os interesses particulares (p. ex., as normas constitucionais preveem a desapropriação). Note-se que o contrário também é comumente verificado, ou seja, normas que preponderam os interesses em jogo em favor do interesse privado (p. ex., as que protegem o sigilo telefônico). Em se

---

[462] GISMONDI, Rodrigo A. Odebrecht Curi. Mediação Pública. In: *Revista Eletrônica de Direito Processual*. Volume especial: A nova lei de mediação brasileira. Comentários ao projeto de Lei 7.169/2014. Rio de Janeiro: 2014, ano 8, p. 192 (www.redp.com.br)

[463] Pollyana da Silva Alcântara destaca que: "[...] deve ser realizada em observância aos princípios da impessoalidade e isonomia. Obviamente, não há como a Fazenda Pública estender determinado acordo, de maneira automática e genérica, a todos os outros credores em outros processos, porque cada caso exige negociação específica. Entretanto, deve a Fazenda Pública, em momento oportuno, conceder igual tratamento a outros credores em situações análogas. Decerto, os princípios da impessoalidade e da isonomia devem ser cabalmente observados, e, por consectário, eventuais favoritismos e compadrios devem ser eliminados [...] Corretamente, o Código Modelo de Processos Administrativos – Judicial e Extrajudicial – para Ibero-América prevê que: Art. 72: O uso de meios alternativos de solução de controvérsias com a Administração estará sujeito aos seguintes princípios: II – Isonomia. Os acordos que envolvam normas administrativas ou atuações de alcance geral devem atingir todos aqueles que se encontrarem na mesma situação fática, ainda que desses acordos não tenham participado. Assim, o regulamento deve trazer o máximo de condicionantes genéricas possíveis, sendo certo que a existência de limites fáticos e concretos podem permitir a realização de negociação com parâmetros diferenciados desde que haja justificativa para tanto." (ALCÂNTARA, Pollyana da Silva. Da possibilidade jurídica da Fazenda Pública realizar conciliação em juízo. In: *Revista Brasileira de Direito Municipal* – RBDM. Belo Horizonte, ano 12, n. 39, p. 97-111, jan./mar. 2011).

tratando de norma legal, naturalmente que a preponderação efetuada pelo Legislador deve ser constitucional, ou seja, é razoável e proporcional diante dos valores constitucionais envolvidos, tanto em abstrato, como na sua aplicação a determinado caso concreto. Já quando o intérprete se depara com situações para as quais não exista norma abstrata preponderando os interesses envolvidos, em que não há como se supor uma necessária supremacia de alguns desses interesses sobre os outros, deve realizar a ponderação de interesses *in concreto*, à luz dos valores constitucionais envolvidos".[464]

Assim, respeitada essa interpretação e demonstrado que o acordo é vantajoso para a Administração ele poderá ser celebrado.

Por fim, o § 1º do art. 32 explica: o modo de composição e o funcionamento das câmaras de que trata o *caput* será estabelecido em regulamento de cada ente federado. Tal proposta oferece respostas as principais indagações de como serão compostas e administradas tais câmara, bem como a respeito do seu funcionamento. Além disso, não há, neste ou nos dispositivos seguintes, previsão de um conteúdo mínimo para o acordo que vier a ser celebrado, com a previsão de obrigações e seus responsáveis, prazos, sanções, responsáveis pelo monitoramento de cada uma delas, necessidade de fundamentação fática e jurídica do acordo – nenhuma palavra a respeito. A única previsão concernente ao acordo (contida no parágrafo terceiro) é de que ele deverá ser escrito ("reduzido a termo") e constituirá título executivo extrajudicial.[465]

Já o § 2º deixa claro que a composição aqui tratada é facultativa e será cabível apenas nos casos previstos no regulamento do respectivo ente federado. Ou seja: a composição é voluntária, bem como o encaminhamento do conflito às câmaras, exatamente como o concernente a mediação. Além disso, o elenco de conflitos que poderá ser encaminhado a composição dependerá do regulamento criado por cada ente federado.

Se existir consenso entre as partes, conforme o § 3º, o acordo será reduzido a termo e constituirá título executivo extrajudicial.

O § 4º determina que não se incluem na competência dos órgãos mencionados no *caput* deste artigo as controvérsias que somente possam ser resolvidas por atos ou concessão de direitos sujeitos a autorização do Poder Legislativo ou que possam acarretar onerosidade excessiva para a Administração Pública. Aqui a determinação é de respeito ao princípio da legalidade na administração pública e ao critério de vantagem na elaboração e assinatura do acordo.

---

[464] ARAGÃO, Alexandre Santos de. A legitimação democrática das agências reguladoras. In: BI-NENBOJM, Gustavo (coordenador). *Agências reguladoras e democracia*. Rio de Janeiro: 2006, p .4-5.

[465] SOUZA, Luciane Moessa de (org.). *Mediação de conflitos*. Novo paradigma de acesso à justiça. 2. ed. Santa Cruz do Sul: Essere nel Mondo, 2015 (recurso eletrônico), p. 310.

Finalmente, o § 5° propõe: compreendem-se na competência das câmaras de que trata o *caput* a prevenção e a resolução de conflitos que envolvam equilíbrio econômico-financeiro de contratos celebrados pela administração com particulares.

O art. 33 orienta que enquanto não forem criadas as câmaras de mediação, os conflitos poderão ser dirimidos nos termos do procedimento de mediação prevista na Subseção I da Seção III do Capítulo I desta Lei. O parágrafo único afirma que a Advocacia Pública da União, dos Estados, do Distrito Federal e dos Municípios, onde houver, poderá instaurar, de ofício ou mediante provocação, procedimento de mediação coletivo de conflitos relacionados à prestação de serviços públicos. Não obstante a insistência, mais uma vez a dúvida: é realmente mediação? Nessa tipologia conflitiva não cabe com mais pertinência a conciliação? E o mediador, sendo membro da advocacia pública será efetivamente imparcial?[466]

O art. 34 determina que a instauração de procedimento administrativo para resolução consensual de conflito no âmbito da Administração Pública suspende a prescrição.

A regra de suspensão da prescrição com a instauração do procedimento administrativo de composição é a mesma existente no capítulo I da Lei em debate, que diz respeito à mediação. Porém, o § 1° aponta que: considera-se instaurado o procedimento quando o órgão ou entidade pública emitir juízo positivo de admissibilidade, retroagindo a suspensão da prescrição à data da formalização do pedido de resolução consensual do conflito.

Por outro lado, importa dizer que ainda que esteja prevista a retroatividade da suspensão à data da postulação da resolução consensual, essa retroatividade somente vai ocorrer caso a Administração concorde, emitindo seu juízo positivo de admissibilidade. Se a administração não admitir a proposta, o prazo de prescrição não estará suspenso. Como consequência, o administrado pode sofrer sérios prejuízos majorados se não for respeitado o prazo máximo para a resposta da Administração (o que ocorre com frequência).

Sobre o assunto, Gismondi[467] salienta: considerando que a Lei n° 13.140/2015 é norma editada pela União, entende-se que a suspensão dos prazos prescricionais (art. 34), apenas alcançará aqueles relativos às matérias privativas da União. Não estariam alcançadas, por exemplo, a decadência em geral ou a prescrição administrativa de matéria afeta a outro ente federativo.

---

[466] Sobre o assunto sugere-se a leitura de EIDT, Elisa Berton. *Autocomposição na administração pública*. Santa Cruz do Sul: Essere nel Mondo, 2017 (www.esserenelmondo.com).

[467] GISMONDI, Rodrigo A. Odebrecht Curi. Mediação Pública. *In: Revista Eletrônica de Direito Processual*. Volume especial: A nova lei de mediação brasileira. Comentários ao projeto de Lei 7.169/2014. Rio de Janeiro: 2014, ano 8, p. 201-202 (www.redp.com.br)

O § 2º do mesmo artigo prevê que: em se tratando de matéria tributária, a suspensão da prescrição deverá observar o disposto na Lei nº 5.172, de 25 de outubro de 1966 (Código Tributário Nacional). A previsão decorre de imposição constitucional do artigo 146, III, b,[468] da Constituição Federal que exige lei complementar para dispor sobre prescrição em matéria tributária.

8.10. Dos conflitos envolvendo a Administração Pública Federal Direta, suas Autarquias e Fundações

A seção II da Lei 13.140/15 tem início no art. 35, que determina: as controvérsias jurídicas que envolvam a Administração Pública Federal Direta, suas autarquias e fundações poderão ser objeto de transação por adesão, com fundamento em: "I – autorização do Advogado-Geral da União, com base na jurisprudência pacífica do Supremo Tribunal Federal ou de tribunais superiores; ou II – parecer do Advogado-Geral da União, aprovado pelo Presidente da República".

Antes de adentrar o debate sobre o artigo mencionado, é importante referir que transação nada mais é que um negócio jurídico através do qual aqueles que estão sujeitos a uma obrigação, ou possuem um processo judicial resolvem extingui-lo mediante concessões recíprocas. Assim, a transação por adesão é consentir em acordar objetivando pôr fim em uma demanda utilizando-se, para isso, de regras já criadas e aplicadas a casos concretos iguais.

A iniciativa é comemorada por ser considerada "útil em casos envolvendo matéria estritamente jurídica". Além disso, a transação por adesão pode ocorrer na esfera administrativa ou judicial, sendo que mecanismo como esse já foi utilizado no ordenamento brasileiro com relação às diferenças de correção no saldo de Fundo de Garantia do Tempo de Serviço (FGTS) decorrentes de planos econômicos, uma vez que havia milhares de processos judiciais tratando do mesmo assunto.[469]

Assim "tratando-se de 'conflitos repetitivos', que envolvem matéria de direito e em que, a partir da pacificação da jurisprudência em nível de tribunais superiores, são traçadas condições para a celebração de acordos, bastando ao particular que comprove estar enquadrado na situação fática correspondente. Trata-se de caminho que, sem dúvida, prestigia o

---

[468] "Art. 146. Cabe à lei complementar: (...) III – estabelecer normas gerais em matéria de legislação tributária, especialmente sobre: (...) b) obrigação, lançamento, crédito, prescrição e decadência tributários".

[469] SOUZA, Luciane Moessa de. *Meios consensuais de solução de conflitos envolvendo entes públicos* – negociação, mediação e conciliação na esfera Administrativa e Judicial. Belo Horizonte: Fórum, 2012, p. 275.

princípio da isonomia e facilita a celebração de transações em massa, mas, por outro lado, perde a oportunidade de melhorar o diálogo entre Poder Público e cidadão e de propiciar a consideração de situações peculiares eventualmente não pensadas pelo ato normativo que estipular as condições dos acordos".[470]

Nestes termos, necessário reconhecer a importância da previsão de transação por adesão, nas controvérsias supra referidas uma vez que elas representam boa parte do contencioso reprimido em todos os estados do Brasil. Tais informações podem ser avistadas na página intitulada Justiça em Números do CNJ,[471] mais especificamente buscando pelo *link* "100 maiores litigantes do Brasil". Nele se verifica que nas primeiras posições encontram-se Instituições Públicas, dentre elas: INSS e Caixa Econômica Federal.[472]

Diante de tal fato, criar mecanismos para evitar o ajuizamento de ações repetidas ou, se as mesmas já existirem, criar meios para encontrar decisões consensuadas pode ser um grande passo em direção à diminuição da taxa de congestionamento do Judiciário. Além disso, trata-se de lides nas quais, justamente pela tipologia conflitiva, não se aplica a mediação, e sim, outros mecanismos compositivos. Então, perfeitamente possível que existam acordos por adesão, repetindo os êxitos anteriores, uma vez que na maioria das vezes os acordos dizem respeito a aspectos econômicos, e não a relações afetivas/continuadas.

Para fins de definir como se darão os requisitos e as condições da transação por adesão, o § 1º propõe o caminho da resolução administrativa própria. Além disso, conforme o § 2º, ao fazer o pedido de adesão, o interessado deverá juntar prova de atendimento aos requisitos e às condições estabelecidos na resolução administrativa. Já o § 3º determina que a resolução administrativa terá efeitos gerais e será aplicada aos casos idênticos, tempestivamente habilitados mediante pedido de adesão, ainda que solucione apenas parte da controvérsia.

O § 4º determina que a adesão implicará renúncia do interessado ao Direito sobre o qual se fundamenta a ação ou o recurso, eventualmente pendentes, de natureza administrativa ou judicial, no que tange aos pontos compreendidos pelo objeto da resolução administrativa. Renunciando ao seu Direito e aderindo ao acordo, o litigante abre mão de dar continuidade ao processo colocando um ponto final na contenda e recebendo, por acordo, o Direito que buscava tutelar.

---

[470] SOUZA, Luciane Moessa de (org.). *Mediação de conflitos*. Novo paradigma de acesso à justiça. 2 ed. Revista e ampliada. Santa Cruz do Sul: Essere nel Mondo, 2015 (recurso eletrônico), p.313.

[471] Conselho Nacional de Justiça. *100 maiores litigantes* – 2012. Disponível em: <http://www.cnj.jus.br/images/pesquisas-judiciarias/Publicacoes/100_maiores_litigantes.pdf>. Acesso em: 13 jan. 2019.

[472] Conselho Nacional de Justiça. *Órgãos Federais e Estaduais lideram 100 maiores litigantes da justiça*. Disponível em: <ttp://www.cnj.jus.br/noticias/cnj/21877-orgaos-federais-e-estaduais-lideram-100-maiores-litigantes-da-justica>, acesso em 13 jan. 2019.

No § 5º, a determinação expressa é de que se o interessado for parte em processo judicial inaugurado por ação coletiva, a renúncia ao direito sobre o qual se fundamenta a ação deverá ser expressa, mediante petição dirigida ao juiz da causa.

Já no § 6º, a proposta é de que a formalização de resolução administrativa destinada a transação por adesão não implicará renúncia tácita à prescrição, nem sua interrupção ou suspensão. Nesse ponto, a determinação é contrária àquela encontrada anteriormente com relação ao art. 34 que, ao dispor sobre a instauração do procedimento administrativo para resolução consensual de conflitos na Administração Pública, determina a suspensão da prescrição. Observa-se que o início da composição suspende a prescrição, mas a formalização da resolução administrativa não.

De acordo com o art. 36, quando os conflitos envolverem controvérsia jurídica entre órgãos ou entidades de direito público que integram a Administração Pública Federal, a Advocacia-Geral da União deverá realizar a composição extrajudicial do conflito, observados os procedimentos previstos em ato do Advogado-Geral da União.

O § 1º do mesmo artigo dispõe que na hipótese do *caput*, se não houver acordo quanto à controvérsia jurídica, caberá ao Advogado-Geral da União dirimi-la, com fundamento na legislação afeta. Essa disposição determina que, primeiramente, a controvérsia passe pela composição extrajudicial e, não existindo consenso, seja dirimida pelo Advogado-Geral da União. Diante de tal determinação, percebe-se uma grande proximidade, nesse ponto, com a arbitragem na qual existe uma tentativa de conciliação e, se inexitosa, ocorre a decisão, por parte do árbitro, função aqui desempenhada pelo Advogado-Geral da União.

Adiante, no § 2º, o projeto de lei dispõe que nos casos em que a resolução da controvérsia implicar o reconhecimento da existência de créditos da União, de suas autarquias e fundações em face de pessoas jurídicas de direito público federais, a Advocacia-Geral da União poderá solicitar ao Ministério do Planejamento, Orçamento e Gestão a adequação orçamentária para a quitação das dívidas reconhecidas como legítimas.

No § 3º, tem-se que a composição extrajudicial do conflito não afasta a apuração de responsabilidade do agente público que deu causa à dívida, sempre que se verificar que sua ação ou omissão constitui, em tese, infração disciplinar. Desse modo, fica claro que a composição diz respeito a controvérsia e o acordo versará sobre ela mas não surtirá efeitos sobre a responsabilidade do agente público.

Por fim, o § 4º determina que nas hipóteses em que a matéria objeto do litígio esteja sendo discutida em ação de improbidade administrativa ou sobre ela haja decisão do Tribunal de Contas da União, a conciliação de que trata o *caput* dependerá da anuência expressa do juiz da causa ou do Ministro relator.

Na esteira do artigo anteriormente mencionado, o art. 37 determina que é facultado aos Estados, ao Distrito Federal e aos Municípios, suas autarquias e fundações públicas, bem como às empresas públicas e sociedades de economia mista federais submeter seus litígios com órgãos ou entidades da Administração Pública Federal à Advocacia-Geral da União, para fins de composição extrajudicial do conflito.

Luciane Moessa de Souza[473] ressalta aqui o desrespeito ao princípio constitucional federativo, afirmando que a norma é de nenhuma utilidade, pois é pouco provável que Estados, Distrito Federal e Municípios dela façam uso. Afirma ainda que teria feito melhor o legislador se previsse a criação de um órgão com tal incumbência no qual houvesse também a participação dos entes federados, por suas Procuradorias dos Estados e dos Municípios. "Falha técnica, jurídica e administrativa ao mesmo tempo". "Enquanto esta entidade mista não existir, o que se tem nestes conflitos é uma Câmara de Negociação federal, sendo possível que cada Estado, o Distrito Federal ou o Município também criem câmaras equivalentes, fazendo surgir problemas de 'competência' quando estiverem envolvidos no conflito entes públicos estaduais, distritais e municipais (característica comum aos conflito em questões ambientais e/ou de moradia, por exemplo). Não obstante a redação preveja a participação facultativa das unidades federadas, não é este o modelo adequado em um Estado federativo, como o nosso".[474]

O art. 38 dispõe que nos casos em que a controvérsia jurídica seja relativa a tributos administrados pela Secretaria da Receita Federal do Brasil ou a créditos inscritos em dívida ativa da União: I não se aplicam as disposições dos incisos II e III do *caput* do art. 32; II – as empresas públicas, sociedades de economia mista e suas subsidiárias que explorem atividade econômica de produção ou comercialização de bens ou de prestação de serviços em regime de concorrência, não poderão exercer a faculdade prevista no art. 37; III – quando forem partes as pessoas a que alude o *caput* do art. 36:

a) a submissão do conflito à composição extrajudicial pela Advocacia-Geral da União implica renúncia ao direito de recorrer ao Conselho Administrativo de Recursos Fiscais;

b) a redução ou o cancelamento do crédito dependerá de manifestação conjunta do Advogado-Geral da União e do Ministro de Estado da Fazenda.

---

[473] SOUZA, Luciane Moessa de (org.). *Mediação de conflitos*. Novo paradigma de acesso à justiça. 2 ed. Santa Cruz do Sul: Essere nel Mondo, 2015 (recurso eletrônico), p. 314.
[474] Idem.

Já o parágrafo único determina que o disposto no inciso II e na alínea *a* do inciso III não afasta a competência do Advogado-Geral da União prevista nos incisos X e XI do art. 4º da Lei Complementar nº 73, de 10 de fevereiro de 1993.

Já o art. 39 parece pretender frear o congestionamento do Judiciário ao determinar que a propositura de ação judicial em que figurem nos pólos ativo e passivo órgãos ou entidades de direito público que integrem a Administração Pública Federal deverá ser previamente autorizada pelo Advogado-Geral da União.

Finalmente, o art. 40 encerra o capítulo II, dispondo que os servidores e empregados públicos que participarem do processo de composição extrajudicial do conflito somente poderão ser responsabilizados civil, administrativa ou criminalmente quando, mediante dolo ou fraude, receberem qualquer vantagem patrimonial indevida, permitirem ou facilitarem sua recepção por terceiro, ou para tal concorrerem.

Nesse ponto, vale transcrever a veemente insatisfação de Souza[475] "ao que parece, não se pretende tratar com a seriedade necessária o processo de resolução consensual de conflitos". E a autora vai além ao referir que: "o mesmo grau de responsabilidade que se exige em qualquer ato praticado por agente público há de ser exigido aqui – daí a necessidade, que defendo veemente, de fundamentação muito clara, sob os prismas fático e jurídico, de cada acordo celebrado". Assim, "entender-se de modo diverso é abrir as portas para o descaso e os equívocos de todo tipo, sem falar na própria fraude – em casos nos quais exista dificuldade de prova desta ou da percepção de vantagem indevida".

8.11. As disposições finais da Lei 13.140/15

O capítulo III do projeto de lei versa sobre suas disposições finais aplicáveis a mediação e a autocomposição de conflitos. Nesses termos, o art. 41 possibilita que a Escola Nacional de Mediação e Conciliação no âmbito do Ministério da Justiça poderá criar banco se dados sobre as boas práticas em mediação, bem como manter relação de mediadores e instituições de mediação.

Já o art. 42 refere a aplicabilidade dos dispositivos da Lei 13.140/15, estendida a outras formas consensuais de resolução de conflitos, tais como mediações comunitárias, escolares, bem como àquelas levadas a efeito nas serventias extrajudiciais. Desde que no âmbito de suas competências.

---

[475] SOUZA, Luciane Moessa de (org.). *Mediação de conflitos*. Novo paradigma de acesso à justiça. 2 ed. Santa Cruz do Sul: Essere nel Mondo, 2015 (recurso eletrônico), p. 315.

O parágrafo único dispõe que a mediação nas relações de trabalho será regulada por lei própria.

O que propõe o artigo é utilizar o procedimento regrado para a mediação e para as práticas compositivas no âmbito da Administração Pública nos conflitos comunitários, escolares e nas serventias extrajudiciais. A redação não é clara: chama de mediação cada uma dessas práticas, mas se refere a "formas consensuais de resolução de conflitos" que englobam a mediação, porém não apenas ela, incluindo negociação e conciliação.

Por outro lado, nem todos esses conflitos (escolares, comunitários, etc.) podem ser ajustados à determinação da mencionada lei quanto à mediação judicial e extrajudicial. Tal afirmativa pode ser corroborada com a definição de cada uma dessas áreas conflitivas:

a) mediação comunitária

É aquela que tem como objetivo desenvolver entre a população, valores, conhecimentos, crenças, atitudes e comportamento conducentes ao fortalecimento de uma cultura político-democrática e uma cultura de paz. Procura também enfatizar a relação entre valores, práticas democráticas e convivência pacífica e contribuir para um melhor entendimento de respeito e tolerância e para um tratamento adequado daqueles problemas que, no âmbito da comunidade, perturbam a paz.[476]

Assim, a dinâmica da mediação comunitária fortalece os laços sociais na medida em que opera *pela, para* e *na* própria comunidade, convertendo o conflito em oportunidade para se tecer uma nova teia social. Na mediação efetivamente comunitária, a própria comunidade produz e utiliza o conhecimento local para a construção da solução do problema que a afeta. Em outras palavras, a comunidade abre canal para "dar respostas comunitárias a problemas comunitários".[477] Nesse caso se questiona: como aproveitar as determinações da Lei em comento quanto a figura do mediador? Como formar um mediador comunitário, autônomo, cidadão, de acordo com as regras estipuladas na lei? Se a mediação comunitária é política pública cujo objetivo é tratar de maneira adequada os conflitos sociais pelos membros da própria comunidade, a partir da confiança depositada nesse mediador, como atribuir sua formação e seleção ao CNJ?[478] Aliás, é interessante que o CNJ se envolva, inclusive nesse âmbito?

---

[476] SALES, Lília Maia de Morais. *Justiça e mediação de conflitos*. Belo Horizonte: Del Rey, 2004, p. 135. Sobre mediação comunitária sugere-se a leitura de SPENGLER, Fabiana Marion. *Fundamentos políticos da mediação comunitária*. Ijuí: Editora Unijuí, 2012.

[477] FOLEY, Gláucia Falsarella. *Justiça Comunitária*: por uma justiça de emancipação. Belo Horizonte: Fórum, 2010, p. 150.

[478] SPENGLER, Fabiana Marion. *Fundamentos políticos da mediação comunitária*. Ijuí: Editora Unijuí, 2012, p. 230.

b) mediação escolar

A mediação escolar tem por objetivo lidar com conflitos acontecidos na escola ou fora dela, desde que suas consequências sejam sentidas no ambiente escolar. É um procedimento que "estimula a participação ativa na solução dos conflitos, por meio do diálogo cooperativo. Essa premissa permite uma mudança na forma da administração escolar e no tratamento diário dos conflitos vivenciados nas escolas entre seus vários segmentos".[479]

Além disso, é possível pensar na introdução do tema mediação de conflito no currículo escolar, o que seria uma oportunidade para verbalizar a questão e tornar claro o que se espera do jovem no conjunto de comportamentos sociais. De outra forma, é dizer ao adolescente e à criança que suas diferenças podem transformar-se em antagonismos e que, se estes não forem entendidos, evoluem para o conflito, que deságua na violência. Cabe ressaltar que esse aprendizado e essa percepção social, quando ocorrem com o estudante, são para sempre.[480] (Chrispino, 2007)

Vale ressaltar ainda que quem participa da mediação escolar, seja como usuário ou como mediador, são os próprios alunos e aqui, mais uma vez, percebe-se a dificuldade de implantar as determinações da Lei 13.140/2015 quanto ao procedimento e quanto ao terceiro que o conduz. Abrir mão do aluno na condição de mediador é desvirtuar a mediação escolar, tolhendo dele a autonomia para lidar com os conflitos e fazendo-o se socorrer, mais uma vez, da figura paternalista do professor. Porém, o aluno não oferece as características necessárias para ser mediador de acordo com o texto do projeto. Cria-se o impasse.

Literalmente "mudando de assunto", o art. 43 diz que os órgãos e entidades da Administração Pública poderão criar câmaras para a resolução de conflitos entre particulares, que versem sobre atividades por eles reguladas ou supervisionadas.

Aqui, é necessário esclarecer que os órgãos e entidades da Administração Pública podem pertencer à Administração Direta ou Indireta dos entes federativos, uma vez que o artigo não traz menção expressa em sentido contrário. Em referência expressa ao Direito Administrativo, são órgãos e entidades da Administração Pública os Ministérios e Secretarias de Estado (órgãos pertencentes à Administração Pública Direta) e as autar-

---
[479] SALES, Lília Maia de Morais. *Mediação de conflitos*: família, escola e comunidade. Santa Catarina: Conceito Editores, 2007, p. 200.
[480] CHRISPINO, Álvaro. *Gestão do conflito escolar: da classificação dos conflitos aos modelos de mediação.* 2007. Disponível em: <http://www.scielo.br/pdf/ensaio/v15n54/a02v1554.pdf>. Acessado em: 23 de junho de 2014.

quias, fundações e empresas públicas (entidades que integram a Administração Pública Indireta).[481]

Porém, conforme Iwakura,[482] no momento em que menciona a existência de atividades reguladas ou supervisionadas, o legislador insinua, sem reservas, "que a norma orienta-se principalmente às autarquias responsáveis pela gestão e regulamentação dos serviços essenciais, ou seja, aquelas que predominantemente estabelecem relações com particulares". Dentro do rol de tais autarquias encontram-se em âmbito federal as autarquias especiais, que são as Agências Reguladoras, tendo-se como exemplo a ANATEL (Agência Nacional de Telecomunicações), a ANEEL (Agência Nacional de Energia Elétrica), a ANVISA (Agência Nacional de Vigilância Sanitária), a ANAC (Agência Nacional de Aviação Civil), a ANP (Agência Nacional de Petróleo) etc.

E a autora[483] vai além ao citar que ao lado das Agências Reguladoras, também "ganha importância a norma ao autorizar a criação das câmaras internas de conciliação nas autarquias, fundações e empresas públicas integrantes da Administração Indireta". E destaca alguns gestores e mantenedores de serviços públicos essenciais prestados a todos os cidadãos brasileiros, salientando, no âmbito das autarquias, "o INSS (Instituto Nacional do Seguro Social), o IBAMA (Instituto Brasileiro do Meio Ambiente), o INPI (Instituto Nacional de Propriedade Intelectual), e com relação às empresas públicas, a ECT (Empresa Brasileira de Correios e Telégrafos) e a CEF (Caixa Econômica Federal)".

Mais uma vez aqui é preciso ter presente que o assunto diz respeito aos meios consensuais ou autocompositivos, podendo ser considerados nesse rol a mediação, a conciliação, a arbitragem e a negociação. Considerando tal afirmação, a lei faculta, tacitamente, a criação de um sistema de múltiplas portas que permita a escolha do melhor e mais adequado mecanismo para lidar com o conflito.

Essa proposta também se avista na resolução 125 do CNJ, ainda que ela esteja centrada na conciliação e na mediação uma vez que expressamente referidas. Aqui, o projeto de lei deixa claro, nas suas considerações finais, a hipótese de construir estratégias autocompositivas para lidar com os conflitos que possam, inclusive, nos moldes dos Tribunais de Múltiplas Portas Americanos utilizar mais de um mecanismo, criando figuras híbridas moldadas a determinado tipo de conflito e a sua complexidade.

---

[481] IWAKURA, Cristiane. Disposições finais. In: *Revista Eletrônica de Direito Processual*. Volume especial: A nova lei de mediação brasileira. Comentários ao projeto de Lei 7.169/2014. Rio de Janeiro: 2014, ano 8, p. 217 (www.redp.com.br).
[482] Idem.
[483] Idem.

O art. 44 prevê alterações nos arts. 1º e 2º da Lei nº 9.469, de 10 de julho de 1997,[484] que passarão a vigorar com a seguinte redação:

Art. 1º O Advogado-Geral da União, diretamente ou mediante delegação, e os dirigentes máximos das empresas públicas federais, em conjunto com o dirigente estatutário da área afeta ao assunto, poderão autorizar a realização de acordos ou transações para prevenir ou terminar litígios, inclusive os judiciais.

§ 1º Poderão ser criadas câmaras especializadas, compostas por servidores públicos ou empregados públicos efetivos, com o objetivo de analisar e formular propostas de acordos ou transações.

§ 2º Regulamento disporá sobre a forma de composição das câmaras de que trata o § 1º, que deverão ter como integrante pelo menos 1 (um) membro efetivo da Advocacia-Geral da União ou, no caso das empresas públicas, de 1 (um) assistente jurídico ou ocupante de função equivalente.

§ 3º Quando o litígio envolver valores superiores aos fixados em regulamento, o acordo ou a transação, sob pena de nulidade, dependerá de prévia e expressa autorização do Advogado-Geral da União e do Ministro de Estado ou do titular da Secretaria da Presidência da República a cuja área de competência estiver afeto o assunto, ou ainda do Presidente da Câmara dos Deputados, do Senado Federal, do Tribunal de Contas da União, de Tribunal ou Conselho, ou do Procurador-Geral da República, no caso de interesse dos órgãos dos Poderes Legislativo e Judiciário ou do Ministério Público da União, excluídas as empresas públicas federais não dependentes, que necessitarão apenas de prévia e expressa autorização dos dirigentes de que trata o *caput*.

§ 4º Na transação ou acordo celebrado diretamente pela parte ou por intermédio de procurador para extinguir ou encerrar processo judicial, inclusive nos casos de extensão administrativa de pagamentos postulados em juízo, as partes poderão definir a responsabilidade de cada uma pelo pagamento dos honorários de seus respectivos advogados.

Art. 2º O Procurador-Geral da União, o Procurador-Geral Federal, o Procurador-Geral do Banco Central do Brasil e os dirigentes das empresas públicas federais mencionados no caput do art. 1º poderão autorizar, diretamente ou mediante delegação, a realização de acordos para prevenir ou terminar, judicial ou extrajudicialmente, litígio que envolver valores inferiores aos fixados em regulamento.

§ 1º No caso das empresas públicas federais, a delegação é restrita a órgão colegiado formalmente constituído composto por pelo menos 1 (um) dirigente estatutário.

§ 2º O acordo de que trata o caput poderá consistir no pagamento do débito em parcelas mensais e sucessivas, até o máximo de 60 (sessenta).

§ 3º O valor de cada prestação mensal, por ocasião do pagamento, será acrescido de juros equivalentes à taxa referencial do Sistema Especial de Liquidação e de Custódia (Selic) para títulos federais, acumulada mensalmente, calculados a partir do mês subsequente ao da consolidação até o mês anterior ao do pagamento, e de l % (um por cento) relativamente ao mês em que o pagamento estiver sendo efetuado.

---

[484] Regulamenta o disposto no inciso VI do art. 4º da Lei Complementar 73, de 10 de fevereiro de 1993; dispõe sobre a intervenção da União nas causas em que figurarem, como autores ou réus, entes da administração indireta; regula os pagamentos devidos pela Fazenda Pública em virtude de sentença judiciária; revoga a Lei 8.197, de 27 de junho de 1991, e a Lei 9.081, de 19 de julho de 1995, e dá outras providências.

§ 4º Inadimplida qualquer parcela, após 30 (trinta) dias, instaurar-se-á o processo de execução ou nele prosseguir-se-á pelo saldo.

A alteração legislativa determinada pela Lei fomenta, mais uma vez, a criação das câmaras internas de conciliação na Administração Pública Federal autorizando, de modo expresso, a realização de acordos pela Advocacia-Geral da União.

Com o advento da Lei nº 9.469 em julho de 1997, consagrou-se expressamente em lei a prática conciliatória no âmbito da Administração Pública Federal, todavia, esta experiência veio a ser adotada efetivamente pela Advocacia Geral da União cerca de dez anos depois de sua publicação, a partir da edição da Portaria AGU nº 109, de 30 de janeiro de 2007, que reforçou a conciliação nas causas de menor valor ou complexidade, isto é, as que tramitavam perante os Juizados Especiais Federais. Porém, cumpre esclarecer que antes da edição da Portaria AGU nº 109/2007, já tratava do mesmo assunto a Portaria AGU nº 505, de junho de 2002, mas, embora já houvesse autorização para a celebração de acordos na Administração Pública Federal, esta prática não chegou a ser cultivada pelos representantes legais da União, que a utilizavam em casos excepcionalíssimos. Assim, observa-se que a cultura da conciliação da Administração Pública nasceu de maneira bem tímida, mediante as autorizações legais previstas nos citados diplomas legais. Posteriormente, enraizou-se na mentalidade dos Procuradores Federais gradativamente, até porque a criação dos Juizados Especiais Federais também era uma novidade a ser colocada em prática a partir da Lei 10.259 de 2001[485]

A implementação da prática da conciliação tinha por objetivo: a) diminuir o congestionamento de demandas; b) tornar essas demandas mais rápidas, desburocratizadas e informais; c) aprimorar a representação judicial da União especialmente em função das possíveis vantagens conferidas aos litigantes mediante a celebração de acordo a ser judicialmente homologado. Atualmente, a conciliação realizada nos moldes anteriormente expostos apresenta êxito "tanto do ponto de vista econômico, quanto do ponto de vista social," incentivando a "União Federal a criar novos mecanismos (extrajudiciais, inclusive) que possibilitem a resolução das disputas entre Poder Público e particulares". Foi justamente a partir desta onda renovatória, que surgiu a ideia das Câmaras de Conciliação Prévia.[486]

---

[485] IWAKURA, Cristiane. Disposições finais. In: *Revista Eletrônica de Direito Processual*. Volume especial: A nova lei de mediação brasileira. Comentários ao projeto de Lei 7.169/2014. Rio de Janeiro: 2014, ano 8, p. 219 (www.redp.com.br).
[486] Ibid.

Nessa linha de raciocínio Iwakura[487] questiona: seria caso de utilização da legislação aplicável à Advocacia-Geral da União por analogia às empresas públicas federais? A autora responde: "a resposta certamente seria não". E explica: "o regime de seleção dos representantes legais das empresas públicas, embora também seja por meio da realização de concurso público, não segue uma contratação análoga às dos membros da Advocacia Geral da União, que, ao invés de suportar um regime estatutário, comporta as regras do regime celetista, sem garantia de estabilidade e prerrogativas e atribuições semelhantes às dos Procuradores Federais, Procuradores da Fazenda Nacional, e Advogados da União. Da mesma forma, permanece numa zona cinzenta o regime tributário e processual aplicável às empresas públicas quando atuam como gestores e prestadores de serviços públicos essenciais".

E a autora[488] conclui: a repetição no Projeto das regras previstas na Lei 9.469/97 mencionando em adição a possibilidade da realização de acordos pelos "dirigentes máximos das empresas públicas federais, em conjunto com o dirigente estatutário da área afeta ao assunto" ou a criação de câmaras especializadas compostas "por servidores públicos ou empregados públicos efetivos", parece, em um primeiro momento, que seria suficiente para que a conciliação fosse viabilizada no âmbito das empresas públicas federais. Em relação às demandas contra a empresa pública Caixa Econômica Federal, no que tange aos expurgos inflacionários e FGTS, mesmo existente autorização expressa em lei para a celebração de acordos, a prática posteriormente foi regulamentada por Resoluções e Circulares da entidade gestora.

O art. 45 refere que o Decreto nº 70.235, de 6 de março de 1972,[489] passa a vigorar acrescido do seguinte dispositivo:

> Art. 14-A. No caso de determinação e exigência de créditos tributários da União cujo sujeito passivo seja órgão ou entidade de direito público da Administração Pública Federal, a sub-

---

[487] IWAKURA, Cristiane. Disposições finais. In: *Revista Eletrônica de Direito Processual*. Volume especial: A nova lei de mediação brasileira. Comentários ao projeto de Lei 7.169/2014. Rio de Janeiro: 2014, ano 8, p. 221-222.(www.redp.com.br).

[488] Ao concluir ela exemplifica: "para o parcelamento amigável do FGTS devido pelos empregadores à Caixa Econômica Federal, a regulamentação e instituição ficou por conta do Ministério da Fazenda Nacional, ou seja, por entidade da Administração Pública Direta. Destarte, é forçoso concluir que, existe autorização para que o dirigente máximo da empresa pública federal disponha por si só sobre a possibilidade de acordos com particulares, todavia, nada impede que um órgão superior pertencente à Administração Pública Direta também o faça, por meio de ato emanado do ente público correspondente, vinculando a atuação da autoridade administrativa hierarquicamente inferior. E, por fim, também evidencia-se como possível que a autorização para a mediação na empresa pública advenha diretamente da letra da lei, tal como ocorreu com o pagamento dos expurgos inflacionários do FGTS, mediante adesão ao termo descrito no art. 4º, inciso I, da Lei Complementar 110/2001, sendo facultado ao dirigente máximo da empresa pública envolvida regulamentar a atividade internamente por Resoluções e Portarias, se fizerem necessários maiores esclarecimentos quanto ao procedimento conciliatório". Ibid., p. 220 (www.redp.com.br).

[489] Dispõe sobre o processo administrativo fiscal, e dá outras providências.

missão do litígio à composição extrajudicial pela Advocacia-Geral da União é considerada reclamação, para fins do disposto no art. 151, III, da Lei nº 5.172, de 25 de outubro de 1966 (Código Tributário Nacional).

Aqui se observa que ao exercer o poder de polícia, uma vez constatada qualquer irregularidade pela autoridade administrativa fiscal, lavrar-se-á auto de infração, conforme o art. 10 do Decreto, oportunizando ao autuado, independentemente se pessoa física ou jurídica, o exercício do contraditório, podendo impugnar ou não o ato administrativo. Ocorrendo a impugnação o art. 14 determina que nesse ato se inaugura a fase de litígio no procedimento administrativo fiscal.

Nesse sentido, o art. 45 da Lei nº 13.140/15 ao introduzir o dispositivo 14-A no decreto alterado, pretende fomentar o uso dos meios compositivos no procedimento administrativo fiscal entre a União e órgãos ou entidades de direito público da Administração Pública Federal.

O art. 46 admite a mediação pela *internet* ou por outro meio de comunicação que permita a transação a distância, desde que as partes estejam de acordo. O parágrafo único determina que é facultado à parte domiciliada no exterior submeter-se à mediação segundo as regras estabelecidas nesta Lei.

A mediação *pela internet* é aquela na qual todos os debates acontecem no espaço cibernético. Além de encurtar distâncias trazendo ganho de tempo e diminuindo gastos, ela facilita a administração dos conflitos diretamente pelas partes.[490] Sem sombra de dúvidas, a mediação *online* é um avanço significativo na utilização de novas tecnologias para lidar com os conflitos. Oferece mais possiblidade de rapidez e eficácia na resposta, além da visível economia monetária.

Porém, algumas interrogações precisam ser lançadas: trata-se efetivamente de mediação ou se está diante de um procedimento conciliatório? É possível falar de mediação, obedecendo a seus princípios e prerrogativas quando não temos a presença de todos os conflitantes, quando não há olho no olho, comunicação direta, aperto de mão? Realmente é mediação? Não seria uma prática autocompositiva direcionada a conflitos de contexto mais negocial?

---

[490] A mediação *online* nasceu das audiências por vídeo conferência que se mostraram bem sucedidas em vários locais do Brasil. Em julho de 2011, o Centro Judiciário de Conciliação e Cidadania (CEJUSCON) que trabalha na solução de conflitos pré-processuais, conflitos processuais e atendimento e orientação à cidadania do município da Ponta Grossa realizou sua primeira audiência de conciliação por videoconferência. A audiência, que ocorreu por meio da *internet*, foi uma das 20 ocorridas no Mutirão da Conciliação, que resultou em 100% de acordos. Com isso, evitou o deslocamento da parte/moradora de uma cidade – Guarapuava, para outra – Ponta Grossa, local da audiência, para resolver seu processo judicial. Este novo sistema possibilita um agendamento maior de audiências, o que resulta na finalização pacífica dos processos e economia de recursos públicos (JFPR). Sobre o assunto é importante a leitura disponível em: <http://cnj.jusbrasil.com.br/noticias/210589/mediacao-online-e-apresentada-a-magistrados-em-seminario>. Acesso em: 12 jan.2019.

No seu penúltimo artigo, de número 47, a Lei dispõe sobre a *vacatio legis* determinando que a lei entrará em vigor 180 dias de sua publicação oficial. O prazo é curto e para que realmente seja respeitado, levando a mediação e as práticas autocompositivas a todos os recantos do País é preciso trabalhar urgente sobre sua implementação criando mecanismos e revendo posturas que permitam a mudança de cultura necessária para que a proposta encontre adeptos e funcione.

O art. 48 determina a revogação do § 2º do art. 6º da Lei nº 9.469, de 10 de julho de 1997, no qual os honorários advocatícios nas causas em face da Fazenda Pública seriam rateados entre as partes quando fosse celebrado acordo ou transação, tanto na fase de conhecimento quanto na execução do julgado. Esse dispositivo já foi questionado perante o Supremo Tribunal Federal por meio da ADIn 2.527-9, de iniciativa da Ordem dos Advogados do Brasil, tendo como um dos pedidos a declaração de inconstitucionalidade do art. 3º[491] da Medida Provisória nº 2.226/2001.

O Supremo Tribunal Federal conferiu liminar para suspender os efeitos do art. 3º da MP 2.226, de 04 de dezembro de 2001, por contrastar, aparentemente, com a garantia da coisa julgada, insculpida no art. 5º, XXXVI, da Constituição Federal. Além disso, o acórdão da Suprema Corte considerou anti-isonômica a imposição do rateio dos honorários, por violar a vontade dos negociantes, afastando com isso, a aplicação da norma. Assim e para dar fim à controvérsia instaurada, o legislador pareceu render-se ao entendimento do Supremo Tribunal Federal, revogando expressamente o § 2º do art. 6º da Lei 9.469, de 10 de julho de 1997, no art. 44 do projeto.[492]

---

[491] Art. 3º O art. 6º da Lei nº 9.469, de 10 de julho de 1997, passa a vigorar acrescido do seguinte parágrafo, renumerando-se o atual parágrafo único para § 1º. § 2º O acordo ou a transação celebrada diretamente pela parte ou por intermédio de procurador para extinguir ou encerrar processo judicial, inclusive nos casos de extensão administrativa de pagamentos postulados em juízo, implicará sempre a responsabilidade de cada uma das partes pelo pagamento dos honorários de seus respectivos advogados, mesmo que tenham sido objeto de condenação transitada em julgado.

[492] IWAKURA, Cristiane. Disposições finais. In: *Revista Eletrônica de Direito Processual*. Volume especial: A nova lei de mediação brasileira. Comentários ao projeto de Lei 7.169/2014. Rio de Janeiro: 2014, ano 8, p. 226 (www.redp.com.br).

9. Da arbitragem

9.1. Traço histórico

Ao analisar, especificamente, a arbitragem como estratégia de tratamento de controvérsias, é importante recuperar suas origens junto ao processo civil romano das épocas pré-clássica e clássica, denominado *ordo iudiciorum privatorum*. O árbitro moderno é figura análoga ao juiz privado romano (*iudex*), e o compromisso arbitral, a atual roupagem da *litis contestatio*.

No período arcaico, o Estado Romano não interferia no tratamento de litígios, deixando que os particulares se incumbissem de solucionar as controvérsias surgidas da sua vida quotidiana. Posteriormente, o Estado tratou de regular e controlar o método privado de tratamento de litígios, terminando por assumi-lo totalmente.[493] Assim, é necessário dizer que a raiz do direito processual romano é eminentemente privada (*ordo iudiciorum privatorum*), tendo evoluído progressivamente para a estrutura estatal (*cognitio extra ordinem*).[494]

Percorrendo o histórico da arbitragem, percebe-se que o mesmo se evidenciou desde a Antiguidade e daí em diante passou a assumir papel importante no tratamento de conflitos. Encontram-se provas de arbitragens entre os povos gregos, tanto entre particulares como entre cidades-estados, este último podendo ser exemplificado pelo Tratado de Paz traçado entre Esparta e Atenas, em 445 a. C. Tradicional também é entre os romanos, que a empregavam largamente nas relações particulares.

Todavia, a arbitragem romana destacou-se por apresentar grande grau de semelhança com os princípios constantes nas leis-padrão do

---

[493] Vide ALVIM, José Eduardo Carreira. *Tratado geral da arbitragem*. Belo Horizonte: Mandamentos, 2000, p. 14.

[494] O processo civil romano foi paulatinamente se transformando: Na fase privada; a atividade jurisdicional era totalmente passiva tendo as partes a total responsabilidade de produzirem as provas e alcançarem o direito pretendido. Na fase estatal, o princípio do dispositivo vai perdendo espaço para o inquisitório, sendo, portanto, a atuação do juiz mais ativa na obtenção das provas e na busca da justiça. No processo moderno, tanto o princípio dispositivo quanto o inquisitório estão presentes na atividade jurisdicional. O dispositivo prevalece no atual direito anglo-americano "adversarial system", em que o juiz participa muito menos na colheita das provas (para maiores detalhes sobre o sistema anglo-saxônico confira MOREIRA, José Carlos Barbosa. *Reflexões sobre a imparcialidade do juiz in Temas de Direito Processual*. Rio de Janeiro: Saraiva, 2001, p. 25-28).

instituto atual: o árbitro era livre para evitar o formalismo do direito puro e utilizar mecanismos mais pragmáticos encaminhados a alcançar uma resposta satisfatória, cabível era a execução forçada da sentença arbitral.

No Brasil, este instituto é legalmente conhecido desde os tempos da colonização portuguesa e, atualmente, vem encontrando um novo caminho, como provam a criação de várias câmaras arbitrais e a elaboração de textos legais, entre eles a Lei 13.129/2015 que, mais atualmente, trouxe alterações à Lei 9.307/96, cujo objetivo principal foi a ampliação da aplicação da arbitragem, revitalizando a norma anteriormente vigente e adequando-a às relações jurídicas mais recentes.

Percebe-se, assim, um traço histórico deste instituto no direito brasileiro.

Primeiramente, a arbitragem foi prevista pelas Ordenações Filipinas, no seu Livro II, Títulos XVI, LIII, XVII. A partir daí, o Código Comercial Brasileiro de 1850 estabeleceu o arbitramento obrigatório para as causas entre sócios de sociedades comerciais, durante a existência legal, liquidação ou partilha da sociedade ou companhia (arts. 294 e 348). Entretanto, o Regulamento 737, de 1850, primeiro diploma processual codificado, restringiu tal obrigatoriedade estritamente às causas comerciais. Mesmo assim, surgiram inúmeras críticas a este caráter compulsório. Diante dessa posição, foi promulgada a Lei 1.350, de 1866, que revogou tais dispositivos, e o Código Civil de 1916, que reduziu a arbitragem a mero compromisso (arts. 1.037 a 1.048). Os Códigos de Processo Civil de 39 e 73 dispuseram da mesma forma, nos seus arts. 1.031 a 1.040 e 1.072 a 1.102, respectivamente, o que garantiu ao instituto uma versão facultativa em vigor até o advento da lei.

Agora, uma vez convencionada, a arbitragem passa a ser de cunho forçado. Os dispositivos legais anteriormente referidos dispunham apenas sobre o compromisso arbitral (estipulado pelas partes após o surgimento do litígio), e não sobre a cláusula compromissória ou cláusula de arbitragem (inserida pelas partes num contrato antes do surgimento do litígio); diferentemente, os dispositivos atuais equiparam a cláusula arbitral ao compromisso, tornando, portanto, aquela mera promessa de contratar em obrigação que não mais pode ser resolvida em perdas e danos, de difícil liquidação.

Com a Constituição de 1946, consagrou-se pela primeira vez o princípio da ubiguidade da jurisdição, art. 141, § 4º, e a partir daí o mesmo foi reiterado nas subsequentes: na CF de 67, art. 150, § 4º; na EC de 69, art. 153, § 4º, e finalmente na CF de 88, art. 5º, XXXV. Estas disposições constitucionais, entretanto, segundo Costa e Silva,[495] desencadearam posição dou-

---

[495] COSTA E SILVA. Juízo arbitral obrigatório e sua inconstitucionalidade. In: *Revista dos Tribunais*, São Paulo, v. 36, p. 125.

trinária no sentido da inconstitucionalidade do arbitramento obrigatório, questão essa a que voltaremos adiante.

No plano internacional, como já se disse, assistiu-se a um crescimento vertiginoso e diferenciado das relações comerciais externas impulsionadas pela globalização econômica que contribuiu para revestir de importância os juízos arbitrais. Esses acompanharam, de perto e de igual maneira, o desenvolvimento e incremento das relações entre Estados e entre particulares, o que inevitavelmente repercutiu na formação de tratados na área internacional, bem como novas codificações no que se refere à arbitragem entre particulares no âmbito interno de cada país.

A integração do Brasil neste contexto deu-se a partir da assinatura do "Protocolo de Genebra", de 24 de setembro de 1923, que foi ratificado e internalizado no Brasil, e da Convenção de Panamá, de 1975, à qual aderiu em 1996. Pela assinatura do Protocolo de 1923, conferiu-se validade à cláusula arbitral em contratos comerciais internacionais, com a garantia da execução das sentenças arbitrais e a condução de causas aos tribunais arbitrais, quando as partes tivessem se comprometido em aceitar tal procedimento.

Em 1990, pela primeira vez, o STJ reconheceu a eficácia da cláusula compromissória em contrato internacional, dispensando o compromisso arbitral posterior.

Entretanto, no que se refere ao reconhecimento e execução de sentenças arbitrais estrangeiras, o Brasil mostrou-se arredio, não ratificando a Convenção de Genebra de 1927 e tampouco a Convenção de Nova Iorque de 1958[496] relativa a esta matéria, que evitaria o mecanismo lento, oneroso e único da "dupla homologação" (por um tribunal estrangeiro e pelo STF). Mas a atual posição assumida como estado-parte na Convenção de Panamá de 1975 foi muito importante, pois garante a aplicação das disposições que integram essa ferramenta jurídica, mas é sempre bom lembrar que uma ferramenta nova torna-se inútil se não se sabe utilizá-la.

Assim, foi com a promulgação dessa última Convenção, em maio de 1996, que se sedimentou nova mentalidade acerca da arbitragem. Ou seja, a partir de então, não se faz mais distinção entre arbitragem interna e internacional, não se exige mais, no caso dessa última, homologação judiciária da sentença arbitral estrangeira no país onde foi proferido, assim como não se exige mais como condição de validade do juízo arbitral nacional a existência do "compromisso arbitral" celebrado pelas partes. Igualaram as arbitragens internas às internacionais.[497]

---

[496] Esta convenção foi assinada ou ratificada por mais de 102 países. Na América Latina, aderiram a Argentina, o Paraguai, o Uruguai, o Chile, o Peru e o México.

[497] RECURSO DE REVISTA. SENTENÇA ARBITRAL. CLÁUSULA COMPROMISSÓRIA ARBITRAL. COMPROMISSO ARBITRAL. EFEITOS. Esta Corte entende que a aplicação de cláusula compromissória arbitral, ou a adoção de compromisso arbitral, para a resolução de conflitos perante a Justiça do

Intrinsecamente ligada às relações comerciais, a arbitragem não possui uma postura rígida e imutável, ela evolui de forma peculiar de acordo com a tradição do país que a emprega e da lei-padrão que a inspirou, o que enseja exame de todos os seus aspectos materiais e técnicos particularizadamente.

Curioso é que, analisando aspectos da história da arbitragem de cada país, passamos a compreender melhor as tendências na organização e na administração dos casos. Explica-se: nos países de direito civil, de influência francesa (*civil law*), nos quais insere-se o Brasil, geralmente, há dispositivos codificados reconhecedores deste instituto, muito embora o mesmo não seja utilizado pelos particulares. A importância deste repousa basicamente no âmbito internacional e passa a despertar interesse ao direito nacional a partir do crescimento das relações comerciais entre países. Outra peculiaridade é que, nestes países, é comum a existência do requisito do *exequatur*, no tocante à validade da sentença arbitral no direito interno, o que significa que esta deve ser homologada antes de poder-se exigir sua execução.

Nos países de direito comum ou *common law*, a tendência é exatamente oposta, as disposições normativas não são muito detalhadas nos códigos e leis nacionais como nos países de tradição romano-germânica, preza-se pela liberdade das partes, que podem organizar suas sessões como julgarem conveniente, como também pela execução imediata da sentença arbitral sem mais trâmites, havendo apenas algumas proteções relativas a vícios.

Assim, a despeito da maior ou menor afinidade/resistência à utilização da arbitragem, observa-se que os países de *civil law* em comparação aos países de *common law*, mostram-se mais distantes do mesmo, seja pela arraigada "mentalidade jurisdicionalista"[498] dos seus cidadãos e operadores jurídicos, seja pelo despreparo dos últimos que não foram treinados dentro de uma mentalidade conciliatória, mas adversarial.

Para Sálvio de Figueredo,[499] o Brasil, talvez por força de suas vinculações com o *civil law* e pela sua herança cultural portuguesa, a ela sempre se mostrou arredio, assim como à solução por equidade, de inegável sucesso

---

Trabalho é vedada, ante a natureza indisponível dos direitos aqui tutelados. Tal entendimento celebra o princípio constitucional da inafastabilidade da prestação jurisdicional, na medida em que a cláusula ou o compromisso arbitral impedem que o trabalhador tenha sua pretensão analisada de imediato pelo Poder Judiciário. Recurso de revista conhecido e provido. Processo: RR 1484001820045020039 148400-18.2004.5.02.0039, Relator: Augusto César Leite de Carvalho, Órgão Julgador: 6ª Turma, j. 01/12/2010, DEJT 10/12/2010.

[498] MAGALHÃES, José Carlos; BAPTISTA, Luiz Olavo. *Arbitragem Comercial*. Rio de Janeiro: Freitas Bastos, 1986.

[499] TEIXEIRA, Sálvio de Figueiredo. A arbitragem no sistema jurídico brasileiro. *In*: *RDR*, n. 6, set./dez. 1996, p. 12.

nos países mais desenvolvidos. Os textos legais brasileiros, a propósito, de um formalismo exacerbado e ineficaz sempre refletiram temor, preconceito e atraso, criando nessa área uma cultura de resistência ao progresso sob os mais diversos e infundados argumentos.

9.2. A arbitragem brasileira a partir da Constituição Federal de 1988

Mas, aos poucos, o Brasil ingressa na onda arbitral que teve como grande marco a aderência aos tratados e convenções internacionais relativos à matéria. Ora, foi a partir da assinatura desses documentos legislativos que se tornou mais receptivo a tal instituto.

A CF/88 consagra, em seu artigo 4º, inc.VII, a solução pacífica de conflitos para resolver questões oriundas de relações internacionais, e já o artigo 217, § 1º, deu significativo passo no sentido de reintroduzir no País, como autêntico pressuposto processual, o arbitramento obrigatório.

Leis extravagantes posteriores igualmente ocuparam-se do instituto. A Lei 8.078/90, que dispõe sobre a proteção do consumidor, tornou defesa, nos contratos de fornecimento de produtos e serviços, a inclusão de cláusula relativa à utilização compulsória da arbitragem (art. 51, inc. VII).

Também a Lei 9.099/95, que criou os Juizados Especiais, agasalha a arbitragem nos arts. 24 a 26. Esta lei prevê a possibilidade do julgamento através de "juízo arbitral", com o árbitro escolhido pelas partes, podendo decidir por equidade (art. 25), sujeitando o laudo à homologação judicial por sentença irrecorrível[500] (art. 26), na qual se deverá observar se não foi ele proferido fora dos limites, ou em desacordo, com o seu objeto; se julgou toda controvérsia submetida ao juízo; se emanou do árbitro efetivamente escolhido; se é exequível, isto é, se contém os fundamentos mínimos da decisão e o seu dispositivo.

O momento previsto para este julgamento é o subsequente à sessão de conciliação inexitosa, entretanto, na prática não se tem vislumbrado tal sequência. Aquela fase tem sido seguida de audiência de instrução e julgamento, porque os litigantes não querem se sujeitar ao julgamento pelos árbitros.

A preocupação do legislador acerca do tema redundou na edição da Lei 9.307/96, vista por muitos como um marco divisório por prometer alterar profundamente a história desse instituto no País.

A lei, já no seu texto original, isto é, antes mesmo das alterações trazidas pela Lei 13.129/2015, cuidou não apenas de substituir o ineficiente modelo de "juízo arbitral", até então previsto na legislação revestindo-o

---

[500] Note-se que até mesmo a Lei 9.099/95, apesar da informalidade que a preside, exigia a homologação do laudo arbitral.

de um caráter moderno, como disciplinou notadamente a convenção de arbitragem; também prestigiou a manifestação da vontade; sempre a par do resguardo dos bons costumes e da ordem pública (art. 2º, § 1º), explicitou o acesso ao Judiciário aos eventualmente prejudicados (art. 33), da eficácia dos tratados internacionais na matéria (art. 34) e até mesmo da postura ética dos árbitros, que para efeitos de deslizes de comportamento foram equiparados aos funcionários públicos.[501]

Não obstante essas alterações introduzidas no regulamento brasileiro, o instituto arbitral segue leis-modelo ou padrão que lhe garantem uniformidade, afinal, no seu bojo ele é um só e, resguardadas as peculiaridades oriundas da tradição do país que a emprega, os motivos pelos quais ela vem inspirando um interesse cada vez maior, na atualidade, são os mesmos.

Sem efeito, assim, é discernir entre vantagens e desvantagens da arbitragem em determinado lugar ou em âmbito nacional e internacional, pois seria uma mera repetição. Os princípios do instituto são básicos em qualquer país que o utilize e, ademais, a arbitragem entre Estados resulta das cláusulas de um tratado internacional que assumem o caráter próprio do Direito Internacional.

9.3. As peculiaridades conceituais e procedimentais da arbitragem brasileira

Vencida essa questão, passa-se a traçar as peculiaridades deste instituto em nível de Brasil, iniciando-se com uma abordagem conceitual e procedimental para no final analisar a arbitragem à luz de alguns pontos específicos como contratos de adesão, inconstitucionalidade, cuja importância, a partir da publicação da lei, não mais se restringe aos bancos acadêmicos.

A entrada em vigor da Lei 9.307/96 representou uma transformação que adveio em grande parte da importância desta fórmula como instituto jurídico face às relações comerciais internacionais, avolumadas e intricadas por transformações econômicas no cenário mundial, particularmente a transnacionalização da economia e a construção de blocos supranacionais. De fato, é contemporânea à promulgação da lei que as negociações entre os países ultrapassam suas fronteiras territoriais, os agentes econômicos se planetarizam, que se passa a falar no fenômeno da globalização da economia, episódio mundial que afetou profundamente o direito, e sobretudo o direito comercial e a arbitragem.

---

[501] TEIXEIRA, Sálvio de Figueiredo. A arbitragem no sistema jurídico brasileiro. In: RDR, n. 6, set./dez. 1996, p. 9.

Assiste-se a um avanço das relações entre os homens que se tornam complexas de tal forma que escoa, precipuamente, na noção de insuficiência e ineficiência do modelo tradicional de tratamento de controvérsias, o Jurisdicional, que, assoberbado e incapacitado tecnologicamente, não consegue satisfazer os que a ele recorrem. Percebido isto e sentida a necessidade crescente de aperfeiçoar e fortificar institutos pacificadores de litígios, passa-se a repensar mecanismos alternativos ao tradicional e, nesse caminho, o Brasil, através da Lei 9.307/96, de modo mais recente alterada pela Lei 13.129/2015, buscou revigorar juízo arbitral.

Notadamente, são empregadas expressões como revigorar, reativar, renascer tal instituto, e isso, por um único motivo: a evolução dos institutos jurídicos segue a forma de um círculo vicioso. Explica-se, conforme a própria história comprova: na medida em que as relações sociais vão-se tornando mais complexas, vai-se sentindo a necessidade de mecanismos mais elaborados, que estejam capacitados para emanar soluções condizentes com as aspirações dos litigantes, que realmente apaziguem os conflitos, afinal, a Jurisdição estatal, modelo tradicional, sucedeu a arbitragem antiga, perfazendo uma estratégia mais eficiente a ela e, agora, diante do contexto aparente de crise,[502] é este que, tecendo algumas modificações e transformações, a revigora para dela própria socorrer-se.[503]

De fato, ocorrida uma controvérsia jurídica/divergência de interesses entre duas ou mais partes, há, basicamente, dois modos de resolvê-la: um mediante acordo de vontades entre as partes em conflito, e outro através de um terceiro encarregado de "dizer" a solução ao caso concreto. Sem falar-se, por óbvio, no uso da força.[504]

O primeiro caso configura um método autocompositivo, no qual as partes requerem um auxílio externo para chegar a um consenso e compatibilizar suas diferentes posições, pois do contrário, se não fosse necessário esse auxílio externo, se as partes conseguissem por si só acordar e dirimir

---

[502] Ver a respeito BOLZAN DE MORAIS, Jose Luis. *As crises do Estado e da Constituição e a transformação espaço-temporal dos direitos humanos*. 2. ed. Porto Alegre: Livraria do Advogado, 2011; BOLZAN DE MORAIS, Jose Luis. *O Estado e suas crises*. Porto Alegre: Livraria do Advogado, 2005.

[503] Na verdade, segundo JAKUBOWSKI, os Estados adotaram o princípio de sua exclusiva jurisdição para pacificar disputas entre pessoas, mas acabaram autorizando algumas exceções a cortes não estatais, a cortes religiosas, e uma destas exceções é a arbitragem. Arbitragem é um tipo de jurisdição social oposta à jurisdição estatal. (States have adopted the principle of their exclusive jurisdiction to settle disputes between people. They have, however, allowed some exceptions to non-State courts, e.g., to religious courts. One of this exceptions is Arbitration. Arbitration is a kind of social jurisdiction, opposed to State jurisdiction.). JAKUBOWSKI, Jerzy. Reflections on the filosophy of international commercial arbitration and conciliation. In: *The art of Arbitration, Essays on international Arbitration Liber Amicorum Pieter Sanders 12 September 1912-82*. Kluwer Law and Taxation Publishers, Holanda: Deventer, 1982, p. 178.

[504] Sobre o assunto, sugere-se a leitura de SPENGLER, Fabiana Marion. *Mediação de conflitos*: da teoria à prática. 2. ed. Porto Alegre: Livraria do Advogado, 2017.

seus problemas, o conflito não existiria. O exemplo mais típico é o procedimento da mediação, o qual já se explorou em capítulo específico.

O segundo caso refere-se aos métodos adversariais ou heterocompositivos, nos quais o tratamento da disputa é fornecido por um terceiro. Não são as próprias partes que acordam, fazendo desaparecer a lide, aparecendo a figura de um terceiro que, assumindo uma postura de neutralidade, define, declarando, a quem e em que medida pertence(m) o(s) direito(s) em disputa.

Ainda, em não sendo viável a autocomposição, por ser necessária a figura de um terceiro que imponha uma solução à querela suscitada, abrem-se aos litigantes duas opções. Podem submeter sua disputa à jurisdição pública, desempenhada pelo Estado através dos órgãos do Poder Judiciário, ou à jurisdição privada arbitral, em qualquer de suas variações, de acordo com o que esteja previsto acerca da mesma no ordenamento jurídico do respectivo país.

Assim, a arbitragem aparece como uma estratégia de extrema importância, pois, como se verá, o Estado confere à mesma algumas "faculdades jurisdicionais",[505] como outorgar às decisões arbitrais força de coisa julgada, sem a necessidade de homologação das mesmas pelos tribunais estatais.

Para Roque Caivano,[506] tanto na doutrina argentina quanto na estrangeira, podem-se consultar várias definições sobre arbitragem, definições estas que põem em evidência, em maior ou menor grau, uma ou algumas de suas características mais salientes. Ressalta que vários autores creem ser inútil formular definições prévias sobre o que seja arbitragem, por acreditarem não ser possível estudá-la com base firme, a partir de meras definições preliminares.

Mas como não se pode deixar de conceituá-lo, depois de enumerar definições de vários autores, Caivano diz que a arbitragem: "constituye una jurisdicción privada, instituida por la voluntad de las partes o por decisión del legislador, por la que se desplaza la potestad de juzgar hacia órganos diferentes de los tribunales estatales, a quienes se inviste por ello de facultades jurisdiccionales semejantes a las de aquellos en orden a la resolución de un caso concreto".[507]

---

[505] Esta expressão foi utilizada aqui com o intuito de já despertar o leitor para um dos temas mais polêmicos dentre os que integram a análise do instituto aqui estudado, qual seja, a questão da natureza jurídica do mesmo que será objeto de posterior discussão. Veja-se que a legislação fala, por exemplo, em sentença arbitral.

[506] CAIVANO, Roque J. *Arbitraje*: su eficacia como sistema alternativo de resolución de conflictos. Buenos Aires: Ad Hoc, 1992, p. 48.

[507] Ibid., p. 49.

Logo em seguida, alerta que para o êxito da arbitragem, pelo menos da voluntária, na qual as partes decidem por si levar a árbitros suas disputas, é fundamental que ainda exista um mínimo de princípio autocompositivo, ou seja, que elas consintam não só em submeter-se a árbitros como em acatar sua decisão, muito embora este instituto perfaça, na sua essência, um método heterocompositivo.[508]

Nestes termos, arbitragem é o meio pelo qual o Estado, "em vez de interferir diretamente nos conflitos de interesses, solucionando-os com a força da sua autoridade, permite que uma terceira pessoa o faça, segundo determinado procedimento e observado um mínimo de regras legais, mediante uma decisão com autoridade idêntica à de uma sentença judicial".[509] Assim, as partes, ao fazerem a opção pela justiça arbitral, afastam a jurisdição estatal substituindo-a por outra estratégia de tratamento de conflitos, reconhecida e regulada pelo Estado de modo que permite a execução das decisões ali proferidas bem como a anular das decisões que não observarem um mínimo de regras exigidas pelo legislador.[510]

E é o que está descrito com extrema perfeição na Exposição de Motivos da lei espanhola de arbitragem de 1953. Com base em experiência secular, fala-se que sempre que não for possível acordo direto entre as partes conflitantes, mas houver ainda zonas de harmonia acessíveis a terceiros, o procedimento mais acertado é utilizar figuras jurídicas conhecidas, como a arbitragem, sem que haja necessidade de se recorrer ao ente estatal. Na Lei 9.307/96, encontrava-se a possibilidade de remissão de questões à autoridade judiciária competente, quando envolvessem direitos indisponíveis e fossem fundamentais ao julgamento arbitral (art. 25). O dispositivo em questão, contudo, foi revogado com o advento da Lei 13.129/2015. Tem-se, quanto ao ponto, a previsão contida no art. 1º da Lei 9.307/96, que dispõe que o instituto é ferramenta para dirimir controvérsias de cunho patrimonial disponível. A jurisprudência, igualmente, reserva ao crivo do

---

[508] Adolfo Velloso coaduna com o pensamento de Roque Caivano ao expressar que "(...)el arbitraje es un modo de heterocomposición de conflictos que opera como resultado respecto de ellos y al cual se llega exclusivamente si media, al menos, un principio de autocomposición de los propios interesados, mediante la cual aceptan plantear su litigio al árbitro y, eventualmente, acatar su decisión". (VELLOSO, Adolfo Alvarado. El arbitraje: solución eficiente de conflictos de intereses. In: Revista de Processo. São Paulo, n. 45, p. 94.) Em nossa opinião, a convenção privada que regula o juízo arbitral é um dos motivos pelos quais, segundo os princípios que regem esta matéria em nosso ordenamento, a arbitragem, em verdade, é um modo misto de solução de conflitos, predominantemente heterocompositivo, com vestígios da autocomposição.

[509] ALVIM, José Eduardo Carreira Alvim. Comentários à Lei de Arbitragem. Rio de Janeiro: Lumen Juris, 2002, p. 24.

[510] Cfr. CORTEZ, Francisco. A Arbitragem Voluntária em Portugal (Dos "ricos homens"aos tribunais privados). O Direito, ano 124 n. 3, Lisboa, 1991, p. 368 e COSTA E SILVA, Paula. Anulação e Recursos da Decisão Arbitral. Revista da Ordem dos Advogados, ano 52, Lisboa, 1992, p. 895.

árbitro (terceiro) conflitos cujo direito discutido possua cunho patrimonial.[511]

Este terceiro gozaria da total confiança das partes, recebendo delas autoridade suficiente para impor uma solução satisfatória e, desse modo, não se estaria menosprezando a atividade exercida pelo juiz, expressão da soberania do Estado, mas exatamente em consideração ao que sua posição significa é que se estaria, ao utilizar o juízo arbitral, reservando para o mesmo, estritamente os casos em que o tratamento não se revelasse amistoso a ponto de poder ser resolvido diretamente, pelas próprias partes ou indiretamente por meio de árbitros. Para estes casos, a intervenção do império estatal, sim, seria imprescindível.

Pode-se dizer, ainda, que a arbitragem é uma outra estratégia de tratamento de controvérsias tomando-se como referências o processo estatal – meio heterocompositivo por certo mais empregado para dirimir conflitos. Por fim, é possível afirmar que trata-se de um mecanismo extrajudicial de tratamento de conflitos de tal sorte que a intervenção do Judiciário ou não existirá, ou será invocada quando houver necessidade de utilizar a força diante de resistência de uma das partes ou de terceiros (condução de testemunhas, implementação de medidas acautelatórias, execução de provimentos antecipatórios ou cumprimento de sentença arbitral).[512]

Desta conceituação, podemos averiguar e resumir algumas das características presentes neste instituto, tais como:

Autonomia privada, do que decorre o caráter voluntário da utilização da arbitragem, revertendo-se como expressão da liberdade de escolha das partes. Esta autonomia existente no direito dos contratos dá aos indivíduos a possibilidade de dispor sobre os métodos utilizados para tutelar os seus interesses. Consequência dessa autonomia, ainda, tem-se o reconhecimento dos efeitos da decisão arbitral no ordenamento jurídico.[513]

Pode ser usada em qualquer controvérsia que envolva direito patrimonial disponível (contratos em geral, tanto na área civil como empresarial),[514] inclusive quando sejam titulares do direito discutido sujeitos despersonali-

---

[511] SUPERIOR TRIBUNAL DE JUSTIÇA. TERCEIRA TURMA. RECURSO ESPECIAL Nº 1698730/SP. Relator: Min. MARCO AURÉLIO BELLIZZE, julgado em 08.05.2018. Disponível em: <www.stj.jus.br>. Acesso em: 05 out. 2018.

[512] CARMONA, Carlos Alberto. *Arbitragem e processo*: um comentário à Lei nº 9.307/96. 2. ed. São Paulo: Atlas, 2006, p. 52-53).

[513] CAHALI, Francisco José. *Curso de arbitragem*: mediação, conciliação e Resolução CNJ 125/2010. 5. ed. São Paulo: Revista dos Tribunais, 2015.

[514] São arbitráveis, portanto, as causas que tratem de matérias a respeito das quais o Estado não crie reserva específica por conta do resguardo dos interesses fundamentais da coletividade, e desde que as partes possam livremente dispor acerca do bem que controvertem. Pode-se continuar a dizer, na esteira do que dispunha o Código Civil (art. 1.072, revogado), que são arbitráveis as controvérsias cujo respeito os litigantes podem transigir (CARMONA, Carlos Alberto. *Arbitragem e processo*: um comentário à Lei nº 9.307/96. 2. ed. São Paulo: Atlas, 2006, p. 56-57).

zados, tais como a massa falida, o condomínio edilício e o espólio, desde que autorizados pelos seus instrumentos constitutivos.[515]

É considerada *justiça de técnicos*, na qual uma vez atendido o pressuposto da capacidade civil, poderão as partes escolher livremente os árbitros a quem confiem para que deem tratamento ao litígio. As partes não ficam, de tal forma, adstritas a escolher advogados ou bacharéis em direito, podendo se valer de profissionais das mais diversificadas áreas.[516]

Permite ao árbitro disciplinar o procedimento caso não haja convenção das partes neste sentido. É interessante porque evita atraso, quando, por exemplo, houver conflitos neste particular.[517]

Possibilita uma maior celeridade no tratamento dos conflitos, e faculta às partes, inclusive, estabelecer prazo para a sentença arbitral, podendo as mesmas responsabilizar civilmente o árbitro que descumprir o prazo estipulado. Os participantes que buscam o tratamento dos seus conflitos por meio da arbitragem têm como interesse uma maior celeridade[518] e uma melhor qualidade no tratamento do conflito. É inegável que no tocante à celeridade, por melhor que seja o órgão estatal competente para conhecer do conflito de interesse, o mesmo, salvo em raríssimas exceções, dificilmente será resolvido em seis meses.[519]

Ainda, sabe-se que a celeridade muitas vezes pode significar uma economia processual, em virtude da informalidade e da não utilização de toda a engrenagem e burocracia judicial e uma economia financeira. Entretanto, conforme afirma Petrônio Muniz,[520] a relação custo da arbitragem e o benefício da resposta rápida e bem fundamentada de um conflito é sensivelmente um fator favorável à disseminação do instituto.

Permite às partes exigir o sigilo do procedimento arbitral,[521] visto não vigorar o princípio da publicidade, exigido na justiça estatal. Tal fato se torna importante uma vez que são inúmeras as ocasiões em que as partes evitam buscar o tratamento para um determinado conflito temerosas de

---

[515] CAHALI, Francisco José. *Curso de arbitragem*: mediação, conciliação e Resolução CNJ 125/2010. 5. ed. São Paulo: Revista dos Tribunais, 2015.

[516] Idem.

[517] Conflito com a competência da União para legislar sobre processo.

[518] Cfr. DINAMARCO, Cândido Rangel. *Nova era do Processo Civil*. São Paulo: Malheiros, 2004, p. 32.

[519] Prazo que a praxe da arbitragem e as normas dos principais tribunais tem fixado para tratar o litígio.

[520] Vide MUNIZ, Petrônio R. G. A Prática da Arbitragem. In: *Arbitragem lei brasileira e praxe internacional*. 2. ed. São Pulo: LTr, 1999, p. 101-103.

[521] Porém, o sigilo procedimental é relativizado quando se tratar de uma arbitragem envolvendo algum órgão da administração pública "bastando apenas que as decisões arbitrais sejam publicadas no Diário Oficial do Estado ou da União, dependendo da parte que estivesse envolvida. Haveria, portanto, o controle popular no processo arbitral, que, sem dúvida, é de suma importância no Estado Democrático de Direito". (BERALDO, Leonardo de Faria. *Curso de arbitragem nos termos da Lei 9.307/96*. São Paulo: Atlas, 2014, p. 113.)

que a notícia do litígio judicial possa vir a afetar publicamente a imagem das mesmas. Chegam a temer, também, que a matéria em discussão seja analisada por outros agentes que atuam no mesmo nicho de mercado (concorrentes, por conseguinte). Assim não importa qual o tipo de arbitragem a confidencialidade estará garantida às partes envolvidas, bastando que as mesmas, no exercício da autonomia de suas vontades, insiram no compromisso arbitral uma cláusula de confidencialidade.[522] Este é sem dúvida um dos grandes atrativos da arbitragem junto ao mundo corporativo.

Transforma a sentença arbitral em título executivo judicial, tornando-a, portanto, eficaz para o cumprimento forçado (cumprimento de sentença previsto no Código de Processo Civil). Outrossim, no que concerne ao reconhecimento e execução das sentenças arbitrais estrangeiras no Brasil, o art. 35 da Lei nº 9.307/96, com redação dada pela Lei nº 13.129/2015, estabelece que compete ao Superior Tribunal de Justiça o conhecimento do requerimento de homologação.

No entanto, se a parte derrotada se recusar a cumprir espontaneamente a decisão prolatada, ao contrário do que ocorre no Judiciário estatal, o árbitro não possui o *imperium* para exigir o cumprimento de sua decisão. Os árbitros, sendo particulares, exercem atividade idêntica ao dos magistrados estatais e possuem o poder de conhecer da demanda (*cognitio*) e de dizer o direito (*iurisdictio*), mas como não possuem o poder de impor o cumprimento de suas decisões coercitivamente (*executio e coertio*), dependem da participação dos órgãos do Poder Judiciário.[523]

As características relatadas acima manifestam as peculiaridades gerais deste instituto e se é certo que a arbitragem é única, também o é que existem vários pontos de vista sobre ela, o que oportuniza um estudo acerca de suas categorias.

Fala-se em *arbitragem de direito público e de direito privado*, de acordo com as partes envolvidas. Se de direito público, significa que a arbitragem se dá entre estados; se de direito privado, os envolvidos são particulares; assinale-se que pode ocorrer o tipo *misto*, no qual a arbitragem acontece entre um estado e um particular. Aliás, por inovação e expressão legislativa, ampliou-se a aplicação da Lei de Arbitragem (9.307/96), vez que em seu art. 1º, § 1º, incluído pela Lei nº 13.129/2015, há agora previsão positivada da possibilidade de se instituir o procedimento arbitral em conflitos que envolvam a administração pública. A partir da alteração leguislativa não resta dúvida quanto ao cabimento de arbitragem em casos que

---

[522] Vide MARTINS, Pedro A. Batista. *Da convenção de arbitragem e seus efeitos em aspectos fundamentais da Lei de Arbitragem*. Rio de Janeiro: Forense, 1999, p. 211 e LEMES, Selma Maria Ferreira *et al*. Dos Árbitros. In: *Aspectos fundamentais da Lei de Arbitragem*. Rio de Janeiro: Forense, 1999, p. 256.

[523] CAHALI, Francisco José. *Curso de arbitragem*: mediação, conciliação e Resolução CNJ 125/2010. 5. ed. São Paulo: Revista dos Tribunais, 2015.

envolvam a Administração Pública, com a possibilidade de previsão anterior em contrato (cláusula compromissória) ou através de compromisso arbitral,[524] com identificação ainda de autoridade competente para a celebração da convenção.[525]

9.4. Arbitragem *ad hoc*, institucional, equitativa, de Direito, voluntária, nacional e internacional

Merece atenção também a distinção útil entre a arbitragem *ad hoc* e a *arbitragem institucionalizada*, distinção logicamente referente à maneira de estipular o procedimento e as regras de procedimento que devem reger a arbitragem em questão. Na arbitragem *ad hoc*, as partes definem o desenvolvimento da arbitragem, que poderá ser de direito ou de equidade, inclusive como se acolherá o árbitro para aquele caso. Optando por uma arbitragem *ad hoc*, o árbitro será a figura preponderante, pois inexistente a intervenção de uma instituição especializada. Neste caso, o árbitro é o responsável por criar as regras procedimentais que não poderão, entretanto, exceder o disposto na cláusula compromissória ou no compromisso arbitral.[526]

Na arbitragens *ad hoc*, a informalidade é ainda maior, pois as partes se envolvem em todas as etapas de criação do tribunal. Tal característica é fundamental, uma vez que um clima descontraído facilita o bom andamento dos trabalhos e afasta a mentalidade de antagonismo entre as partes. Essa atmosfera contribui para uma maior celeridade do procedimento.[527]

A arbitragem *ad hoc* ou avulsa ocorre mediante a indicação do árbitro que é feita diretamente, sendo ele totalmente independente e desvinculado de qualquer instituição para a arbitragem a que foi nomeado. E, assim, caberá ao árbitro, ou à estrutura por ele criada, o cuidado com o desenvolvimento do procedimento em todos os seus detalhes, inclusive instrumentais. As funções "cartorárias" nele ou em sua estrutura pessoal criada são centralizadas também.[528]

---

[524] Enunciado 2 da I Jornada Prevenção e Solução Extrajudicial de Litígios; assim: "Ainda que não haja cláusula compromissória, a Administração Pública poderá celebrar compromisso arbitral".

[525] CAHALI, Francisco José. *Curso de arbitragem*: mediação, conciliação e Trtibunal Multiportas CNJ 125/2010. 6. ed. (ebook). São Paulo: Thomson e Reuters, 2018.

[526] CAHALI, Francisco José. *Curso de arbitragem*: mediação, conciliação e Resolução CNJ 125/2010. 5. ed. São Paulo: Revista dos Tribunais, 2015.

[527] Cfr. LEMES, Selma Maria Ferreira *et al*. Dos Árbitros. In: *Aspectos fundamentais da Lei de Arbitragem*. Rio de Janeiro: Forense, 1999, p. 314 – 317.

[528] CAHALI, Francisco José. *Curso de arbitragem*: mediação, conciliação e Trtibunal Multiportas CNJ 125/2010. 6. ed. (ebook). São Paulo:Thomson e Reuters, 2018.

No entanto, a arbitragem *ad hoc* pressupõe uma boa experiência, conhecimento e intimidade com o instituto, tornando-se recomendável apenas aos que já atingiram uma "maturidade arbitral" (para gerenciar a escolha e nomeação dos árbitros ou para administrar o desenrolar do procedimento). De fato, litigantes sem experiência podem frustrar uma arbitragem em decorrência de má redação da cláusula compromissória ou da falta de previsão de todos os problemas que podem surgir durante um procedimento arbitral.

Na arbitragem institucionalizada, também chamada de arbitragem administrada, já há uma instituição especializada em mediar e arbitrar litígios, com regulamento próprio e lista de árbitros, tudo previamente conhecido e sabido pelas partes. A instituição tratará do procedimento arbitral, proporcionando aos envolvidos que se atinja a finalidade das cláusulas firmadas. As instituições contam com independência para instituir regras próprias, isto é, uma espécie de regimento que irá estabelecer a organização e a atividade do árbitro.[529]

Essa instituição é pessoa jurídica autônoma (tais como associações ou sociedade empresárias) ou estrutura destacada dentro de uma pessoa jurídica e pode ter uma relação de mediadores e árbitros, dentre os quais a parte fará a escolha; a instituição poderá ainda admitir a indicação de terceiros (árbitros externos) pelas partes, porém aponta que o presidente do "Tribunal Arbitral" seja um daqueles integrantes da relação.[530]

Porém, é preciso observar a importância de não elaborar convenção arbitral contraditória com o regulamento da câmara escolhida bem como analisar a estimativa de custos do procedimento arbitral nas instituições. Nesse sentido, as câmaras têm autonomia para apresentar a sua tabela de custas por procedimento, que muitas vezes pode ser estimado conforme o valor da causa e os atos a serem praticados (audiências, diligências etc.).

É surpreendente o número de entidades dedicadas à arbitragem comercial que estão surgindo, tanto nos países de tradição *civil law* como nos de *common law*. No Brasil, o *Conselho Nacional das Instituições de Mediação e Arbitragem* representa as instituições com este fim. O seu objeto é aprimorar o procedimento arbitral e a organização das entidades, contando, inclusive, com um Código de Ética proposto aos filiados.[531]

Quanto à obrigatoriedade ou não da arbitragem, é óbvio que a oscilação gira em torno da imposição da mesma por via jurídica, que não admite

---

[529] CAHALI, Francisco José. *Curso de arbitragem*: mediação, conciliação e Resolução CNJ 125/2010. 5. ed. São Paulo: Revista dos Tribunais, 2015. p. 146.
[530] CAHALI, Francisco José. *Curso de arbitragem*: mediação, conciliação e Trtibunal Multiportas CNJ 125/2010. 6. ed. (ebook). São Paulo:Thomson e Reuters, 2018.
[531] CAHALI, Francisco José. *Curso de arbitragem*: mediação, conciliação e Resolução CNJ 125/2010. 5. ed. São Paulo: Revista dos Tribunais, 2015.

exceção. Só existe *arbitragem voluntária* se a sua origem foi unicamente a vontade das partes.[532] Entretanto, firmada a convenção de arbitragem, caberá ao árbitro decidir (art. 8º da Lei 9.307/1996), independentemente de provocação, as questões atinentes à existência, validade e eficácia da convenção de arbitragem ou do contrato no qual esteja inserida.[533] Ademais, em cotejo à orientação de celeridade do procedimento arbitral, firma-se aqui a expressão do princípio oriundo do direito alemão, denominado "competência-competência". Significa dizer, *prima facie*, que não cabe ao Judiciário, de plano, decidir acerca da higidez da convenção de arbitragem, mas sim o próprio árbitro decidir sobre as questões da sua jurisdição. Nada impede, contudo, que até a sentença arbitral a parte que se tormar por prejudicada busque o Estado para conhecer de eventuais vícios procedimentais.[534]

Tradicional é ainda assinalar a diferença entre a arbitragem equitativa e arbitragem de direito. No primeiro caso os árbitros ficam livres para decidir o litígio a eles submetido segundo o seu sentido comum sem ter de restringir-se à aplicação do direito em sentido estrito. Nestes termos, a arbitragem equitativa abandona a regra "geral e abstrata, consagrada na norma", e "busca formular e aplicar uma regra particular e própria para aquele determinado caso; regra que ele deverá elaborar de acordo com a própria consciência, observando determinados princípios sociais e morais em tudo análogos àqueles que inspiram o legislador quando elabora a regra abstrata ou norma legal".[535] É por isso que se diz que nela o árbitro está autorizado pelas partes a agir como se fosse ao mesmo tempo legislador e juiz, desde que os seus atos sejam pautados pelos bons costumes e pela ordem pública, imperativo oriundo da própria Lei de Arbitragem (art. 2º, § 2º, da Lei 9.307/96).[536]

Pode o árbitro que se encontra autorizado a julgar por equidade, decidir, em sentido contrário àquele indicado pela lei oposta, o que não quer dizer que deva ele necessariamente julgar afastando o direito positivo.

---

[532] Nesse sentido, Carlos Alberto Carmona se manifesta dizendo que no Brasil não existe arbitragem obrigatória. (CARMONA, Carlos Alberto. *Arbitragem e processo*: um comentário à Lei nº 9.307/96. 2. ed. São Paulo: Atlas, 2006, p. 53).

[533] BRASIL. *Lei nº 9.307 de 1996*. Lei de Arbitragem. Disponível em: <www.planalto.gov.br>. Acesso em: 12 out. 2018.

[534] PRIEBE, V.; SOUZA, D. K.; DURANTE, I. S. Lei de Arbitragem nº 9.307/1996 com as alterações trazidas pela Lei nº 13.129/2015. In: SPENGLER, F. M.; SPENGLER NETO, T. *Mediação, conciliação e arbitragem*: artigo por artigo. Rio de Janeiro: FGV, 2016. p. 179-261.

[535] ALVIM, José Eduardo Carreira Alvim. *Comentários à Lei de Arbitragem*. Rio de Janeiro: Lumen Juris, 2002, p. 37. Vide também MARTINS, Pedro A. Batista. Aspectos Atinentes às Disposições Gerais. *In: Aspectos Fundamentais da Lei de Arbitragem*. [s. l.]: Forense, 1999, p. 167 e CORREIA, A. Ferrer. Direito Aplicável pelo Árbitro Internacional ao Fundo da Causa. *In: BFDUC*, v. 77, 2001, p. 3.

[536] PRIEBE, V.; SOUZA, D. K.; DURANTE, I. S. Lei de Arbitragem nº 9.307/1996 com as alterações trazidas pela Lei nº 13.129/2015. In: SPENGLER, F. M.; SPENGLER NETO, T. *Mediação, conciliação e arbitragem*: artigo por artigo. Rio de Janeiro: FGV, 2016. p. 179-261.

Assim, se a aplicação da norma levar a uma solução justa do conflito, o árbitro a aplicará, sem que isso possa ensejar qualquer vício no julgamento.[537]

Já a arbitragem de direito prevê que os árbitros decidirão segundo os princípios estritamente jurídicos, julgando em consonância com o direito positivo. Nestes termos, estariam obrigados a analisar os fatos de acordo com as normas aplicáveis. Embora muitas leis vedem sua versão equitativa, a regra geral é realmente que as partes tenham a possibilidade de dispor no momento de se submeterem à arbitragem a maneira como os árbitros devem decidir as controvérsias, estipulando que poderão decidir como amigáveis compositores ou segundo o direito.[538] De toda sorte, a arbitragem que envolva a administração pública, a teor do disposto no § 3º do art. 2º da Lei 9.307/96, incluído pela Lei 13.129/2015, deverá ser de direito, respeitando, outrossim, o princípio da publicidade.[539]

As diferenciações entre arbitragem nacional (também chamada de arbitragem doméstica) e internacional dispensam maiores comentários, pois a definição exata da internacionalidade de uma arbitragem vem precisamente fixada na lei que rege o instituto.[540] O mesmo quanto à classificação da arbitragem de acordo com a matéria, pois trata-se de mera qualificação conforme a área do direito envolvida.

De qualquer maneira, vistos os diferentes tipos de arbitragem, deve-se ter consciência de que esta pode não ser a alternativa indicada para alguns casos específicos, razão pela qual convém sempre examinar suas características e conveniências caso a caso, bem como sua natureza jurídica.

9.5. Natureza jurídica da arbitragem

Também faz-se imprescindível abordar a questão da natureza jurídica deste instituto, tema dos mais polêmicos entre os doutrinadores.

---

[537] CARMONA, Carlos Alberto. *Arbitragem e processo*: um comentário à Lei nº 9.307/96. 2. ed. São Paulo: Atlas, 2006, p. 77.

[538] Como a autonomia da vontade é o princípio maior da arbitragem, as partes estão livres para escolher a norma jurídica a ser aplicada ao caso. A liberdade é tal que a escolha pode ser feita tanto para a lei aplicável ao procedimento (*ordinatoria litis*) quanto para a lei aplicável ao mérito (*decisoria litis*). MARTINS, Pedro A. Batista. Aspectos Atinentes às Disposições Gerais In: *Aspectos Fundamentais da Lei de Arbitragem*. [s. l.]: Forense, 1999, p. 167.

[539] PRIEBE, V.; SOUZA, D. K.; DURANTE, I. S. Lei de Arbitragem nº 9.307/1996 com as alterações trazidas pela Lei nº 13.129/2015. In: SPENGLER, F. M.; SPENGLER NETO, T. *Mediação, conciliação e arbitragem*: artigo por artigo. Rio de Janeiro: FGV, 2016. p. 179-261.

[540] A Lei de Arbitragem brasileira não estabelece distinção entre arbitragem doméstica e arbitragem internacional. A única distinção prevista na Lei 9.307/1996 é entre sentença nacional e sentença estrangeira, o que, destaque-se desde logo, não possui relação com a definição de arbitragem internacional e de arbitragem doméstica. Trata-se de uma opção legislativa que deve ser respeitada, não obstante seja possível encontrar em outras legislações a expressa definição do que seja arbitragem internacional. (CAHALI, Francisco José. *Curso de arbitragem*: mediação, conciliação e Trtibunal Multiportas CNJ 125/2010. 6. ed. (ebook). São Paulo: Thomson e Reuters, 2018).

Geralmente, as discussões mais controvertidas não giram em torno da natureza jurídica das instituições jurídicas, sendo as mesmas, inclusive, de pouca utilidade prática, mas no caso da arbitragem, esta parece constituir uma forma de contribuir para o seu conhecimento: situar a arbitragem no vasto campo do direito.

Segundo Roque Caivano,[541] o Estado, nas organizações sociais, manifesta sua soberania ao estabelecer os órgãos encarregados de tratar os conflitos surgidos e, portanto, de exercer a função jurisdicional, expressão da autoridade e poder estatal. Mas, não obstante, sempre ao lado dos juízes estatais, os particulares puderam exercer funções similares, impondo tratamento para os conflitos que, preenchidas determinadas condições, gozam em geral da mesma proteção jurídica que as sentenças dos magistrados. Esta coexistência de tribunais estatais e arbitrais, segundo ele, incitaram alguns questionamentos: os árbitros exercem verdadeira jurisdição? São órgãos jurisdicionais? Tal instituto pertence ao campo do direito processual (público) ou civil (privado)?[542]

A tais indagações a doutrina não consegue responder de forma unívoca, debatendo-se entre duas teses principais:

a) Tese contratualista

Sob a ótica contratualista,[543] a arbitragem possui um caráter privatista tanto no que se refere a sua origem, quanto a respeito da qualidade dos árbitros. Assinala que não são juízes, mas particulares que não assumem a qualidade de funcionário público e que não administram a justiça em nome do Estado, senão pela vontade das partes.[544] Baseia-se no fato de que, no que tange a direitos disponíveis, não pode o Estado privá-las da faculdade de escolher o método para resolvê-las. Afinal, os árbitros obtêm suas faculdades da vontade das partes, e não da lei, pois a função jurisdicional é uma das formas em que se exterioriza a soberania do Estado, e sendo este poder um atributo indelegável, o legislador não poderia conceder esta

---

[541] CAIVANO, Roque J. *Arbitraje*: su eficacia como sistema alternativo de resolución de conflictos. Buenos Aires: Ad Hoc, 1992, p. 91-104.

[542] De certo modo, tal dicotomia é, hoje, inconsistente em face de uma tendência à publicização do direito "privado", como no campo das relações de família, contratos, etc.

[543] Defendem a tese contratualista: Elio Fazzalari, (FAZZALARI, Elio. *L'Arbitrato*. Torino: UTET, 1998), Giuseppe Chiovenda, (CHIOVENDA, Giuseppe. *Instituições de Direito Processual Civil*. Tradução de Paolo Capitanio. 3. ed. Campinas: Bookseller, 2002) e Piero Calamandrei. (CALAMANDREI, Piero. *Instituições de Direito Processual Civil*. 2. ed. Tradução de Douglas Dias Ferreira. Campinas: Bookseller, 2003. v. II).

[544] Nestes termos, Giuseppe Chiovenda afirma que o compromisso constitui um "importantíssimo contrato, dotado de relevância processual negativa", mediante o qual as partes afastam a constituição de uma relação processual, atribuindo a um ou mais particulares o tratamento das controvérsias. (CHIOVENDA, Giuseppe. *Instituições de Direito Processual Civil*. Tradução de Paolo Capitanio. 3. ed. Campinas: Bookseller, 2002, p. 104).

função a um particular, pois o mesmo não possui as características próprias de um agente público.

O vínculo que se cria entre o árbitro e as partes é eminentemente contratual, possível em virtude da zona de autonomia de vontade que gozam os particulares, pelo menos nas questões onde a ordem pública não está diretamente interessada.

Esta tese, firma-se na falta de *imperium* do árbitro. A impossibilidade de exercer coerção sobre particulares para obter o cumprimento forçado de uma determinada conduta reforça a concepção de que o árbitro não exerce uma verdadeira jurisdição, embora em sua atividade esteja implícito o caráter coercitivo emanado do poder do Estado. Partem do princípio de que a noção de jurisdição compreende a dupla função de julgar e impor condutas (cognição e execução) e, no momento que carece aos árbitros a segunda, resulta coerente deduzir que sua função nunca poderá se revestir de natureza jurisdicional, pois falta-lhes um de seus elementos constitutivos. Entendem, portanto, que essa origem contratual da arbitragem se projeta sob todo instituto, o que nega caráter jurisdicional à sentença arbitral inobstante o mesmo revestir-se do mesmo caráter da sentença judicial.

É possível resumir a tese contratualista argumentando que a) inexistirá arbitragem sem convenção de arbitragem; b) o caráter puramente fundante da arbitragem é o consenso entre as partes enquanto a jurisdição se assenta na soberania do Estado; c) o árbitro não compõe a estrutura judiciária; d) a sentença arbitral não tem sua coercibilidade assegurada.[545]

b) Tese jurisdicional

Esta tese fundamenta-se no caráter público da administração da justiça. Contradiz os contratualistas. Ao mesmo tempo que reconhecem a origem do instituto, alegam que o mesmo se desprende em seguida de sua origem, adquirindo a sentença arbitral, efetivamente, as características próprias de uma sentença proferida por um magistrado da função jurisdicional do Estado.

Dizem que se foi o próprio Estado que reconheceu a possibilidade de os particulares exercerem tais funções através do mecanismo da arbitragem, a natureza da atividade dos árbitros não pode ser outra que a da função a que foram chamados a desempenhar. Os árbitros são juízes não porque as partes os escolheram, mas, fundamentalmente, porque o Estado consentiu em dar-lhes esse caráter. Não é somente a vontade das partes que atribui jurisdição aos árbitros, é também a do Estado como titular desta jurisdição que, frente ao cumprimento de certas exigências, a possibilita através do ordenamento jurídico.

---

[545] BARRAL, Welber Oliveira. *A arbitragem e seus mitos*. Florianópolis : OAB/SC, 2000, p. 57.

A tese contratualista se baseia fundamentalmente no fato de os órgãos do Estado serem os únicos que podem exercer a jurisdição, entretanto, esquecem que o que qualifica os juízes do Poder Judiciário como órgãos estatais não é somente o exercício da jurisdição, e sim o fato de pertencerem estruturalmente a um dos poderes do Estado. Por esta razão, não existe impedimento algum para que estas mesmas funções tenham sido delegadas pelo Estado a favor de particulares, como quanto permite o uso da arbitragem.[546]

Sem deixar de reconhecer que a origem das faculdades concedidas aos árbitros é o consentimento das partes apoiado pelo princípio da autonomia da vontade, em sentido lato, tem verdadeiros poderes jurisdicionais, similares aos de um juiz estatal. Suas sentenças estão revestidas da mesma e autêntica força que as sentenças dos magistrados do Poder Judicial. Fazem coisa julgada a respeito das questões resolvidas pelos árbitros e têm caráter de título executivo.

Aludidas as duas teses principais, Caivano[547] conclui, dizendo que a arbitragem "se trata, en suma de una jurisdicción instituida por medio de un negocio particular". Sua assertiva baseia-se no fato de os árbitros exercerem jurisdição derivada do *status* jurídico de sua função, sem desconhecer que sua origem é quase sempre contratual. Existem casos nos quais o procedimento arbitral é obrigatório, imposto por lei não se falando em origem contratual.

Porém, existem falhas das teses vistas. A tese contratualista deve admitir que os casos de arbitragem obrigatória constituem uma exceção à regra geral porque não encontramos acordo de vontade das partes, e sim, um ato próprio do império do legislador, que determina a exclusão dos órgãos jurisdicionais do Estado, para tratar certos conflitos de interesses, somente a juízo dos árbitros.

Assim, a obrigação do Estado de zelar pela melhor forma de administrar a justiça não implica necessariamente exercê-la por si, com caráter monopolista. Há inclusive certos casos em que tal obrigação se cumprirá de maneira mais efetiva, permitindo-se que os particulares, em sua esfera de liberdade quanto a direitos disponíveis, escolham o método que melhor atenda às suas necessidades.

Logo, sendo a função de julgar de natureza pública, essa mesma natureza se projeta sobre quem tem a responsabilidade de fazê-la, não deven-

---

[546] [...] ao lado de um devido processo legal judicial, viceja um devido processo legal arbitral, apto a proporcionar, jurisdicionalmente, a realização do direito, com a garantia da ampla defesa e observância do contraditório. (ALVIM, J. E. Carreira. *Tratado geral da arbitragem*. Belo Horizonte: Malheiros, 2000, p. 308).

[547] CAIVANO, Roque J. *Arbitraje*: su eficacia como sistema alternativo de resolución de conflictos. Buenos Aires: Ad Hoc, 1992.

do existir distinção segundo seja um funcionário público ou uma pessoa que careça de uma vinculação jurídica permanente com o Estado. Para Caivano,[548] não há razão lógica em se considerar que uma mesma função possa variar sua natureza só porque variou a qualidade da pessoa que a desempenha. Os árbitros se revestem da qualidade de verdadeiros juízes, sua missão é essencialmente igual, sua sentença não possui substanciais diferenças da sentença magistral, tendo inclusive a mesma força executiva. Possuem o mesmo *status* jurídico, não existindo motivos inarredáveis para que se designe aos mesmos natureza jurídica diversa.

O fato de os árbitros administrarem a justiça por vontade das partes não é razão para negar caráter público à sua atividade, pois em última instância, estão fazendo por conta do Estado que tem interesse em que as disputas sejam resolvidas de maneira pacífica. A falta de poder coercitivo destes não abala o referido, afinal, o Estado coloca à sua disposição a coerção que detém para que a sentença arbitral seja respeitada e cumprida.

E mais, se as leis não administrassem e atribuíssem determinadas características com caráter jurisdicional à atividade dos árbitros, os litigantes que quisessem resolver extrajudicialmente seus conflitos, ainda assim, poderiam submetê-los à decisão de terceiro. Entretanto, a atuação deste, por não estar revestida de atributos de jurisdição de que, efetivamente, gozam os árbitros, impossibilitaria que se recorresse à justiça estatal para executar coativamente sua decisão.

Tal pronunciamento conforta em muito a corrente doutrinária que atribui à arbitragem *natureza jurisdicional híbrida*, sendo na sua primeira fase contratual e na segunda jurisdicional.

A base contratual da arbitragem é o compromisso, de caráter estritamente consensual e que estabelece as diretrizes do juízo arbitral que institui.[549] A sentença arbitral, embora tenha nela seus fundamentos e limites, não a integra e, ao equiparar-se à sentença judicial, seus efeitos passam a decorrer da lei, e não da vontade das partes.

Bernard G. Poznanski também coaduna da mesma ideia. Para ele, a natureza jurídica da arbitragem e a função do árbitro são mistas, assim, uma autoridade árbitra é, em verdade, híbrida por natureza, consistindo de uma base contratual para a criação e restrição de seu poder, unida com a autoridade jurisdicional que é permitida existir ou possibilitada pela autoridade estatal. Esse tipo de consideração é submissa, é denecessária. Os "poderes de um árbitro são o resultado de uma combinação de ambas as naturezas que criam um processo para resolução de disputas com origem

---

[548] CAIVANO, Roque J. *Arbitraje*: su eficacia como sistema alternativo de resolución de conflictos. Buenos Aires: Ad Hoc, 1992.

[549] Sobre o tema vide CARMONA, Carlos Alberto. *Arbitragem e processo*: um comentário à Lei nº 9.307/96. 2. ed. São Paulo: Atlas, 2006, p. 165 *et seq*.

em um contrato, embora reflita algumas das características do processo judicial público".[550]

Deflui do exposto, que a arbitragem, em sendo um instituto de *nuances* jurisdicionais, é também regida pelos mesmos princípios e corolários básicos informadores do processo judicial. Afinal, o Estado, ao possibilitar que terceiros, mediante a declaração de vontade das partes, desempenhem a função estatal de tratamento de conflitos, não pode se descuidar. Deve propiciar garantias de que, mesmo assim, a tutela jurídica seja efetiva.

Não é porque o juízo arbitral tem na simplificação do procedimento uma de suas notas marcantes e, diga-se de passagem, uma de suas vantagens frente à via jurisdicional, tão complexa e demorada, que irão ignorar princípios como o devido processo legal e o contraditório.

Ora, para que a arbitragem não constitua uma forma desvirtuada de acesso à justiça, ou seja, um instituto formador de, nas palavras de Mauro Cappelletti e Bryant Garth,[551] resultados que representem verdadeiros êxitos, não apenas remédios para os problemas do Judiciário que poderiam ter outras soluções, faz-se necessária a observância dos mesmos.[552]

9.6. Garantias constitucionais da arbitragem

Por oportuno, também fala-se na necessidade de se levar a cabo o sistema das garantias processuais estabelecidas na Constituição Federal, a fim de consagrar-se a tutela efetiva dos direitos, escopo estatal. Para que se obtenha a tutela jurídica efetiva, frente a este garantismo, exsurgem como seus corolários os princípios da imparcialidade do árbitro, do contraditório e igualdade das partes, e o da livre convicção do árbitro.[553]

---

[550] POZNANSKI, Bernard G. The Nature and Extent of an Arbitrator's Powers in International Comercial Arbitration apud LEMES, Selma M. Ferreira. Arbitragem. Princípios jurídicos fundamentais. Direito brasileiro e comparado. *In: Revista de Informação Legislativa*, Brasília, n. 115, ano 29, p. 441-468, jul./set. 1992. *An arbitrator's authority is actually hybrid in nature, consisting of a contractual basis for the creation and restriction of his powers, coupled with a jurisdictional authority as permitted to exist or as assisted by state authority. It has been proposed that the contratual and the jurisdictional nature of arbitration are in the process of assimilating each other. This type of consideration, it is submitted, is unnecessary. As will be seen, the powers of an arbitrator are the result of a combination of both natures which creates a process for dispute settlement with its origin in contract, yet reflecting some of the characteristics of the public judicial process.*

[551] CAPPELLETTI, Mauro; GARTH, Bryant. *Acesso à justiça*. Tradução de Ellen Gracie Northfleet. Porto Alegre: Sergio Antonio Fabris, 1988.

[552] Reforçando o aludido, segundo Dinamarco, tudo o que interessa ao processualista moderno é o aclaramento e agilização dos meios de acesso à ordem jurídica justa, num sistema em que é estrela de primeira grandeza a preocupação pelos resultados. DINAMARCO, Cândido. Tutela Jurisdicional. *In: Revista Forense*, v. 334, ano 2, p. 19-41, abr./maio/jun. 1996.

[553] LEMES, Selma M. Ferreira. Arbitragem. Princípios jurídicos fundamentais. Direito brasileiro e comparado. *In: Revista de Informação Legislativa*, Brasília, n. 115, ano 29, p. 441-468, jul./set. 1992.

A imparcialidade do árbitro é pressuposto para que o procedimento arbitral se instaure validamente. O árbitro coloca-se entre as partes, mas acima delas, igualando-se à posição do juiz.

Somente a instauração do juízo arbitral subtraído de influências estranhas pode garantir um julgamento justo. E é através da garantia de um árbitro imparcial que o procedimento arbitral pode representar um instrumento não apenas técnico, mas eficaz, para o tratamento da questão controvertida.[554]

O procedimento arbitral deve observar o princípio da igualdade entre as partes, do contraditório e da ampla defesa, o princípio da imparcialidade do árbitro, do livre convencimento do julgador, todos contidos no princípio fundamental do devido processo legal (*due process of law*).[555]

O princípio da autonomia da vontade constitui a própria essência do juízo arbitral, desde a faculdade de dispor dessa via alternativa de solução de controvérsias, quando a lei o permite (direitos disponíveis), até as disposições procedimentais que regerão o mesmo, como por exemplo, escolha e número de árbitros, local da arbitragem, concessão para resolver por equidade, enfim, limitadas apenas às leis imperativas e princípios de ordem pública, que deverão ser observados para garantir a validade e executoriedade da sentença arbitral.

É nesse sentido que todo o procedimento arbitral bem como a escolha do árbitro se dão com base na autonomia das partes. Sobre o tema, é o item a seguir.

9.7. O procedimento arbitral

O procedimento arbitral e as disposições atinentes ao árbitro estão contidas na Lei de Arbitragem (Lei 9.307/96) com alterações dadas pela Lei 13.129/2015, que, entre outras coisas, amplia o âmbito de aplicação da Lei 9.307/96 e insere, modifica ou revoga alguns dispositivos desta.

Primeiramente, para que se possa falar em juízo arbitral, é necessário que as partes assim tenham convencionado, mediante o estabelecimento de cláusula compromissória ou compromisso arbitral.

---

[554] Apesar de respeitar os princípios fundamentais do devido processo legal, deve-se ter sempre em mente que a simplificação das formas processuais e o princípio da oralidade também são instrumentos imprescindíveis ao juízo arbitral. Assim, é importante frisar que transportar o formalismo e a liturgia do processo judicial – no qual a participação no processo nem sempre é voluntária e o espírito cooperativo das partes não é regra – é o mesmo que jogar no lixo toda a luta da doutrina processualista da terceira onda de acesso à justiça proposta por Cappelletti e Garth para desenvolver uma outra estratégia de tratamento dos conflitos.

[555] Nesse sentido ver, CARMONA, Carlos Alberto. *Arbitragem e processo*: um comentário à Lei nº 9.307/96. 2. ed. São Paulo: Atlas, 2006, p. 251 a 255.

Equipararam-se, em efeitos, tais figuras. Conforme se verá pormenorizadamente, a partir da lei, ambas são capazes de instaurar a arbitragem, abandonando-se a ideia de que o não cumprimento da cláusula compromissória repercute apenas em perdas e danos e consagrando-se a obrigatoriedade da convenção de arbitragem, tanto pela cláusula compromissória como pelo compromisso arbitral.

No entanto, não se pode confundir compromisso e cláusula compromissória. Ambos têm por fim a renúncia à jurisdição ordinária; mas diferem entre si, uma vez que a cláusula compromissória visa a questões futuras que podem surgir por ocasião da execução de um contrato entre as partes. Já o compromisso diz respeito a uma questão já existente.[556] Certo é, como delimita o art. 3º da Lei 9.307/96, que a cláusula compromissória e o compromisso arbitral são espécies da convenção de arbitragem, que é gênero.[557]

O procedimento arbitral imita em muito a justiça comum. Do mesmo modo que o juiz procura conciliar as partes em audiência, o árbitro também o fará e, no caso de ser exitoso, lavra-se sentença declaratória da extinção do procedimento pelo acordo. No entanto, o procedimento arbitral é organizado pelo árbitro de acordo com regras previamente estabelecidas e delimitadas. A possibilidade de eleição de regras específicas pelas partes permite a realização de uma arbitragem mais flexível ou rígida, com um maior ou menor grau de celeridade e de formalidade.[558]

Porém, quando não existir acordo entre as partes sobre as regras que deverão orientar o procedimento de arbitragem, o árbitro pode fazê-lo ou então se aplica a legislação do estado que figura como local da arbitragem.[559] Independentemente da forma mediante a qual se escolherão as

---

[556] Ambas as figuras serão analisadas de maneira pormenorizada adiante.

[557] CAHALI, Francisco José. *Curso de arbitragem*: mediação, conciliação e Resolução CNJ 125/2010. 5. ed. São Paulo: Revista dos Tribunais, 2015.

[558] Importante referir que a autonomia de vontade das partes na definição das regras do procedimento arbitral possui certas limitações. Qualquer que seja a escolha das partes, é importante destacar que as regras apontadas não poderão violar os princípios da ordem pública dos estados em que a arbitragem venha a produzir efeitos jurídicos[...] Pode-se recomendar que a escolha das partes recaia, em regra, sobre normas processuais previamente conhecidas, evitando as dificuldades de se operar um procedimento desconhecido (SANTOS, Ricardo Soares Stersi dos. *Noções gerais de arbitragem*. Florianópolis: Fundação Boiteux, 2004, p. 74).

[559] Nas arbitragens internacionais, existem várias possibilidades para determinar as regras do conflito: a) proceder a aplicação das normas de conflito do lugar da arbitragem; b) realizar a aplicação dos princípios gerais dos conflitos de lei; c) proceder à aplicação combinada de todos os sistemas jurídicos dos Estado que têm conexão com a disputa; d) efetuar a aplicação das normas de conflitos escolhidas pelas partes; e) realizar a aplicação das normas de conflitos escolhidas pelo árbitro; f) utilizar a aplicação das normas de conflitos da lei do contrato; g) realizar a aplicação das normas do Estado que teria jurisdição sobre o litígio, caso não houvesse sido celebrada a convenção de arbtitragem; h) efetuar a aplicação das normas de conflitos do Estado onde a sentença arbitral será executada; i) utilizar a aplicação das normas de conflitos do domicílio ou da nacionalidade de ambas as partes; j) proceder a aplicação das normas de conflitos do domicílio ou da nacionalidade do árbitro; k) realizar a aplicação direta das regras de conflitos nacionais mais apropriadas ao litígio; (FRICK, Joachim G. *Arbitration and complex international contracts*.Londres: Kluwer Law International, 1999, p. 48).

regras que deverão orientar o procedimento arbitral, alguns princípios[560] da justiça processual que se aplicam à arbitragem não poderão ser esquecidos:

a) **princípio do contraditório**: indica que, para cada ato de processo, praticado por uma das partes, deve ser dado ciência à outra, para que tome conhecimento e, se assim desejar, apresentar a sua manifestação;

b) **princípio da ampla defesa**: tem o intuito de aproximar ao máximo a verdade processual da verdade real, facultando às partes prova de suas alegações, por todos os meios admitidos e lícitos;

c) **princípio da igualdade de tratamento**: aponta que, no procedimento arbitral, as partes e seus procuradores devem ter as mesmas oportunidades para apresentar as suas pretensões, provas e alegações;

d) **princípio da imparcialidade e da independência**: indica que o árbitro deve estar equidistante das partes e de seus interesses e não possuir com elas qualquer vínculo de dependência. A imparcialidade e a independência se constituem obrigação para quem exerce o encargo de julgar. É a forma de garantir um julgamento sem favoritismo para qualquer das partes;

e) **princípio da disponibilidade**: por esse princípio, as partes estão autorizadas a desistir do procedimento arbitral instaurado desde que o façam, de comum acordo, a qualquer tempo anteriormente à sentença arbitral;

f) **princípio do livre convencimento do julgador**: implica a liberdade atribuída ao árbitro para proceder à valoração da prova, de acordo com o seu critério racional e pessoal, na formação do seu convencimento;

g) **princípio da competência-competência**: com escopo no direito alemão, o princípio da *kompetenz-kompetenz* decorre da previsão legal contida no art. 8º, parágrafo único, da Lei 9.307/96, dispondo que "caberá ao árbitro decidir de ofício, ou por provocação das partes, as questões acerca da existência, validade e eficácia da convenção de arbitragem e do contrato que contenha a cláusula compromissória".[561] Ao árbitro caberá, de tal forma, dirimir eventual controvérsia acerca da sua própria "jurisdição", no sentido de analisar a sua competência para julgar o conflito e a higidez

---

[560] Tais princípios foram elencados com base em SANTOS, Ricardo Soares Stersi dos. *Noções gerais de arbitragem*. Florianópolis: Fundação Boiteux, 2004, p. 76; FIÚZA, César. *Teoria Geral da Arbitragem*. Belo Horizonte: Del Rey, 1995, p. 137-141; DAVID, René. *L'arbitrage dans lê commerce international*. Paris: Economica, 1981, p. 405-406; RECHSTEINER, Beat Walter. *Arbitragem privada internacional no Brasil*. 2. ed. São Paulo: RT, 2001, p. 83; LEMES, Selma Maria Ferreira. *Árbitro: princípios da independência e da imparcialidade*. São Paulo: LTr, 2001, p. 52-72; CAHALI, Francisco José. *Curso de arbitragem*: mediação, conciliação e Resolução CNJ 125/2010. 5. ed. São Paulo: Revista dos Tribunais, 2015.

[561] BRASIL. Lei nº 9.307 de 1996. Lei de Arbitragem. Disponível em: <www.planalto.gov.br>. Acesso em: 12 out. 2018.

da convenção arbitral.⁵⁶² Nas palavras de Francisco Cahali, "esta regra é de fundamental importância ao instituto da arbitragem, na medida em que, se ao Judiciário coubesse decidir, em primeiro lugar, sobre a validade da cláusula, a instauração do procedimento arbitral restaria postergada por longo período"⁵⁶³ o que não se coaduna com a celeridade impressa pela lei. O reconhecimento da competência inferida pelo juízo arbitral importa, na seara do processo civil, notadamente no que concerne à ação judicial, na extinção do feito sem resolução do mérito (art. 485, IV, do Código de Processo Civil).⁵⁶⁴

9.8. Da convenção de arbitragem

A cláusula compromissória⁵⁶⁵ ou arbitral é a convenção através da qual as partes em um contrato comprometem-se a submeter à arbitragem os litígios que possam surgir. Assim, dentro dos seus limites, obriga as partes.⁵⁶⁶ A cláusula compromissória, conforme o art. 4º da Lei de Arbitra-

---

⁵⁶² PROCESSUAL CIVIL. CONFLITO DE COMPETÊNCIA. JUÍZO ARBITRAL. NATUREZA JURISDICIONAL. RECONHECIMENTO. CLÁUSULA COMPROMISSÓRIA. ALCANCE INTERPRETATIVO. REGRA DA "COMPETÊNCIA-COMPETÊNCIA". APLICAÇÃO. 1. O Superior Tribunal de Justiça tem firmado o entendimento de que "a atividade desenvolvida no âmbito da arbitragem tem natureza jurisdicional, sendo possível a existência de conflitode competência entre juízo estatal e câmara arbitral" (CC 111.230/DF, Rel. Ministra NANCY ANDRIGHI, SEGUNDA SEÇÃO, julgado em 08/05/2013, DJe 03/04/2014). 2. As questões atinentes à existência, validade e eficácia da cláusula compromissória devem ser apreciadas pelo juízo arbitral, conforme dispõem os arts. 8°, parágrafo único, e 20 da Lei n. 9.307/1996, em virtude da regra "competência-competência", que confere ao árbitro o poder de decidir sobre a própria competência. Precedentes. 3. Hipótese em que a decisão agravada reconheceu a competência do tribunal arbitral para definir o alcance interpretativo de cláusula compromissória, no tocante à possibilidade de instauração do procedimento de arbitragem para "dirimir questões financeiras do contrato" firmado entre a suscitante, ora agravada, e sociedade de economia mista estadual. 4. Agravo interno desprovido. (PRIMEIRA SEÇÃO. AgInt no CC Nº 156133/BA. Relator: Min. GURGEL DE FARIA, julgado em 22.08.2018. Disponível em: <www.stj.jus.br>. Acesso em: 13 out. 2018).

⁵⁶³ CAHALI, Francisco José. *Curso de arbitragem*: mediação, conciliação e Resolução CNJ 125/2010. 5. ed. São Paulo: Revista dos Tribunais, 2015. p. 139.

⁵⁶⁴ BRASIL. Lei nº 13.105, de 16 de março de 2015. Código de Processo Civil. 2015. Disponível em: <www.planalto.gov.br >. Acesso em: 12 out. 2018.

⁵⁶⁵ Carreira Alvin classifica a cláusula compromissória como "uma *obrigação de fazer* relativamente a litígio futuro, que pode ou não ocorrer, mas se ocorrer, pode ser mantido na via arbitral, espontaneamente, havendo acordo das partes, ou judicialmente, se uma delas se recusar a honrar o prometido". Vide ALVIM, José Eduardo Carreira Alvim. *Comentários à Lei de Arbitragem*. Rio de Janeiro: Lumen Juris, 2002, p. 52-53.

⁵⁶⁶ Nestes termos: CIVIL E PROCESSUAL CIVIL. RECURSO ESPECIAL. RECURSO MANEJADO SOB A ÉGIDE DO NCPC. CONDOMÍNIO. CONVENÇÃO CONDOMINIAL DEVIDAMENTE REGISTRADA. NATUREZA JURÍDICA INSTITUCIONAL NORMATIVA. CLÁUSULA COMPROMISSÓRIA ARBITRAL. NOVO CONDÔMINO. SUBORDINAÇÃO À CONVENÇÃO. INCOMPETÊNCIA DO JUÍZO ESTATAL. DOUTRINA. PRECEDENTES. RECURSO ESPECIAL NÃO PROVIDO. 1. O recurso ora em análise foi interposto na vigência do NCPC, razão pela qual devem ser exigidos os requisitos de admissibilidade recursal na forma nele prevista, nos termos do Enunciado Administrativo nº 3, aprovado pelo Plenário do STJ na sessão de 9/3/2016: Aos recursos interpostos com fundamento no CPC/2015 (relativos a decisões publicadas a partir de 18 de março de 2016) serão exigidos os requi-

gem brasileira,[567] "é a convenção através da qual as partes em um contrato comprometem-se a submeter à arbitragem os litígios que possam vir a surgir, relativamente a tal contrato".

Perfaz promessa de que, futuramente, os litigantes irão firmar o compromisso arbitral e eleger árbitros para solucionar suas controvérsias, o que, segundo Alexandre Freitas Câmara,[568] faz nascer para as partes a obrigação de "emitir uma declaração de vontade", após o surgimento de eventual litígio. Uma das grandes inovações da lei é que qualquer recusa nesse sentido gera para a outra parte o direito de obter em juízo a tutela jurisdicional específica daquela obrigação.[569]

A cláusula deve ser estipulada por escrito, podendo ser inserta no próprio contrato ou em documento apartado que a ele se refira. É requisito formal de validade. Na cláusula, podem as partes instituir a arbitragem *ad hoc* ou se reportarem às regras de algum órgão arbitral institucional ou entidade especializada. Em tal caso, cuida-se da arbitragem institucionalizada e sujeitam-se, de antemão, às regras preestabelecidas por este juízo arbitral em seu regimento interno.

A par da Lei de Arbitragem, havendo a cláusula e não havendo acordo sobre os termos do compromisso, pode a parte interessada exigir, em juízo, o seu cumprimento forçado (art. 7º, da Lei 9.307/96), isto porque, agora, a sentença judicial disporá sobre os termos do compromisso previsto pelo art. 10 da lei sob exame, inclusive nomeando árbitro ou instituição arbitral, valendo a sentença como compromisso arbitral.

Ressalta-se que nos contratos de adesão, a cláusula compromissória só terá validade se o aderente tomar a iniciativa de instituir a arbitragem ou concordar, expressamente, com sua instituição, desde que por escrito em documento anexo ou em negrito ou visto especialmente para esta

---

sitos de admissibilidade recursal na forma do novo CPC. 2. A matéria discutida no âmbito da Convenção de condomínio é eminentemente institucional normativa, não tendo natureza jurídica contratual, motivo pelo qual vincula eventuais adquirentes. Diz respeito aos interesses dos condôminos e, como tal, não se trata de um contrato e não está submetida às regras do contrato de adesão. Daí a desnecessidade de assinatura ou visto específico do condômino. 3. Diante da força coercitiva da Convenção Condominial com cláusula arbitral, qualquer condômino que ingressar no agrupamento condominial está obrigado a obedecer às normas ali constantes. Por consequência, os eventuais conflitos condominiais devem ser resolvidos por arbitragem. 4. Havendo cláusula compromissória entabulada entre as partes elegendo o Juízo Arbitral para dirimir qualquer litígio envolvendo o condomínio, é inviável o prosseguimento do processo sob a jurisdição estatal. 5. Recurso especial não provido. (TERCEIRA TURMA. RECURSO ESPECIAL Nº 1733370/GO. Relator: Min. RICARDO VILLAS BÔAS CUEVA, julgado em 26.06.2018. Disponível em: <www.stj.jus.br>. Acesso em 13 out. 2018).

[567] BRASIL. Lei nº 9.307 de 1996. Lei de Arbitragem. Disponível em: <www.planalto.gov.br>. Acesso em: 12 out. 2018.

[568] CÂMARA, Alexandre Freitas. *Arbitragem*. Rio de Janeiro: Lumen Juris, 1997, p. 23.

[569] É direito de ambas intentarem ação para ver cumprido o compromisso assumido, mediante a substituição da declaração de vontade da outra parte, mas é necessário que a cláusula conste do contrato ou que seja acordada após o surgimento do conflito. Também é claro que tal substituição estará limitada às disposições da cláusula arbitral e ao artigo 21, § 2º, que tece os requisitos.

cláusula. É requisito formal adicional previsto no § 2º do art. 4º da Lei nº 9.307/96.

De outra parte, além de satisfazer as exigências formais da Lei nº 9.307/96, art. 4º, § 2º, para valer, sua eficácia ainda pode ser discutida a partir das normas protetivas do aderente estabelecidas no Código de Defesa do Consumidor (Lei nº 8.078/90, arts. 46 e ss.).[570] Isto porque, como já se viu por força dos arts. 6º e 7º da lei citada, a cláusula compromissória prescinde do ato subsequente do compromisso arbitral, e, por si só, é apta para obrigar as partes a sujeitarem-se ao juízo arbitral nos contratos comuns. Nos contratos de adesão genéricos, a cláusula compromissória se submete a requisitos especiais, conforme prevê o art. 4º, § 2º, da Lei de Arbitragem. Nos contratos de adesão decorrentes de relação de consumo, impõe-se regra mais específica ainda, isto é, além de observar os requisitos formais necessários, é vedada a utilização compulsória da arbitragem, entendimento que decorre da leitura do art. 51, VII, do Código de Defesa do Consumidor.[571] Logo, a instituição da arbitragem fica condicionada à aquiescência do consumidor (quando o pacto decorra de uma relação de consumo). Sobre isso, inclusive, o Superior Tribunal de Justiça reconhece a discordância implícita por parte do consumidor quando este ajuíza ação perante o juízo estatal.[572] Doutra banda, a aquiescência importa, por conseguinte, na renúncia do direito de ação judicial. Vale dizer, renúncia ao direito de ingressar em um juízo estatal, e não renúncia ao direito de ação (material), porque pode ser exercido no juízo arbitral, conforme convencionado. Mas fica excluída a justiça comum para julgamento pela exceção de compromisso.

Em resumo, a cláusula compromissória é suficiente para fazer nascer direito, pretensão e ação à constituição do compromisso arbitral. Como se viu, a lei estabeleceu, na esteira das regras do Protocolo de Genebra de 1923, que a cláusula compromissória prescinde de ato subsequente do compromisso arbitral e, por si só, é apta a instituir o juízo arbitral, porque, a pedido da parte interessada, a sentença judicial substituirá o compromisso que perde, assim, a característica de contrato.

Embora uma cláusula arbitral tenha sido assinada, alguns problemas podem surgir em relação a sua validade:
- violação de dispositivo legal do Estado que rege a arbitragem ou ausência de poder da autoridade contratante;

---

[570] Aqui fica evidente a proteção ao contratante economicamente mais fraco. Sobre o assunto, vide CARMONA, Carlos Alberto. *Arbitragem e processo*: um comentário à Lei nº 9.307/96. 2 ed. São Paulo: Atlas, 2006, p. 106-109.

[571] BRASIL. *Lei nº 8.078, de 11 de setembro de 1990*. Dispõe sobre a proteção do consumidr e dá outras providências. 1990. Disponível em: <www.planalto.gov.br>. Acesso em 13 out. 2018.

[572] SUPERIOR TRIBUNAL DE JUSTIÇA. TERCEIRA TURMA. RECURSO ESPECIAL Nº 1628819/MG. Relatora: Min. Nancy Andrighi, julgado em 27.02.2018. Disponível em: <www.stj.jus.br>. Acesso em 15 out. 2018.

- separação da cláusula arbitral: não seria possível alegar a nulidade da cláusula arbitral pela simples afirmação de nulidade do contrato. A validade do contrato e da cláusula de arbitragem devem ser analisadas em separado conforme o princípio da separação ou autonomia, pois a cláusula não é acessória, e sim, autônoma em relação ao contrato, consoante disposto no art. 8º, *caput*, da Lei 9.307/96. O defeito do negócio jurídico, assim, não importa na invalidez da cláusula, cabendo ao próprio árbitro decidir, de ofício ou mediante provocação, sobre a higidez do pacto.

Quanto ao compromisso arbitral, deve-se ter claro que ao contrário da cláusula compromissória,[573] que se refere a litígios futuros e eventuais, esta espécie de convenção de arbitragem tem como pressuposto a já existência de determinada controvérsia, onde simplesmente as partes acordam em submetê-la ao julgamento de árbitros, entretanto, esta mera liberalidade concedida pelo legislador reveste-se de um caráter obrigatório se já houver uma cláusula compromissória anterior.

São peculiaridades deste instituto conter cláusulas obrigatórias e facultativas (artigos 10 e 11), além de poder assumir forma judicial ou extrajudicial, ou seja, forma traçada pela atuação do juiz em substituição à declaração de vontade de uma das partes, ou forma celebrada pelas próprias partes mediante duas testemunhas.

Neste último, o compromisso arbitral, acordado pelos litigantes, assume perfil de contrato, mas o primeiro, imposto por sentença pela falta de acordo, constitui mera execução de um provimento judicial com eficácia constitutiva.

Enquanto contrato, o compromisso, para valer e ser eficaz, deve observar os pressupostos de qualquer negócio jurídico em geral e os específicos deste contrato.

Qualquer que seja a convenção de arbitragem, ela configura um impedimento processual. Se uma das partes, não obstante ter convencionado a utilização da arbitragem, for ao Judiciário, tal processo deverá ser extinto sem resolução do mérito, entretanto, para que isso ocorra, a outra parte

---

[573] As diferenças entre cláusula compromissória e compromisso já não são assim tão importantes. Nesse sentido se posiciona Raul Ventura: "maior parte das legislações internas e das convenções internacionais prescinde da tradicional distinção entre cláusula compromissória e compromisso, falando apenas em convenção de arbitragem. A natureza das coisas impõe que continue a distinguir-se o instrumento pelo qual as partes se comprometem a submeter à arbitragem os litígios que venham no futuro a surgir de determinado acto ou facto jurídico e o instrumento pelo qual os interessados submetem a arbitragem um concreto litígio já surgido a propósito de relação jurídica entre eles estabelecida. A convenção de arbitragem é o género que compreende as duas espécies, mas a diferença relativamente ao sistema antigo consiste em poder hoje, na maioria das legislações, o tribunal arbitral ser constituído com base na convenção de arbitragem que prevê futuros litígios (cláusula compromissória), sem necessidade de prévia outorga de um compromisso". VENTURA, Raul. Convenção de Arbitragem e Cláusulas Contratuais Gerais. *In*: *ROA*, ano 46, Lisboa, 1986, p. 7-9.

deverá arguir como preliminar, já que tal procedimento de ofício é vedado ao juiz. O silêncio da outra parte é entendido como uma renúncia, abdicação do anteriormente convencionado, circunstância na qual o Judiciário passará a exercer, sem impedimentos, a função jurisdicional.

Porém, outros requisitos para que a validade da cláusula arbitral aconteça se impõe: a) forma escrita: é necessário um documento celebrado entre as partes que comprove a existência e o conteúdo da conveção de arbitragem. Esse documento é meio de garantir, de maneira eficaz, que a prova cabal da existência e da concordância dos conflitantes com relação a escolha da arbitragem; b) capacidade e consentimento: para que a convenção de arbitragem seja reputada válida é necessário que as partes sejam capazes – aqui entendida como possibilidade de realizar a opção de vincular-se ou não a uma obrigação de natureza jurídica contratual--processual – e que manifestem seu consentimento[574] livre; c) objeto lícito – arbitrabilidade: a arbitrabilidade delimita a possibilidade de que determinada questão seja objeto de arbitragem, através dela se pode distinguir a matéria passível de resolução pela via arbitral, daquela que é cativa da jurisdição.[575]

Se os contratantes optarem pela arbitragem institucional, é provável que o procedimento arbitral ocorra de maneira efetiva, vez que os institutos da arbitragem possuem procedimentos definidos que, em geral, cobrem todas as etapas a serem seguidas.

Se a opção for pela arbitragem *ad hoc*, a cláusula somente será efetiva se as partes tomarem o cuidado de prever todas as etapas a serem seguidas e os percalços passíveis de ocorrer.

Para Eisman,[576] a cláusula arbitral apresenta quatro funções essenciais: a) a cláusula deve produzir efeitos compulsórios; b) deve manter as

---

[574] O consentimento é essencial na celebração da convenção de arbitragem em razão da importância da referida escolha para o deslinde do litígio. Mas o consentimento das partes não reflete, apenas, na escolha da arbitragem como forma de resolução do conflito. O consentimento atinge, também, a indicação da matéria que deverá ser objeto da arbitragem, ou seja, as questões que os litigantes desejam, efetivamente, ver resolvidas pela via arbitral. Em outras palavras, as partes também devem estabelecer, livremente, as questões litigiosas que desejam solucionar através da arbitragem. (SANTOS, Ricardo Soares Stersi dos. *Noções gerais de arbitragem*. Florianópolis: Fundação Boiteux, 2004, p. 57)

[575] No âmbito do direito comparado, os assuntos não sujeitos à arbitragem estão, em regra, associados à ideia de direitos indisponíveis, enquanto as matérias arbitráveis encontram-se associadas aos direitos disponíveis [...] A mera associação da arbitrabilidade com os direitos disponíveis não garante, contudo, que não venha a surgir dificuldades para categorizar se determinado direito é ou não disponível e, portanto, arbitrável. A questão deverá inicialmente ser enfrentada pelo árbitro durante o decorrer do processo arbitral. Será incumbência do Poder Judiciário, entretanto, dar a última palavra sobre a matéria através de meios processuais conferidos as partes para promover a impugnação de validade da convenção arbitral. (SANTOS, Ricardo Soares Stersi dos. *Noções gerais de arbitragem*. Florianópolis: Fundação Boiteux, 2004, p. 59)

[576] EISMAN, F. La Clause d'arbitrage pathologique, apud PETER, Wolfgang. *Arbitration and Renegotiation of International Investment Agreements*. Martinus Nijhoff Publishers. Holanda: Dodrecht, 1986, p. 186.

cortes dos estados fora do procedimento até que a sentença arbitral seja produzida; c) os árbitros devem ter o poder de decidir todas as disputas que possam ocorrer entre as partes; d) a cláusula deve criar um procedimento eficiente que leve a uma sentença passível de ser reconhecida e que se faça cumprir.[577]

Ainda, de acordo com este autor, há alguns elementos que lhe são fundamentais:

- *descrição dos elementos passíveis de serem arbitrados*. É possível que as partes prefiram estender a cláusula a todo o contrato, ou não;
- *determinação dos árbitros*. Faz-se necessário quando os conflitantes não optarem por arbitragem institucional ou desejarem apresentar condições especiais sobre os árbitros;
- *regras de procedimento para o procedimento arbitral*.
- *o local da arbitragem*. Arbitragem *ad hoc* deve indicar o local da arbitragem.
- *outros elementos de uma cláusula arbitral*. A cláusula pode indicar outros elementos, tais como o número de árbitros, a linguagem, custos, possibilidade de recursos legais contra a sentença arbitral, tentativa inicial de reconciliação, ou uma regulamentação considerando uma arbitragem entre diversas partes.

Ponto que vale a pena salientar é que a Lei de Arbitragem tonificou-se dessa moderna onda de efetividade processual. No caso de ser necessária a propositura de uma ação de substituição de declaração de vontade, em virtude de uma das partes negar-se a prestá-la depois de assumida tal obrigação mediante o estabelecimento de cláusula arbitral, pode ocorrer a não instauração do juízo arbitral, e isso em função de que no momento da audiência de conciliação tem-se a chance de se resolver a controvérsia ali mesmo, sem que seja necessário após a feitura do compromisso arbitral, então objeto da ação, a submissão das partes a um processo arbitral pos-

---

[577] Sobre a importância e o respeito à cláusula arbitral a Jurisprudência assim se posiciona, conforme julgado recente, mas ainda sob a égide do CPC de 1973, pois o recurso foi interposto contra decisão proferida sob a vigência do código pretérito: RECURSO ESPECIAL. AÇÃO DECLARATÓRIA DE FALSIDADE CUMULADA COM EXIBIÇÃO DE DOCUMENTOS. CONTRATOS. EXISTÊNCIA, VALIDADE E EFICÁCIA. ASSINATURA. FALSIDADE. ALEGAÇÃO. CONVENÇÃO DE ARBITRAGEM. CLÁUSULA COMPROMISSÓRIA. COMPETÊNCIA. JUÍZO ARBITRAL. KOMPETENZ-KOMPETENZ. 1. Cinge-se a controvérsia a definir se o juízo estatal é competente para processar e julgar a ação declaratória que deu origem ao presente recurso especial tendo em vista a existência de cláusula arbitral nos contratos objeto da demanda. 2. A previsão contratual de convenção de arbitragem enseja o reconhecimento da competência do Juízo arbitral para decidir com primazia sobre o Poder Judiciário as questões acerca da existência, validade e eficácia da convenção de arbitragem e do contrato que contenha a cláusula compromissória. 3. A consequência da existência do compromisso arbitral é a extinção do processo sem resolução de mérito, com base no artigo 267, inciso VII, do Código de Processo Civil de 1973 [atual art. 485, VII]. 4. Recurso especial provido. (SUPERIOR TRIBUNAL DE JUSTIÇA. TERCEIRA TURMA. RECURSO ESPECIAL Nº 1550260/RS. Relator: Min. PAULO DE TARSO SANSEVERINO, julgado em 12.12.2017. Disponível em: <www.stj.jus.br>. Acesso em: 13 out. 2018).

terior. Tenta-se, antes de redigir as regras do compromisso arbitral com a atuação do juiz, resolver o litígio de fundo, propulsor desse ato, utilizando-se da conciliação.

9.9. O árbitro

Assim descrito o procedimento arbitral, é preciso que a atenção se volte para a figura do árbitro que possui grande importância no êxito do mesmo. Nestes termos, o árbitro é toda pessoa maior e capaz que estando investido da confiança das partes é nomeado para tratar de um litígio prolatando uma decisão que o componha de modo que possa permitir a continuidade da relação entre os litigantes após o término do procedimento arbitral.

A Lei de Arbitragem prescreve em seu artigo 13 que "pode ser árbitro qualquer pessoa capaz que tenha a confiança das partes", não afirmando expressamente que os árbitros devam ser pessoas naturais,[578] no entanto, é dessa forma que vem se interpretando o dispositivo. De fato, existem sistemas legais que permitem que a atividade de árbitro seja exercida por uma entidade moral, como na Suíça e na Grécia; mas, a regra geral e o entendimento doutrinário predominante demonstram que a relação entre partes e árbitros é de natureza *intuitu personae* e só pode ser exercida por pessoa física.[579]

Assim, é na figura do árbitro, que descansa a confiabilidade e eficácia da arbitragem como método de tratamento de conflitos.[580]

Talvez a seleção dos árbitros seja o ato mais importante das partes, pois independente de se realizar por meio de uma instituição ou simplesmente *ad hoc*, é da capacidade dos árbitros escolhidos que dependerá o desenvolvimento da arbitragem. Sem desmerecer, é claro, a relevância de um acordo arbitral bem redigido, do cumprimento das regras procedimentais estabelecidas.

---

[578] O tribunal arbitral poderá ser composto por um árbitro (árbitro uno) ou pode ser composto por um colegiado (painel de árbitros), nesse caso formado por um número ímpar de árbitros, permitindo um voto de desempate.

[579] LEMES, Selma Maria Ferreira *et al*. Dos Árbitros. In: *Aspectos fundamentais da Lei de Arbitragem*. Rio de Janeiro: Forense, 1999, p. 258 e 266 e CARMONA, Carlos Alberto. *Arbitragem e processo*: um comentário à Lei nº 9.307/96. 2. ed. São Paulo: Atlas, 2006, p. 201.

[580] Sobre o tema é a decisão da SÉTIMA CÂMARA CÍVEL do Tribunal de Justiça do Rio de Janeiro nos EMBARGOS DE DECLARAÇÃO na APELAÇÃO Nº 43.173/2007, julgada no dia 31.10.2007 na qual foi relator o Desembargador CAETANO E. DA FONSECA COSTA, que, discutindo o art. 13 da Lei de Arbitragem, especial no seu § 6º salienta as principais características do árbitro: "E se no futuro houver prejuízo para o Apelante, no que concerne à defesa de seus interesses quanto as formalidades que se espera sejam respeitadas pelo árbitro, nada impede venha a questioná-las, já que a igualdade das partes e a imparcialidade do árbitro devem ser garantidos à luz do que preceitua o art. 21 da lei 9307/96".

A liberdade de nomeação de árbitros de confiança dos litigantes é, inclusive, uma das grandes características deste instituto. As partes têm a possibilidade de eleger os seus julgadores.[581] Não havendo acordo quanto à escolha dos árbitros, a questão pode ser remetida ao Judiciário estatal para que o magistrado, após ouvidas as partes litigantes, profira sentença nomeando o árbitro ou os árbitros que conhecerão e decidirão o litígio. Isto pretende gerar a melhor qualidade nas decisões, notadamente, por seus proferidores serem familiares ao meio ou ao ambiente em que o conflito surgiu e revelarem maior capacidade de compreender o drama das partes.

É de se afirmar que a lei teceu normas gerais de conduta, perfil do árbitro [...], mas devem-se aplicar de forma subsidiária as normas contidas no CPC referentes à atuação do magistrado, afinal o Estado deve garantir a tutela efetiva, mesmo que não atue de forma direta no tratamento do litígio através da presença de terceiro neutro e imparcial por ele designado.

A atuação do árbitro, conforme art. 13, em seu § 6º, deverá pautar-se pela imparcialidade, independência, competência, diligência e discrição. Ou seja:

- deve agir com eficácia e seriedade para resolver de maneira efetiva as disputas, ficando livre de parcialidade;
- para manter a aparência de imparcialidade e independência, não é recomendado ter relações comerciais ou profissionais com qualquer das partes, como também manter contatos em privado com as mesmas;
- devem manter sigilo sobre o sucedido durante a arbitragem, exceto se os conflitantes renunciarem a esta característica do instituto.

Segundo o disposto no artigo 17, o árbitro é equiparado ao funcionário público, podendo ser responsabilizado penal e civilmente quando no exercício de suas funções. Esta norma tem duplo sentido: por um lado, o árbitro sofre as mesmas consequências que os funcionários públicos ao cometer crimes a eles restrito, e de outro, também passa a ser vítima daqueles delitos que só podem ser cometidos contra eles.

Esta questão é delicada, da mesma forma que o é a questão da responsabilização dos magistrados. Acontece que quanto a esse, a lei processual tece regulamentos, e nesse sentido, a Lei de Arbitragem pecou por não esgotar o assunto, devendo-se buscar referência em outras legislações.

---

[581] "a investidura do árbitro está relacionada com a operação complexa de contratos produzidos e vinculados como elos de uma corrente, que se traduz na conclusão de uma convenção de arbitragem, designação de árbitros e aceitação por eles da missão. Esta sucessão de atividades poderia ser resumida em duas obrigações de fazer: para as partes, designar os árbitros; para os árbitros, concluir sua missão". LEMES, Selma Maria Ferreira. *Árbitro*: princípios da independência e da imparcialidade. São Paulo: LTr, 2001, p. 49.

Para finalizar, não se pode deixar de apontar o artigo 18 da lei, segundo o qual o *árbitro é juiz de fato e de direito*, esta atribuição faz dele um "juiz privado", e nisto se distingue do arbitrador, que apenas examina os fatos.[582] Ademais, com a instituição da arbitragem, além do início da "jurisdição" do árbitro, ocorre a interrupção do prazo prescricional, retroagindo este à data do requerimento da instituição da arbitragem, ainda que esta venha a ser extinta por ausência de jurisdição (art. 19, § 2º, Lei nº 9.307/96, incluído pela Lei nº 13.129/2015).

9.10. A sentença arbitral

A sentença arbitral é o instrumento escrito através do qual o(s) árbitro(s) decide(m) a questão que lhe(s) foi submetida. Proferindo-a, a obrigação assumida pelos árbitros no momento da aceitação do encargo está cumprida. Ocorre que ela deve conter uma série de elementos e preencher um número de requisitos para ser considerada válida, não dando margens para arguição de nulidade. Possui mais ou menos a mesma estrutura da sentença judicial, incorpora julgamento com força de coisa julgada material entre as partes exclusivamente (limite subjetivo) e nos termos do compromisso (limite objetivo).

A sentença arbitral tem força executiva de decisão judicial não existindo problema em denominar de sentença arbitral o ato pelo qual resolve-se a questão submetida ao conhecimento do tribunal arbitral uma vez que terá exatamente os mesmos efeitos de uma sentença judicial. A sentença arbitral provém de juiz privado; sem jurisdição, portanto. Não é igual à sentença judicial, mas produz os mesmos efeitos da sentença prolatada por órgãos do Poder Judiciário. Ou seja, obriga as partes em razão do contrato de compromisso arbitral, negócio de direito material. A decisão arbitral não depende de homologação do Judiciário para adquirir força executiva. Assim a Lei nº 9.307/96 introduz uma outra natureza jurídica para a decisão arbitral.[583]

Mas, o elementos e requisitos que devem estar presentes na sentença arbitral são, consoante disposto no art. 26 da Lei de Arbitragem: a) a decisão arbitral deve ser reduzida a termo e datada informando o local de sua prolatação, pois isso, é de suma importância para a verificação do conteúdo, do prazo a ser observado pelos árbitros e para a determinação

---

[582] Porém, Manuel Henrique Mesquita ressalta que: "Pelo que respeita à *actividade decisória propriamente dita* e à *responsabilidade* pelo conteúdo das respectivas decisões, deve aplicar-se ao árbitro o mesmo regime a que se encontram sujeitos os juízes estaduais". MESQUITA, Manuel Henrique. Arbitragem: competência do tribunal arbitral e responsabilidade civil do árbitro. In: *Ab vno ad omnes*. Antunes Varela *et al*. (Org.). Coimbra: Ed. Coimbra, 1998, p. 1391.

[583] Cfr. CARMONA, Carlos Alberto. *Arbitragem e processo*: um comentário à Lei nº 9.307/96. 2. ed. São Paulo: Atlas, 2006, p. 278-279.

da nacionalidade da sentença; b) todos os elementos que devem constar nas sentenças judiciais (nome das partes, objeto do litígio, assinatura do julgador e resumo do litígio) também devem estar incluídos na sentença arbitral.[584]

Se não apresentar todos os seus requisitos, a sentença arbitral poderá ser anulada através de uma ação de anulação[585] da sentença arbitral movida perante o Judiciário estatal. Assim, se de um lado a possibilidade de revisão da sentença arbitral judicialmente assegura o sucesso do instituto contrariando a tese da inconstitucionalidade do impedimento ao acesso à

---

[584] "Por derradeiro, as sentenças arbitrais serão também classificáveis, em função do resultado que proporcionarão aos litigantes, em declaratórias, constitutivas e condenatórias: serão meramente declaratórias as sentenças arbitrais que se limitem a afirmar a existência ou a inexistência de relação jurídica ou a falsidade de documento; serão constitutivas as sentenças que, além de declarar que um dos litigantes tem direito ao que pede, acrescentam a constituição, a modificação ou a extinção de uma relação jurídica; e, por derradeiro, serão condenatórias as sentenças arbitrais que, além da declaração do direito, impuserem ao vencido o cumprimento de uma prestação à qual esteja obrigado (imposição de sanção, concretizando as medidas executivas previstas abstratamente na lei processual)". CARMONA, Carlos Alberto. *Arbitragem e processo*: um comentário à Lei nº 9.307/96. 2. ed. São Paulo: Atlas, 2006, p. 278.

[585] RECURSO EXTRAORDINÁRIO – MATÉRIA FÁTICA – INTERPRETAÇÃO DE NORMAS LEGAIS – FALTA DE PREQUESTIONAMENTO – INVIABILIDADE – AGRAVO DESPROVIDO. 1. O Tribunal de Justiça do Estado do Mato Grosso acolheu pedido formulado em apelação, ante fundamentos assim sintetizados (folha 219): RECURSO DE APELAÇÃO CÍVEL – EMBARGOS À EXECUÇÃO – SENTENÇA ARBITRAL – NULIDADE DO COMPROMISSO ARBITRAL E PRELIMINAR DE ILEGITIMIDADE PASSIVA NÃO ANALISADA NO PROCESSO ARBITRAL – MATÉRIAS PASSÍVEIS DE EXAME EM EMBARGOS (IMPUGNAÇÃO AO CUMPRIMENTO DE SENTENÇA) – ART. 33, § 3º, DA LEI Nº 9.307/96 – COMPROMISSO NÃO ASSINADO POR UMA DAS PARTES – LITÍGIO NÃO INTEGRALMENTE DECIDIDO NA SENTENÇA ARBITRAL – NULIDADE DA SENTENÇA ARBITRAL CONSTATADA – LITIGÂNCIA DE MÁ-FÉ NÃO CONFIGURADA – MULTA EXCLUÍDA – ÔNUS DA SUCUMBÊNCIA INVERTIDO – RECURSO PROVIDO. As causas de nulidade da sentença arbitral previstas na Lei nº 9.307/96 (Lei de Arbitragem) podem ser aduzidas por meio de embargos à execução, atualmente substituídos pelo instituto da impugnação ao cumprimento da sentença, conforme autoriza o art. 33, § 3º, da citada norma.Se o compromisso arbitral não foi firmado por uma das partes e se o litígio não foi integralmente decidido pelo árbitro, a sentença arbitral é nula nos termos do art. 32, I e V, da Lei nº 9.307/96.Não caracterizadas quaisquer das hipóteses previstas no art. 17 do CPC deve ser afastada a imposição da multa por litigância de má-fé. 2. A recorribilidade extraordinária é distinta daquela revelada por simples revisão do que decidido, na maioria das vezes procedida mediante o recurso por excelência – a apelação. Atua-se em sede excepcional à luz da moldura fática delineada soberanamente pela Corte de origem, considerando-se as premissas constantes do acórdão impugnado. A jurisprudência sedimentada é pacífica a respeito, devendo-se ter presente o Verbete nº 279 da Súmula deste Tribunal:Para simples reexame de prova não cabe recurso extraordinário.As razões do extraordinário partem de pressupostos fáticos estranhos ao acórdão atacado, buscando-se, em última análise, conduzir esta Corte ao reexame dos elementos probatórios para, com fundamento em quadro diverso, assentar a viabilidade do recurso. A par desse aspecto, o acórdão impugnado mediante o extraordinário revela interpretação de normas estritamente legais, não ensejando campo ao acesso ao Supremo. À mercê de articulação sobre a violência à Carta da República, pretende-se guindar a esta Corte matéria que não se enquadra no inciso III do artigo 102 da Constituição Federal. Acresce que, no caso, o que sustentado nas razões do extraordinário não foi enfrentado pelo Órgão julgador. Assim, padece o recurso da ausência de prequestionamento, esbarrando nos Verbetes nos 282 e 356 da Súmula do Supremo. Este agravo somente serve à sobrecarga da máquina judiciária, ocupando espaço que deveria ser utilizado no exame de outro processo. 3. Conheço do agravo e o desprovejo. 4. Publiquem. Brasília, 16 de março de 2010. Ministro MARCO AURÉLIO Relator. Processo: AI 782286 MT, Relator: Min. MARCO AURÉLIO, j. 16/03/2010, Publicação: DJe-063 DIVULG 09/04/2010 PUBLIC 12/04/2010.

justiça,[586] por outro permite que as partes resistentes levem o conflito aos tribunais estatais minando uma das principais características da via arbitral: a celeridade.[587]

As hipóteses de anulação da sentença arbitral são específicas, e as partes possuem um prazo decadencial de 90 dias (segundo a Lei de Arbitragem brasileira) para propor a ação de anulação. O transcurso desse prazo confere o efeito de trânsito em julgado à sentença arbitral, garantindo a estabilidade e segurança jurídica das decisões arbitrais. O marco inicial para a contagem do prazo é a data da notificação da decisão proferida pelo tribunal arbitral (art. 33, § 1º, da Lei nº 9.307/96, incluído pela Lei 13.129/2015). A nulidade também poderá ser requerida no cumprimento de sentença, conforme prescreve o § 3º do art. 33 da Lei de Arbitragem.

Em caso de procedência da ação de anulação, a sentença que torna nula a sentença arbitral poderá determinar, conforme o caso, que seja prolatada nova sentença pelo árbitro (art. 33, § 2º, da Lei nº 9.307/96), restabelecendo o *status quo ante* ao momento em que o vício que deu azo à anulação foi detectado. O procedimento a ser adotado, conforme o art. 318 do Código de Processo Civil, é o comum, com pedido de desconstituição da sentença arbitral, direcionado ao juízo de primeiro grau.[588]

9.11. Tutela provisória de urgência e carta arbitral

Outra hipótese de participação do Judiciário no procedimento arbitral é o requerimento de concessão de tutelas provisórias de urgência, a teor do que dispõe o art. 22-A da Lei nº 9.307/96, incluído pela Lei nº 13.129/2015. O pleito será dirigido à jurisdição do Estado enquanto não instaurado o procedimento arbitral. Assegura-se, com a previsão legal, a tutela constitucional do Judiciário nos casos de violação ou ameaça de violação a direito.[589] A eficácia da medida subsistirá, contudo, até o requerimento da instituição da arbitragem no prazo de 30 (trinta) dias, que serão contados a partir da data da efetivação das tutelas provisórias de urgência,[590] findo o qual cessam os efeitos da tutela. Também no curso do procedimento arbitral poderá ser formulado pedido de tutela provisória, caso em que, naturalmente, será o árbitro o competente para decidir sobre o deferimento ou não (art. 22-B, parágrafo único, da Lei nº 9.307/96, inserido pela

---

[586] Cfr. L. CAMPOS, Fernando Reglero. *El Arbitraje*. Madrid: Montecorvo, 1991, p. 225.
[587] Vide COSTA E SILVA, Paula. Anulação e Recursos da Decisão Arbitral. *Revista da Ordem dos Advogados*, ano 52, Lisboa, 1992, p. 893.
[588] CAHALI, Francisco José. *Curso de arbitragem*: mediação, conciliação e Resolução CNJ 125/2010. 5. ed. São Paulo: Revista dos Tribunais, 2015.
[589] Idem
[590] Nome indicado pelo Código de Processo Civil de 2015.

Lei nº 13.129/2015). Por fim, conforme o *caput* do referido artigo legal, fica a cargo do árbitro decidir, se concedida a tutela nos termos do art. 22-A, sobre a manutenção, modificação ou revogação da urgência concedida.[591]

Entre o juiz e o árbitro impera o princípio da cooperação.[592] A cooperação entre o juízo arbitral e o juízo estatal acontece conforme o conteúdo do requerimento feito pelo primeiro ao segundo. Esse requerimento pode conter pedido de informações, de providências diretas a serem promovidas pelo juízo destinatário, ou prática de atos processuais sob a jurisdição do magistrado. A carta arbitral, que traduz esse meio de cooperação, integra o juízo arbitral no espaço ocupado pelos órgãos do Poder Judiciário.[593]

Tratando-se de documento expedido pelo árbitro, a carta arbitral[594] é meio de comunicação entre este e o juiz de direito. Tem como propósito "ser um instrumento de cooperação entre a jurisdição arbitral e a jurisdição estatal para primordialmente conferir efetividade às decisões proferidas pela primeira".[595]

A carta arbitral é emanada do árbitro, mas as diligências para seu cumprimento incumbem, em regra, à parte interessada. Dentre essas diligências avista-se a distribuição ou protocolo (conforme a situação), recolhimento de eventuais custas judiciais, interposição de recursos contra decisão judicial que não a cumpre, etc. Nestes casos, a relação entre Judiciário e a arbitragem é indireta.[596] Importante referir que no cumprimento da carta arbitral impera o segredo de justiça.

A carta arbitral é uma determinação do árbitro, o juiz não tem a possibilidade de recusar (regra que comporta exceções) o seu cumprimento,[597] pois ele não tem competência,[598] pelo menos ainda, de se inserir e palpitar

---

[591] BRASIL. Lei nº 9.307 de 1996. Lei de Arbitragem. Disponível em: <www.planalto.gov.br>. Acesso em: 12 out. 2018.
[592] Nesse sentido é importante analisar o artigo 69 do CPC.
[593] CAHALI, Francisco José. *Curso de arbitragem*: mediação, conciliação e Trtibunal Multiportas CNJ 125/2010. 6. ed (ebook). São Paulo:Thomson e Reuters Brasil, 2018.
[594] Vide artigos 260, § 3º, e 237, IV, do CPC e artigo 22-C da Lei nº 9.307/1996, incluído pela Lei nº 13.129/2015.
[595] THEODORO JÚNIOR, Humberto. *Curso de direito processual civil*. Procedimentos especiais. Vol. II. 50. ed. rev. atual e ampl. Rio de Janeiro: Forense. 2016.
[596] PINHO, Humberto Dalla Bernardina. A cooperação como elemento estruturante da interface entre o poder judiciário e o juízo arbitral. *Revista Eletrônica de Direito Processual – REDP*. Rio de Janeiro. Ano 11. Volume 18. Número 3. Setembro a Dezembro de 2017, pp. 198-218.
[597] Vide artigo 267 do CPC que elenca os casos nos quais o juiz pode recusar o cumprimento da carta precatória ou arbitral.
[598] A EMISSÃO DE GARANTIA BANCÁRIA. REPERCUSSÃO NO PATRIMÔNIO DA RECUPERANDA. PRINCÍPIO DA PRESERVAÇÃO DA EMPRESA. COMPETÊNCIA DO JUÍZO UNIVERSAL. AGRAVO NÃO PROVIDO. 1. Aplicabilidade do NCPC neste julgamento conforme o Enunciado Administrativo nº 3, aprovado pelo Plenário do STJ na sessão de 9/3/2016: *Aos recursos interpostos com fundamento no CPC/2015 (relativos a decisões publicadas a partir de 18 de março de 2016) serão exigidos os requisitos de admissibilidade recursal na forma do novo CPC*. 2. A questão jurídica a ser dirimida está em

no litígio que se encontra exclusivamente em sede arbitral.[599] O juízo será

---

definir a competência para determinar a emissão de carta de fiança bancária por empresa em recuperação judicial para garantia de dívida em discussão no juízo arbitral. 3. A jurisprudência desta Corte se firmou no sentido de que é possível, diante da conclusão de que a atividade arbitral tem natureza jurisdicional, que exista conflito de competência entre Juízo arbitral e órgão do Poder Judiciário, cabendo ao Superior Tribunal de Justiça seu julgamento. 4. O conflito positivo de competência ocorre não apenas quando dois ou mais Juízos se declaram competentes para o julgamento da mesma causa, mas também quando proferem decisões excludentes entre si acerca do mesmo objeto. Na hipótese dos autos, os Juízos suscitados proferiram decisões incompatíveis entre si, pois, enquanto o Juízo arbitral determinou a apresentação de garantia bancária pela empresa recuperanda, o Juízo da recuperação se manifestou no sentido de que qualquer ato constritivo ao patrimônio da recuperanda deverá ser a ele submetido. 5. Segundo a regra da Kompetenz-Kompetenz, o próprio árbitro é quem decide, com prioridade ao juiz togado, a respeito de sua competência para avaliar a existência, validade ou eficácia do contrato que contém a cláusula compromissória (art. 485 do NCPC, art. 8º, parágrafo único, e art. 20 da Lei nº 9.307/9). 6. No caso sob análise não há discussão sobre a interpretação do contrato e da convenção de arbitragem que embasaram o procedimento, limitando-se a *quaestio juris* a definir qual é o juízo competente para deliberar sobre prestação de garantia passível de atingir o patrimônio da empresa recuperanda. 7. Segundo precedentes desta Corte Superior, as ações ilíquidas tramitarão regularmente nos demais juízos, inclusive nos Tribunais Arbitrais. Contudo, não será possível nenhum ato de constrição ao patrimônio da empresa em recuperação. 8. Agravo interno não provido.

[599] PROCESSO CIVIL. ARBITRAGEM. NATUREZA JURISDICIONAL. CONFLITO DE COMPETÊNCIA FRENTE A JUÍZO ESTATAL. POSSIBILIDADE. MEDIDA CAUTELAR DE ARROLAMENTO. COMPETÊNCIA. JUÍZO ARBITRAL. 1. A atividade desenvolvida no âmbito da arbitragem tem natureza jurisdicional, sendo possível a existência de conflito de competência entre juízo estatal e câmara arbitral. 2. O direito processual deve, na máxima medida possível, estar a serviço do direito material, como um instrumento para a realização daquele. Não se pode, assim, interpretar uma regra processual de modo a gerar uma situação de impasse, subtraindo da parte meios de se insurgir contra uma situação que repute injusta. 3. A medida cautelar de arrolamento possui, entre os seus requisitos, a demonstração do direito aos bens e dos fatos em que se funda o receio de extravio ou de dissipação destes, os quais não demandam 108 cognição apenas sobre o risco de redução patrimonial do devedor, mas também um juízo de valor ligado ao mérito da controvérsia principal, circunstância que, aliada ao fortalecimento da arbitragem que vem sendo levado a efeito desde a promulgação da Lei nº 9.307/96, exige que se preserve a autoridade do árbitro como juiz de fato e de direito, evitando-se, ainda, a prolação de decisões conflitantes. 4. Conflito conhecido para declarar a competência do Tribunal Arbitral. (CC 111.230/DF, Relator Ministra NANCY ANDRIGHI, SEGUNDA SEÇÃO, julgado em 8/5/2013, DJe 3/4/2014.) Na presente hipótese, foi suscitado conflito por uma das partes do processo arbitral, ante a negativa do juízo estadual em cumprir carta expedida por árbitro, a fim de que fossem ouvidas testemunhas residentes na comarca de Araçatuba – SP. O juízo, inicialmente, se recusou a cumprir o ato porque existiriam suspeitas quanto à veracidade da carta e à existência do próprio Centro de Arbitragem de São Paulo, pois, no endereço informado na correspondência, não havia a referida instituição. Com efeito, informa o magistrado estatal que há dúvida sobre a existência do Centro de Arbitragem, fonte da referida carta, havendo ainda ofício da autoridade policial de São Paulo informando sobre investigação para apurar a existência do próprio procedimento do qual extraída a referida comunicação arbitral. Confira-se o seguinte trecho (e-STJ fl. 141): A carta precatória nº 1015720-35.2016.8.26.0032, extraída dos autos do Processo Arbitrai em que figuram como requerente Nebrul S/A e como requeridos Vanorry Holding S/A, em trâmite no Centro de Arbitragem de São Paulo, foi distribuida a este Juízo para fins de inquirição das testemunhas Luiz Roberto Lavoyer, Nelson Gravata, Fabrício dos Santos Gravata e Rose Mary dos Santos Gravata a qual foi parcialmente cumprida. No dia 07 de março de 2017 foi inquirida a testemunha Luiz Roberto Lavoyer e no dia 18 de abril de 2017 foi ouvida a testemunha Nelson Gravata ambas através do sistema audiovisual. Na data da última audiência, o Dr. Mario Lorival de Oliveira Garcia, patrono da testemunha Fabrício Gravata, alegou que o processo arbitrai que ensejou a expedição da carta precatória para a oitiva das testemunhas não existia e que era falsa a carta precatória, ocasião em que foi concedido as partes o prazo de cinco (05) dias para comprovarem a veracidade do processo arbitrai. Posteriormente, foram juntados vários documentos e foi determinada a expedição de ofício ao 1o Distrito Policial de São Paulo para informar se o Inquérito Policial nº 120/2016 abrangia a apuração da autenticidade do procedimento arbitrai instaurado pelo Centro de Arbitragem de São Paulo envolvendo as Empresas Nebrul S/A e

apenas um braço auxiliar da arbitragem, mas agindo sempre em conformidade com ela.[600]

Em sendo equivocadamente negado cumprimento à carta arbitral, o próprio árbitro pode interpor recurso. Essa é uma situação inusitada na medida em que a função do árbitro, de certa forma, se imiscuiria com a da própria parte. É por isso que, em regra, o relacionamento entre árbitro e juiz não deve ser direto, senão, indireto, via processamento e cumprimento da carta arbitral pela parte interessada.[601]

Uma vez cumprida a carta arbitral, ela será devolvida ao juízo arbitral, sem necessidade de translado, após o pagamento das custas pela parte.

Vanorry Holding S/A, de onde fora extraída a carta precatória. Assim, tendo em vista a existência de fundada dúvida quanto a autenticidade da carta arbitral, foi suspenso o cumprimento do ato solicitado cancelando-se a audiência que estava designada para o dia 20/06/2017. Diante do teor da resposta do ofício apresentada pela Delegacia foi proferida a seguinte decisão a seguir transcrita: "Visto. Ante a resposta apresentada pelo 1º Distrito Policial de São Paulo-SP, no sentido de que a autenticidade do procedimento arbitrai de onde fora extraída a presente carta arbitrai é objeto de investigação criminal nos autos do inquérito policial n"120/2016 (fls.3.185), deixo de cumprir o ato solicitado pelo árbitro, com fundamento no art. 267, inciso III do CPC. Arquivem-se os autos, ficando vedada às partes a extração de cópia dos depoimentos já colhidos. Intime-se". Nesses termos, a jurisprudência desta Corte, seja na vigência do CPC/1973, seja na do CPC/2015, reconhece ao juízo deprecado a possibilidade de sustar o cumprimento de comunicação processual, quando houver dúvida sobre a autenticidade do ato, nos termos do art. 267, III, do CPC/2015 (art. 209 do CPC/1973). A propósito: COMPETÊNCIA. CONFLITO. CUMPRIMENTO DE CARTA PRECATÓRIA. AVOCAÇÃO PELO TRIBUNAL ESTADUAL. IMPOSSIBILIDADE. AÇÕES CONEXAS. JUÍZES COM JURISDIÇÕES TERRITORIAIS DISTINTAS. CITAÇÃO. PREVENÇÃO. FORO DE ELEIÇÃO. PREVALÊNCIA. PRECEDENTES. 1. O Juízo deprecado não pode negar cumprimento à precatória, a menos que ela não atenda aos 109 requisitos do art. 209, CPC, quando se declarar incompetente em razão da matéria ou da hierarquia, ou, ainda, quando duvidar da sua autenticidade. (...) (CC 32.268/SP, Relator Ministro SÁLVIO DE FIGUEIREDO TEIXEIRA, SEGUNDA SEÇÃO, julgado em 24/4/2002, DJ 19/8/2002, p. 139.) PROCESSUAL PENAL. CONFLITO DE COMPETÊNCIA. INQUIRIÇÃO DE TESTEMUNHA QUE RESIDE FORA DA JURISDIÇÃO DO MAGISTRADO COMPETENTE. CARTA PRECATÓRIA. RECUSA NÃO FUNDADA NAS HIPÓTESES DO ATUAL ART. 267 DO CPC. CONFLITO DE COMPETÊNCIA CONHECIDO. COMPETÊNCIA DO JUÍZO SUSCITADO. 1. As hipóteses de recusa de cumprimento de carta precatória constituem rol taxativo e tinham previsão no então art. 209 do Código de Processo Civil, correspondente ao atual art. 267 do novo diploma legal, isto é, ao juízo deprecado somente é permitido devolver carta precatória quando não estiver revestida dos requisitos legais, quando carecer de competência em razão da matéria ou da hierarquia ou, ainda, quando tiver dúvida acerca de sua autenticidade, não estando, no caso em exame, a recusa do Juízo suscitado respaldada por nenhuma das hipóteses legais. (...) (CC 148.747/PE, Relator Ministro RIBEIRO DANTAS, TERCEIRA SEÇÃO, julgado em 23/11/2016, DJe 30/11/2016.) Portanto, ante a suspeita relativa à autenticidade da carta arbitral, foi o juízo estatal recusou-se a cumprir o ato, devendo a parte suscitante proceder de maneira a solucionar a dúvida havida ou interpor eventual recurso contra a decisão judicial e não suscitar o presente incidente. Em tal contexto, não há conflito de competência a ser resolvido. Diante do exposto, NÃO CONHEÇO do presente conflito de competência. Publique-se e intimem-se. Brasília (DF), 12 de março de 2018. Ministro ANTONIO CARLOS FERREIRA Relator (STJ – CC: 155396 SP 2017/0291651-1, Relator: Ministro ANTONIO CARLOS FERREIRA, Data de Publicação: DJ 15/03/2018)

[600] PRIEBE, V.; SOUZA, D. K.; DURANTE, I. S. Lei de Arbitragem nº 9.307/1996 com as alterações trazidas pela Lei nº 13.129/2015. In: SPENGLER, F. M.; SPENGLER NETO, T. *Mediação, conciliação e arbitragem*: artigo por artigo. Rio de Janeiro: FGV, 2016. p. 179-261.

[601] RODOVALHO, Thiago. Os impactos do NCPC na Arbitragem. *Revista Jurídica da seção Judiciária de Pernambuco*. Pernambuco, nº 8, 2015, p. 251-273.

9.12. Vantagens e desvantagens da arbitragem

São pontos a serem considerados na análise das vantagens e desvantagens da arbitragem:

Vícios da via judiciária – "o ramo Judiciário às vezes parece perto da ruína total", – diz-se – o excesso de litígios associado a soluções demoradas e, por vezes, não satisfatórias chegam a desestimular a resolução de disputas perante a justiça estatal.

Crescente complexidade dos negócios – reflexo da complexidade das relações sociais, as pendências vão se tornando extremamente complicadas, o que já provoca problemas de compreensão da matéria subjacente aos casos, tanto para os magistrados como para os advogados e inspira a possibilidade/necessidade de utilização de pessoal técnico que desfrute de idoneidade profissional, como perito árbitros em caso de disputa.

Natureza do procedimento arbitral – sendo um mecanismo diverso, não sofre as inconveniências do juízo Judiciário, o que lhe confere, teoricamente, rapidez, neutralidade, especialização, confidência, flexibilidade, além de baixo custo.

Certeza da aplicação da normativa desejada – a percepção desta certeza é mais fácil de ser obtida perante a arbitragem já que é facultado às partes acordarem a respeito do direito aplicável.

Crescente facilidade da execução das sentenças arbitrais – na atualidade, com as convenções internacionais a questão da execução das sentenças arbitrais que antes era sem efeito até que se desse a homologação pelo Judiciário, já tem solução, não configurando mais barreira.

Ainda, a doutrina da matéria tem elencado como:

a) vantagens da arbitragem:

- rapidez relativamente maior do procedimento arbitral em contraposição ao procedimento judicial;
- procedimento em tese mais barato, embora em muitos casos a arbitragem possa resultar inclusive mais cara do que uma ação judicial;
- execução da sentença arbitral atualmente fácil;
- possibilidade de se seguir executando o contrato objeto do litígio enquanto se busca uma solução à controvérsia;
- desejo de manter as relações cordiais e de colaboração entre as partes;
- desejo de manter a confidencialidade ou privacidade da controvérsia;

- no campo internacional, evitar a submissão a tribunais estrangeiros, devido aos custos excessivos, ao pouco conhecimento do direito estrangeiro, o problema do idioma e das demoras;
- a facilitação da transação, pois a experiência já mostra que a natureza do instituto muitas vezes leva as partes a adotar um acordo mais facilmente do que no caso de uma ação judiciária normal.

b) desvantagens da arbitragem:
- pode ocorrer do procedimento ser mais lento e demorado do que a via judiciária;
- há a eminência de intervenção judiciária, o que constitui ameaça constante de que de um jeito ou de outro a resolução da controvérsia acabe por se dar no juízo estatal, com todos seus entraves;
- na hipótese de o caso litigioso de entendimentos extensivos, sustentados por correntes jurisprudenciais e julgados, efetivamente, o meio arbitral não será o mais idôneo;
- a carência de procedimentos rígidos pode dar margem a atos ilegítimos, imorais etc., ou dar lugar a disputas ainda maiores entre as partes;
- ausência de neutralidade, pois, por vezes, os árbitros privados mantêm relações com uma das partes ou com os seus advogados;
- preexistência de ressentimentos entre as partes é o típico caso em que a flexibilidade do procedimento arbitral torna-se uma inconveniência, pois falta uma autoridade forte, capaz de pôr fim a combates processuais de imediato.

Todavia, deve-se ter claro que tais posturas efetivamente não refletem exatamente o universo do debate que está presente quando o assunto são as alternativas à jurisdição, em particular no caso da arbitragem.

10. A fórmula "Bob&Alice" e as possibilidades de um "consenso tecnológico"

Nos últimos tempos, diversas mídias têm publicado notícias acerca de projetos de *inteligência artificial (AI)* aplicados às práticas jurídicas e, no particular, às fórmulas consensuais de tratamento de conflitos, como aquelas aqui discutidas.

Como diz Richard Susskind (*President of the Society for Computers on Law*), *The current system is too costly, too complex and too slow, especially for litigants in person.* E, nesta linha de raciocínio, exemplificativamente, um projeto de inteligência artificial (AI) desenvolvido pelo Facebook para práticas de negociação. No sítios *Independent* e *Digital Journal*, entre outros locais e meios de informação, noticiou-se, ainda em 2017, que a Divisão de Pesquisa do Facebook, a Facebook AI Research (FAIR), estaria desativando um projeto de inteligência artificial (AI) pois, segundo se relata, os robôs Bob e Alice, projetados para "conversarem" como se estivessem negociando, teriam desenvolvido uma linguagem própria, aparentemente ininteligível para os pesquisadores, mas efetiva para obter os resultados pretendidos, o acordo em torno de uma negociação.[602]

A linguagem criada por Bob e Alice permitia que estes conseguissem se entender melhor e, assim, o resultado "acordo" era maximizado. Ou seja, com uma linguagem aparentemente *non sense*, a AI do Facebook produzia os resultados queridos, obtendo, assim, os incentivos programados – Bob e Alice recebiam "pontos" nas negociações "bem-sucedidas", deixando de auferir "benefícios" quando não efetivados os acordos.

De lá para cá, têm-se recebido, quase diariamente, novas informações e notícias em torno de projetos de inteligência artificial aplicados às práticas dialógicas e consensuais de tratamento de conflitos, para além daqueles que se utilizam de redes sociais ou outros aparatos tecnológicos para transformar, eficientemente, os modelos baseados no consenso e no diálogo.

---

[602] Aqui podem-se mencionar outras tantas "possibilidades", do tipo *on line dispute resolution (ODR)*. Ver, a título exemplificativo: <https://www.theguardian.com/law/2015/feb/16/online-court-proposed-to-resolve-claims-of-up-to-25000>.

Estas notícias trazem uma série de (sérias) possibilidades para se pensarem não apenas os diversos modelos de justiça consensual – de *juris-construção* como nomeado – mas, em particular, as práticas implementadas por estas plagas, em especial aquelas executadas no âmbito dos CEJUSCs, insertos no Poder Judiciário brasileiro, voltados à "resolução" consensual de conflitos.

Desde a sua origem, alguns chamaram a atenção acerca das implicações das novas tecnologias no Direito. Em especial, podemos dizer que a dita Quarta Revolução Industrial, com a sua velocidade peculiar, põe em questão muitas das fórmulas jurídico-políticas modernas.

Se, por um lado, permite a constituição de uma democracia tecnológica, por outro, faz envelhecer, muitas vezes precocemente, práticas que sequer atingiram seu pleno potencial.

Neste aspecto, as potencialidades da AI, que parecem infinitas, têm indicado que sua utilização no campo jurídico – em suas diversas facetas – parece pôr em xeque modelos e práticas tradicionais de exercício das atividades jurídicas e, agora, também as ditas fórmulas "alternativas" de tratamento de conflitos.

Em particular, tais notícias nos confrontam com aquilo que se está fazendo em termos de políticas judiciárias de gestão da crise do sistema de prestação jurisdicional, utilizando meios consensuais.

De há muito se conhece e discute a chamada "crise da justiça", em especial como "crise do Poder Judiciário". Neste ponto, entre outros aspectos, as fórmulas consensuais ganharam um *status* até há pouco inédito, sobretudo desde 2010, com a edição da Portaria CNJ 125/2010, e, ainda mais, em 2015, com o Código de Processo Civil e a Lei 13.140, como visto ao longo desta obra.

Hoje, o tema do consenso, especialmente sob a fórmula da mediação, passou de "patinho feio" a "objeto de desejo". Ganhou uma centralidade nunca antes experimentada. Se isso pode significar um ganho por um lado, por outro traz muitas preocupações, em particular quando submetido às estratégias de gestão do fluxo *input/output* do Poder Judiciário e a modelos de obtenção do consenso voltados a resultado – no caso, o acordo.

É aqui que entra o que vai nomeado "modelo Bob&Alice" de obtenção do consenso.

Mesmo que, ainda, não se tenham os robôs negociadores/conciliadores/mediadores, até mesmo porque, ao que parece, os pesquisadores do *Facebook* – como noticiado – resolveram "descontinuar" – palavra muito cara às práticas neoliberais – a pesquisa, o que as informações que chegam das experiências jurisdicionais de consenso – sem desconhecer ou menosprezar os resultados obtidos e aquelas práticas diferenciadas –

levam a questionar se já não é adotado este modelo de obtenção de consenso.

Ora, se as práticas consensuais ali postas em ação estão submetidas à obtenção de resultados – e, aqui, resultado significa "acordo" –, não se está longe de criar – se já não criadas – linguagens pós-simbólicas que otimizem a chegada a esses mesmos resultados.

E estas linguagens – algumas também ininteligíveis, outras já dissecadas (o que não será tratado aqui e agora) – vão de encontro às potencialidades disruptivas que os "consensos" podem ter, sobretudo se entendidos como uma *"nova cultura jurídica, ..., como um modo de lidar com o inesperado e transformar o conflito..."* – como chamava a atenção Luis Alberto Warat.[603]

Dito de outro modo, o eficientismo e o finalismo (acordo), que parecem nortear as práticas consensuais jurisdicionais – e não só elas –, dialogam diretamente com as pesquisas da FAIR, bem como com as práticas que adotam meios tecnológicos, em especial aqueles oferecidos pelas redes sociais, para promoverem um *encontro virtual* entre os coimplicados no conflito.

O "modelo Bob&Alice", no qual o "incentivo" ao acordo leva à construção de práticas que maximizem este resultado, inclusive com o uso de linguagens ininteligíveis – que podem ser traduzidas por linguagens autoritárias, impositivas, condicionantes etc. –, parece já estar "instalado".

---

[603] WARAT, Luis Alberto. *Epistemologia e ensino do direito*: o sonho acabou. Florianópolis: Fundação Boiteux, 2004. v. 2.

11. Anotações, como síntese – sempre – provisória...

No contexto *sconfinato* do Estado, um dos aspectos diz respeito à perda dos seus limites organizacionais. Dito de outra forma, a "crise funcional", em especial dando atenção ao processo de centralização da função jurisdicional no âmbito da ação estatal, seja pela maior acessibilidade conquistada – desde a assunção do "acesso à justiça" como um direito fundamental, ao qual o Estado deve dar solução -, seja pela via da utilização cada vez maior da instância judiciária como o ambiente privilegiado para a busca pela satisfação de pretensões individuais e sociais.

Há, porém, outro viés que merece enfrentamento. Aquele que pode-se identificar como a perda do monopólio – pretendido na modernidade – estatal como ambiente exclusivo para o tratamento de litígios. Ou, o retorno à pauta de outras formas de tratamento de conflitos, incorporando, aqui, um outro trilho dessas "crises", o da concepção mesma de Estado, ou seja, seu conceito, ancorado na ideia de soberania como um poder superior a todos os demais.

Esta é uma pauta interessante e que tem sofrido mutações bastante significativas nos últimos tempos. Desde o seu rechaço por boa parte dos atores jurídicos, considerando estas outras formas, no mínimo, inservíveis como instrumentos eficazes para o trato de controvérsias, até a sua adoção como respostas às dificuldades experimentadas pelo Sistema de Justiça estatal, sobretudo a partir dos projetos de reformas pautados pela lógica do eficientismo – e, aqui, não vamos nos preocupar em fazer a crítica destas mudanças.

Neste ambiente, nos últimos tempos, o Brasil trouxe à tona dois documentos legislativos que um deles incorpora mecanismos consensuais à prática processual judiciária (Lei 13.105/15 – CPC) e outro pretende normatizar a prática da mediação (Lei 13.140/15).

Chamam a atenção, desde logo, os relatos, e não só jornalísticos, que identificam tais legislações como meios para contribuir com o processo de agilização e desobstrução dos Tribunais, desafogando o Judiciário.

Ou seja, a incorporação dos ditos "meios alternativos" (e se são alternativos é porque existe um principal...) tem sido propagandeada como estratégia apta a, reduzindo a demanda pela decisão judicial – na forma "adjudicatória" estatal –, permitir uma melhoria nos números relativos à gestão deste sistema.

E, até por serem "alternativos", tais métodos funcionariam subsidiariamente como instrumentos de gestão da crise, em especial do *deficit* operacional e da defasagem entre o número de ingressos e a capacidade de respostas que o Sistema de Justiça, em seu todo, se ressente, sem considerar-se, aqui, a distinção fundamental entre um sistema conflitual de outro consensual, um impositivo (jurisdição) de outro construtivo ("*jurisconstrução*", termo cunhado pelo autor Jose Luis Bolzan de Morais para ilustrar esta distinção fundamental.

Ora, mesmo apenas indicado simplistamente, esta "atitude" parece, de um lado, não considerar as circunstâncias que envolvem a retomada das práticas consensuais como instrumentos adequados para o trato de conflitos e, de outro, apropria tais mecanismos, fragilizando-os em suas potencialidades.

De há muito os autores assumem a postura que contradiz ambos os vieses. Seja porque é preciso pensar esta recuperação do consenso no contexto da própria crise do Estado, percebendo que, entre outros aspectos, presencia-se, aqui, a perda, como anotado acima, do monopólio estatal da jurisdição, como ambiente exclusivo e excludente para a "administração da justiça". Seja, também, porque é preciso considerar o caráter destes instrumentos em sua própria genética, a qual se confronta, sobretudo quando a mediação é pensada, com a pretensão à sua domesticação por meio de um desenho normativo que constrange sua gênese disforme.

E, tomando-se as "falas" autorizadas dos gestores maiores da Justiça brasileira e de muitos de seus doutrinadores, percebe-se claramente a conexão que se estabelece entre a "adoção" dos meios consensuais e o "alívio" da pressão sobre o Sistema de Justiça, muito embora, tais normativas, em especial o CPC, incorporem-nos ao próprio Sistema, como práticas judiciárias, geridas por atores do próprio Judiciário ou de seu órgão de "controle" – o Conselho Nacional de Justiça (CNJ), que editou a Resolução 125/10, ícone do "Movimento pela Conciliação" apregoado por este órgão.

Ainda, o CPC, adotando o "modelo multiportas" (art. 3º) formaliza a incorporação das práticas "alternativas" – o que não significa sua percepção como uma "justiça de segunda classe", como têm sustentado muitos daqueles que participaram no processo de gestação da nova lei – ao sistema jurisdicional o que, embora ainda mereça experimentação e análise, parece ir de encontro ao caráter autonômico e, de certo modo, revolucionário que acompanha, em particular, a mediação.

Por isso, merece atenção o trato diferenciado de cada um destes instrumentos, não se lhe podendo atribuir um caráter genérico sob pena de perder-se aquilo que ele pode ter de mais significativo.

No caso específico da mediação, como apregoou Luis Alberto Warat, no *Ofício do Mediador*, em especial, para além de uma técnica, esta se apresenta como uma cultura "ecológica de resolução dos conflitos sociais e jurídicos, uma forma na qual o intuito de satisfação do desejo substitui a aplicação coercitiva e terceirizada de uma sanção legal",[604] em que o mediador tem por função "provocar-te, estimular-te, para te ajudar a chegar ao lugar onde possas reconhecer algo que já estava ali (ou em ti)", como expressou em *Surfando na pororoca: o ofício do mediador*.[605]

Se assim é, a incorporação da mediação, incluída dentre os mecanismos consensuais, vai de encontro àquilo que de melhor ela tem para contribuir para a construção de uma outra cultura social em torno ao conflito, percebido, assim, como constitutivo da própria sociedade, que não se coloca como um elemento desagregador, mas carrega um aspecto positivo, que não separa, mas reúne, que não afasta, mas aproxima.

Por tudo isso, o ceticismo ataca quando se confronta, ainda, a Lei nº 13.140/15 – Lei de Mediação – entre particulares e de autocomposição de conflitos no âmbito da Administração Pública.

Se, de um lado, explicita-se, quiçá, uma prática de qualificar as respostas estatais à cidadania, seja no âmbito da Jurisdição, seja no da Administração Pública, de outro há que se tomar em consideração o que acima dito, tendo presente que fazer um desenho normativo da mediação ou adotá-la como instrumento de gestão de crise pode significar um constrangimento contrário à potência que lhe é própria, no sentido incorporado por Warat.

Há algum tempo, questionado pelo Núcleo de Estudos de Mediação da Escola Superior da Magistratura acerca de uma manifestação do Min. Ricardo Lewandowski no *Global Mediation Rio*, Jose Luis Bolzan de Morais[606] – coautor desta obra – teve a oportunidade de reafirmar esta posição, agregando que a medição vem "de fora" do Judiciário e é por ele apropriada, assim como vem de fora do Estado como um todo, sendo apropriada como uma resposta aos seus próprios limites, como um remédio paliativo, o que fragiliza suas qualidades transformadoras, impondo um formato a algo que é intrinsecamente fluido.

Parece que, de algum modo, uma encruzilhada se apresenta. Tomar a mediação como uma tecnologia posta a serviço do Estado – e, agora, transformada pelo uso das novas tecnologias, para desafogar seus gargalos ou, ao contrário, como uma "outra cultura", crítica em relação aos modelos hegemônicos atuais, pautada em outros fundamentos filosóficos.

---

[604] WARAT, Luis Alberto. *O ofício do mediador*. Florianópolis: Habitus, 2001. v. 1, p. 5

[605] WARAT, Luis Alberto. *Surfando na pororoca*: o ofício do mediador. Florianópolis: Fundação Boiteux, 2004. v. 3, p. 117-118.

[606] Ver: <nem-esm.blogspot.com.br>. Entrevista com o coautor deste livro.

Por óbvio que esta leitura filosófica não afasta outras referências, em especial políticas e sociais.

Se o conflito é constitutivo da sociedade – fisiológico e não patológico – há de ser levado a sério. Parafraseando R. Dworkin, é preciso saber tratá-lo bem!

Para resumir, o ponto de vista agora apresentado parte da constatação de que o estudo deste tema precisa levar em consideração alguns aspectos de um debate *macro* que questione a reformulação mesma por que passa, ou pretenda-se que passe, o Estado Contemporâneo, envolvido que está em construir, talvez, uma nova identidade. Sem ter consciência destas inter-relações, parece impossível que ter capacidade de lidar competentemente com as propostas apresentadas.

Bibliografia

ALCÂNTARA, Pollyana da Silva. Da possibilidade jurídica da Fazenda Pública realizar conciliação em juízo. In: *Revista Brasileira de Direito Municipal – RBDM*. Belo Horizonte, ano 12, n. 39, p. 97-111, jan./mar. 2011.

ALESSI, Renato. Sistema istituzionale del diritto amministrativo italiano. 3ª ed. Milano: Giuffrè, 1960.

ALEXANDRINO, Marcelo; PAULO, Vicente. *Direito administrativo descomplicado*. 18. ed. Rio de Janeiro. Método. 2010.

ALVARENGA, Lúcia Barros Freitas de. *Direitos Humanos, dignidade e erradicação da pobreza*: uma dimensão hermenêutica para a realização constitucional. Brasília: Brasília Jurídica, 1998.

ALVIM, José Eduardo Carreira. Alternativas para uma maior eficácia da prestação jurisdicional. In: *Doutrina*, v. 1. Rio de Janeiro: ID-Instituto de Direito, 1996.

——. *Comentários à Lei de Arbitragem*. Rio de Janeiro: Lumen Juris, 2002.

——. *Tratado geral da arbitragem*. Belo Horizonte: Mandamentos, 2000.

AMARAL, Lídia Miranda de Lima. *Mediação e arbitragem:* uma solução para os conflitos trabalhistas no Brasil. São Paulo: LTr, 1994.

AMRANI-MEKKI, Soraya. *Le temps et le procès civil*. Paris: Daloz, 2002.

ARAGÃO, Alexandre Santos de. A legitimação democrática das agências reguladoras. In: BINENBOJM, Gustavo (coordenador). *Agências reguladoras e democracia*. Rio de Janeiro: 2006.

BARRAL, Welber Oliveira. *A arbitragem e seus mitos*. Florianópolis: OAB/SC, 2000.

BARROSO, Luís Roberto. *O direito constitucional e a efetividade de suas normas:* limites e possibilidades da Constituição brasileira. 4. ed., ampl. e atual. Rio de Janeiro: Renovar, 2000.

BARTHES, Roland. *Aula*. Tradução e posfácio de Leyla Perrone-Moisés. 11. ed. São Paulo: Cultrix, 1978.

——. *A aventura Semiológica*. Tradução de Mário Laranjeira. São Paulo: Martins Fontes, 2001.

BARZOTTO, Luis Fernando. *O positivismo jurídico contemporâneo*: uma introdução a Kelsen, Ross e Hart. São Leopoldo: UNISINOS, 1999.

BASSO, Maristela. RT/ Fasc. Civ. Ano 85, v. 733, nov. 1996.

BASTOS, Marco Aurélio Wander. *Conflitos Sociais e Limites do Poder Judiciário*. 2 ed., rev. e atual. Rio de Janeiro: Lumen Juris, 2001.

BAUMAN, Zygmunt. *Globalização*: as conseqüências humanas. Tradução de Marcus Penchel. Rio de Janeiro: Jorge Zahar, 1999.

——. *Modernidade líquida*. Tradução de Plínio Dentzien. Rio de Janeiro: Jorge Zahar, 2001.

BECK, Ulrich. *Risk Society*. Towards a new modernity. Londres: Sage Publications, 1997.

BENDA, Ernst. La Salvaguarda de la Dignidad Humana (artículo 1 de la Ley Fundamental). *In:* SEGADO, Francisco Fernández. *The Spanish Constitution in the European Constitutional Context*. Madrid: Dykinson. 2003.

BERALDO, Leonardo de Faria. Curso de arbitragem nos termos da Lei 9.307/96. São Paulo: Atlas, 2014.

BERGSON, Henri. *Cartas, conferências e outros escritos*. Tradução de Franklin Leopoldo e Silva. São Paulo: Nova Cultural, 2005. (Os pensadores).

BEUCHARD, J. *La dynamique conflictuelle*. Paris: Réseausx, 1981.

BIELEFELDT, Heiner. *Filosofia dos Direitos Humanos*. São Leopoldo: Unisinos, 2000.

BLANCHOT, Maurice. *Pour l'amitié*. Paris: Fourbis, 1996.

BITTAR, Carlos Alberto. Curso de Direito Civil. São Paulo: Forense Universitária, 1994, v.1.

BOBBIO, Norberto. *O futuro da democracia:* uma defesa das regras do jogo. Tradução de Marco Aurélio Nogueira. Rio de Janeiro: Paz e Terra, 1969.

_____. *O positivismo jurídico*. Lições de filosofia. Compiladas por Nello Morra. Tradução e notas de Márcio Pugliesi, Edson Bini e Carlos E. Rodrigues. São Paulo: Ícone, 1995.

_____. *O tempo da memória:* de senectute e outros escritos autobiográficos. Tradução de Daniela Versiani. Rio de Janeiro: Campus, 1997.

_____. MATTEUCCI, Nicola; PASQUINO, Gianfranco. *Dicionário de Política*. 12. ed. Brasília: Editora Universidade de Brasília e LGE Editora, 2004. 1 v

_____. PASQUINO, Gianfranco. *Dicionário de política*. Tradução de Carmem C. Varriale, Gaetano Lo Mônaco, João Ferreira, Luís Guerreiro Pinto Cascais e Renzo Dini. 12. ed. Brasília: Universidade de Brasília, 2004.

BOLZAN DE MORAIS, Jose Luis. *A idéia de Direito Social*. Porto Alegre: Livraria do Advogado, 1997.

_____. *As crises do Estado e da Constituição e a transformação espaço-temporal dos Direitos Humanos*. 2ª ed. Porto Alegre: Livraria do Advogado, 2011.

_____. As Crises do Estado Contemporâneo. *In*: VENTURA, Deisy de Freitas Lima (Org.). *América Latina*: cidadania, desenvolvimento e Estado. Porto Alegre: Livraria do Advogado, 1996.

_____. As crises do Judiciário e o acesso à justiça. *In*: AGRA, Walber de Moura. *Comentários à reforma do Poder Judiciário*. Rio de Janeiro: Forense, 2005.

_____. Constituição ou Barbárie. Perspectivas constitucionais. *In*: SARLET, Ingo Wolfgang. *A Constituição Concretizada*: Construindo Pontes entre o Público e o Privado. Porto Alegre: Livraria do Advogado, 2000.

_____. *Do Direito Social aos Interesses Transindividuais*: o Estado e o Direito na ordem contemporânea. Porto Alegre: Livraria do Advogado, 1996.

_____. *Mediação e arbitragem:* alternativas à jurisdição. Porto Alegre: Livraria do Advogado, 1999.

_____. *O Estado e suas crises*. Porto Alegre: Livraria do Advogado, 2005.

_____. *O Poder da Conciliação*. Revista dos Juizados Especiais, Porto Alegre, abril, 1996.

_____. AGRA, Walber de Moura. A jurisprudencialização da Constituição e a densificação da legitimidade da jurisdição constitucional. *In*: Revista do Instituto de Hermenêutica Jurídica – *(neo) Constitucionalismo – ontem, os Códigos hoje, as Constituições*. Porto Alegre: Instituto de Hermenêutica Jurídica, 2004.

_____. MARION SPENGLER, Fabiana. *Mediação e Arbitragem:* Alternativas à Jurisdição!. 3. ed. Porto Alegre: Livraria do Advogado, 2012.

BONAFÉ-SCHIMITT, Jean-Pierre. *La Mediation*: Une Justice Douce. Paris: Syros, 1992.

_____. Una, tante mediazioni dei conflitti. *In*: PISAPIA, G.V.; ANTONUCCI, D. *La sfida della mediazione*. Padova: CEDAM, 1997.

BOUCHARD, Marco; MIEROLO, Giovanni. *Offesa e riparazione*. Per una nuova giustizia attraverso la mediazione. Milano: Bruno Mondadori, 2005.

BOUDON, Raymond; BOURRICAUD, François. *Dicionário crítico de sociologia*. Tradução de Maria Letícia Guedes Alcoforado e Durval Ártico. São Paulo: Ática, 1993.

BRASIL, Ministério da Justiça. Secretaria de Reforma do Judiciário. *Justiça comunitária*: uma experiência. Redação e organização: Juíza Gláucia Falsarella Foley. Brasília: Cromos – Editora e Indústria Gráfica Ltda., 2006.

_____. Lei nº 9.307 de 1996. Lei de Arbitragem. Disponível em: <www.planalto.gov.br>. Acesso em: 12 out. 2018.

_____. Lei nº 13.105, de 16 de março de 2015. Código de Processo Civil. 2015a. Disponível em: <http://www.planalto.gov.br/ccivil_03/_ato2015-2018/2015 /lei/ l13-105.htm>. Acesso em: 12 out. 2018.

_____. Lei nº 8.078, de 11 de setembro de 1990. Dispõe sobre a proteção do consumidr e dá outras providências. 1990. Disponível em: <www.planalto.gov.br>. Acesso em 13 out. 2018.

BREITMAN, Stella; PORTO, Alice Costa. *Mediação familiar:* uma intervenção em busca da paz. Porto Alegre: Criação Humana, 2001.

BRUNER, Jerome. *La fabbrica delle storie*. Diritto, letteratura, vita. Roma-Bari: Laterza & Figli Spa, 2002.

BUBER, Martin. *Eu e tu*. Tradução de Newton Aquiles Von Zuben. 8. ed. São Paulo: Centauro, 2004.

CADEMARTORI, Sérgio. *Estado de Direito e Legitimidade*. Porto Alegre: Livraria do Advogado, 1999.

CAHALI, Francisco José. *Curso de Arbitragem* – mediação, conciliação, Resolução CNJ 125/2010. São Paulo: RT, 2011.

_____. *Curso de arbitragem:* mediação, conciliação e Resolução CNJ 125/2010. 5. ed. São Paulo: Revista dos Tribunais, 2015.

_____. *Curso de arbitragem:* mediação, conciliação e Trtibunal Multiportas CNJ 125/2010. 6. Ed (ebook). São Paulo:Thomson e Reuters Brasil, 2018.

CAIVANO, Roque J. *Arbitraje*: su eficacia como sistema alternativo de resolución de conflictos. Buenos Aires: Ad Hoc, 1992.

CALAMANDREI, Piero. *Instituições de Direito Processual Civil*. 2. ed. Tradução de Douglas Dias Ferreira. Campinas: Bookseller, 2003. v. 2.
CALCATERRA, R. *Mediación estratégica*. Barcellona: Gedisa, 2002.
CALMON, Petrônio. *Fundamentos da mediação e da conciliação*. Rio de Janeiro: Forense, 2007.
CÂMARA, Alexandre Freitas. *Arbitragem*. Rio de Janeiro: Lumen Juris, 1997.
CAMPILONGO, Celso Fernandes. *Direito e Democracia*. São Paulo: Max Limonad, 1997.
CAMPOS, Fernando Reglero. *El Arbitraje*. Madrid: Montecorvo, 1991.
CANETTI, Elias. *Massa e poder*. Tradução de Sérgio Tellaroli. São Paulo: Companhia das Letras, 1995.
CANOTILHO, J. J. Gomes. *Direito Constitucional*. 3. ed. Coimbra: Ed. Coimbra, 2000.
CAPELLA, Juan Ramón. *Os cidadãos servos*. Tradução de Lédio Rosa de Andrade e Têmis Correia Soares. Porto Alegre: Sergio Antonio Fabris, 1998.
CAPPELLETTI, Mauro. "Problemas de reforma do processo civil nas sociedades contemporâneas". *In*: MARIONI, Luiz Guilherme. *O processo civil contemporâneo*. Curitiba: Juruá, 1994.
——. GARTH, Bryant. *Acesso à justiça*. Tradução de Ellen Gracie Northfleet. Porto Alegre: Sergio Antonio Fabris, 1988.
CARMONA, Carlos Alberto. *Arbitragem e processo*: um comentário à Lei nº 9.307/96. 2. ed. São Paulo: Atlas, 2006.
——. A Arbitragem no Processo Civil Brasileiro. São Paulo: Malheiros, 1993.
CARNELLI, Lorenzo. *Tiempo y derecho*. Buenos Aires: Lavalle, 1952.
CARVALHO FILHO, José dos Santos. *Manual de Direito Administrativo*. 25ª ed. São Paulo: Atlas, 2012.
CASELLI, Gian Carlo; PEPINO, Livio. *A un cittadino che non crede nella giustizia*. Bari-Roma: Laterza, 2005.
CASTELLI, S. *La mediazione*. Milano: Raffaello Cortina, 1996.
CASTORIADIS, Cornelius. *A instituição imaginária da sociedade*. Tradução de Guy Reynaud. 3. ed. Rio de Janeiro: Paz e Terra, 1982.
CHIOVENDA, Giuseppe. "Dell'azione nascente dal contratto preliminare". *In*: *Saggi di diritto processuale civile*. Roma, Foro Italiano, 1930, v. 1.
——. *Instituições de Direitro Processual Civil*. Tradução de Paolo Capitanio. 3. ed. Campinas: Bookseller, 2002.
CHRISPINO, Álvaro. *Gestão do conflito escolar: da classificação dos conflitos aos modelos de mediação*. 2007. Disponível em: http://www.scielo.br/pdf/ensaio/v15n54/a02v1554.pdf. Acessado em: 23 de junho de 2014.
CNJ – Conselho Nacional de Justiça. *100 maiores litigantes – 2012*. Disponível em: <http://www.cnj.jus.br/images/pesquisas-judiciarias/Publicacoes/100_maiores_litigantes.pdf>. Acesso em: 20 jul. 2016.
——. *Órgãos Federais e Estaduais lideram 100 maiores litigantes da justiça*. Disponível em: http://www.cnj.jus.br/noticias/cnj/21877-orgaos-federais-e-estaduais-lideram-100-maiores-litigantes-da-justica. Acesso em 13 jan. 2019.
——. *Resolução nº 125, de 29 de novembro de 2010*. Disponível em: <http://www.cnj.jus.br/busca-atos-adm?documento=2579>. Acesso em: 13 jan. 2019.
COBB, Sara. Una perspectiva narrativa de la Mediación: hacía la materialización de la metafora del "narrador de historias". *In*: FOLGER, Joseph P.; JONES, Tricia F. (compiladores). *Nuevas direciones em Mediación: investigación y perspectivas comunicacionales*. Buenos Aires: Paidós, 1997.
COLLINS, Randall. *Teorie Sociologiche*. Traduzione di Umbreto Livini. Bologna: Il Mulino, 2006.
——. *Tre tradizioni sociologiche*. Manuale introduttivo di storia della sociologia. Bologna: Zanicheli, 1991.
COOLEY, John; LUBET, Steven W. *A advocacia de arbitragem*. Tradução de René Locan. Brasília: Universidade de Brasília, 2001.
CORREIA, A. Ferrer. Direito Aplicável pelo Árbitro Internacional ao Fundo da Causa. *In*: *BFDUC*, v. 77, 2001.
CORTEZ, Francisco. A Arbitragem Voluntária em Portugal (Dos "ricos homens"aos tribunais privados). *O Direito*, ano 124 n. 3, Lisboa, 1991.
COSER, Lewis A. *Le funzioni del conflitto sociale*. Milano: Feltrinelli, 1967.
——. *I classici del pensiero sociologico*. Traduzioni di Franca Montanari Orsello. Bologna: Il Mulino, 2006.
COSI, Giovanni. *La responsabilità del giurista*. Torino: Giappichelli, 1998.
——. Interessi, diritti, potere. Gestione dei conflitti e mediazione. *In*: *Ars Interpretandi*. Padova: CEDAM, 2004. n. 9.
——. FODDAI, Maria Antonietta. *Lo spazio della mediazione*. Conflitti di diritti e confronto di interessi. Milano: Giuffrè, 2003.
COSTA E SILVA, Paula. Anulação e Recursos da Decisão Arbitral. *Revista da Ordem dos Advogados*, ano 52, Lisboa, 1992.
——. Juízo arbitral obrigatório e sua inconstitucionalidade. *In*: *Revista dos Tribunais*, São Paulo, v. 36.

DAHRENDORF, Ralf. *As classes e seus conflitos na sociedade industrial.* Tradução de José Viegas. Brasília: Editora Universidade de Brasília, 1982.

——. *Homo sociologicus:* ensaio sobre a história, o significado e a crítica da categoria social. Tradução de Manfredo Berger. Rio de Janeiro: Tempo Brasileiro. 1991.

DALLARI, Dalmo de Abreu. Constituição e Constituinte. 4 ed. São Paulo: Saraiva, 2010.

DAVID, René. L'arbitrage dans lê commerce international. Paris: Economica, 1981.

DELMAS-MARTY, Mireille. *A imprecisão do direito:* do código penal aos Direitos Humanos. Tradução de Denise Radanovic Vieira. Barueri: Manole, 2005.

DESCARTES, René. *Discurso sobre o método.* Tradução de Paulo M. de Oliveira. 8. ed. São Paulo: Atena, [s.d.].

DESTEFENI, Marcos. Curso de Processo Civil: processo de execução dos títulos extrajudiciais. São Paulo: Revista dos Tribunais, 2006.

DINAMARCO, Cândido Rangel. *Instituições de direito processual civil.* 4. ed. São Paulo: Malheiros, 2004. v. 1.

——. *Nova era do Processo Civil.* São Paulo: Malheiros, 2004.

——. Tutela Jurisdicional. *In: Revista Forense*, v. 334, ano 02, p. 19-41, abr./maio/jun. 1996.

DINIZ, Maria Helena. *Norma constitucional e seus efeitos.* São Paulo: Saraiva, 1989.

——. *Curso de direito civil brasileiro.* Volume 1: teoria geral do direito civil. – 31 ed. – São Paulo: Saraiva, 2014.

DI PIETRO, Maria Sylvia Zanella. *Direito Administrativo.* 25 ed. São Paulo: Atlas, 2012.

DOMINGUES, Ivan. *O fio e a trama.* Reflexões sobre o tempo e a história. São Paulo: Iluminuras; Belo Horizonte: UFMG, 1996.

DONIZETTI, Elpídio. *Curso Didático de Direito Processual Civil.* São Paulo: Atlas, 2010.

DOSSE, Francois. *A história à prova do tempo:* da história em migalhas e o resgate do sentido. Tradução de Ivone Castilho Benedetti. São Paulo: UNESP, 2001.

DWORKIN, Ronald. *Uma questão de princípio.* São Paulo: Martins Fontes, 2005.

ECONOMIDES, Kim. Lendo as ondas do "Movimento de Acesso à Justiça": epistemologia *versus* metodologia? In: PANDOLFI, Dulce Chaves; CARVALHO, José Murilo de; CARNEIRO, Leandro Piquet; GRYNSZPAN, Mario. *Cidadania, Justiça e Violência.* Rio de Janeiro: FGV, 1997.

EDWARDS, H. T. Alternative dispute resolution: panacea or anatema? *In: Harward law review.* 1986. v. 99.

EIDT, Elisa Berton. Autocomposição na administração pública. Santa Cruz do Sul: Essere nel Mondo, 2017 (www.esserenelmondo.com).

EISMAN, F. La Clause d'arbitrage pathologique, apud PETER, Wolfgang. *Arbitration and Renegotiation of International Investment Agreements.* Martinus Nijhoff Publishers. Holanda: Dodrecht, 1986.

ELIAS, Norbert. *O processo civilizador:* uma história dos costumes. Tradução de Ruy Jungmann. Rio de Janeiro: Jorge Zahar, 1994. v. 1.

——. *Sobre o tempo.* Tradução de Vera Ribeiro. Rio de Janeiro: Jorge Zahar, 1998.

ENGELS, Friederich. Lettera a W. Borgius, 25 gennaio 1894. *In:* MARX, Karl; ENGELS, Friederich. *Opere.* Roma: Editori Riuniti, 1977. v. 5.

ENRIQUEZ, Eugène. *Da horda ao Estado. Psicanálise do vínculo social.* Tradução de Teresa Cristina Carreteiro e Jacyara Nasciutti. Rio de Janeiro: Jorge Zahar, 1993.

FAGET, Jacques. Le cadre juridique et éthique de la médiation pénale. *In:* CARIO, R. *La médiation pénale.* Paris: L'Harmattan, 1997.

FARIA, José Eduardo. Direitos Humanos e Globalização Econômica: notas para uma discussão. *Estudos avançados.* n. 11. v. 30. 1997.

——. O Poder Judiciário nos universos jurídico e social: esboço para uma discussão de política judicial comparada. *In: Revista Serviço Social e Sociedade.* Ano XXII, n. 67, set. 2001.

——; LOPES, José Reinaldo de Lima. Pela Democratização do Judiciário. In: FARIA, José Eduardo (org.). *Direito e Justiça:* a função social do judiciário. São Paulo: Ática, 1997, p. 166-167.

——. KUNTZ, Rolf. *Estado, sociedade e direito. Qual o futuro dos direitos?* Estado, mercado e justiça na reestruturação capitalista. São Paulo: Max Limonad, 2002.

FAROUKI, Nayla. *A consciência e o tempo.* Tradução de José Luís Godinho. Lisboa: Instituto Piaget, 2000.

FAZZALARI, Elio. *L'Arbitrato.* Torino: UTET, 1998.

FERRARI, V. *Lienamenti de sociologia del diritto.* Roma-Bari: Laterza, 1997. v. 1.

FICHTNER, José Antonio; MANNHEIMER, Sergio Nelson; MONTEIRO, André Luís. A confidencialidade na arbitragem: regra geral e exceções. In: *Revista de Direito Privado*, n. 49, 2012, pp. 227-285.

FIGUEIRA JÚNIOR, Joel Dias. Manual dos juizados especiais cíveis estaduais e federais. São Paulo: RT, 2006.

FIÚZA, César. *Teoria Geral da Arbitragem*. Belo Horizonte: Del Rey, 1995.

FOLEY, Gláucia Falsarella. *Justiça Comunitária*: por uma justiça de emancipação. Belo Horizonte: Fórum, 2010.

FOLGER, Joseph P.; BUSH, Robert A. *La promessa de mediación:* como afrontar el através del fortalecimento próprio y el reconocimento de los otros: Barcelona: Granica, 1994.

———. BUSH, Robert A. A mediação transformativa e intervenção de terceiros: as marcas registradas de um profissional transformador. *In*: SCHNITMAN, Dora Fried; LITTLEJOHN, Stephen (org.). *Novos paradigmas em mediação*. Porto Alegre: ArtMed, 1999.

FORBERG, Jay; TAILOR, Alison. *Mediation:* a compreensive guide to resolving without ligation. Washington: San Francisco – London: Jessey Bass Publishers, 1984.

FRANK, Jerome. *Derecho e incertidumbre*. Tradução de Carlos M. Bidegain. Buenos Aires: Centro Editor de América Latina S. A., 1986.

FREUD, Sigmund. *O mal estar da civilização*. Tradução de José Octávio de Aguiar Breu. Rio de Janeiro: Imago, 1997.

FREUND, Julien. Il terzo, il nemico, il conflicto. Materiali per una teoria del politico. A cura di Alessandro Campi. Milano: Giuffrè, 1995.

———. *Sociología del conflicto*. Traducción de Juan Guerrero Roiz de la Parra. Madrid: Ministerio de Defensa, Secretaría General Técnica. D.L., 1995.

FRICK, Joachim G. *Arbitration and complex international contracts*.Londres: Kluwer Law International, 1999.

GALUPPO, Marcelo Campos. *Igualdade e Diferença:* Estado democrático a partir do pensamento de Habermas. Belo Horizonte: Mandamentos, 2002.

GARAPON, Antoine. *Bem julgar*: ensaio sobre o ritual do Judiciário. Tradução de Pedro Filipe Henriques. Lisboa: Instituto Piaget, 1997.

GARCÍA, José Antonio López y REAL, J. Alberto del. (eds.). Rafael de Asís Roig. *Los Derechos: entre la ética, el poder y el derecho*. Madrid: Dykinson, 2000.

GIRARD, Renè. *La violenza e il sacro*. Traduzione di Ottavio Fatica e Eva Czerkl. Milano: Adelphi, 2005.

GISMONDI, Rodrigo A. Odebrecht Curi. Mediação Pública. In: *Revista Eletrônica de Direito Processual*. Volume especial: A nova lei de mediação brasileira. Comentários ao projeto de lei 7169/2014. Rio de Janeiro: 2014, ano 8, pg. 175 (www.redp.com.br)

GORVEIN, Nilda S. *Divorcio y mediación:* construyendo nuevos modelos de intervención en mediación familiar. 2. ed. República Argentina: Córdoba, [s. d.].

GOTTHEIL, J.; SCHIFFRIN, A. *Mediación:* una transformación en la cultura. Buenos Aires: Paidós, 1996.

GOZZI, Gustavo. Estado contemporâneo. *In*: BOBBIO, Norberto; MATTEUCCI, Nicola; PASQUINO, Gianfranco. *Dicionário de Política*. Tradução Carmen V. Varriale et al. Coordenador e tradutor João Ferreira; revisão geral João Ferreira e Luís Guerreiro Pinto Cascais. 12. ed. Brasília: Editora Universidade de Brasília, 2004. v. 1.

GRINOVER, Ada Pellegrini. *Participação e Processo*. Revista dos Tribunais, São Paulo: RT, 1988.

———. WATANABE, Kazuo. Especialistas criticam projeto de mediação: In: VASCONCELOS, Frederico. Disponível em <http://blogdofred.blogfolha.uol.com.br/2014/05/09/especialistas-criticam-projeto-de-mediacao/>, publicado em 09.05.2014. Acesso em 14 jan. 2019.

GRYNSZPAN, Mario. Acesso e recurso à justiça no Brasil: algumas questões. In: *Revista Cidadania, Justiça e Violência*. Rio de Janeiro: FGV, 1999.

HAMPSHIRE, Stuart. *Non c'è giustizia senza conflitto*. Democrazia come confronto di idee. Traduzione di Giovanna Bettini. Milano: Feltrinelli, 2000.

HAYNES, John M. Fundamentos de la mediación familiar como afrontar la separación de pareja de forma pacífica para seguir desfrutando de la vida. Madrid: Gaia Ediciones, 1993.

———. MARODIN, Marilene. *Fundamentos da Mediação Familiar*. Tradução de Eni Assunpção e Fabrizio Almeida Marodin. Porto Alegre: Arttmed, 1996.

HESSE, Konrad. *A Força Normativa da Constituição*. Tradução de Gilmar ferreira Mendes. Porto Alegre: Sergio Antonio Fabris, 1991.

HIGHTON, Elena; ÁLVAREZ, Gladys. *Mediación para Resolver Conflictos*. Buenos Aires: Ad-Hoc. 1995.

HOBBES, Thomas. Leviatã ou a matéria, forma e poder de uma república eclesiástica e civil. São Paulo: Martins Fontes, 2003.

HOECKE, Mark van; OST, François. Del contrato a la transmisión. Sobre la responsabilidad hacia las generaciones futuras. *Revista DOXA.* n. 22, 1999. Coordinadores Josep Aguillò Regla y Maccario Alemany. Disponível em: <www.cervantesvirtual.com>>>portal>>doxa.>.

HÖFFE, Otfried. *Derecho intercultural.* Traducción de Rafael Sevilla. Barcelona: Gedisa, 2000.

HOROWITZ, I. L. Consensus, conflict and cooperation: a sociological inventory. *In: Social Forces*, n. 41, dez. 1962.

IWAKURA, Cristiane. Disposições finais. In: *Revista Eletrônica de Direito Processual.* Volume especial: A nova lei de mediação brasileira. Comentários ao projeto de Lei 7.169/2014. Rio de Janeiro: 2014, ano 8. (www.redp.com.br).

JAKUBOWSKI, Jerzy. Reflections on the filosophy of international commercial arbitration and conciliation. *In: The art of Arbitration, Essays on international Arbitration Liber Amicorum Pieter Sanders 12 September 1912-82.* Kluwer Law and Taxation Publishers, Holanda: Deventer, 1982.

JOHNSON, Allan G. *Dicionário de Sociologia.* Guia prático da linguagem sociológica. Tradução de Ruy Jungmann. Rio de Janeiro: Jorge Zahar, 1997.

KATO, Shelma Lombardi de. "A crise do direito e o compromisso da libertação". *In: Direito e Justiça.* 2. ed. São Paulo: Ática, 1994.

KELSEN, Hans. *Teoria Pura do direito.* 6. ed. Tradução de João Baptista Machado. Coimbra: Armênio Amado, 1984.

KERN, Stephen. *Il tempo e lo spazio.* La percezione del mondo tra Otto e Novecento. Bologna: Il Mulino, 1995.

KOVACH, Kimberlee K. *Mediation:* principles and Practice, St. Paul – Minn – EUA: Ed. West Publishing, 1994.

KLEIN, Étienne. *O tempo.* Tradução de Fátima Gaspar e Carlos Gaspar. Lisboa: Instituto Piaget, 1995.

KRZYSZTOF, Pomian. *La crise de l'avenir.* Le Débat, 7, decembre, 1980.

LASSALE, Ferdinand. *Que é uma Constituição?* São Paulo: Edições e Publicações Brasil, 1933.

LEMES, Selma Maria Ferreira. *Árbitro:* princípios da independência e da imparcialidade. São Paulo: LTr, 2001.

——. Arbitrage: princípios jurídicos fundamentais. Direito brasileiro e comparado. *In:* Revista de Informação Legislativa, Brasília, n. 115, ano 29, p. 441-468, jul./set. 1992.

——. et al. Dos Árbitros. *In: Aspectos fundamentais da Lei de Arbitragem.* Rio de Janeiro: Forense, 1999.

LIPOVETSKY, Gilles. Tempo contra tempo, ou a sociedade hipermoderna. *In:* LIPOVETSKY, Gilles; CHARLES, Sebastien. *Os tempos hipermodernos.* Tradução de Mário Vilela. São Paulo: Barcarolla, 2004.

LORENZ, Konrad. *A Agressão.* Uma história natural do mal. Tradução de Isabel Tamen. Lisboa: Relógio D'Água, 2001.

LORENZETTI, Roberta. Tempo e spazio nella narrazione autobiografica. *In:* LORENZETTI, Roberta; STAME, Stefania. *Narrazione e identità.* Aspetti cognitivi e interpersonali. Roma-bari: Laterza, 2004.

LUÑO, Perez. *La seguridad jurídica.* Barcelona: Ariel, 1991.

MACRIDIS, Roy. *Ideologias Políticas Contemporâneas.* Brasília: UnB. 1982.

MAGALHÃES, Ana Alvarenga Moreira. *O erro no negócio jurídico:* autonomia da vontade, boa-fé objetiva e teoria da confiança. São Paulo: Atlas, 2011.

MAGALHÃES, José Carlos; BAPTISTA, Luiz Olavo. *Arbitragem Comercial.* Rio de Janeiro: Freitas Bastos, 1986.

MANCUSO, Rodolfo de Camargo. O plano piloto de conciliação em segundo grau de jurisdição, no egrégio Tribunal de Justiça de São Paulo, e sua possível aplicação aos feitos da Fazenda Pública. In: *Revista dos Tribunais*, n. 820, item n. 7.

MARINELLI, Vicenzo. *Dire il diritto.* La formazione del giudizio. Milano: Giuffrè, 2002.

MARINONI, Luiz Guilherme. Garantia de tempestividade da tutela jurisidicional e duplo grau de jurisdição. *In:* CRUZ E TUCCI, José Rogério. *Garantias constitucionais do processo civil.* São Paulo: RT, 1999.

MARLOW, Lenard. *Mediación familiar:* uma practica em busca de uma teoria – uma nueva visión del derecho. Barcelona: Granica, 1999.

MARRAMAO, Giacomo. *Poder e secularização.* As categorias do tempo. São Paulo: Editora Universidade do Estado Paulista, 1995.

MARTÍN, Nuria Belloso. Estudios sobre mediación: la ley de mediación familiar de castilla y león. [s. l.]: Junta de Castilla y León. 2006.

MARTINS, Pedro A. Batista. Aspectos Atinentes às Disposições Gerais. *In: Aspectos Fundamentais da Lei de Arbitragem.* [s. l.]: Forense, 1999.

——. Da convenção de arbitragem e seus efeitos em aspectos fundamentais da Lei de Arbitragem. Rio de Janeiro: Forense, 1999.

MARX, Karl. Le lotte di classe in Francia dal 1848 al 1850. Roma: Editori Riuniti, 1966.

——. Per la critica dell'economia politica. Roma: Editori Riuniti, 1971.

——. *Do capital.* O rendimento e suas fontes. Tradução de Edgar Malagodi. São Paulo: Nova Cultural, 1996 (Os pensadores).

——. ENGLES, Friederich. *O manifesto do partido comunista de 1948 e cartas filosóficas*. Tradução de Klaus von Puschen. São Paulo: Centauro, 2005.

MATTEUCCI. Nicola. *Organización del poder y libertad*. Historia del constitucionalismo moderno. Tradução de Francisco Javier Ansuàtegui Roig y Manuel Martinez Neira. Madrid: Editoria Trotta, 1998.

MEIRELLES, Hely Lopes. *Direito Administrativo Brasileiro*. 36. ed. São Paulo: Malheiros, 2010.

MELLO, Celso Antônio Bandeira de. *Curso de Direito Administrativo*. 29. ed. São Paulo: Malheiros, 2012.

MENDES, Gilmar Ferreira; BRANCO, Paulo Gustavo Gonet. *Curso de direito constitucional*. – 7 ed. – São Paulo: Saraiva, 2012.

MERRYMANN, John H. Lo "stile italiano": la doctrina. *In: Rivista trimestrale di diritto e procedura civile*, Milano, Ano XX, 1966.

MESQUITA, Manuel Henrique. Arbitragem: competência do tribunal arbitral e responsabilidade civil do árbitro. *In: Ab vno ad omnes*. Antunes Varela et al. (Org.). Coimbra: Ed. Coimbra, 1998.

MOORE, Christopher W. *O Processo de mediação: estratégias práticas para a resolução de conflitos*. Tradução de Magda França Lopes. Porto Alegre: Artmed, 1998.

MOREIRA, José Carlos Barbosa. Reflexões sobre a imparcialidade do juiz in Temas de Direito Processual. Rio de Janeiro: Saraiva, 2001.

MOREIRA NETO, Diogo de Figueiredo. *Curso de direito administrativo*: parte introdutória, parte geral e parte especial. – 14 ed. – Rio de Janeiro: Forense, 2005.

MORINEAU, Jacqueline. *Lo spirito della mediazione*. Traduzione di Federica Sossi. Milano: Franco Angel, 2000.

MOSCOVICI, Serge; DOISE, Willen. *Dissensões e consenso*: uma teoria geral das decisões colectivas. Tradução de Maria Fernanda Jesuíno. Lisboa: Livros Horizonte, 1991.

MUNIZ, Petrônio R. G. A Prática da Arbitragem. *In: Arbitragem lei brasileira e praxe internacional*. 2. ed. São Pulo: LTr, 1999.

NIETZSCHE, Friederich. Em que medida as condições de vida serão mais artísticas na Europa. *In: Gaia Ciência*. Lisboa: Guimarães, 1967.

NINO, Carlos Santiago. *Ética y Derechos Humanos*: un ensayo de fundamentación. 2. ed. Buenos Aires: Editorial Astrea, 1989

ORTEMBERG, Osvaldo D. *Mediación familiar aspectos jurídicos y prácticos*. Buenos Aires: Biblos, 1996.

OST, François. *Contar a lei*: as fontes do imaginário jurídico. Tradução de Paulo Neves. São Leopoldo: UNISINOS, 2004.

——. *O tempo do Direito*. Tradução de Maria Fernanda de Oliveira. Lisboa: Instituto Piaget, 1999.

——. Tiempo y contrato. Crítica del pacto fáustico. *Revista DOXA*. n. 25, 2002. Coordinadores Josep Aguillò Regla y Maccario Alemany. Disponível em: <www.cervantesvirtual.com.portal.doxa.>. PASQUINO, Gianfranco. Conflitto. *In*: BOBBIO, Norberto; MATTEUCCI, Nicola; PASQUINO, Gianfranco. *Dicionário de Política*. Tradução Carmen V. Varriale et al. Coordenador e tradutor João Ferreira; Revisão geral João Ferreira e Luís Guerreiro Pinto Cascais. 12. ed. Brasília: Editora Universidade de Brasília, 2004. v. 1.

PELBART, Peter Pál. *O tempo não reconciliado*. São Paulo: Perspectiva: FADESP, 1998.

PENROSE, Roger. *A mente nova do rei*. Computadores, mentes e as leis da física. Tradução de Waltensir Dutra. Rio de Janeiro: Campus, 1991.

PÉREZ-LUÑO, Antonio Enrique. La Universalidad de los Derechos Humanos. *In*: GARCÍA, José Antonio López y; REAL, J. Alberto del. (eds.). Rafael de Asís Roig. *Los Derechos*: entre la ética, el poder y el derecho. Madrid: Dykinson, 2000.

PINHO, Humberto Dalla Bernardina. A cooperação como elemento estruturante da interface entre o poder judicário e o juízo arbitral. *Revista Eletrônica de Direito Processual – REDP*. Rio de Janeiro. Ano 11. Volume 18. Número 3. Setembro a Dezembro de 2017, pp. 198-218.

——. Audiência de conciliação ou de mediação: o art. 334 do CPC/2015 e a nova sistemática do acordo judicial. *In: Processo em Jornadas*, Salvador: Podium, 2016.

——. Confidencialidade. In: *Revista Eletrônica de Direito Processual*. Volume especial: A nova lei de mediação brasileira. Comentários ao projeto de lei 7169/2014. Rio de Janeiro: 2014, ano 8, p. 165-166 (www.redp.com.br)

POZNANSKI, Bernard G. The Nature and Extent of an Arbitrator's Powers in International Comercial Arbitration apud LEMES, Selma M. Ferreira. Arbitragem. Princípios jurídicos fundamentais. Direito brasileiro e comparado. *In: Revista de Informação Legislativa*, Brasília, n. 115, ano 29, p. 441-468, jul./set. 1992.

PRIEBE, V.; SOUZA, D. K.; DURANTE, I. S. Lei de Arbitragem nº 9.307/1996 com as alterações trazidas pela Lei nº 13.129/2015. In: SPENGLER, F. M.; SPENGLER NETO, T. Mediação, conciliação e arbitragem: artigo por artigo. Rio de Janeiro: FGV, 2016. p. 179-261.

PRIGOGINE, Ilya; STENGERS, Isabelle. *Entre o tempo e a eternidade*. Tradução de Roberto Leal Ferreira. São Paulo: Companhia das Letras, 1992.

——. *O fim das certezas*. Tempo, caos e as leis da natureza. Tradução de Roberto Leal Ferreira. São Paulo: UEP, 1996.

PUPOLIZIO, Ivan. *Una comunità all'ombra del diritto*. La mediazione sociale e la giustizia informale nel modello statunitense e nell'esperienza italiana. Milano: Giuffrè, 2005.

RAMÍREZ, Salvador Vergés. *Derechos humanos:* fundamentación. Madrid: Tecnos, 1997.

RECHSTEINER, Beat Walter. *Arbitragem privada internacional no Brasil*. 2. ed. São Paulo: RT, 2001.

RESTA, Eligio. *Il diritto fraterno*. Roma-Bari: Laterza, 2005.

——. Il tempo del processo. Disponível em: <www.jus.unitn.it/cardozo/rewiew/Halfbaked/Resta.htm>. Acesso em: 01 nov. 2006.

——. Giudicare, conciliare, mediare. In: SCARPARRO, Fulvio. *Il coraggio di mediare*. Contesti, teorie e pratiche di risoluzioni alternative delle controversie. Milano: Angelo Guerini, 2005.

——. *Le stelle e le masserizie*. Paradigmi dell'osservatore. Roma/Bari: Laterza, 1997.

——. Le verità e il processo. In: *Politica del Diritto*. *Bologna*: Il Mulino. Anno XXXV, n. 3, settembre 2004.

——. *O direito fraterno*. Tradução de Sandra Regina Martini Vial. Santa Cruz do Sul: Edunisc, 2004.

——. O tempo e o espaço da justiça. In: *Anais do II Seminário Internacional de demandas sociais e políticas públicas na sociedade contemporânea*. Porto Alegre: Evangraf, 2005.

——. *Poteri e diritti*. Torino: Giappichelli Editore, 1996.

——. *Tempo e processo*. Santa Cruz do Sul: Essere nel Mondo, 2014 (recurso eletrônico www.esserenelmondo.com).

RICOEUR, Paul. *Tempo e narrativa*. Tradução de Roberto Leal Ferreira. Campinas: Papirus, 1997. t. 3.

RIZZARDO, Arnaldo. *Direito das coisas*. 7. ed. Rio de Janeiro: Forense, 2014.

ROBERTS, E. A.; PASTOR, B. *Diccionario etimológico indoeuropeo de la lengua española*. Madrid: Alianza, 1997.

ROCHA, Leonel Severo. *Epistemologia Jurídica e Democracia*. São Leopoldo: UNISINOS, 1999.

——. Tempo. In: BARRETO, Vicente de Paulo. *Dicionário de filosofia do direito*. São Leopoldo – RS, Rio de Janeiro – RJ: Editora Unisinos/Renovar: 2005.

RODOVALHO, Thiago. Os impactos do NCPC na Arbitragem. *Revista Jurídica da seção Judiciária de Pernambuco*. Pernambuco, Nº 8, 2015, p. 251-273.

RODRIGUES, Horácio Wanderlei. Acesso à justiça e prazo razoável na prestação jurisdicional. In: WAMBIER, Teresa Arruda Alvin et al. *Reforma do Judiciário*. Primeiras reflexões sobre a emenda constitucional n.º 45/2004. São Paulo: Revista dos Tribunais, 2005.

ROSANVALLON, Pierre. *A crise do Estado: providência*. Tradução de Joel Pimentel de Ulhôa. Goiânia: UnB, 1997.

——. *La Nouvelle Question Sociale*. Paris: Seuil, 1995.

ROSS, Marc Howard. *La cultura del conflicto*. Las diferencias interculturales en la práctica de la violencia. Traducción de José Ral Gutiérrez. Barcelona: Paidós Ibérica, 1995.

ROTH, André-Nöel. "O direito em crise: Fim do Estado Moderno?" In: FARIA, José Eduardo. *Globalização econômica: implicações e perspectivas*. São Paulo: Malheiros, 1996.

ROULAND, Norbert. *Nos confins do direito*. Antropologia Jurídica da modernidade. Tradução de Maria Ermantina de Almeida Prado Galvão. São Paulo: Martins Fontes, 2003.

RUMMEL, Rudolph J. *Understanding conflic and war*. New York: John Wiley and Sons, 1976. v. 2.

SALES, Lília Maia de Morais. *Justiça e mediação de conflitos*. Belo Horizonte: Del Rey, 2003.

——. *Justiça e mediação de conflitos*. Belo Horizonte: Del Rey, 2004.

——. *Mediare:* um guia prático para mediadores. 2. ed. rev. e ampl. Fortaleza: Gráfica da Universidade de Fortaleza, 2005.

——. *Mediação de conflitos:* família, escola e comunidade. Santa Catarina: Conceito Editores, 2007.

SANSONE, Arianna. *Diritto e letteratura*. Un'introduzione generale. Milano: Giuffrè, 2001.

SANTOS, Boaventura de Sousa. *O discurso e o poder:* ensaio sobre a sociologia da retórica jurídica. Porto Alegre: Sergio Antonio Fabris Editor, 1988.

SANTOS, Ricardo Soares Stersi dos. *Noções gerais de arbitragem*. Florianópolis: Fundação Boiteux, 2004.

SARLET, Ingo Wolfgang. *A Eficácia dos Direitos Fundamentais*. Uma teoria geral dos direitos fundamentais na perspectiva constitucional. 13. ed. Porto Alegre: Livraria do Advogado, 2018.

——. Os Direitos Fundamentais Sociais na Constituição de 1988. In: SARLET, Ingo W. (Org.) *O Direito Público em Tempos de Crise*: estudos em homenagem a Ruy Ruben Ruschel. Porto Alegre: Livraria do Advogado, 1999.

SANTORO, Emílio. *Estado de direito e interpretação:* por uma concepção jusrealista e antiformalista do Estado de Direito. Tradução de Maria Carmela Juan Buonfiglio e Giuseppe Tosi. Porto Alegre: Livraria do Advogado, 2005.

SARTORI, Giovanni. *Engenharia Constitucional:* como mudam as constituições. Brasília: UnB. 1996.

SCHNITMAN, Dora Fried; LITTLEJOHN, Stephen. *Novos paradigmas em mediação.* Tradução de Jussara Haubert Rodrigues e Marcos A. G. Domingues. Porto Alegre: ARTMED, 1999.

SEN, Amartya Kumar. *Desenvolvimento como liberdade.* Tradução de Laura Teixeira Motta. São Paulo: Companhia das Letras, 2000.

SERPA, Maria de Nazareth. *Teoria e Prática da Medição de Conflitos.* Rio de Janeiro: Lumen Juris, 1999.

SIMKIN, William E. and FIDANDS, Nicholas A. *Mediation and the Dynamics of Colective Bargaining,.* Washington: Bureau of National Affairs, 1986.

SIMMEL, Georg. *Sociologia.* Tradução de Carlos Alberto Pavanelli *et al.* São Paulo: Ática, 1983.

——. *Sull'intimità.* Roma: Armando Editore, 1996.

SILVA, José Afonso da. *Aplicabilidade das normas constitucionais.* 6. ed. São Paulo: Malheiros, 2003.

SIX, Jean François. *Dinâmica da mediação.* Tradução de Giselle Groeninga de Almeida, Águida Arruda Barbosa e Eliana Riberti Nazareth. Belo Horizonte: Del Rey, 2001.

SOLER, Raúl Cavo. I Giochi senza arbitro né segnapunti. La mancanza di certezza nella risoluzione dei conflitti. Traduzione di Caterina Briguglia. In: *Ars Interpretande.* Padova: CEDAM, 2004. n. 9.

SOUZA, Luciane Moessa de. *Mediação de conflitos e o novo Código de Processo Civil.* In: SPENGLER, Fabiana Marion; BEDIN, Gilmar Antonio. *Acesso à justiça, direitos humanos & mediação.* Curitiba: Multideia, 2013.

——. Mediação de conflitos envolvendo entes públicos. In: SOUZA, Luciane Moessa de (org.). *Mediação de conflitos.* Novo paradigma de acesso à justiça. 2 ed. Revista e ampliada. Santa Cruz do Sul: Essere nel Mondo, 2015 (recurso eletrônico).

——_. *Meios consensuais de solução de conflitos envolvendo entes públicos* – negociação, mediação e conciliação na esfera Administrativa e Judicial. Belo Horizonte: Fórum, 2012.

SOUZA JÚNIOR, Cezar Saldanha. *Consenso e democracia constitucional.* Porto Alegre: Sagra Luzatto, 2002.

SPENGLER, Fabiana Marion. *Tempo, direito e constituição.* Reflexos na prestação jurisdicional do Estado. Porto Alegre: Livraria do Advogado, 2008.

——. *Da jurisdição à mediação:* por uma outra cultura no tratamento dos conflitos. 2. ed. Ijuí: Unijuí, 2016.

——. *Mediação de conflitos.* Teoria e prática. 2 ed. Porto Alegre: Livraria do Advogado, 2017.

——. Uma relação à três: o papel político e sociológico do terceiro no tratamento dos conflitos. *Revista Dados,* Rio de Janeiro, vol. 59, n. 2, abr./jun., 2016.

——. *Fundamentos políticos da mediação comunitária.* Ijuí: Unijuí, 2012.

——; SPENGLER NETO, T. (Org.) . *O conflito e o terceiro: mediador, árbitro, juiz, negociador e conciliador.* Santa Cruz do Sul: Essere nel Mondo, 2018. (recurso eletrônico www.esserenelmondo.com).

——. *O terceiro e o triângulo conflitivo:* o mediador, o conciliador, o juiz e o árbitro. São Carlos: Pedro & João Editores, 2018.

——. ——. (Org.). *Do conflito à solução adequada:* mediação, conciliação, negociação, jurisdição e arbitragem. Santa Cruz do Sul: Essere nel Mondo, 2015.

——. SPENGLER NETO, T (Org.). *Mediação, conciliação e arbitragem:* artigo por artigo. Rio de Janeiro: FGV, 2016.

——. O pluriverso conflitivo e seus reflexos na formação consensuada do Estado. In: *Revista direitos fun-damentais e democracia.* Curitiba, v. 22, n. 2, maio, 2017. p. 189-209. Disponível em <http://revistaeletronicardfd.unibrasil.com.br/index.php/rdfd/issue-/view/301982-0496>. Acesso em: 05 maio 2018

STEINER, George. *Linguaggio e silenzio.* Saggi sul linguaggio, la letteratura e l'inumano. Traduzione di Ruggero Bianchi. Milano: Garzanti, 2006.

STOPPINO, Mario. *Le forme del potere.* Napoli: Guida, 1974.

——. Autoridade. *In:* BOBBIO, Norberto; MATTEUCCI, Nicola; PASQUINO, Gianfranco. Dicionário de Política. Tradução Carmen V. Varriale *et al.* Coordenador e tradutor João Ferreira; Revisão geral João Ferreira e Luís Guerreiro Pinto Cascais. 12. ed. Brasília: Editora Universidade de Brasília, 2004. v. 1

STRECK, Lenio Luiz. Concretização de direitos e interpretação da constituição. *Boletin da Faculdade de Direito de Coimbra.* Coimbra, 2005, V. IXXXI, n. 81.

——. *Hermenêutica Jurídica e(m) crise:* uma exploração hermenêutica da construção do Direito. 11. ed. rev. e atual. Porto Alegre: Livraria do Advogado, 2014.

——. *Jurisdição constitucional e hermenêutica.* 2. ed. Porto Alegre: Livraria do Advogado, 2004.

——. *Verdade e consenso:* Constituição, hermenêutica e teorias discursivas. Rio de Janeiro: Lumem Júris, 2006.
——. BOLZAN DE MORAIS, Jose Luis. *Ciência política e teorial do Estado*. 8ª ed. 3. tir. Porto Alegre: Livraria do Advogado, 2019.
SUARES, Marines. *Mediación.* Conducción de disputas, comunicación y técnicas. Buenos Aires: Paidós, 1997.
SUPERIOR TRIBUNAL DE JUSTIÇA. TERCEIRA TURMA. RECURSO ESPECIAL Nº 1698730/SP. Relator: Min. MARCO AURÉLIO BELLIZZE, julgado em 08.05.2018. Disponível em: <www.stj.jus.br>. Acesso em: 05 out. 2018.
——. PRIMEIRA SEÇÃO. AgInt no CC Nº 156133/BA. Relator: Min. GURGEL DE FARIA, julgado em 22.08.2018. Disponível em: <www.stj.jus.br>. Acesso em: 13 out. 2018.
——. TERCEIRA TURMA. RECURSO ESPECIAL Nº 1733370/GO. Relator: Min. RICARDO VILLAS BÔAS CUEVA, julgado em 26.06.2018. Disponível em: <www.stj.jus.br>. Acesso em 13 out. 2018.
——. TERCEIRA TURMA. RECURSO ESPECIAL Nº 1550260/RS. Relator: Min. PAULO DE TARSO SANSEVERINO, julgado em 12.12.2017. Disponível em: <www.stj.jus.br>. Acesso em: 13 out. 2018.
TALAMINI, Eduardo. Sociedade de Economia Mista. Distribuição de gás. Disponibilidade de direitos. Especificidades técnicas do objeto litigioso. Boa-fé e moralidade administrativa. In: *Revista de Arbitragem e Mediação*, n. 5, p. 144-147, abr./jun. 2005.
TARUFFO, Michele. Aspetti della giustizia civile: frammentazione e privatizzazione. *In: Anuário de la Faculdad de Derecho de la Universidad Autónoma de Madrid.* 3, 1999.
——. Considerazioni sparse su mediazione e diritti. *In: Ars Interpretandi.* Padova: CEDAM, 2004. n. 9.
TEIXEIRA, Sálvio de Figueiredo. A arbitragem no sistema jurídico brasileiro. *In: RDR,* n. 6, set./dez. 1996.
THEODORO JÚNIOR, Humberto. *Curso de direito processual civil. Procedimentos especiais.* Vol. II. 50ª ed. rev. atual e ampl. Rio de Janeiro: Forense. 2016
TORRES, Jasson Ayres. *O acesso à justiça e soluções alternativas.* Porto Alegre: Livraria do Advogado, 2005.
VELLOSO, Adolfo Alvarado. El arbitraje: solución eficiente de conflictos de intereses. *In: Revista de Processo*. São Paulo, n. 45.
VENOSA, Sílvio de Salvo. *Direito Civil – Parte Geral.* São Paulo: Atlas, 2004.
VENTURA, Raul. Convenção de Arbitragem e Cláusulas Contratuais Gerais. *In: ROA*, ano 46, Lisboa, 1986.
VIANNA, Luiz Werneck; CARVALHO, Maria Alice Rezende de; MELO, Manuel Palacios Cunha; BURGOS, Marcelo Baumann. *A judicialização da política e das relações sociais no Brasil.* Rio de Janeiro: Revan, 1999.
WALLACE, Ruth A.; WOLF, Alison. *La teoria sociologica contemporanea.* Traduzione di Daniela Sandri, Giovanni Dognini e Maurizio Pisati. Bologna: il Mulino, 2001.
WAMBIER, Luiz Rodrigues; TALAMINI, Eduardo. *Curso Avançado de Processo Civil.* São Paulo: RT, 2010.
WARAT, Luis Alberto (Org.). *Em nome do acordo*: A mediação no direito. Florianópolis: ALMED, 1998.
——. *Epistemologia e ensino do direito:* o sonho acabou. Florianópolis: Fundação Boiteux, 2004. v. 2.
——. *O ofício do mediador.* Florianópolis: Habitus, 2001. v. 1.
——. *O direito e sua linguagem.* Porto Alegre: SAFE, 1984.
——. *Surfando na pororoca:* o ofício do mediador. Florianópolis: Fundação Boiteux, 2004. v. 3.
WEBER, Max. *A ética protestante e o espírito do capitalismo.* Tradução de Irene Szmerecányi e Tamás Szmerecsányi. São Paulo: Pioneira/UnB, 1981.
——. *Economia e sociedad:* fundamentos da Sociologia Compreensiva. Tradução de Regis Barbosa e Karen Elsabe Barbosa. Brasília: UNB, 1999.
——. *Economia e sociedade:* fundamentos da Sociologia Compreensiva. Tradução de Regis Barbosa e Karen Elsabe Barbosa. Brasília: UNB, 1999, 2v.
YANIERI, Alcira Ana. *Mediación en el divorcio alimentos y régimen de visitas.* Buenos Aires: Júris, 1994.
ZAGREBELSKY, Gustavo. *El derecho dúctil.* Ley, derechos, justicia. Traducción de Marina Gascón. Madrid: Trotta, 2005.

Impressão:
Evangraf
Rua Waldomiro Schapke, 77 - POA/RS
Fone: (51) 3336.2466 - (51) 3336.0422
E-mail: evangraf.adm@terra.com.br